隋唐风云

第三卷

从唐肃宗到唐哀帝

纪陶然◎著

中国工人出版社

目录

第一章 烽火照西京

慎勿学哥舒

禄山一呼，而四海震荡；思明再乱，而十年不复。

——《旧唐书》

渔阳鼙鼓动地来，惊破霓裳羽衣曲。

——《长恨歌》

天宝十四年（755 年）十一月初九，是一个值得被中国历史永远铭记的日子。这一天，中国古代社会的巅峰时代结束了；这一天，盛唐骤然跌落神坛，摔得粉碎；这一天，安禄山在幽州誓师起兵，率十五万大军鼓噪南下。久疏战阵的内地唐军毫无还手之力，旬月之间，叛军铁蹄便踏过黄河，中原沦陷，东都失守，潼关告急。唐玄宗自毁长城，错斩封常清、高仙芝，派出早已中风瘫痪的老将哥舒翰据守潼关。

潼关是长安门户，哥舒翰守潼关干系重大。唐玄宗为哥舒翰加官为尚书左仆射、同中书门下平章事以资激励。哥舒翰奉行坚守不出的政策。自天宝十四年（755 年）十二月底镇守潼关，到次年五月底，半年的时间里，安禄山屡次派兵叩关，哥舒翰始终不动如山。敌人攻关，哥舒翰便死守作战；敌人遁撤，哥舒翰也不追击。面对雄关漫道，叛军亦无可奈何。

但哥舒翰仗着重兵在手，打起了自己的小算盘。他与安禄山、安思顺兄弟素来不和，如今安禄山公然反叛，已成为众矢之的，而安思顺却还在长安城中位居高官。他伺机报复，竟然伪造了一份安禄山给安思顺的书信，又命人假惺惺地在关下劫获。哥舒翰凭借此封书信，诬奏安思顺暗中交通安禄山，兄弟俩准备里应外合。

不知是唐玄宗真的相信了哥舒翰的谎言，还是唐玄宗不想得罪哥舒翰，只能杀安思顺以安哥舒翰之心。总之，唐玄宗下令诛杀安思顺及弟太仆卿安元贞，徙其家属于岭南。这件事给杨国忠敲响了警钟。杨国忠认为哥舒翰是在谋求自己的势力，有可能对自己造成威胁，因此开始猜忌、畏惧哥舒翰。杨国忠左右提醒他："今朝廷重兵尽在翰手，翰若援旗西指，于公岂不危哉！"

这样的担忧并非没有道理，确实有人鼓动哥舒翰借着手握重兵的机会入长安清除杨国忠，总揽朝政大权。"禄山本以诛国忠故称兵，今若留卒三万守关，悉精锐度浐水诛君侧，此汉挫七国计也。"大将王思礼也劝哥舒翰如此做。

此时，安禄山已经称帝，他口中的入朝讨伐杨国忠的借口也随之破产，即使清除杨国忠，就能像当年西汉七国之乱时，朝廷除掉晁错一样吗？当然不可能。因此哥舒翰犹豫未发。但偏偏此事被杨国忠探知。杨国忠大骇，开始防范哥舒翰，以备不虞。

杨国忠入宫对唐玄宗说："兵法，安不忘危。大兵在潼关而无后殿，万有一不利，京师危矣。"他建议再组建一支军队屯驻在长安与潼关之间，拱卫京师。有了安禄山的前车之鉴，唐玄宗对哥舒翰也不完全放心，诏准了杨国忠的建议。

杨国忠招募了三千人，日夜训练。因杨国忠兼任剑南节度使，他便让自己麾下的剑南将领分统这支军队。他还不放心，又招募了一万人屯守在灞上，以自己的心腹将领杜乾运为统帅。

这一串动作使哥舒翰怀疑杨国忠要图谋自己，他上表请示将杜乾运的人马归自己节制，并召杜乾运到潼关议事。杜乾运刚到潼关军中，即遭斩首，手下一万人马也被哥舒翰兼并。杨国忠由是愈加恐惧，对儿子说："吾无死所矣！"

将相不和，国家危矣。杨国忠居然决定铤而走险，欲借安禄山之手除掉哥舒翰。他怂恿唐玄宗，诏令哥舒翰主动出击，攻打陕郡、洛阳。

哥舒翰深知凭借潼关的高垒深壑，尚可确保关中不失，但若主动出击，以自己的身体状态和麾下士兵的战斗素养，断不是安禄山的对手。因此哥舒翰回奏唐玄宗："禄山虽窃据河朔，不得人心，请持重以敝之，待其离隙，可不血刃而禽。"他并不同意出兵。

远在河北的郭子仪、李光弼得知唐玄宗的心思，也上疏劝阻："（哥舒）翰病且耄，贼素知之，诸军乌合不足战。今贼悉锐兵南破宛、洛，而以余众守幽州，吾直捣之，覆其巢窟，质叛族以招逆徒，禄山之首可致。若师出潼关，变生京师，天下怠矣。"极力劝谏哥舒翰应固关自守，切勿轻易出军。

哥舒翰、郭子仪、李光弼的论断无疑是正确的。但是，杨国忠已经将私利摆在了国家利益之前，便极力怂恿唐玄宗对哥舒翰下达主动出击的死命令。偏赶上此时镇守陕郡的叛将崔乾祐也在引诱哥舒翰出战。崔乾祐放倒旌旗，将老弱残兵摆在主力部队的位置，以此向官军示弱。

有人将情报告知唐玄宗，说崔乾祐"兵不满四千，皆羸弱无备"。唐玄宗半信半疑，让人来占卜，结果是"贼无备，可图也"。唐玄宗信以为真，认为叛军真的没有防备，再次下诏给哥舒翰命其进讨。哥舒翰身体虽不灵便，但头脑却仍然清醒，他再次选择抗旨，回奏说：

禄山久习用兵，今始为逆，岂肯无备！是必羸师以诱我。若往，正堕其计中。且贼远来，利在速战；官军据险以扼之，利以坚守。况贼残虐失众，兵势日蹙，将有内变；因而乘之，可不战擒也。要在成功，何必务速！今诸道征兵尚多未集，请且待之。

面对正确的意见，唐玄宗反而认为哥舒翰懦弱怯战且尾大不掉，他接连派遣使者到潼关催战——“帝入国忠之言，使使者趣战，项背相望也”。面对皇帝的再三催促，哥舒翰深知再抗旨不遵，自己恐有性命之虞。与其避战被杀，不若拼死一战，还有侥幸战胜或全身而退的可能。

天宝十五年（756 年）六月初，哥舒翰不得已，抚膺恸哭，离开了镇守半年之久的潼关，引兵东进，到达灵宝（今河南省灵宝市北老城）西原，与崔乾祐所部叛军相遇。这一带南有秦岭东段支脉崤山山脉，北有黄河阻隔，是一段连绵七十余里的隘道。哥舒翰的大军无法施展，只能鱼贯列队。

六月初八，哥舒翰与田良丘等人泛舟黄河中流观察敌情。见叛军不多，哥舒翰便催促队伍前进。大将王思礼等领兵五万居前，庞忠等领余兵十万在后。哥舒翰亲自领兵三万登黄河北岸的制高点瞭望主战场，并鸣鼓以助军威。

崔乾祐则以万人迎阵。这一万叛军什什伍伍，散如列星，或疏或密，或却或进，毫无章法。官军远远望见，都嗤笑叛军军容不整。实际上，崔乾祐是将精兵陈于队后，故意以弱兵诱敌。

两军交锋，叛军一触即溃，丢盔弃甲，逃遁而去。官军更是不把叛军放在眼里，在后紧追，终于落入了叛军的埋伏。叛军居高临下投放木石，击杀官军士卒甚多。因道路狭隘，官军士卒挤在一处，连枪槊都无法挥动。

日过中午，突然刮起了东风，崔乾祐以数十乘草车冲击官军先头部队，并望风点火。熊熊黑烟顺着风势向西刮向官军阵列。官军士卒的眼睛被熏得流泪无法睁开，分不清敌我，竟妄自相杀。官军以为敌人在烟中，盲目举弓弩而射之，直到日暮，射光了箭支，才知道烟中根本没有敌人。

此时，崔乾祐已经派遣手下的同罗精骑悄悄自南面山中绕到官军背后，出其不意地向官军发起猛攻。官军腹背受敌，首尾骇乱，于是大败。官军“或弃甲窜匿山谷，或相挤排入河溺死，嚣声振天地，贼乘胜蹙之。

后军见前军败，皆自溃，河北军望之亦溃”。

六月初九，崔乾祐乘胜进攻潼关。此时，潼关仅剩侥幸逃归者八千余人，毫无士气可言。这座自古以限东西的雄关很快被攻陷。哥舒翰带着麾下数百骑狼狈地退到潼关西驿。他收拢人马，希冀复夺潼关。无奈兵败如山倒，局势已不可收拾。

哥舒翰手下的蕃将火拔归仁见大势已去，居然率百余骑围困了驿站，想要挟持哥舒翰投降安禄山。火拔归仁对哥舒翰说：“公以二十万众一战弃之，何面目复见天子！且公不见高仙芝、封常清乎？请公东行。”

哥舒翰起初不从，他“怒握鞭，自筑其喉”，想要自尽。但他行动不便、身不由己，马鞭被火拔归仁夺去。火拔归仁命人用毛绳将哥舒翰的双脚捆绑在马肚子下，押着他东至洛阳。

安禄山见到哥舒翰，扬扬得意地问道：“汝常易我，今何如？”哥舒翰曾以破吐蕃之功被封为西平郡王，安禄山因破契丹之功被封为东平郡王。二人旗鼓相当，又素来不睦，如今却一为伪天子，一为阶下囚。

哥舒翰此时却失去了他应有的节操和体面，屈膝投降，伏地乞饶，说：“臣肉眼不识圣人。”又说安禄山是拨乱之主，甚至还主动提出要亲自修书，为安禄山招降河北河南的官军。安禄山大喜，拜哥舒翰为司空、同平章事。对那个火拔归仁，安禄山却说：“汝叛主，不忠不义。”将他斩首了。

火拔归仁背主，应当斩首。那安禄山自己又算什么呢？

北斗七星高，哥舒夜带刀。
至今窥牧马，不敢过临洮。

这是开元、天宝年间流传在唐朝西北边境的一首民歌。当时，哥舒翰为大唐在西北守边，控地数千里，甚著威令。后来的唐德宗也曾对哥舒翰之子哥舒曜说：“尔父在开元时，朝廷无西忧。”就是这样一位世之名将，却也不过是时代潮流中的一颗沙粒，他的成与败，折射了盛唐的兴与衰。

天纵骄子李白曾怀着无比羡慕的心情歌颂哥舒翰开疆拓边的煊赫武功：

"君不能学哥舒，横行青海夜带刀，西屠石堡取紫袍。"而灵宝西原一战后，盛唐诗坛的另一位诗人杜甫却哀叹着：

哀哉桃林战，百万化为鱼。
请嘱防关将，慎勿学哥舒！

灵宝原名桃林，桃林战即指灵宝西原之战。"不能学哥舒""慎勿学哥舒"，两个不可学的"哥舒"正是大唐从开元盛世到安史之乱的折射与注脚。"不能学"与"慎勿学"的还有那个一去不复返的盛世，以及那个一去不复返的玄宗皇帝。

不见长安

潼关既败，于是河东、华阴、冯翊、上洛防御使皆弃郡走，所在守兵皆散。

——潼关失陷，长安门户洞开。六月初九的晚上，长安城头的士兵向东方焦急地眺望，没有望见照惯例应该出现的闪闪火光。唐代每隔约三十里置一烽候，每日初夜举烽火报无事，谓之"平安火"。这一天潼关失守，守军已溃散，自然无人再举火报平安了。唐玄宗心中开始害怕起来——"及暮，平安火不至，上始惧"。

安史之乱爆发半年多以来，唐玄宗曾经懊恼、愤恨、焦急、忧虑，但是五味杂陈的心境似乎还从没有过度的恐惧。他对自己有信心，对自己的帝国有信心。他始终相信，叛贼逆天起兵，可不日而灭；他始终相信，安禄山的脑袋很快就会被悬挂在宫门阙下。

特别是近一段时间以来，河北义军风起云涌，郭子仪、李光弼连战连捷，已经切断了东都洛阳与叛军老巢范阳之间的联系。河南官军死守江淮防线，叛军不得南下一步。潼关深沟高垒，不可逾越。叛军三面碰壁，已经露出穷途末路的窘态。

鉴于此，唐玄宗才强硬地命令哥舒翰出关东征，希冀与各方勤王之师会攻洛阳。怎么旬日之间形势会急转直下以致如此，叛军居然已经打到了眼皮子底下了。难道叛军没有被平灭，自己反而要成为叛军的俘虏？

六月十日大清早，唐玄宗在兴庆宫紧急召见杨国忠商量对策。杨国忠在此时抛出了“幸蜀之策”，希望唐玄宗能够带着朝廷逃往四川，以四川为基地再图恢复。

唐玄宗深以为然，但还是要听听百官的意见。杨国忠召集百官于朝堂，惶恐流涕，向大家征询策略，百官皆唯唯不对。杨国忠说：“人告禄山反状已十年，上不之信，今日之事，非宰相之过。”到了此时，杨国忠还在推卸责任，但并没有将“幸蜀之策”和盘托出，怕的是引起恐慌和反对。

退朝后，杨国忠使唐玄宗一贯宠信的韩国夫人、虢国夫人［秦国夫人已于天宝十三年（754 年）病逝，故三夫人仅余两位］入宫，劝说唐玄宗入蜀。在杨氏一门的共同鼓动下，唐玄宗终于下定了逃亡蜀地的决心。

杨家人的倡议自然是有私心的。杨国忠身兼剑南节度使，他“布置腹心于梁、益间，以图自全之计”。蜀地的梁州（今陕西南郑东）、益州遍布杨国忠的势力，皇帝如果逃到蜀地，自然就落入了杨国忠的掌控。

虽说杨国忠不至于对唐玄宗不利，但届时杨国忠无疑会更加专权。如今的唐玄宗已经是七十多岁的老人，他去世后，凭借杨国忠与杨贵妃的能量，皇位继任者极有可能会成为杨氏一门的掌中之物。一旦条件成熟，杨国忠会不会效法曹操挟天子以令诸侯？会不会效法杨坚，以外戚加权臣的身份改朝换代？

一切都是未知，一切皆有可能。

即使不从这方面考虑，只是客观地评价“幸蜀之策”，这是不是一个好主意呢？也绝对称不上。

首先，唐玄宗是否需要逃亡，就很值得争论一番。虽然潼关失守，使得长安门户洞开，但长安毕竟是大唐立国一百四十年的都城。加上之前的西魏、北周与隋朝，长安连续作为国都已逾二百年。即使不说铜墙铁壁、固若金汤，也绝不是几万叛军可以轻易攻下的。再者，五十年太平天子唐玄宗坐镇城中，人心所向，王气所在。张巡以一介县守，暂时进驻并不熟悉的雍丘、睢阳，尚可固守两年之久，长安又怎是那么轻易能够被攻下的呢？

当时全局形势对叛军非常不利。郭子仪、李光弼已经在河北切断了范阳与洛阳的联系，叛军南下江淮的战略又迟迟无法实现，事实上已经出现了安禄山被困河南，史思明被困河北的局面。潼关失守是谁也没有想到的一个变数。就连哥舒翰在战败后也曾说："逆胡猖狂，偶然一胜。天下之兵，计相续至，羯胡之首，期悬旦暮。"

安禄山不一定敢率主力部队入关中。即使安禄山真的来攻，唐玄宗凭借坚固的城防、充足的粮草与精锐的禁军部队，也能与之周旋。一方面消耗安禄山的元气，另一方面等待四方勤王之师的到来，届时也可在长安城下与安禄山决战。哪有抛弃当时世界上最为恢宏的城池不战而逃的道理呢？

其次，即使真的要撤退以图万全，蜀郡也绝非一个明智的目的地。在中国历史上，从来没有过以四川为基地统一全国的成功经验。这一现象绝非偶然。蜀道艰难，使蜀地同外部联系不畅。蜀地气候宜人，又使人容易滋生安逸之心。蜀地偏鄙，使外地对蜀地发出的政令缺乏尊崇之意。凡此种种，都使得蜀地只适合偏安而不适合进取。

试想，若是唐朝中央政府迁到蜀地，关中地区又被叛军占领，唐玄宗如何指挥遥远的河北地区进行平叛？届时官军各部只得各自为战，平叛恐怕只会遥遥无期，全国的战乱局面将长期持续。随着唐玄宗的离世，偏安一隅的唐朝廷的威信将持续降低。而当将领的自主权扩大之后，军阀割据将不可避免，国家很有可能再次出现东汉末年的大分裂局面，五代十国的乱世将提前到来。

无论是一仗未接便撤离长安，还是选择逃亡蜀地，都是唐玄宗面对乱局时不负责任、难当重任的表现。可以说，当下定幸蜀决心时，唐玄宗在政治上已经死去了。

当时有很多大臣不同意贼兵未至，皇帝便率先撤退。比如边塞诗人高适，他曾在哥舒翰麾下担任掌书记，后拜左拾遗，转监察御史，辅佐哥舒翰镇守潼关。他回到长安后，唐玄宗向其问策，高适就建言“请竭禁藏募死士抗贼，未为晚”。可惜唐玄宗此时方寸已乱、心气全无，对守卫长安已毫无信心了。

六月十二日，唐玄宗御临勤政楼，下制书决定亲征。这只是唐玄宗向臣民放出的烟幕弹，为稳定人心而已。随后，唐玄宗开始做事后安排，任京兆少尹崔光远为京兆尹，兼西京留守，宦官边令诚掌管皇宫钥匙。

当日，唐玄宗离开居住多年的兴庆宫，移居大明宫。之所以这样做，是因为兴庆宫在长安城内，兴师动众地逃跑很不方便。大明宫在长安城东北角，易于出入。是夜，唐玄宗突然命令龙武大将军陈玄礼集合禁军，厚赐军士钱帛，又挑选闲厩中的九百余匹良马。

六月十三日凌晨，东方微微泛出鱼肚白，唐玄宗仅仅带着杨贵妃姊妹，诸皇子、皇妃、公主、皇孙，杨国忠、高力士、韦见素、魏方进、陈玄礼等“轻车简从”，出禁苑西面的延秋门逃离长安。

唐玄宗一行路过主要的国库左藏库，杨国忠请求焚之，以免资敌。唐玄宗愀然曰：“贼来不得，必更敛于百姓；不如与之，无重困吾赤子。”唐玄宗拒绝焚烧国库，看似是为了避免叛军对百姓横征暴敛，实则有他自己的考虑。

一、唐玄宗是秘密出逃，一旦国库火起，势必引起臣民关注，行踪也就不再秘密，这对逃跑行动有害无益。二、焚烧国库历来是政治大忌，此举会受到天下诟病，丧失民心。即使亡国也要妥善地封存国库，更何况唐玄宗还在做着平叛回朝的打算。实际上，不管唐玄宗烧不烧国库，叛军对百姓会采取什么样的态度和做法，在已经陷落的诸多城市中早已验证过了。

天光方亮，蒙在鼓里的百官还在按例入朝。他们见宫门外的仪仗甲士仍然整齐严肃，惊恐的内心稍稍有些安定。待宫门打开，大臣们却望见宫内一片混乱，宦官、宫人都在争抢着东西奔走逃亡，问谁也不知道皇帝在哪里。

皇帝抛弃我们了——人们奔走相告。长安城内大唐臣民的信念一下子坍塌了。士民四散，争相逃命。一些市井之徒趁乱闯入皇宫和官宦贵族的府邸抢劫金银财宝，甚至有人骑着驴进了宫殿，还有人放火焚烧建筑物和国库。

此时的唐玄宗一行已经跨过渭河上的便桥。便桥即西渭桥，也称咸阳桥，故址在今陕西省咸阳市西南九公里的秦都区钓鱼台乡资村西南沙河河道上，现仍然残存遗迹。这座桥早在秦汉时就已存在。经过对桥桩进行碳十四测定，最古老的桥桩距今已两千一百多年，是世界上迄今发现最早、规模最大的木结构桥梁。

当时，人们西出长安踏上"丝绸之路"远赴西域多走此桥，因而这里是与长安东面的灞桥齐名的迎来送往之地。汉宣帝曾在这里欢迎匈奴单于来朝，唐太宗曾在这里与突厥颉利可汗结盟。杜甫《兵车行》中的"车辚辚，马萧萧，行人弓箭各在腰。爷娘妻子走相送，尘埃不见咸阳桥"即指此桥。王维的《渭城曲》"渭城朝雨浥轻尘，客舍青青柳色新。劝君更尽一杯酒，西出阳关无故人"，歌咏的即是便桥折柳送别的情景。

只可惜，今日堂堂天子过此桥，虽然是"车辚辚，马萧萧，行人弓箭各在腰"，却再也无人劝皇帝更尽一杯酒了。

过了便桥，回首东望，已是长安不见使人愁。

马嵬驿

车驾刚刚通过便桥，杨国忠便命人焚毁桥梁，生怕叛军会追赶上来。唐玄宗说："今百姓苍惶，各求生路，何得断绝？"他遣高力士断后，将火扑灭。

唐玄宗又派宦官王洛卿先行打前站，告诉沿途郡县做好接驾准备。但是，郡县令守大都逃亡，哪还有人顾得上去考虑皇帝的吃饭问题呢？中午时分，唐玄宗一行抵达咸阳县望贤宫。咸阳县令早已不见了踪影，望贤宫也是人去楼空。

没有官吏接驾，杨国忠只好亲自去给唐玄宗买胡饼吃。倒是周围的百姓听说皇帝到来，争相献上粗饭，饭食中掺杂着麦豆。这些往日里皇亲国戚绝不肯食用的乡野之物，如今却成了珍馐美味，“皇孙辈争以手掬食之，须臾而尽，犹未能饱”。

唐玄宗坐在望贤宫前的大树底下，望着眼前的情景不禁掩面而泣。见到皇帝垂泪，众人一直忍着不敢流露出的情绪也一下子被激发出来，皆痛哭流涕。哭罢，唐玄宗令军士们自由分散到周边的村落去讨饭吃。到了下午，众人才又集合出发，急匆匆地继续向西行进。

夜将过半，唐玄宗一行来到金城。金城也已是一座空城，县令、县民都逃走了。好在驿馆内的食物、器皿俱在，士卒们自炊自给。见朝廷没了希望，多数扈从抛弃皇帝逃走，连唐玄宗平日宠信的大宦官内侍监袁思艺也不辞而别。驿馆中无灯，人们不管平日里的身份有什么高低贵贱之别，纷纷摸着黑东倒西歪地睡去，满地狼藉，如一片尸骸。

就在住宿金城之夜，辅佐哥舒翰守卫潼关的王思礼仓皇赶到，向唐玄宗报告了前方的确切消息，直到此时唐玄宗才知道哥舒翰被俘。若是放在以前，唐玄宗大概会追究王思礼的兵败之责。但此时唐玄宗对自己贸然强令哥舒翰出关作战的错误命令已有所悔悟，且朝廷正是用人之时，王思礼能够驱驰数百里忠心追随，与那些作鸟兽散的官吏相比，已实属难能可贵，还能追究什么呢？他不但没有任何责怪之意，反而委任王思礼为河西、陇右节度使，即令赴镇，收合散卒，以讨叛军。

次日天明，唐玄宗一行继续西进。这一天是天宝十五年（756 年）六月十四日，中国历史上颇为诡异的“马嵬之变”就在这一天发生了。

“马嵬”是金城县西面的一座驿站，据金城约二十八里路。唐玄宗一行自清晨出发，约中午时抵达马嵬驿。此时，禁军将士们早已人困马乏，怨声载道。唐玄宗与杨贵妃等人草草地吃了几口东西，在驿亭中休息。而禁军将士们却一个个还都饿着肚子。他们想到昨天凌晨自己还宿卫在舒适的皇宫之中，每天锦衣玉食、趾高气扬，而转眼之间却成了丧家之犬，惶惶不可终日。这一切是谁之过失？

安禄山起兵时打出的是“讨杨国忠”的旗号，当时“天下以杨国忠骄纵召乱，莫不切齿”。人们认为安禄山的反叛，杨国忠难脱干系。而首唱“幸蜀之策”，怂恿皇帝逃离长安的同样是杨国忠。于是，禁军将士们将满腔愤恨发泄在杨国忠身上。

禁军统帅陈玄礼早有诛杀杨国忠之意，他观察到这一情形，认为杨国忠已惹得天怒人怨，动手的时机已经成熟。他召集禁军诸将，说道：“今天子震荡，社稷不守，使生人肝脑涂地，岂非国忠所致？欲诛之以谢天下，云何？”这番话正中大家下怀，众将异口同声道：“念之久矣，事行身死，固所愿。”

大家气冲冲地去找杨国忠。事也凑巧，队伍中有吐蕃使者二十余人，他们得不到食物供应，也去找杨国忠索要。而杨国忠正在驿站西门外与吐蕃使者交涉。

不知哪位禁军将领见此情景灵机一动，大呼：“国忠与胡虏谋反！”禁军将士们一拥而上，将杨国忠与吐蕃使者包围。杨国忠猝不及防，他翻身下马，向西门内奔去。禁军将士们一顿乱刃，将杨国忠与二十余名吐蕃使者砍翻在地。可怜这些使者，没有要来饭食却做了饿死鬼。杨国忠被乱刃屠尸，他的头颅被砍下，一名禁军用大枪挑着，高高地挂在了驿站门外。

杨国忠之子户部侍郎杨暄及韩国夫人、秦国夫人同时被杀。将士们杀红了眼睛，局势几乎失控。御史大夫魏方进见杨国忠被杀，挺身质问：“汝曹何敢害宰相！”将士们不由分说，又将其杀死。宰相韦见素闻乱而出，也被乱兵砍伤了脑袋，幸好未伤及性命。

在驿站内休息的唐玄宗听到外面喧哗，心中也是一惊，忙问左右外面发生了何事。左右打探之后回复，杨国忠谋反，已经被诛。以宫廷政变起家的唐玄宗顿感事态不妙，他自然明白发生了什么事。既然杨国忠已死，事到如今已经不可能再为一个死人而得罪禁军将士了。

唐玄宗拄着拐杖出门慰劳将士。一番好言安抚之后，唐玄宗命令禁军收队，大军开拔。然而，禁军将士们却都矗立在原地不动，九五之尊的金口玉言，有如东风射马耳。

唐玄宗让高力士去问禁军统帅陈玄礼，还有什么要求没有满足。陈玄礼说："国忠谋反，贵妃不宜供奉，愿陛下割恩正法。"不责怪反慰劳，表明唐玄宗肯定了禁军行为的合法性和正当性。但是，禁军将士们仍然担心皇帝这是权宜之计，害怕杨贵妃以后会在唐玄宗耳旁吹枕边风，有一天皇帝会对他们秋后算账，因此杨贵妃必须死。

唐玄宗听到这样的要求，黯然地说了一句"朕当自处之"，便转身入驿门，拄着拐杖，倾斜着脑袋矗立在那里，许久不再说话。

宰相韦见素之子京兆司录参军韦谔见皇帝仍在犹豫不决，跪地上前，叩头流血道："今众怒难犯，安危在晷刻，愿陛下速决！"

唐玄宗还想为杨贵妃最后争取一次活的机会，他挣扎地问道："贵妃常居深宫，安知国忠反谋！"

高力士在一旁说破了其中玄机："贵妃诚无罪，然将士已杀国忠，而贵妃在陛下左右，岂敢自安！愿陛下审思之，将士安，则陛下安矣！"

显然，"将士安，则陛下安"的提醒较之"愿陛下割恩正法"的诉求更能触动唐玄宗的心弦。在个人生死与家国存亡的关键时刻，杨贵妃自然也就成了可以牺牲的对象：

帝不获已，与妃诀，遂缢死于佛室。时年三十八，瘗于驿西道侧。(《旧唐书·杨贵妃传》)

上乃命力士引贵妃于佛堂，缢杀之。(《资治通鉴》)

唐玄宗命令高力士将杨贵妃带到佛堂将其缢杀，并草草埋葬于驿西道侧。就这样三十八岁的杨贵妃结束了生命。

从上述引文可以看到，关于杨贵妃的死地，《旧唐书·杨贵妃传》中明确记为"佛室"，《资治通鉴》也采信了这一说法，似乎并无争议，仅仅是将"佛室"改为"佛堂"。但《旧唐书》是五代后晋时成书，《资治通鉴》更是北宋的作品，离天宝年间都有二三百年的时间间隔。

而杨贵妃死后大约半个世纪成书的李肇所著的《唐国史补》却将杨贵妃的死地记录为一棵梨树之下："（唐玄宗）命高力士缢贵妃于佛堂前梨树下。"书中甚至还煞有介事地谈到了一则趣闻，说是马嵬驿中有一老妪，偶然拾到了杨贵妃的一只织锦缎袜筒。过往客商争相出百钱把玩，老妪获利极多，因此致富。

当然，杨贵妃的死地究竟在何处，今人已无法确切考证。缢死在梨树之下，远比缢死在佛堂浪漫得多。陈寅恪认为这一说法可能受了白居易《长恨歌》中"玉容寂寞泪阑干，梨花一枝春带雨"的影响。但这句诗仅仅是个比喻而已，杨贵妃死时是盛夏并非春季。"梨花"云云又如何当得了真呢？

之所以出现这一说法，除了有可能是受"梨花一枝春带雨"的影响之外，还可能有两个原因：

其一，唐玄宗与杨贵妃常在梨园之中教演艺人。《新唐书·礼乐志》载："玄宗既知音律，又酷爱法曲，选坐部伎子弟三百，教于梨园。声有误者，帝必觉而正之，号'皇帝梨园弟子'。"于是，"梨园"成了后世戏曲界的代名词，唐玄宗甚至成了戏曲界的祖师爷。杨贵妃在梨园"缓歌慢舞凝丝竹"，自然与梨园有了某种暗合。让她死在梨树之下，或是一种因果，或是一种成全。

其二，"梨""离"二字同音。今人仍有"分梨"的忌讳。唐玄宗与杨贵妃至马嵬驿而生死永离，即使"上穷碧落下黄泉"，也是"两处茫茫皆不见"了。将杨贵妃设计为惨死在梨树之下，也是一种象征手法，用"梨"这一具体事物表现了"离"的抽象意义。

除了杨贵妃的死地之外，她的死亡方式也存在一定的争议。大量记载都证明杨贵妃是被缢杀，但还有一种说法认为她是吞金而死。

诗人刘禹锡曾作过一首诗《马嵬行》。他在绿野黄尘的马嵬坡前见到了杨贵妃墓，"乃问里中儿"当时的情景。马嵬坡当地的小儿对刘禹锡讲："军家诛戚族，天子舍妖姬。群吏伏门屏，贵人牵帝衣。低回转美目，风日为无晖。贵人饮金屑，倏忽舜英暮……”当地小儿认为“贵人饮金屑”是杨贵妃的死因。小儿之言虽然被刘禹锡记录了下来，终究是稗官野史不见经传，也没有其他权威证据加以证明。但作为唐代本朝、马嵬当地的传闻，也可备一说，自有它的民俗价值存在。

另外，还有一种传说更为离奇，认为杨贵妃在马嵬兵变当日并未真的死去。

莫唱长恨歌

传说兵变当日，一位宫女做了杨贵妃的替身，李代桃僵。杨贵妃本尊则被隐匿起来后逃出了宫闱，几经辗转流落日本。在今日本，关于杨贵妃的传说颇多，不但有供奉她的寺庙，山口县长门市还建有杨贵妃墓。许多日本人甚至自称是杨贵妃的后裔，其中就包括著名的明星山口百惠。这一传说滥觞自白居易《长恨歌》中杨贵妃的复活：

忽闻海上有仙山，山在虚无缥缈间。
楼阁玲珑五云起，其中绰约多仙子。
中有一人字太真，雪肤花貌参差是。

“海上仙山”让人们自然联想到日本。杨贵妃在日本“复活”，也就自然在日本定居了。既然人死不能复生，那么超自然的“复活”也就被现实的“逃亡”所代替，虚无缥缈的神话也就变成了或许有之的传说。这也是人们在知晓美好被击碎之后，给予自己的一种安慰。

实际上，唐玄宗也好，杨贵妃也罢，都没有机会找一位宫女代替杨贵妃死去。以唐玄宗当时的心境，恐怕也不敢赌上家国命运，铤而走险地去做这样瞒天过海的事。

杨贵妃尚未冷却的尸体被停置在驿站的庭院之中，供陈玄礼等禁军将领查验。无论是缢杀还是吞金，杨贵妃的容颜在短时间内不会有改变。以禁军将领对杨贵妃容貌的熟悉程度和对杨贵妃死亡的关切程度，是不可能让一具假杨贵妃的尸体蒙混过关的。杨贵妃香消玉殒于马嵬坡应该不存在什么疑问。

在确认杨贵妃确实已经不可能再给唐玄宗吹枕边风之后，陈玄礼等人脱掉盔胄，向皇帝顿首请罪，表示愿意继续效忠。

唐玄宗大大地松了一口气，朝廷安全了，自己的皇位安全了。他晓谕军士，表示对这次兵变不予追究。禁军将士皆呼万岁，再拜而出。

据说杨贵妃刚刚咽气的时候，正巧南方进贡的荔枝到了马嵬驿。唐玄宗睹物思人，叹息了几声，以荔枝祭祀杨贵妃。

这里还要交代一下虢国夫人的结局。兵变发生时，虢国夫人带着儿子裴徽、杨国忠之妻裴柔带着幼子趁着混乱逃走了，一直逃到陈仓县境内。

陈仓县令薛景仙早已得到了不远处朝廷的通报，说虢国夫人等人是反贼家属，应予以逮捕。薛景仙率官吏、士卒追捕，终将虢国夫人等人堵在一处竹林中。虢国夫人与裴柔自知大限将至，不肯被捕受辱。裴柔恳求虢国夫人结束自己的性命。虢国夫人一剑刺去，裴柔当场毙命。

虢国夫人随即自刎，却没有断气。薛景仙将其抓获，关在县衙狱中。虢国夫人问狱吏："国家乎？贼乎？"直到此时，虢国夫人还不清楚，眼前这群人是代表朝廷来抓捕他们，还是代表叛军来抓捕他们。毕竟无论是朝廷还是叛军，都想置杨家人于死地。

狱吏的回答意味深长："互有之。"

虢国夫人因失血过多，血凝结在喉咙而死，遗体被埋在了陈仓县郊外。

灭杨氏满门者究竟为谁？"国家乎？贼乎？"恐怕都不是，而是杨家人自己吧。

中唐诗人元稹在《连昌宫词》中提到开元盛世之后的天宝乱政，颇为痛心疾首：

开元之末姚宋死，朝廷渐渐由妃子。

禄山宫里养作儿，虢国门前闹如市。

弄权宰相不记名，依稀忆得杨与李。

庙谟颠倒四海摇，五十年来作疮痏。

究竟谁应该为宗庙倾倒、四海板荡，五十年来的太平盛世一朝化成了“疮痏”负责？元稹将责任归于杨贵妃、安禄山、虢国夫人、李林甫、杨国忠等人身上。安禄山、李林甫、杨国忠自不必说，但杨贵妃与虢国夫人要为乱世负责？这样的看法是否公允？

应该说成也萧何，败也萧何。在“朕即国家”的时代，开元盛世的功绩与天宝乱政的主要责任都应归于唐玄宗，这是毋庸置疑的。至于杨贵妃，从现有的资料看，她不是一个热衷政治的女人。虽然受到皇帝的宠幸，但杨贵妃与武则天不同，她对朝政几乎从不过问。

与令人头疼的政治相比，杨贵妃更喜欢同“梨园子弟”们一起，与唐玄宗简单愉快地玩耍。吃吃荔枝，泡泡温泉，跳上一段霓裳羽衣舞，或者请名满天下的李白为自己写上几句类似“云想衣裳花想容”的夸赞之辞。这样一个女人几乎不会因干政而影响政局。

“朝廷渐渐由妃子”似乎说得有些过分了，但也不能说杨贵妃对乱局的形成就完全没有责任。杨贵妃在以另外一种形式影响着唐玄宗。“云鬓花颜金步摇，芙蓉帐暖度春宵。春宵苦短日高起，从此君王不早朝。”唐玄宗自纳杨贵妃后，旦夕伐作，疏于政务。作为实际上的六宫之主，杨贵妃多多少少是应负有责任的。

想想当年的独孤皇后如何辅佐隋文帝处理政务，杨贵妃完全可以凭借自己在唐玄宗面前的影响力，劝谏夫君做一个君王应有的样子。但是，杨贵妃并没有这么做。面对至尊对她的偏爱与宠幸，杨贵妃得意且享受，并丝毫没有意识到其中的危险。

须知“业精于勤而荒于嬉”，虽然说杨贵妃的“嬉”并非带着恶意，但客观上的大厦倾崩，并不是主观无恶意就能免责的。

至于虢国夫人，她作为外戚且在朝廷中没有行政职务，于法于理自然是不能干政的。但“虢国门前闹如市”的现实透露出了她的贪婪。她得势时的所作所为，在前文中有较为详细的介绍，这里就不再赘述了。

唐玄宗、杨贵妃以及安禄山、李林甫、杨国忠、虢国夫人等人都应因他们在历史上所扮演的角色，为盛唐的忽然衰落、乱世的突如其来负上自己的责任。

六军不发无奈何，宛转蛾眉马前死。
花钿委地无人收，翠翘金雀玉搔头。
君王掩面救不得，回看血泪相和流。

《长恨歌》的描写总是令人动容。杨贵妃“宛转蛾眉马前死”，唐玄宗“回看血泪相和流”，二人的爱情悲歌难道不是他们自己伴着霓裳羽衣曲唱响的吗？而覆巢之下岂有完卵，无辜的百姓在乱世的悲惨遭遇又有多少人愿意去关注？只有忧国忧民、痛心疾首如杜甫，才会吟咏乱世中普通百姓的无奈与绝望。

比如，杜甫在《新婚别》中讲到一对夫妻在成婚的第二天，丈夫就被朝廷抓了壮丁，到前线与安史叛军作战：“结发为君妻，席不暖君床。暮婚晨告别，无乃太匆忙。……君今往死地，沉痛迫中肠。”另一首更著名的《石壕吏》，讲的是一对年老夫妻的命运：

老妪力虽衰，请从吏夜归。
急应河阳役，犹得备晨炊。
夜久语声绝，如闻泣幽咽。
天明登前途，独与老翁别。

同样是夫妻别离，村夫村妇比金枝玉叶又如何？千载下来，清人袁枚成了杜甫的知音。他在《马嵬》一诗中的对比，犹如一把火炬，烧掉了史书中的冠冕堂皇，照见一个真实的战乱时代：

莫唱当年长恨歌，人间亦自有银河。

石壕村里夫妻别，泪比长生殿上多。

“泪比长生殿上多”可以有两个理解：一是说承受乱世痛苦的民间夫妻在数量上要远远多于高高在上的那一对人。这自然是肯定的，像《新婚别》《石壕吏》中那样的夫妻诀别是数不胜数的。另一种理解是民间夫妻的感情并不比李杨二人寡淡。

李杨之恋是中国古代君王爱情的典范，却也不见得就比民间夫妻的相濡以沫来得深刻。如果要《新婚别》《石壕吏》中的丈夫倾其所有来换取与妻子的团圆，他们不见得不会去做。但如果让唐玄宗倾其所有来换取杨贵妃的生命，他愿意去做吗？很显然，他不会去做。

“君王掩面救不得”，并非真的救不得，而是与付出的代价相比，唐玄宗舍不得。禁军之所以要置杨贵妃于死地，主要是担心杨氏势力日后死灰复燃，对马嵬驿兵变秋后算账。

作为五十年太平天子的唐玄宗，在禁军中有着极高的威望，如果他执意要保杨贵妃一命，并非完全不可行。比如，他可以以赐铁券的方式，用自己的信誉担保永不追究此事。但史书中并没有记载唐玄宗对此做出过努力，哪怕小小地挣扎一下。面对禁军的所有要求，唐玄宗照单全收。

唐玄宗为何会如此软弱？其原因是他无法承受一旦谈判失败，禁军真的哗变而不再支持朝廷的后果。但出现这种后果的概率微乎其微。即使唐玄宗的铁券誓约不能取得禁军的信任与满意，他还可以在接下来放出大招，表明自己既往不咎的诚意和誓保杨贵妃不死的决心。

唐玄宗若是肯内禅，传位于太子李亨，自己甘愿过上悠悠无为的太上皇生活，以换取与杨贵妃双宿双飞，兵变有可能得到更圆满的解决。

杨氏势力与太子李亨之间的矛盾朝堂上尽人皆知，终日宿卫宫闱的禁军将领自然更清楚。若是此时太子即位，等于兵变帮助太子除掉了政敌并促成了内禅事实的发生。新皇帝自然不可能追究禁军的责任，相反会犒赏他们。

须知只要唐玄宗继续做皇帝，即使杨贵妃死去，皇帝还是有能力为杨贵妃报仇的。禁军将领的潜在危险并未完全消除。而唐玄宗失去了皇帝的权力后情况就大不同了，即使他心中衔恨，也没有办法采取什么实际行动了。

对于太子与禁军来讲，登上皇位与保障安全的唯一条件是让一个并不关心政治的女人活着，而这样的条件又算得了什么呢？他们有什么理由不同意呢？但很可惜，唐玄宗绝不会提出这样的方案。

与皇位相比，杨贵妃的性命又算得了什么呢？

第二章 何处是归程

古道音尘绝

此时的唐玄宗已经是一位年逾古稀的老人。在半年多的平叛指挥中，他昏招频出。如果说平叛初期的失败还有仓皇应战的因素为其遮羞，那么在战争局面转向僵持之后，在占尽天时、地利、人和的情况下，唐玄宗居然丢了国都仓皇出逃，实在就难以说得过去了。事实证明，这位风烛残年的九五之尊已经到了退出历史舞台的时候，接下来的事情该留给年轻人去做了。

这一点不但旁观者清，就连唐玄宗自己也心知肚明。他在话里话外多次表明自己早有传位的意愿，就是对“大势所趋”的回应。但是，说归说做归做，他仍然贪恋皇位不肯放手。哪怕牺牲所谓最爱的杨贵妃的性命，他也愿坐在现在的位置上再搏一把。

但年轻人还愿意再等吗？唐玄宗接下来要面临的是一个赔了美人又失了江山的两败局面。

太子李亨作为大唐帝国的皇位继承人，在马嵬驿兵变之前，政治上始终没有取得他应有的存在感。相比于先前的几位太子，杨广、李世民、李治、李隆基等人，李亨的太子生涯实在是过于平淡。他既没有杨广、李世民那样的文治武功，也没有李治、李隆基那样的惊心动魄。以至于笔者都没有提出一章哪怕是一节，对李亨的太子生涯做一个简单的介绍。只是在对武惠妃、李林甫、安禄山、杨国忠的介绍中，作为他们的政治对手，穿插着介绍过李亨。

李亨是在宫廷斗争中意外登上储君之位的。入主东宫的十余年间，李亨小心谨慎，不敢有半点差池。李亨在朝中没有形成自己的政治势力，他的心腹只有妻子张良娣，东宫宦官李辅国，儿子广平王李豫、建宁王李倓等数人。这些人在朝中没有话语权，更不能左右大事。即便如此低调，李亨还是几次被政治对手陷害，甚至险些被废。但李亨受到命运的眷顾，不仅在具体事件上每次都能化险为夷，在宏观大势上还能峰回路转。比如，步步紧逼的李林甫突然病亡后，李亨的险境有所缓解；轮到杨国忠步步紧逼时，安史之乱又突然爆发。

天下大事的风云际会与机缘巧合，终于使李亨在马嵬驿前被推到了历史前台。许多史料表明，在兵变发生之前，陈玄礼曾经向李亨表明过诛杀杨国忠的意向，甚至汇报诛杀计划。

如《旧唐书·杨贵妃传》讲："至马嵬，禁军大将陈玄礼密启太子，诛国忠父子。"《旧唐书·韦见素传》讲："次马嵬驿，军士不得食，流言不逊。龙武将军陈玄礼惧其乱，乃与飞龙马家李护国谋于皇太子，请诛国忠，以慰士心。"李护国即李辅国。他曾在宦官控制的骑兵飞龙厩中任职，因此称"飞龙马家"，也称"飞龙小儿"。这证明诛杀杨国忠一事得到了太子李亨的首肯，至少是默许。不然李亨一定会向唐玄宗禀告，兵变就会流产。

当然，这也并不能表明陈玄礼就是李亨一党，或者说李亨计划并唆使了这次兵变。杨国忠是李亨的政敌。陈玄礼想要诛杀杨国忠，去寻求李亨的支持是正常的。李亨则乐得借禁军之手除掉杨国忠。李亨之所以敢于首肯或默许陈玄礼的犯上作乱，也是他洞察到了人心所向。虽然李亨常年身居东宫，但他却是一个善于了解民心群情的人。他在没有政治势力的情况下，于乱世中最终登上皇位，与这一点息息相关。

杨氏集团尤其是杨国忠的处境早已是人人喊打，众人却敢怒不敢言。在安史之乱之初，安禄山之所以要打出“讨杨国忠”的旗号才敢扯旗造反，已经很明显地体现出了杨国忠的风评。而潼关失守，更是给杨国忠带来了巨大的危机。

大家都清楚是杨国忠为了一己私利，置长安的安危于不顾，鼓动唐玄宗给镇守潼关的哥舒翰下达死命令，强令其出关东进，致使潼关失守。大家也清楚是杨国忠为了一己私利，鼓动唐玄宗在还没有看到一个叛军身影的时候就放弃长安，西窜巴蜀。

在潼关失守之前，叛军的处境其实已经非常窘迫。祸国殃民的杨国忠，却为了一己私利扭转了战局，给整个国家造成了不可估量的损失，正如《旧唐书》中所言：

禄山虽据河洛，其兵锋东止于梁、宋，南不过许、邓。李光弼、郭子仪统河朔劲卒，连收恒、定，若崤、函固守，兵不妄动，则凶逆之势，不讨自弊。及哥舒翰出师，凡不数日，乘舆迁幸，朝廷陷没，百僚系颈，妃主被戮，兵满天下，毒流四海，皆国忠之召祸也。

可以说，诛杀杨国忠是人心所向。杜甫在《北征》中盛赞陈玄礼力挽狂澜的功绩：“桓桓陈将军，仗钺奋忠烈。微尔人尽非，于今国犹活。”陈玄礼发动兵变于封建礼法上确属犯上作乱，却得到了当时人们的肯定，皆因兵变的目的是诛杀杨国忠。

马嵬驿兵变发生在天宝十五年（756年）六月十四日午后。经过一番折腾，已到了傍晚时分。庞大的车驾队伍所幸宿在了马嵬驿中。当夜无话，第二天整军出发，似乎什么事情都没有发生。在这个没有杨贵妃陪伴的夜晚，这位君王是否辗转反侧夜不能寐，他思考了些什么，怀念了些什么，又畅想了些什么，后人不得而知。

第二天清晨，车驾整队准备出发。一个当务之急摆在面前，大家还去蜀地吗？建议唐玄宗幸蜀的人是杨国忠，如今他已经被杀，并被扣上了乱臣贼子的帽子，再去蜀地还有意义吗？且蜀地多是杨国忠的心腹，蜀地的安全性也被打上了问号。

争论展开了。有人主张返回长安积极备战；有人主张北上朔方甚至去更远的西凉；有人主张到大唐的龙兴之地太原安身；有人主张计划不变，继续到蜀地去。这几种意见各有利弊，唐玄宗一时拿不定主意。这时，高力士说了这样一番话：

太原虽固，地与贼邻，本属禄山，人心难测。朔方近塞，半是番戎，不达朝章率难教驭。西凉悬远，沙漠萧条，大驾顺动，人马非少，先无备拟，必有阙供，贼骑起来，恐见狼狈。剑南虽窄，土富人繁，表里江山，内外险固，蜀道可行。

高力士一一驳斥了太原、朔方、西凉等几种方案，认为“蜀道可行”。唐玄宗还是有些犹豫。既然几种方案都不可行，蜀道又过于艰险，那么返回长安备战行不行呢？车驾逃离长安，长安人心涣散，已经乱作一团，如今是否已落入敌手尚不可知。韦见素之子韦谔说：“还京，当有御贼之备。今兵少，未易东向，不如且至扶风，徐图去就。”意思是先到扶风观察观察再说吧。

唐玄宗觉得这是个万全之策，传令大军开拔，继续向西进发，先到扶风落脚。关中父老远远见到皇帝的队伍，纷纷跪倒在驿道之上，请求皇帝不要捐弃宗庙陵寝，留在关中组织平叛。唐玄宗心中五味杂陈，他既知没有能力留下来，又不想因此有负众望。

唐玄宗将这个难题抛给了太子李亨。玄宗自己先行一步，而命令李亨留下来安慰父老。不想李亨却利用这个短暂的喘息之机，果断地脱离了唐玄宗的控制。唐玄宗走后，关中父老纷纷聚在李亨周围，竟达数千人之多。李亨想要西去，“父老共拥太子马，不得行”。

父老纷纷对李亨说：“至尊既不肯留，某等愿帅子弟从殿下东破贼，取长安。若殿下与至尊皆入蜀，使中原百姓谁为之主？”

李辅国等东宫心腹趁机向李亨献策，希望他能够留下来组织平叛，上顺应天意，下收取人望。李亨虽然仍为太子，但也已经是一位四十五岁的中年人了。他见多了政治斗争中的风风雨雨、分分合合，逐渐锻炼得稳重老练、通达事理，具有较高的政治素养。他心里非常清楚，蜀地绝不是好的去处，留在唐玄宗身边只能仰人鼻息，难有出头之日，有一着之错触怒了父皇，旦夕间就会被废弃，不如趁殿后的机会，与父皇分道扬镳，自己闯出一片天地。

想到这里，李亨也就半推半就不再西行了。试想“父老共拥太子马”即便是史实，李亨若决意西去，又怎会真的“不得行”呢？还是自己不愿意走罢了。当然，除却个人私利不谈，李亨留下来组织平叛，对于安史之乱的平定是具有重大积极意义的，也是他作为太子勇于担当历史责任的表现，值得肯定。当然，历史也褒奖了他。

此时，唐玄宗已经向西行进了一段，见太子久久不来会合，便派使者去查看。使者回禀说太子已经被父老留下来讨贼。唐玄宗自然明白了是怎么一回事。事到如今，他已无力控制太子了。唐玄宗长叹一声“天也！”，颇有“天要下雨，娘要嫁人，随他去吧”的意思。

唐玄宗知道自己已经日薄西山，若太子能够率领官军克复中原、平定叛乱，自然也是大唐之幸、万民之幸。所以，唐玄宗虽对太子李亨擅作主张的行为心中不满，却也不会对其掣肘，甚至表示大力支持。他索性将后军的两千士卒与飞龙厩的骑兵调拨给太子，归其调遣。其时，包括张良娣在内的东宫眷属还在中军之中，唐玄宗也大方地让他们投奔太子去了。

西逃的唐朝廷自此分为两支。唐玄宗率大部继续向西，在扶风稍作休整后一头扎进秦岭，踏上了峥嵘而崔嵬的蜀道。留下来的太子李亨，又有什么地方可去呢？

灵武登基

长安不可回，蜀地不可入。太子李亨的去处也就剩下了之前提到的太原、朔方、西凉三个地方。太原本是安禄山属地，如今又濒临前线，太过于危险。西凉又太过于遥远，指挥不便，若去其地，则比去蜀地更有逃跑之嫌。不远不近，不险不逸，适当的去处也就剩下朔方了。

朔方是唐朝最重要的边塞军镇之一，统七军府，辖三受降城，军事上辐射的范围很广，治所为灵州回乐县（今宁夏灵武西南）。朝廷在这里屯驻有大量戍边部队。唐人李益那首著名的《夜上受降城闻笛》描绘的就是朔方的边塞之景与戍边之情：

回乐烽前沙似雪，受降城外月如霜。
不知何处吹芦管，一夜征人尽望乡。

李亨曾经做过名义上的朔方节度使，虽然仅仅是遥领，并未赴任，但好歹和朔方也算有着联系。在河北抗敌的名将郭子仪、李光弼、仆固怀恩等人都出自朔方军镇，控制了朔方，这些名将掌握的军队也就成了李亨的武装力量。因此，朔方成为李亨的第一选择。

目前，李亨手下有两千余人，又在关中百姓中招募了约三千人，勉强组成了一支五千人的队伍。不想在渭水北岸，李亨就遇到了一支“叛军”。一场阵仗下来，李亨大败。后来才发现这并不是叛军，而是从潼关败下来的官军，双方互以为对方是叛军才发生了这场误会。李亨转忧为喜，双方兵合一处，急速向朔方进发。

究竟有多急？军队在六月十五日启程，十八日已经赶到了平凉（今甘肃平凉），平均每天要赶一百多里路。士兵们丢盔弃甲，狼狈不堪，军械散落了一路。比起唐玄宗只惧怕叛军追上来，李亨更惧怕父皇反悔，再派人追上来。

到达平凉后，李亨的心稍稍安定。特别是朔方留后杜鸿渐、节度判官崔漪派使者到平凉来迎接李亨，使李亨非常高兴，这表明朔方军民对自己的接纳。河西司马裴冕此时也赶到平凉投奔李亨。此时的李亨仍是孤家寡人，“兵众寡弱”“军容缺然”，十分狼狈，身边更是没有几个像样的朝廷官员，能得到杜鸿渐、崔漪、裴冕的支持，李亨十分感动。队伍在平凉休整了几日，继续启程向北，于七月十日抵达灵武（今宁夏灵武西南）。

灵武处在黄河河套地域，既有利于控制西北各镇，又便于南下关中，是平叛大业的理想战略基地。杜鸿渐、崔漪将李亨接到城中。没等李亨坐定，劝进的表章就递了上去。灵武的文武官员联名劝说李亨即刻即皇帝位，以便领导全国的平叛工作。起初李亨不敢同意，表章连递了五次，他才接受。

李亨本是天下兵马元帅，领朔方、河东、平卢节度使。唐玄宗又已同意将其留下指挥平叛，可以说即使李亨不马上即皇帝位，也可以领导平叛。群臣之所以急切地劝说李亨即皇帝位，当然是为了获得拥立之功和今后在新朝廷中的地位。至于李亨，他早已受够了居于储君之位的压抑，做梦都想赶紧当上皇帝。三番五次地推辞不过是做给他人看的一场戏。既然众望所归，那自然就要顺天应人了。

七月十三日，李亨在群臣的拥戴下，在灵武即位称帝，即历史上的唐肃宗，并改元至德，遥尊唐玄宗为“上皇天帝”。彼时的朝廷文武官员加起来不过三十余人，人员配备严重不齐。最初的几位拥立者也如愿以偿地成为新朝廷掌握实权、参与机要的显官。杜鸿渐、崔漪并知中书舍人事，裴冕为中书侍郎、同平章事。当然，这一切都是在没有唐玄宗的授意下擅自进行的，实际上并不合法。因此，登基大典完成后，唐肃宗马上派出使者向唐玄宗报告。

唐肃宗即皇帝位的那一天，唐玄宗正在剑阁。《长恨歌》云：

蜀江水碧蜀山青，圣主朝朝暮暮情。

行宫见月伤心色，夜雨闻铃肠断声。

有个著名的词牌叫作“雨霖铃”，出自唐教坊曲名，据说就是唐玄宗在蜀道上思念杨贵妃所作。唐人段安节《乐府杂录》云：“《雨霖铃》者，因唐明皇驾回至骆谷，闻雨淋銮铃，因令张野狐撰为曲名。”唐人郑处诲《明皇杂录》曰：“明皇既幸蜀西南行，初入斜谷，属霖雨涉旬，于栈道雨中，闻铃音与山相应，上既悼念贵妃，采其声为《雨霖铃》曲，以寄恨焉。”这段故事后又被演绎为《剑阁闻铃》。

七月十三日的夜里，不知道唐玄宗是不是在剑阁遇到了冷雨凄风，不知道这位有怀不寐的大唐天子，是不是听着帘外雨打金铃那如泣如诉的断肠声，想念着他的爱妃不肯入梦。

明眸皓齿今何在？血污游魂归不得。

清渭东流剑阁深，去住彼此无消息。

唐玄宗失去了爱妃，也没有了儿子的消息。那一夜，他完全不清楚遥远北方的灵武发生了什么，更不清楚自己已经不再是脚下这片土地的最高统治者。

唐玄宗在七月底才走出艰险的蜀道抵达成都。大约又过了十四天，灵武的使者才来到成都，向唐玄宗报告唐肃宗已经即皇帝位的“喜讯”。

唐玄宗得到这个消息的反应竟是——高兴地说：“吾儿顺天应人，吾复何忧！”

唐玄宗此时并非心甘情愿将皇位传给唐肃宗。他若想要传位，在此之前便有很多机会，不用拖到今天。但面对既成事实，唐玄宗采取这样的态度是明智的。以当时的礼法看，唐肃宗的行为实属大逆不道。就像宋人范祖禹在《唐鉴》中质问的那样：“肃宗以皇太子讨贼，至灵武遂自称帝，此乃太子叛父，何以讨禄山也？”

在没有唐玄宗诏命的情况下，擅自即位相当于篡位，这是毋庸置疑的。唐玄宗完全有理由闻讯后勃然大怒，拒绝承认这位新皇帝的合法地位，并号令天下讨伐李亨。那样一来，天下将出现什么样的局面可想而知。一个乱臣已经够朝廷受的，又来一个贼子，唐王朝真的有可能就此休矣。

权衡利弊，太子李亨毕竟是皇位的合法继承人，虽然着急了些，有抢班夺权之嫌，但大敌当前，唐玄宗只好忍气吞声——既然木已成舟，就不如将这木舟再顺水推上一把。

八月十六日，唐玄宗颁布了《命皇太子即皇帝位诏》，诏书中说："今宗社未安，国家多难，宜令即皇帝位，朕称太上皇。"正式承认了唐肃宗的合法地位。

当然，唐玄宗还是在为最高权力挣扎："天下兵权，宜制在中夏，朕据巴蜀，应卒则难。其四海军权，先取皇帝处分，然后奏朕知。待克复上京，朕将凝神静虑，偃息大庭也。"

言下之意，唐玄宗还要掌握一段时间的军权，等到克复长安之后，才肯完全放手。唐玄宗委派韦见素、房琯、崔涣等人带着诏书和传国玉玺北上灵武，举行传位大典。

至此，唐玄宗正式退位。这个当时世界上最大帝国的至高无上的权力算是完成了平稳过渡。自712年即位，至756年退位，唐玄宗在位约四十五年，是唐代在位时间最长的皇帝。虽说晚节不保，但不可否认，他仍然是中国历史上最有成就的皇帝之一。

由于交通不便、信息迟延，唐肃宗在相当长的时间内都不清楚父皇对自己擅自即位的态度。当然，他不能等、不能靠，而要马上承担起一位皇帝的责任，不断加强自己的实力，让自己成为名副其实的皇帝，有重整乾坤功绩的皇帝，这样才能真正坐稳位子。

好在自唐肃宗登基后喜事连连。先有河西节度副使李嗣业率兵五千人、安西行军司马李栖筠率兵七千人抵达灵武，接受唐肃宗的指挥。潼关失陷后，郭子仪与李光弼在河北已成孤军。为保守河东，二人主动从河北撤退。得知唐肃宗在灵武登基后，二人则分兵两路，郭子仪率精兵五万来到灵武报到，李光弼负责守卫太原。郭子仪的到来使唐肃宗手下的人马一下子达到八九万之众。

唐肃宗任命郭子仪为兵部尚书、同中书门下平章事，兼朔方节度使；李光弼为户部尚书、同中书门下平章事，北都太原留守。两人并为宰相。此后，李光弼坚持在河东地区征讨叛军，郭子仪则率主力部队留在灵武，协助唐肃宗指挥全局。

唐肃宗大阅六军，并于九月十七日离开灵武，鼓噪而南，意图收复关中。九月二十五日，唐肃宗在顺化（今甘肃庆阳）见到了韦见素、房琯、崔涣等人，正式接受内禅，成为合法的皇帝。十月初三，唐肃宗到达彭原（今甘肃宁县）。在这里，唐肃宗意外地遭到了当头一棒。

宰相房琯主动请战，率兵万人讨伐叛军，却作战失利，为贼所败，丧师殆尽。此战后，唐肃宗认识到一般的官员不是叛军的对手，此后更加倚重郭子仪和朔方军。朔方军也成为唐肃宗平叛的主力。

郭子仪和朔方军果然不负皇帝期望，贼将阿史那从礼以同罗、仆骨等胡族骑兵五千出塞，引诱河曲等地的游牧民族部落数万户反叛。郭子仪与回纥将领葛逻支合兵，击破阿史那从礼，斩获数万，河曲地区遂告平定，这场战役使以后的平叛战争有了稳定的后方。

良将精兵的聚集、军事斗争的胜利使唐肃宗高兴不已。然而，更令他兴奋的是一位叫作李泌的白衣隐士来到了自己的身边。

李泌何许人也？

白衣山人

李泌是一位影响了唐朝政治三十余年的奇人，其出自关陇勋贵最核心的家族，北周八柱国之一的李弼是其六世祖，隋末瓦岗军首领李密是其族曾祖。

李泌早慧，七岁知文，被视为神童。因人推荐，唐玄宗召见七岁的李泌到宫中对答。唐玄宗当时正与张说观弈。张说首先说：“方若棋局，圆若棋子，动若棋生，静若棋死。”并请李泌也以“方圆动静”对答。李泌即答：“方若行义，圆若用智，动若骋材，静若得意。”唐玄宗大悦。

以李泌的门第和在唐玄宗心中留下的印象，他若求一官半职并非难事。但他却喜好研究《易经》《老子》，仰慕神仙不死之术，终日游历于嵩山、华山、终南山之间，并不急于入仕。

直到天宝十年（751年），已经二十九岁的李泌向唐玄宗献上《复明堂九鼎议》。李泌这个名字才又进入唐玄宗的视野。唐玄宗召他入朝讲授《老子》，并命他待诏翰林，供奉东宫。正是这个决定让李泌接触到了太子李亨。二人相谈甚欢。彼时，李亨正在暗中积蓄自己的力量，对才学过人的李泌极为看重，遂成知己。

但李泌却看不惯天宝末年朝里朝外的乌烟瘴气，他写诗讥讽杨国忠、安禄山等辈。此举得罪了杨国忠，以讽刺朝政的罪名将李泌贬到蕲春郡（今湖北蕲春）安置。李泌倒是乐得离开是非之地，从此“乃潜遁名山，以习隐自适”，再次成为一名隐士。

渔阳鼙鼓动地而来，形势的急剧变化使唐玄宗、杨国忠、安禄山早已忘了还有一个叫作李泌的年轻人存在。但是，太子李亨却对李泌念念不忘。李亨在马嵬驿脱离了唐玄宗的控制之后，北上灵武即位称帝，马上遣使访召李泌。

彼时，李泌正在嵩山、颍水之间游荡。见天下大乱，好友即位，并派遣使者来征召自己，李泌感到成就大事的机遇已经到来。他果断放弃了隐逸生活，冒险奔赴关中，进而辗转西北，终于见到了唐肃宗。

此时的朝廷正是用人之际，见到风尘仆仆的李泌，唐肃宗将其引为智囊，聆听其陈说古今成败之机，并欲委任其为显官。但李泌却不愿为官，只希望自己以宾客的身份做唐肃宗的顾问。唐肃宗只好授予了李泌银青光禄大夫的散官。

李泌自称为“山人”，保持着隐逸风范。与唐肃宗同车出入，李泌的一袭白衣十分醒目。围观的百姓纷纷说着黄衣者是圣上，着白衣者是“山人”。唐肃宗与李泌经常在深夜围炉夜话。

虽然没有实际的行政官职，但是唐肃宗对李泌非常器重，大事皆与其商议。李泌成为唐肃宗的谋主，史称其“权逾宰相”。比如唐肃宗与李泌商议，让哪位皇子做天下兵马元帅。当时唐肃宗没有立太子，其长子广平王李俶按说是最合礼法的人选。但广平王李俶较文弱，很多文武官员倾向于让勇武的建宁王李倓担任此职。

针对这种声音，李泌对唐肃宗说："建宁王诚贤，然广平冢嗣，有君人量，岂使为吴太伯乎？"意思是建宁王虽然贤德，然而广平王是嫡长子，又有人君的雅量，岂能让他成为吴太伯呢？

当年的"吴太伯"居长，但没有成为周国国君。言下之意，广平王如果做不了元帅，他也就做不成太子了。唐肃宗很不解，问道："广平为太子，何假元帅？"广平王若要做太子，为什么必须要做元帅呢？

李泌对曰："使元帅有功，陛下不以为储副，得耶？"如果建宁王做了元帅，在平叛中立下功勋，陛下不想让他做太子能行吗？这句话暗指的是唐初李建成与李世民的储位之争。

唐肃宗恍然大悟，于是委任广平王李俶为天下兵马元帅。广平王李俶在不久之后果真做了太子。李俶后来改名李豫，即唐代宗。

当然，谁能够当太子，谁能够成为大唐江山的继任者，都并非当务之急。当务之急是大唐要有江山才行。如今山河破碎、两京失陷，平定叛乱才是首要工作。唐肃宗向李泌问计，如何才能破贼。李泌慷慨陈词，说了一番千古对策。这番话堪比东汉末年诸葛亮的"隆中对"，又可比隋末刘文静的"狱中对"，将天下大势分析得极为透彻：

贼掠金帛子女，悉送范阳，有苟得心，渠能定中国邪？华人为之用者，独周挚、高尚等数人，馀皆胁制偷合，至天下大计，非所知也。不出二年，无寇矣，陛下无欲速。夫王者之师，当务万全，图久安，使无后害。今诏李光弼守太原，出井陉，郭子仪取冯翊，入河东，则史思明、张忠志不敢离范阳、常山，安守忠、田乾真不敢离长安，是以三地禁其四将也。随禄山者，独阿史那承庆耳。使子仪毋取华，令贼得通关中，则北守范阳，西救长安，奔命数千里，其精卒劲骑，不逾年而弊。我常以逸待劳，来避其锋，去翦其疲，以所征之兵会抚风，与太原、朔方军互击之。

徐命建宁王为范阳节度大使，北并塞与光弼相掎角，以取范阳。贼失巢窟，当死河南诸将手。

李泌认为，叛军掠夺财富和人口悉数送往老巢范阳，这说明叛军鼠目寸光，没有长期占有中原的雄心和信心。不出两年，叛军就会垮台。因此朝廷不必急于求成，而应以万全之策求稳，谋求长治久安、永绝后患。

具体做法是诏令李光弼自太原东出井陉，郭子仪取冯翊，进入河东。这样一来叛军害怕河北丢失，只能固守范阳、常山。长安的叛军也不敢轻易离开长安。而在洛阳的安禄山，也会陷入没有机动兵力可供调遣的窘况。

这时朝廷军队就可对范阳和长安展开攻击。叛军北守范阳，西救长安，在数千里的战线上奔命，即使是精卒劲骑，不用一年也就疲惫了。朝廷军队则以逸待劳。叛军援兵来时就避其锋芒，援军一撤退就继续骚扰。待时机成熟，便命建宁王与李光弼直取范阳。叛军失去老巢，必然人心大乱，发生内讧，不战自灭。

唐肃宗对这一番高论深以为然，依计行事。自郭子仪、李光弼率主力撤退后，史思明部再度攻陷常山等河北诸郡，进而越过太行山进入河东。史思明、蔡希德、高秀岩、牛廷介四路大军共十余万人向太原方面合围。李光弼手下仅有主力部队五千余人，另有在当地临时招募的地方武装数千人。

情况十分危急，太原城内人心惶惶。诸将建议赶快加固加高城墙防御。但李光弼认为，加固加高城墙已经来不及，不如在城外加深护城河，并将护城河中的泥土运入城内，以备随时加固、修补城墙。就这样，官军赶在叛军包围之前将挖掘护城河的泥土运入城内，做了数十万块土坯。叛军围困太原，久攻不下，损失惨重。

这时，突然传来安禄山的死讯。

一年多来，安禄山在洛阳宫中养尊处优，身体越来越肥胖。他“腹垂过膝，重三百三十斤，每行以肩膊左右抬挽其身，方能移步”，哪里还是那个能够自如跳起胡旋舞的马上将军，简直成了一个废人。安禄山身上长满了疥疮，痛痒难忍。他原先就患有眼疾，近期情况越发糟糕，到了几近失明的状态。

从现代医学角度来看，安禄山恐怕是患了糖尿病，并出现了多种严重的并发症。病痛的折磨使安禄山性情大变，脾气越来越暴躁，身边的人动辄得咎。“（安禄山）尤卞燥，左右给侍，无罪辄死，或箠掠何辱，猪儿尤数。虽严庄亲倚，时时遭笞靳，故二人深怨禄山。”

严庄是安禄山最信赖的大臣，李猪儿是安禄山最宠信的家奴。这两个人深怨安禄山，安禄山就危险了。特别是李猪儿，他负责服侍安禄山的起居，安禄山什么事情都不会避讳他。

李猪儿是契丹族人，十几岁就跟随在安禄山左右。安禄山居然残忍地亲手将其阉割。据说阉割时，李猪儿血流不止，昏死了过去。安禄山用火灰给他敷住伤口，一天之后，李猪儿才慢慢苏醒。从此，他成了安禄山的贴身家奴。

安禄山的肚子太大，每次穿衣都要三四个人伺候。两个人抬起肚子，李猪儿用头顶住肚子，安禄山才能穿上裙裤，系上腰带。就连安禄山在华清宫泡温泉，也是李猪儿伺候脱穿衣服。

除了这两个人之外，安禄山的次子安庆绪也想伺机杀死安禄山。原来自从安禄山的长子安庆宗死后，安庆绪就成了安禄山的第一合法继承人，被加封为“晋王”。“庆绪善骑射，禄山偏爱之”，安庆绪本是安禄山的爱子。但称帝之后，安禄山逐渐偏爱幼子，疏远冷落了安庆绪。安庆绪害怕安禄山有朝一日将自己废掉，便欲先下手为强，除掉安禄山，自己做皇帝。

安庆绪、严庄、李猪儿，三个人一拍即合。

至德二年（757 年）正月初一，安禄山接受臣子们的新春朝贺，中途因疮痛发作而草草结束。

安庆绪等三人谋划趁着安禄山病情加重的机会刺杀他。夜里，安庆绪在门外守卫，严庄与李猪儿同入安禄山的寝室。安禄山酣豢高眠，丝毫没有察觉。李猪儿以大刀刺向安禄山的肚子。

剧烈的疼痛使安禄山霍然惊醒，他伸手去寻床头的佩刀，但他双目失明，又很难起身，用手摸了半天也没有摸到。这时安禄山已被剖腹，肥肥的肠子流了一床。安禄山抓着幄帐，大呼："是家贼！"言讫气绝身亡。

谈笑净胡沙

安庆绪等人在床下挖掘了一个数尺深的大坑，以毡罽包裹安禄山的尸体填埋其中。这个为了自己富有四海不惜搭上千万人性命的野心家、阴谋家，居然连一副薄皮棺材也没有混上。

严庄随即对外宣布，安禄山传位于"晋王"安庆绪，尊安禄山为太上皇。此后，心满意足的安庆绪纵乐饮酒无度，将严庄引为谋主，呼之为兄，事无大小必咨询严庄。

此时正值太原之战紧张之时。安庆绪比安禄山还要目光短浅，他居然抽调史思明等部回师范阳守备，仅留蔡希德围攻太原。安禄山一死，围攻太原的叛军人心不稳，战斗力明显下降。李光弼抓住这个契机，组织了一支敢死队主动出击，在太原城外将蔡希德击溃。叛军败逃沿途又遭到各地军民的截杀，先后损失了七八万人马，元气大伤。

对于官军来讲，太原之战的胜利具有重大战略意义，不但保卫了唐朝复兴基地朔方的安全，而且使官军始终保留有东出太行、光复河北乃至直捣范阳的可能性。太原成为一把悬在叛军头顶的达摩克利斯之剑，使叛军的老巢范阳始终无法处于绝对安全之中。

随着安禄山的死亡和太原之战的失利，叛军内部矛盾重重、士气低落，形势对官军非常有利。但是，谁也没想到，就在这样的关键时刻，唐朝内部却发生了内讧，南北朝时期的大分裂险些再次上演。造成这一局面的人是唐玄宗第十六子永王李璘。

在唐玄宗的众多子嗣中，永王李璘的排名并不靠前，他的母亲郭顺仪在宫中的地位并不算高，且在李璘年幼时就撒手人寰。按常理说，李璘将会是一位不受重视的皇子。但是，母亲郭顺仪去世后，李璘却得到了被兄长李亨抚养的机会。李亨对这个幼弟十分喜爱，“常抱之以眠”。当时的李亨并非太子，除了年长几岁，在地位上与李璘差异不大。谁想到十多年后，李亨阴错阳差地成为太子，从小受到李亨偏爱的李璘也就显得与众不同了。

安史之乱爆发后，唐玄宗任命李璘为山南节度使，但仅是遥领而已，并非真的赴任。直到长安陷落，唐玄宗仓皇逃蜀，走到汉中，他才诏令做节度使的诸子赴任。此时的唐玄宗并不清楚太子李亨已经在灵武登基，他认为自己坐镇蜀地指挥全国平叛，肯定会因消息滞后而贻误战机。诸子赴任节度使当然提高了各地抗击叛军的主动性和机动性，但无疑也加大了诸侯割据的风险性。

李璘被任命为山南东路、岭南、黔中、江南西路四道节度使，江陵郡大都督，坐镇江陵。江陵即今天的湖北荆州，是长江出三峡之后的第一个战略要地，上扼巴蜀，下控吴楚，南通潇湘，北指中原。

在唐代，江陵是长江沿岸上与金陵、扬州地位同等重要的中心城市。而在安史之乱爆发后，由于大运河被切断，江南赋税都要逆长江而上转运到江陵，再北入汉中或西入巴蜀，江陵的战略地位更加凸显。李璘坐镇江陵，等于扼住了唐王朝的经济命脉。

两京失陷、北方糜烂，一些野心家见到眼前的情景，不自觉地想到了四百多年前西晋末年的八王之乱和五胡乱华。同样是胡人侵扰中原，同样是中央政权崩溃，同样是皇子分封割据，那么谁是今世的“琅琊王司马睿”？谁可以在安全的南方建立一个类似于东晋的“东唐”？很多人将目光投向了李璘：

今天下大乱，惟南方完富，璘握四道兵，封疆数千里，宜据金陵，保有江表，如东晋故事。

这样的认知逐渐弥漫在李璘集团中。李璘是一位生于深宫之中、长于妇人之手的公子哥，起初他并无做“晋元帝第二”的野心，却耐不住周围人的劝说，尤其是李璘之子襄城郡王李偒。此人孔武有力、好勇斗狠，是个顽劣的纨绔子弟。他“为左右眩惑，遂谋狂悖”，一再劝说父亲起兵。

唐肃宗逐渐嗅到了危险的气息。为了避免骨肉相残，也为了挽救李璘，唐肃宗命令李璘即刻前往成都朝觐父亲，让父亲对其严加看管。但李璘却抗命不遵。可以说，到此时李璘坐镇江陵已经不具备合法性了。

江陵长史李岘见李璘将要谋反，托词有病离开江陵，奔赴朝廷向唐肃宗报告。唐肃宗预感到大事不妙，他设置了淮南节度使，以高适为节度使，辖广陵等十二郡，又设置淮南西道节度使，以来瑱为节度使，辖汝南等五郡，让他们与江东节度使韦陟共同密切监视、防范李璘有可能进行的下一步行动。

至德元年（756年）十二月，李璘在没有接到任何命令的情况下擅自率水军沿江而下，美其名曰“东巡”。一生怀才不遇的诗人李白当时也在李璘幕府之中。李白为李璘写下了组诗《永王东巡歌》，传世共十一首。

有学者认为李璘起兵“东巡”是为了平叛，率水军顺江而下再沿海路北上，攻击叛军后方，并以《永王东巡歌》其九为证：

祖龙浮海不成桥，汉武寻阳空射蛟。
我王楼舰轻秦汉，却似文皇欲渡辽。

“祖龙”即秦始皇，“汉武”即汉武帝，“文皇”即唐太宗。“欲渡辽”是指永王欲率大军迂回至叛军的后方。且不说“欲渡辽”是永王“东巡”的借口还是真心，仅以永王李璘同秦始皇、汉武帝、唐太宗相提并论，其中的意味就已很值得一品了。

且再看《永王东巡歌》其二：

三川北虏乱如麻，四海南奔似永嘉。
但用东山谢安石，为君谈笑净胡沙。

“三川”指以洛阳为中心的中原。洛阳周围有黄河、洛河、伊河三条河流，故称三川。中原被“北虏”所乱，民众纷纷向南逃亡，类似当年的永嘉南渡。李白则以“谢安”自喻。在淝水之战中，谢安任东晋军队总指挥，击败了百万前秦军队，使东晋国祚不灭。李白认为永王如果能够重用自己，自己也可以为永王“谈笑净胡沙”。如此露骨地将时政与东晋历史相比，永王东巡是准备效仿司马睿割据江左还是欲渡海平叛，也就不难判断了。

值得注意的是，《永王东巡歌》并非李白喝顿小酒后的个人抒情作品。这组诗是要拿给永王看的。永王居然对这组诗未持异议且任其流传，可以说这组诗是对了永王的心思的。

永王引舟师东下。吴郡采访使李希言质问永王为何起兵。但李希言向永王发出的是“平牒”。“平牒”是指职衔相等的方镇平等互通的文牒。永王见到“平牒”大怒：

寡人上皇天属，皇帝友于，地尊侯王，礼绝僚品，简书来往，应有常仪，今乃平牒抗威，落笔署字，汉仪隳紊，一至于斯！

永王认为李希言对自己用“平牒”是严重的失礼，并以此为借口发兵攻打广陵。永王军行至当涂，大败李希言属下将领元景曜和丹徒太守阎敬之所部。元景曜投降，阎敬之不降被斩。一时江淮震动、江左大骇。

但是，此时的局势虽然看似与西晋末年相似，实则有太多的不同。西晋末年，国家统一刚刚三十余年，此前南方一直由孙吴政权割据，早已形成了离心力。加之旷日持久的八王之乱使西晋元气大伤、民心大丧，五胡乱华又使西晋皇帝被俘，中原无法收拾，永嘉南渡也就成了无奈之举。

而此时，通过隋唐两代的努力，早已弥合了魏晋南北朝时期所形成的南北方离心力。唐朝立国近一百五十年，朝廷未尝有大的过失。刚刚即位的唐肃宗挽狂澜于既倒，举全国之力平叛，官军节节胜利。这个时候一镇藩王为了一己私利在后方搞阴谋、搞小动作、搞分裂是不得人心的。

至德二年（757 年）二月，随着各地官军的集结，永王军很快显出了颓势。永王的属将在看出永王确实是要造反之后，也不愿再为其卖命。将领季广琛召集诸将说：“与公等从王，岂欲反邪？上皇播迁，道路不通，而诸子无贤于王者。如总江淮锐兵，长驱雍、洛，大功可成。今乃不然，使吾等名绖叛逆，如后世何？”大家割臂为盟，纷纷离开永王，投奔朝廷。

众将作鸟兽散后，永王自然无法再抵挡官军的进攻。他率领部分亲随向南方逃跑，准备逃到岭南去。在翻越大庾岭时，永王军与江西采访使皇甫侁率领的追兵发生激战。永王李璘中箭被擒，皇甫侁擅作主张将其杀死。

皇甫侁将永王的妻儿老小送到成都，交给唐玄宗处理。唐玄宗伤悼许久。唐肃宗因与永王感情笃深，对他的罪行隐而不言，却对皇甫侁擅杀的行为非常不满：“皇甫侁执吾弟，不送之蜀而擅杀之，何邪？”自此不再信用皇甫侁。皇甫侁本是立下了大功，却因掺和进了帝王家事，落了个里外不是人。

许多随永王一同造反的人都受到了牵连。比如李白，这位当代“谢安”在浔阳被捕入狱，虽经好友多方营救，仍然被判流放夜郎（今贵州桐梓）。后因关中大旱，唐肃宗宣布大赦天下，凡是死罪皆改为流放，流放刑罚以下则全部赦免。李白在白帝城得到了赦令，他喜出望外，写下了那首脍炙人口的《早发白帝城》：

朝辞白帝彩云间，千里江陵一日还。

两岸猿声啼不住，轻舟已过万重山。

在乱世中，如果说杜甫用《三吏》《三别》等诗史记录了那个时代，算是对历史有所贡献的话，自诩“天生我才必有用”的“谪仙”人，却尴尬地诠释了什么叫“百无一用是书生”。李白自命不凡却一事无成，既没有多少值得称道的功绩，也没有惹出什么大的祸端，仅仅用他的聪明才智与狂放不羁为历史添了一些小麻烦而已。

第三章 国破山河在

克复两京

在唐肃宗积极准备反攻平叛的这段时期内，唐皇室内部出现了两件骨肉相残、亲痛仇快的事件：永王“东巡”是其一，李倓之死是其二。

李倓是唐肃宗第三子，封建宁王。李倓英毅果敢，有才略，善骑射，颇具将才。当初在马嵬驿，李倓曾向父亲李亨建议：“逆胡乱常，四海崩分，不因人情图兴复，虽欲从上入蜀，而散关以东非国家有。夫大孝莫若安社稷，殿下当募豪桀，趣河西，收牧马。今防边屯士不下十万，而光弼、子仪全军在河朔，与谋兴复，策之上者。”李亨正是按此行事，才在灵武登基，别开天地，成为中兴之主。

在扈从李亨北上途中，李倓以骁骑数百充当先锋，每次接战常身先士卒，血染袍袂。因为有这样的表现，李亨即帝位后，欲以李倓为天下兵马元帅，后经李泌劝止。但也正因为李倓表露出的才干，让李亨所宠幸的张淑妃与李辅国惶恐不已。

张淑妃即张良娣。唐肃宗即位后册其为淑妃。这个女人极具政治野心又工于心计，说话办事总能对上唐肃宗的心思，时常让唐肃宗颇为感动，因而专宠一时。比如在北上灵武途中，她常常挡在李亨的身前。李亨问："捍御非妇人之事，何以居前？"她就说："今大家跋履险难，兵卫非多，恐有仓卒，妾自当之，大家可由后而出，庶几无患。"表示自己是为了以身保护李亨及大家。此时她正怀有身孕，李亨怎会不感动。

及至灵武，张良娣产下一子，李亨自然非常高兴。但刚刚过了三日，她就亲手为战士缝衣。李亨觉得她产后应当休息，不应操劳。她却说："此非妾自养之时，须办大家事。"李亨当然又是一番感动。

至于李辅国，他早年入宫，从宫中最低等的太监干起，在闲厩中做杂役。后得到高力士的赏识，他才逐渐崭露头角。天宝年间，李辅国到东宫服侍，结识了太子李亨，逐渐成为李亨的心腹宦官。

随着唐肃宗的即位，张淑妃与李辅国都成为政治红人，他们的政治野心也更加膨胀。对于自己所能获得的最大政治利益，他们各有各的算盘，但有一个共同的想法是绝不希望唐肃宗立一个他们不能控制的继承人。

目前，有可能成为太子的只有唐肃宗的嫡长子广平王李俶和建宁王李倓。李俶性格仁孝温恭，比较容易控制。李倓则不同。因此张淑妃与李辅国要先想办法除掉李倓。至于李俶，再慢慢说。两个人共同诬陷李倓因没有做上天下兵马元帅而心怀不满，他们对唐肃宗妄称："倓恨不总兵，郁郁有异志。"唐肃宗不辨真伪，居然在盛怒之下将李倓赐死。

李倓是皇室中不可多得的将才，他的冤死对官军的军事行动产生了消极影响。当然，永王东巡与李倓之死仅仅是平叛战争中的两首不和谐的插曲。平叛的基调没有变化，唐肃宗关注的重心始终在如何对付叛军上。

唐肃宗自感官军精锐部队消耗过大，为了迅速平叛，须要外援支持。他册封唐高宗李治曾孙、章怀太子李贤的孙子李承寀为敦煌郡王，派遣将军仆固怀恩辅佐李承寀出使回纥借兵。

回纥的主体本是铁勒的一支"袁纥"部落，他们游牧于伊犁河、鄂尔浑河和色楞格河流域，依附于突厥，彼时还没有"回纥"的名号。大约在隋炀帝时期，这支铁勒人与同属铁勒的仆固、同罗、拔野古等部落组成联盟，共同反抗突厥。这个铁勒部落联盟集团开始称为"回纥"。

随着突厥的衰落，回纥乘势而兴。贞观二十年（646 年），回纥人配合唐军攻灭薛延陀，取得了唐朝廷的信任。唐在其地设立“瀚海都督府”，分置六府、七州，回纥成为唐的附庸。天宝三年（744 年），回纥首领骨力裴罗自立为可汗，建立回纥汗国。当时的回纥汗国控制了东起今额尔古纳河，西至伊犁河流域的广袤牧场。

回纥与唐关系向来较好，没有发生过大规模冲突，又有着较强的军事实力，尤其是重装骑兵，当时驰骋草原鲜有对手。因此唐肃宗才会向回纥借兵。

之所以派遣仆固怀恩辅佐李承寀出使回纥，与仆固怀恩的族属有很大的关系。仆固怀恩是铁勒族仆固部人，祖先是仆固部首领，家族世袭金微州都督。仆固怀恩本身就是回纥人。安史之乱初，仆固怀恩任朔方军左武锋使，随郭子仪屡立战功，勇冠军中。后又配合李光弼转战河北，骁勇果敢，显示出了对唐王朝的忠诚。唐肃宗即位后，仆固怀恩随郭子仪赴灵武保驾。向回纥借兵自然需要这样的人参与。

为了得到回纥骁勇善战的精骑，唐肃宗甚至不惜允诺，收复长安后，“土地、士庶归唐，金帛、子女皆归回纥”。回纥可汗有意交好唐朝，他提出出兵的条件是与唐朝和亲，将自己的女儿嫁给李承寀。李承寀即纳其女为妃。这位回纥公主后被唐朝封为毗伽公主。回纥可汗终于答应派四千精骑入塞，帮助唐朝平叛。

按照李泌的计划，官军应先取下叛军的老巢范阳，再挥师南下歼灭中原的叛军，光复长安与洛阳。这个计划在最开始是得到唐肃宗肯定的。但随着官军军事力量的强大，唐肃宗开始倾向于首先光复长安，其次光复洛阳及中原，最后攻占范阳，彻底歼灭叛军。

唐肃宗向李泌问道：“今战必胜，攻必取，何暇千里先事范阳乎？”李泌自有他的一番见解：“必得两京，则贼再强，我再困。且我所恃者，碛西突骑、西北诸戎耳。若先取京师，期必在春，关东早热，马且病，士皆思归，不可以战。贼得休士养徒，必复来南。此危道也。”

李泌认为，朝廷所依仗的力量是西北的骑兵部队，他们习惯于在北方寒冷地带作战，利用他们来攻取范阳是合适的。如果让他们在中原作战，天气炎热，战马易病，将士思乡，必然会早早归去。而叛军有范阳作为基地，必然会卷土重来，届时中原还要陷入战乱。

但是，唐肃宗却执意要收复长安，他给出的理由是“朕切于晨昏之恋”。也就是说，他想赶快收复长安，将唐玄宗迎请回来晨昏问安，在膝前尽孝。这是一个臣子无法反驳的理由，当然这并非真实的理由。

唐玄宗在《命皇太子即皇帝位诏》中说得明白：“四海军权，先取皇帝处分，然后奏朕知。待克复上京，朕将凝神静虑，偃息大庭也。”也就是说，唐玄宗在让位的时候理论上是没有交出最高军权的，只有等唐肃宗克复长安，他才肯真正退休。唐肃宗怎会不急着收复长安呢？

另外，通过永王“东巡”事件，唐肃宗也看到人们对于毫无功劳却擅自即位的自己心怀不满，特别是一些重量级皇室成员对自己并不服气。唐玄宗已经让诸皇子就任各地节度使，实际上是将全国分为了多个战区。唐肃宗仅仅偏安西北一地，对其他皇子的控制力是十分有限的。加之唐肃宗直接控制的地区是经济欠发达地区，那些地处江淮的皇子们很容易在不久的将来做大做强，与唐肃宗分庭抗礼。若唐肃宗不能凭借自己暂时的军事优势和接近两京的地缘优势迅速收复两京，很有可能被其他皇子捷足先登。到那时，唐肃宗这个皇帝能不能做下去还是两说。明末清初的王夫之就看到了这一点，他在《读通鉴论》中说：

盖其时上皇在蜀，人心犹戴故君，诸王分节制之命，玄宗且无固志，永王璘已有琅邪东渡之雄心矣。肃宗若无疾复西京之大勋，孤处西隅，与天下县隔，海岱、江淮、荆楚、三巴分峙而起，高材捷足，先收平贼之功，区区适长之名，未足以弹压天下也。

可以说收复长安是唐肃宗能够坐稳皇帝宝座的保障，是他首先要完成的政治任务。因此后世也有人认为，唐肃宗为了一己私利，置大局于不顾，没有接受李泌的正确主张率先攻取范阳，以致平叛战争出现了反复，安史之乱持续了八年之久，在其后河北始终没有被唐王朝完全掌控，河北的藩镇割据问题一直持续到唐末。这一切都要由唐肃宗来负责任。

客观来讲，这种看法也不尽然。李泌的计划并没有经过实践的检验，这一计划究竟是否可行，是否能够达到既定目标，已经无法证明了。分析当时的历史条件，唐肃宗的主张还是要比李泌的计划稳妥一些。

范阳是叛军经营多年的老巢，官军如果攻夺范阳，势必引起叛军的殊死抵抗。此时，叛军势力还很强大，官军即使全力以赴，也没有把握真的能攻下范阳。若攻范阳不克，官军又损兵折将，届时官军再想掉头收复长安、洛阳恐怕也很难做到了。唐肃宗的朝廷将陷入非常被动的局面。李泌的计划或许能够一劳永逸，根除后患，但也只是“或许”。对于唐肃宗来讲，实在是太过于冒险了。一旦计划失败，其后带来的政治风险是唐肃宗承担不起的。故而唐肃宗宁可有“贼再强，我再困”之虞，也要先收复两京。

至德二年（757 年）三月，唐肃宗率朝廷进驻扶风（今陕西宝鸡凤翔区）。这里距离长安直线距离约一百五十公里，便于靠前指挥，部署反攻。在经历了一系列准备工作之后，至德二年（757 年）九月，唐肃宗派遣天下兵马元帅广平王李俶、副元帅郭子仪率兵十五万，号称二十万，誓师东征，正式发动收复长安的战役。

当初唐玄宗带着朝廷逃离长安后，长安曾发生大乱。留守长安的崔光远与边令诚带人一边救火一边艰难地维持秩序。直到杀了十多个闹事者之后，局势才逐渐控制住。崔光远见大势已去，也不肯再为朝廷卖命，他派儿子去潼关迎接叛军入城，边令诚也把皇宫各门的钥匙献给了叛军。叛军孙孝哲部趁机占据长安。长安不战而陷。此事发生在天宝十五年（756 年）六月，到了至德二年（757 年）九月，长安已经沦陷十五个月。

长安陷落后，叛军目光短浅，认为唐朝廷已成为流亡政府，不足为惧，因而没有乘胜追击，而是纵兵在长安大肆掠夺三日，又派兵到附近州县搜刮抢劫。叛军的所作所为完全是强盗行径，丝毫没有入主天下的样子。如此一来，更激发了关中民众对唐朝廷的思念和对叛军的不满。关中民众自觉自发的反抗斗争风起云涌，他们袭杀叛军官吏，光复失陷州县，使叛军只能龟缩在长安城周边百里的范围内。关中其他地区仍然听从唐朝廷号令。这给唐肃宗的反攻创造了良好的环境。

至德二年（757 年）九月二十七日，官军主力挺进至长安西南约十公里的香积寺一带。官军在香积寺以北、沣水以东列阵。军阵以李嗣业为前军，郭子仪为中军，王思礼为后军。郭子仪、王思礼自不必细说。李嗣业是长期在西域征战的猛将，冲锋陷阵非常英勇，曾立下赫赫战功。唐军平石国、讨突骑施、击吐蕃都有其挥动长刀的身影。此次是唐肃宗急调其自西域赶回，参与征讨叛军。

长安叛军约十万人以安守忠为主帅，在官军之北列阵迎敌。叛军将领李归仁率所部首先出阵与李嗣业的唐前军厮杀。李归仁被李嗣业击败，后退至叛军主力阵前。叛军主力随即投入战斗。李嗣业难以招架，向后撤退。官军惊乱，丢弃大量辎重，引起叛军的争抢。李嗣业见有机可乘，高喊："今日不以身饵贼，军无孑遗矣。"乃脱去上衣赤膊上阵，手执长刀，大呼奋击，叛军当其刀者，人马俱碎。李嗣业身先士卒，所向披靡，一连杀数十人，才稳住阵脚。这样的壮举也感染了官军将士，他们群情激奋，在李嗣业的带领下，各执长刀，组成一堵人墙，一步一步坚定地向前推进。

官军另一员大将王难得为救一名裨将，被叛军射中眼眉，肉皮垂了下来遮住了眼睛。王难得自己将箭拔出，撕下肉皮，血流满面，仍然奋战不已。

有一支叛军埋伏在官军军阵东侧，欲偷袭官军，被官军的探马发现。仆固怀恩率领回纥精骑将这支叛军翦灭殆尽。叛军士气大落。李嗣业又与仆固怀恩合力攻击叛军，叛军渐渐不敌。这场大战自午时一直战到酉时，官军斩首六万级，叛军大溃。叛军残兵败入长安。

当夜，长安城中喧嚣不止。仆固怀恩判断叛军今夜必将弃城逃跑，他向主帅广平王李俶建议说："贼弃城走矣，请以二百骑追之，缚取安守忠、李归仁等。"

李俶则倾向于以不变应万变，他以激战疲惫为由，不予采纳：“将军战亦疲矣，且休息，俟明日图之。”仆固怀恩非常不解，道：“归仁、守忠，贼之骁将，骤胜而败，此天赐我也，奈何纵之！使复得众，还为我患，悔之无及！战尚神速，何明旦也！”李俶不同意。

仆固怀恩一夜反复请战四五次，奈何李俶就是不同意。直到天明，有探马来报，长安叛军确实皆已乘夜向东逃遁。官军错失了一次歼灭多名叛军将领的机会。但收复长安的喜悦很快掩盖了这一小小的遗憾。李俶整众入城，百姓夹道欢呼悲泣。长安再次回到朝廷手中。

当初唐肃宗欲速得京师，曾与回纥相约，收复长安后，土地士庶归唐廷，金帛子女归回纥，任由其掠夺。不得不说这是一桩肮脏的交易，是唐朝廷平叛战争中难以抹去的污点。尽管这只是唐肃宗的权宜之计和无奈之举，但仍然能暴露出统治者的私心与冷酷。即使外兵不得不借，唐廷可以用钱财、粮食、牲畜甚至是土地与回纥交换，但任由其掠夺百姓，那自己与叛军何异？正是应了当初虢国夫人与陈仓狱吏的那两句对话：

“国家乎？贼乎？”“互有之。”

时至今日，回纥人要求兑现承诺。广平王李俶拜于回纥统帅马前，苦苦恳求：“今始得西京，若遽俘掠，则东京之人皆为贼固守，不可复取矣，愿至东京乃如约。”如果朝廷放任回纥人掠夺长安而不闻不问，那么必定大失天下之望。洛阳民众害怕遭到劫掠，有可能会转向支持叛军，届时再想收复洛阳就困难了。

回纥统帅跃下马来答拜，对李俶说：“当为殿下径往东京。”随后回纥统帅与仆固怀恩引回纥兵自城南绕过长安，在城外扎营，对长安秋毫无犯。长安百姓都感激李俶对长安的保护，皆泣曰：“广平王真华、夷之主！”李俶大收民望。连唐肃宗听说后也惊喜地说：“朕不及也！”

李俶留长安镇抚三日，遂引大军东出，向潼关进发。并分兵一部由王难得统领向东南直取武关（今陕西丹凤东南），出了武关就可迂回至洛阳南部，与唐主力夹击洛阳。郭子仪顺利攻取潼关，击杀叛军五千余人，并接连取下华阴、弘农等地。王难得也顺利攻取武关，克复上洛。

叛军余部走保陕州。战场局势的迅速扭转，使坐镇洛阳的安庆绪为之大惊，他以御史大夫严庄为统帅，尽发拱卫洛阳的主力部队驰援陕州，希望阻挡官军东进的步伐。严庄部与陕州的叛军合兵，约步骑十五万严阵以待，等着官军的攻势。

至德二年（757 年）十月十五日，官军主力郭子仪部与叛军主力在新店（今河南陕县西）交锋。

安军依山列阵。官军向山上猛攻，初战不利，被逐下山。但官军主力也吸引了叛军的注意力，使回纥骑兵有机会迂回到南山袭击叛军背侧。回纥骑兵于黄埃中箭如雨下，叛军惊顾："回纥至矣！"遂溃乱。官军与回纥骑兵乘势夹击，叛军大败，陈尸蔽野。严庄等人弃陕郡而逃。官军一举收复陕郡。

严庄跑回洛阳，为了掩盖自己的失利，便夸大回纥骑兵的战力，说他们马快如风，箭疾似雨，绝难抵挡。安庆绪杀父是把好手，面对劲敌却也无计可施。十六日夜，安庆绪带领亲信和少量精锐部队弃洛阳而逃，向北撤往邺城（今河南安阳）。行前，他将俘获的哥舒翰等三十余名唐将杀害。

官军几乎不费吹灰之力就光复了洛阳。但问题紧随而来，回纥兵认为唐廷应该兑现盟约，便开始大肆劫掠洛阳。百姓怨声载道。李俶和郭子仪再次与回纥谈判，以绢罗等万匹向回纥兵赎买，回纥兵方才停止劫掠。

郭子仪乘势攻取洛阳周边的河阳（今河南孟州东南）、河内（今河南沁阳）等地。河南、河东等地的官军也纷纷发动反攻收复失地。叛军趋于全面崩溃，这场"兵满天下，毒流四海"的叛乱看似马上就要被平定了。但谁也没有想到，看似唾手可得的胜利居然延后了六年之久。

从范阳到邺城

官军收复洛阳及周边地区，田承嗣、李归仁、阿史那承庆等叛将纷纷率众逃遁。其中，田承嗣到邺城追随安庆绪，李归仁、阿史那承庆到范阳投奔史思明。

早在至德二年（757年）初，唐肃宗就曾向叛军将领下过一道特赦敕谕：

或率徒侣归顺，或以一身来投，官军皆舍其罪。如能转杀逆党，兼以兵降，当加厚锡。非止免戾，尔无反侧，朕不食言。

也就是说，叛军将领只要投降，朝廷便既往不咎，若有立功还有厚赏。当时局势不明朗，叛军将领鲜有反正者。但官军收复两京后，很多叛军头面人物见大势已去纷纷降唐，如严庄派妻子薛氏假扮成永王李璘的女儿混进官军面见李俶与郭子仪，表示愿意投降。李俶准降，赐严庄免死铁券。后严庄入长安拜见唐肃宗，还被授予了从三品的司农卿一职。

更有甚者，远在范阳的史思明也派遣使节向朝廷表示投降。自从太原大战期间安庆绪命史思明回防范阳后，史思明就一直闭门不出、按兵不动，实力没有受损。安庆绪担心史思明坐大，便派遣阿史那承庆、安守忠、李立节等人到史思明处征集兵马，并暗中计划除掉他。

面对官军的节节胜利，范阳人心惶惶。如节度判官耿仁智对史思明说："大夫所以尽力于安氏者，迫于凶威耳。今唐室中兴，天子仁圣，大夫诚帅所部归之，此转祸为福之计也。"裨将乌承玼也说："今唐室再造，庆绪叶上露耳。大夫奈何与之俱亡！若归款朝廷，以自湔洗，易于反掌耳。"他认为唐廷将中兴，而安庆绪将如叶上的露水不能长久，代表了范阳很多叛臣的看法。史思明也不得不开始为自己打算。

待到阿史那承庆等人来到范阳，史思明预感到了危机。他派人对阿史那承庆说："相公及王远至，将士不胜其喜，然边兵怯懦，惧相公之众，不敢进，愿弛弓以安之。"要求阿史那承庆解除武装后再进城。阿史那承庆没想到史思明会动手，为了取得史思明的信任，他只得听从。结果一进城，阿史那承庆即遭拘禁，安守忠、李立节被斩杀。

史思明遣使奉表以所部十三郡及八万兵马向唐廷投降。唐肃宗大喜，没想到不费一兵一卒就平定了河北，他更加认为自己当初先克复两京再攻取范阳的决策是正确的。唐肃宗封史思明为归义王、范阳长史、御史大夫、河北节度使。

如今，天下只有安庆绪所占据的邺城和周边几个郡县尚未克复。安庆绪走保邺城，从骑不过三百人，步卒不过千人，已成奄奄一息之势。朝廷认为安庆绪已不足为虑，便没有乘胜追击、斩草除根，而是忙着在洛阳大修宫室、封赏功臣。不想当时各地叛军尚多，他们逐渐向邺城聚集。旬日间，蔡希德自上党、田承嗣自颍川、武令珣自南阳各率所部兵马来投。安庆绪又招募河北诸地人马，队伍逐渐发展到六万人，军声复振。

但是，朝廷仍然没有进剿，连年的战争使官军疲惫，朝廷想迅速平定叛乱，幻想着安庆绪能同史思明一样归顺朝廷。

但令人意想不到的是，非但安庆绪没有投降，史思明也再次反叛。乾元元年（758 年）五月，宰相张镐向唐肃宗上奏章称："思明凶竖，因逆窃位，兵强则众附，势夺则人离。包藏不测，禽兽无异，可以计取，难以义招，伏望不以威权假之。"认为史思明的投降只是权宜之计，希望朝廷拿掉他的兵权。

唐肃宗又何尝不知道史思明绝非善类，长期纵容，无异于养虎为患。但拿掉史思明的兵权，说着简单，做起来谈何容易。大体上只有两个方法：一是唐肃宗下旨免去史思明节度使的职务，令其入京就职。很显然，军阀是以地盘和军队为生命的，史思明绝不肯离开河北，离开军队，贸然下旨只会打草惊蛇。二是唐肃宗调集人马，令郭子仪、李光弼等人率军进入河北，胁迫史思明交出兵权，若不就范就兵戎相见。这样做无异于向史思明开战，势必会逼反史思明。

两个方法都不可行，唐肃宗只能选择先安抚住史思明，再从长计议。为了表示对史思明的信任，唐肃宗将宰相张镐贬出京城。几乎与此同时，唐肃宗派遣一个叫作乌承恩的将领代表朝廷前往范阳宣谕慰问。这个乌承恩同史思明渊源颇深。

乌承恩的父亲乌知义做过平卢军将，史思明早年曾在乌知义手下任职。乌知义对其有提携之恩。史思明发达后，对乌知义的两个儿子乌承恩与乌承玼也十分照顾。安史之乱爆发时，乌承恩为信都太守，他与弟弟乌承玼很快投降了史思明，成为叛军将领。洛阳光复后，乌承恩又投降了朝廷。乌承玼仍然留在史思明手下做裨将，并劝说史思明归顺了朝廷。

如此一来，乌承恩与乌承玼兄弟俩就成为长安与范阳之间得力的联系人。唐肃宗派遣乌承恩出使范阳，正是出于这方面的考虑。

镇守太原的李光弼觉得史思明“终当叛乱”，认为可以在乌承恩身上做一些文章，让乌承恩趁机除掉史思明。李光弼向唐肃宗建议，任命乌承恩为范阳节度副使，令其伺机除掉史思明，许诺事成之后拔擢其为范阳节度使。同时赐给阿史那承庆铁券，令其与乌承恩配合。

唐肃宗同意了这一计划。乌承恩路过太原时，李光弼向其面授机宜。无疑，一旦史思明被杀，范阳将成为乌承恩的地盘，这对于乌承恩来讲有着强大的诱惑力。何况这是奉旨行事，乌承恩没有思想包袱，他当即允诺。

到了范阳，乌承恩开始行动。他积极与自己熟悉的将领串联，甚至有时夜间穿着女装到将领家中密谋。但范阳毕竟是史思明经营多年的老巢，耳目众多，乌承恩的非正常举动很快被发觉。

为了收集证据，史思明在乌承恩下榻的馆驿中安排了奸细。奸细躲在床下，偷听到了乌承恩与儿子的密谋。乌承恩父子当夜被捕。史思明还在馆驿中搜出朝廷颁给阿史那承庆的铁券、李光弼给乌承恩的文牒，以及要同史思明一同处死的将领名单。可谓人证物证俱在。

在审讯中，乌承恩承认：“此皆李光弼之谋也。”史思明可算抓住了朝廷的把柄，他聚集将佐、吏民向西大哭，质问唐肃宗：“臣以十三万众降朝廷，何负陛下，而欲杀臣！”遂将乌承恩父子杀死，连坐死者二百余人。

唐肃宗得知乌承恩把事情搞砸了，赶紧派使者到范阳慰谕，希望能够挽回，并把责任都推到乌承恩身上：“此非朝廷与光弼之意，皆承恩所为，杀之甚善。”

史思明不认可这件事是乌承恩自作主张，他上表要求唐肃宗诛杀李光弼，并威胁说：“陛下不为臣诛光弼，臣当自引兵就太原诛之。”

时值朝廷正在处理洛阳、长安失陷后投降安禄山的朝廷大臣。其中，前宰相陈希烈等七人被赐自尽于大理寺。史思明趁机鼓动军心："陈希烈辈皆朝廷大臣，上皇自弃之幸蜀，今犹不免于死，况吾属本从安禄山反乎！"陈希烈这些投降安禄山的大臣都要被赐死，我们这些跟着安禄山反叛的人，难道还能活命吗？范阳众将的情绪很快被调动起来。史思明自此叛意已决。

唐肃宗一面幻想以怀柔手段安抚住史思明，一面加紧调兵遣将，实施对安庆绪的围剿。乾元元年（758 年）七月，唐肃宗将自己的小女儿宁国公主嫁给回纥毗伽阙可汗，希望回纥能再次派兵助战。回纥可汗调遣三千精锐骑兵交给仆固怀恩指挥，助官军作战。

宁国公主做了政治的牺牲品。毗伽阙可汗不到一年就去世了。回纥人想让宁国公主按照回纥的习俗为毗伽阙可汗殉葬，公主反抗说："回纥慕中国之俗，故娶中国女为妇。若欲从其本俗，何必结婚万里之外邪！"宁国公主总算捡了条命，但仍然要按照回纥风俗"剺面大哭"。"剺面"即割破面颊毁容。不久，宁国公主返回长安。

乾元元年（758 年）九月，唐肃宗派遣郭子仪、李光弼、王思礼、李嗣业、鲁炅、许叔冀、季广琛、崔光远、李奂、董秦等节度使统领步骑二十万对安庆绪发起总攻。这些节度使都是在平叛战争中战功赫赫的人物，他们互不统属。为了协调各部，也为了朝廷能监督掌控这支大军，唐肃宗以宦官鱼朝恩为"观军容宣慰处置使"，负责监领诸节度使的二十万大军。

"观军容宣慰处置使"是此前从没有出现过的一个官职，它的设立是唐肃宗的一个发明。但很遗憾，这是一个蹩脚的发明。唐肃宗完全可以委任重量级皇子作为天下兵马元帅统率全军，又何必多此一举地设置一个"观军容宣慰处置使"呢？作为天子特使，"观军容宣慰处置使"的权力比以前的监军还要大得多。由于委派人选是并不懂军事的宦官，他对各军事主官只能是掣肘，起不到积极的统领、协调的作用。同时，这一发明扩大了宦官的权力，对唐朝中后期宦官专权局面的出现起到了推波助澜的作用。鱼朝恩也成为继高力士、李辅国之后，又一位重要的权宦。

战役初期，官军并没有向邺城发起进攻，而是着手剪除邺城周边的叛军羽翼。十月，郭子仪部向北渡过黄河，在获嘉一带击破叛军安太清部。安太清逃至卫州（治所在今河南卫辉），郭子仪紧追不舍，将卫州包围。接着，鲁炅、季广琛、崔光远、李嗣业等部也纷纷开至，在卫州城外与郭子仪部会合。

安庆绪率军七万来解卫州之围。官军乐得围点打援，在卫州城外以逸待劳。郭子仪以三千弓箭手埋伏在垒垣之内，亲自引军进攻安庆绪部，随之佯装不敌败退。待安庆绪军追至垒垣附近，三千弓箭手突然发难，乱箭齐发。叛军损失惨重，向后撤退。郭子仪乘势率军反扑，大败安庆绪，擒杀安庆绪之弟安庆和，卫州也随之被官军攻克。

官军没有给安庆绪喘息的机会，在后面紧紧追击。在邺城以南的愁思冈（今河南安阳南），官军再次大败叛军。安庆绪已经无力再同官军野战，只得龟缩入邺城固守待援。李光弼等部陆续赶到邺城，数十万官军将邺城团团围困。

邺城之围

安庆绪在邺城时，认为官军刚刚收复了中原地区，人困马乏，不会轻易北攻邺城，因此所作所为同在洛阳时无异，终日以声色自娱。猛将蔡希德看不过去，劝谏了几句，得罪了安庆绪。与蔡希德有怨的张通儒趁机进谗言，蔡希德被安庆绪杀掉。

蔡希德身经百战，部下皆是精锐，在叛军中威望颇高，他的被杀使叛军人心大乱，“三军冤痛不为用”。安庆绪以崔乾祐总领兵马。崔乾祐性情愎戾，士卒不附。短短一个月，叛军就有数十位将领和数千精锐士卒逃散。即使没有逃散的人，叛军也人心惶惶、士气低落。官军攻克邺城似乎指日可待了。

面对眼前的危局，安庆绪十分恐惧，如今能救援他的只有史思明了。安庆绪遣使到范阳向史思明求救，并允诺只要史思明救他一命，他甘愿让出“大燕皇帝”的宝座。

史思明本已决意反唐，见官军与安庆绪在邺城鹬蚌相争，想坐收渔人之利，更何况还有皇帝宝座的诱惑，于是他发范阳兵马十三万南下来浑水摸鱼。史思明老谋深算，不肯轻易到邺城与官军接触，只派部将李归仁率步兵一万、骑兵三千在滏阳（今河北磁县）与邺城呼应，静观其变。

趁着官军无暇无力分兵，史思明亲率大军向魏州（治所在今河北大名）进攻。十二月底，史思明攻陷魏州并屠城，杀三万人，平地流血数日。乾元二年（759年）正月初一，史思明于魏州北设坛，自立为“大圣燕王”。他在魏州按兵不动，坐看官军与安庆绪两败俱伤。

见史思明按兵不动，李光弼认为史思明是在等待时机，待官军攻城疲惫懈怠时发起突然袭击。他向鱼朝恩建议说：“我军应分兵一部直趋魏州，迫使史思明出战，史思明必不敢轻易与我军交锋。这样就可在魏州困住史思明。时间一长，邺城见史思明无望到来，军心必然崩溃，我军即可攻克邺城。安庆绪覆灭，史思明也就成了孤军，届时我军再攻取魏州岂不易如反掌？”但是，鱼朝恩却拒绝了这个计划。他认为若集中力量攻城，邺城旦夕可以攻下，没有必要分兵。鱼朝恩显然低估了安庆绪困兽犹斗的顽强。

自乾元元年（758年）十一月至乾元二年（759年）二月，官军猛攻邺城三个月，始终没有攻下。之所以如此，是因为“是时，军无统帅，诸将自图全，人无斗志”。鱼朝恩身为宦官，统率大军，不能服众。各节度使都想保存实力，不肯为鱼朝恩卖命。当然，此时也涌现出了一些可歌可泣的人物。比如李嗣业，他每出战必亲陷敌阵，披坚冲突、履锋冒刃，一次不幸为流矢所中。之后，他卧于帐中养伤，听到战鼓声，又想起身作战，致使伤口崩裂，流血而死。

官军见强攻无法取胜，就准备引漳河水水淹邺城。官军筑起了堤坝，又挖掘三重壕堑，将漳河水灌入邺城。邺城被围困日久，又遭水淹，粮尽兵疲，城中甚至人相食，一斗米能值七万余钱，甚至一只老鼠都能卖数千钱。

邺城眼看就要陷落。在一旁作壁上观的史思明看到收割胜利的时机已经成熟，马上亲率主力十余万人驰援邺城。史思明军在离邺城五十里处扎下营寨，组建了多支骑兵小分队，每队五百骑，以击鼓为号，昼夜不停地骚扰官军营地。官军出击，叛军则退，官军刚刚收队，叛军复至。史思明和官军打起了“敌退我进，敌进我退”的游击战，使官军疲惫不堪。官军的粮草都是从江淮和并州等地长途运输而来，史思明就派人伪装成官军，到沿途各处劫掠官军的粮草车队，使得大量粮草无法抵达邺城。

官军师老兵疲，还面临着断炊的危险，军心更加不稳。史思明乘机和官军决战。三月初六，史思明选拔精兵五万在邺城以北布阵，官军李光弼、王思礼、许叔冀、鲁炅四大节度使应战。马嘶鼓震、短兵相接，双方伤亡巨大，鲁炅也被流矢所伤。郭子仪军随后加入战团。但战场上忽然狂风大作，大树都被连根拔起，黄沙漫天，咫尺之内难辨敌我。官军与史思明军迅速脱离接触，分别向南北两面撤退。

突发的极端天气看似对两军有着相同的影响，谈不上老天帮助了谁，但史思明军与官军的心境不同。史思明军刚刚来到邺城救援，士气正盛。官军则在坚城之下困斗太久，军心涣散。这阵狂风成了压倒官军的最后一根稻草。官军各节度使认为短时间内无法攻下邺城，纷纷离开战场休整。郭子仪退到黄河以南，拆断河阳（今河南孟州东南）桥，防止史思明南下偷袭洛阳。唐肃宗任郭子仪为东都畿、山南东道、河南诸道行营元帅，命他留守洛阳。其他各节度使回归本镇休整。

官军溃兵纪律不严，所到之处惊扰百姓、抢掠钱财、抓捕壮丁，甚至与叛军无异，中原地区再次上演了一幕幕人间惨剧。特别是郭子仪为了加强洛阳防御，在洛阳周边强征百姓入伍，致使百姓哀号、生离死别。杜甫在《新安吏》中描写了官军抓壮丁的情景：

客行新安道，喧呼闻点兵。
借问新安吏：“县小更无丁？”
“府帖昨夜下，次选中男行。”

"中男绝短小，何以守王城？"

肥男有母送，瘦男独伶俜。

白水暮东流，青山犹哭声。

莫自使眼枯，收汝泪纵横。

眼枯即见骨，天地终无情！

我军取相州，日夕望其平。

岂意贼难料，归军星散营。

就粮近故垒，练卒依旧京。

掘壕不到水，牧马役亦轻。

况乃王师顺，抚养甚分明。

送行勿泣血，仆射如父兄。

诗的开头讲官军为了守卫东都到新安抓壮丁和百姓送别子弟的凄惨场面。"我军取相州，日夕望其平。岂意贼难料，归军星散营。"说的是邺城（即相州）之战本望旦夕之间就可平定，谁知"贼难料"，官军打了败仗，归来的败兵像星星一样散乱地扎营。诗的最后，诗人劝慰百姓，官军依托东都重整旗鼓，且官军是正义的王师，你们送行不要"泣血"，仆射（指郭子仪）会如同父兄对待子弟一般对待士兵。

然而，打仗总是要死人的，一将功成万骨枯，即使郭子仪真的爱兵如子，也抵不过"天地终无情"。兴，百姓苦。亡，百姓苦。让人生不禁感慨："国家乎？贼乎？""互有之。"

再说史思明。解了邺城之围，史思明收整士众，在邺城之南屯驻。安庆绪虽说与史思明相约以帝位相让，事到临头却只字不提。不但不提，因担心遭暗算，安庆绪连史思明的面都不肯见。安庆绪收拾官军遗落的军粮六七万石后迅速关闭城门，想凭借邺城与史思明对峙。史思明既不攻城也不与安庆绪联络，亦不南追官军，就是每日在营中宴飨兵将。

安庆绪坐守孤城，引来诸将不满，皆曰："今日岂可复背史王乎！"高尚、张通儒也说："史王远来，臣等皆应迎谢。"安庆绪答应他们出城与史思明会晤，而自己却怎么也不肯出城。安庆绪一直在想对策对付史思明。

史思明之所以肯来救援安庆绪，图的就是“大燕皇帝”宝座。如今安庆绪手里能打的牌也只有“大燕皇帝”宝座这一张了。安庆绪以安太清为使者，出城向史思明上表称臣，并说“请待解甲入城，奉上玺绶”。当然，一旦史思明真的“解甲入城”，安庆绪奉上的是“玺绶”还是“斧钺”那就不好说了。

史思明可不是傻子，他怎么肯“解甲入城”呢？史思明给安庆绪写了一封亲笔书信，称:“愿为兄弟之国，更作籓篱之援。鼎足而立，犹或庶几；北面之礼，固不敢受。”表示两家可以作为兄弟邻国，相互支持协作，至于称臣之事，万万不敢接受。史思明的态度高于安庆绪的预期，安庆绪头脑有些发蒙，竟然请求与史思明歃血结盟。

安庆绪终于肯露面了，史思明自然求之不得，当即应允。安庆绪带着贴身卫队三百骑来到史思明营中。史思明命令军士擐甲执兵严阵以待。安庆绪见到史思明，再拜稽首，说:“臣不克荷负，弃失两都，久陷重围，不意大王以太上皇之故，远垂救援，使臣应死复生，摩顶至踵，无以报德。”

安庆绪感谢史思明看在安禄山的面子上长途跋涉来救援自己。这本是句客套话，按正常逻辑，史思明应宽慰安庆绪几句。没想到史思明却突然勃然大怒:“弃失两都，亦何足言。尔为人子，杀父夺其位，天地所不容！吾为太上皇讨贼，岂受尔佞媚乎！”指出安庆绪杀父篡位，为天地所不容，自己要为安禄山报仇雪恨。这样的话一出，也就宣告了安庆绪的死期到了。

左右甲士一拥而上，将安庆绪等人缚住牵出。安庆绪与他的四个弟弟及高尚、孙孝哲、崔乾祐等人皆被杀。张通儒、安太清等人投降了史思明。史思明勒兵入邺城，杀死安庆绪的亲随三千三百多人，收编了安庆绪的兵马，并以府库赏赐将士，收揽人心。原先听命于安庆绪的所有州县皆归于史思明。至此，安氏势力消亡。史思明派安太清率兵五千攻取怀州（治所在今河南沁阳），又留下儿子史朝义守邺城，自己则引兵还范阳以固根本。

四月，史思明自称“大燕应天皇帝”，改元“顺天”，立其妻辛氏为皇后，史朝义为怀王，以周贽为宰相，李归仁为将军，改范阳为燕京，洛阳为周京，长安为秦京，正式重建伪燕政权。安史之乱进入了下半场。

莫杀我

邺城之战兵败后，鱼朝恩狼狈地逃回长安。为了推卸责任，他将官军溃败归咎于郭子仪率军先行脱离战场。唐肃宗偏听偏信，解除了郭子仪的兵权，将其调回长安。郭子仪虽受不白之冤，却仍以大局为重，“虽失军，无少望，乃心朝廷”。临行前，洛阳军民士庶流泪挽留。郭子仪说：“我饯中使耳，未行也。”谎称只是给使者饯行，并非真的离去。趁着大家不备，郭子仪跃马而去。

唐肃宗以赵王李系为天下兵马元帅，以李光弼代为朔方节度使、天下兵马副元帅，令李光弼率军赶赴洛阳接替郭子仪整军备战。唐肃宗又以王思礼为河东节度使、北都留守，接替李光弼驻守太原。

史思明见官军临阵换将，认为有机可乘。他在范阳休整两个月后，以其幼子史朝清守范阳，自己统领四路大军南下攻略中原。在汴州（治所在今河南开封），史思明与汴滑节度使许叔冀展开激战。

许叔冀难以支撑时，李光弼派人告诉他，十五天内援军必能赶到。“大夫能守汴州十五日，我则将兵来救。”但许叔冀没有等到十五天即被击溃。许叔冀与麾下将领投降了史思明，史思明让其做了伪中书令。史思明引兵西进，迅速攻取了洛阳的东大门郑州（治所在今河南郑州管城区）。

汴州、郑州失守，洛阳门户洞开。李光弼与洛阳诸官员商议对策。有人认为叛军势大，应退守陕州，避其锋芒；有人认为应坚守洛阳，等待援军。李光弼综合分析了两种意见，认为死守洛阳过于冒险，退守陕州又过于消极，应采取一个折中的办法，放弃洛阳，移师洛阳以北的河阳（今河南孟州西），这样进可攻退可守。“两敌相当，贵进忌退，今无故弃五百里地，则贼势益张矣。不若移军河阳，北连泽潞，利则进取，不利则退守，表里相应，使贼不敢西侵，此猿臂之势也。”李光弼下令撤退，大唐东都再次落入叛军之手。

史思明率军进入洛阳，经过几番战乱，此时的洛阳早已没有了往日的繁华，颓败凋敝，几乎是一座空城。史思明惧怕李光弼围城或抄其后路，不敢在城中驻军。他屯驻在洛阳城东的白马寺一带，并发兵在河阳之南的黄河南岸修筑了一座小城，与李光弼军隔河对峙。

河阳共有三城，南北两城筑于黄河南北两岸，河中沙洲上还有一座中洋城。三城以浮桥相连接。为了解除李光弼对洛阳的威胁，自乾元二年（759年）十月到上元二年（761年）二月，史思明在一年多的时间里，多次派兵进攻河阳，双方在黄河两岸展开了著名的河阳大战。

史思明有良种军马千余匹，每天在黄河南岸放牧。李光弼在军中挑选母马五百匹，将马驹留在城内，而将母马赶出城外。母马呼唤马驹，嘶鸣不已。史思明的军马都是公马，听到母马的嘶鸣，纷纷沿着浮桥跑到黄河北岸。史思明大怒，他集结战船数百艘，以火船在前，欲顺流烧毁浮桥。官军以长杆、铁叉顶住火船，使其自行燃尽，而不能伤桥。官军又在桥上发石击毁叛军战船。

河阳大战期间，攻守双方都付出了惨重的代价。洛阳周边更是生灵涂炭、民不聊生。官军急速减员，为了守卫河阳，需要大量补充有生力量。杜甫在《石壕吏》中写到的“暮投石壕村，有吏夜捉人”就是描写唐朝基层官吏为河阳之战抓壮丁的凄惨场面：

老妪力虽衰，请从吏夜归。
急应河阳役，犹得备晨炊。

这一老妪本有三个儿子，早已都被朝廷抓走。“三男邺城戍。一男附书至，二男新战死……”如今实在没有了男丁，老妪只好亲自到前线去了。虽然不能上阵杀敌，但好歹还能“备晨炊”，给官军做个炊事员。

屋漏偏逢连夜雨，就在河阳鏖战异常艰难之际，上元元年（760年）

十一月，江淮地区爆发了刘展之乱。刘展是淮西节度副使、宋州刺史，他虽然“素有威名，御军严整”，但是却恃才傲物，得罪了顶头上司节度使王仲升。后者通过宦官邢延恩向唐肃宗报告，刘展“倔强不受命，姓名应谣谶，请除之”。

原来，当时有童谣云“手执金刀起东方”，似乎是说有一个姓刘的人会在东方崛起。王仲升就利用这一点，胡说什么刘展的名字应了谣谶，有可能夺取李家天下。时值安史之乱，唐王朝风雨飘摇，唐肃宗十分担心失去江山，因而对这类政治谶语非常敏感。

宁可错杀一千，也不能放过一个，一个小小的刘展的性命又算得了什么。唐肃宗同意杀掉刘展，下诏调淮南东道节度使邓景山为扬州长史，兼任江淮都统，秘密抓捕刘展。不料事泄，刘展被迫起兵反抗。在很短的时间内，刘展接连击败几路官军，向南渡过淮河，势力扩展到长江一线，江淮骚动不安。安史之乱，乱兵不及江淮，至刘展之乱，江淮民众始罹荼毒。

唐肃宗命平卢都知兵马使田神功讨伐刘展。上元二年（761 年）正月，田神功在镇江蒜山一带击溃刘展，后者死于乱军之中。这场始料不及的叛乱让史思明高兴不已，他派遣田承嗣领兵五千乘乱南下劫掠，平叛形势再次恶化。

史思明欲以洛阳为饵，诱使李光弼离开河阳率主力渡河决战，而李光弼却不肯中计。于是史思明派遣奸细到官军营中散布：“洛中将士，皆幽、朔人，咸思归。”鱼朝恩听了风言也想当然地认为叛军将士久在中原作战，一定思念范阳，不愿恋战，便怂恿唐肃宗命令李光弼等人加紧收复洛阳。李光弼不同意这种意见，上奏称：“贼锋尚锐，未可轻进。”

但仆固怀恩和李光弼有嫌隙。仆固怀恩麾下皆蕃汉劲卒，他们恃功，多有不法。往昔郭子仪宽厚，因此仆固怀恩与郭子仪关系较好。而李光弼严格苛刻，经常依法制裁仆固怀恩的部下，引起仆固怀恩的不满。这一回，仆固怀恩故意同李光弼对着干，他附和鱼朝恩，极言东都可取。

如此一来，李光弼的意见就显得孤立了。唐肃宗多次派出使者督促李光弼出师。李光弼不得已，只能留李抱玉镇守河阳，自己与鱼朝恩、仆固怀恩、卫伯玉联兵进攻洛阳。

上元二年（761 年）二月二十三日，官军抵达洛阳北郊。史思明在北邙山中设下伏兵，又命人在榆树林中丢弃辎重，佯装败退。官军将士以为史思明败走，放松了警惕，居然争相入城劫掠。突然北邙山中伏兵四起，官军大败，数千人战死。李光弼、仆固怀恩北渡黄河，退保闻喜；鱼朝恩、卫伯玉退回陕州固守；李抱玉见诸军都退去，也弃守了河阳。史思明复夺怀州。

史思明打了个漂亮的大胜仗，便乘胜追击鱼朝恩、卫伯玉，准备夺取陕州再攻潼关。自洛阳向西通往关中的崤函古道有南北两条路。史思明以史朝义为先锋，将兵走北路，自己率主力大军走南路。三月初九，史朝义部行军至礓子阪（今河南陕县东南），被卫伯玉击败。史思明闻报大怒，认为史朝义过于怯懦，“终不足成吾事”，甚至想按军法斩杀史朝义及其帐下骆悦、蔡文景、许季常诸将。

史朝义一伙非常恐惧。随后，史思明命史朝义率军筑城以储存军粮，要求一天筑成。任务非常艰巨，史朝义率人昼夜不停地修筑，终于只用一天把城筑完，但是城墙表面还没有抹泥。史思明见状再次大怒。史朝义辩解说：“缘兵士疲乏，暂歇耳！”史思明更怒，恶狠狠地说：“待收陕州，斩却此贼。”等到攻下陕州就要杀了史朝义。

史朝义是史思明的长子，史思明为什么对待史朝义如此苛刻呢？史思明残忍好杀，属下稍有不如意者，动辄族诛，人人自危。而史朝义宽厚谦谨，爱护士卒，将士多归附史朝义。但史思明却认为史朝义过于柔弱，不足以成大事，向来不喜欢他。史思明偏爱的是幼子史朝清，常欲杀史朝义，立史朝清为太子。这一信息早就被史思明左右的人透露给了史朝义。史朝义整天提心吊胆，生怕哪天就被父亲砍了脑袋。今天听父亲说攻下了陕州就要杀了自己，史朝义大惧，不知所措。

依照史思明的性格，如果史朝义被杀，史朝义手下的心腹将领也不会有什么好下场。史朝义的部将骆悦和许叔冀之子许季常等说：“主上欲害王，悦与王死无日矣！”为了自保，他们一同劝说史朝义先下手为强，干掉史思明，学当年安庆绪自立为帝。史朝义开始不敢答应。骆悦威胁说：“若不应，悦等即归李家，王亦不全矣！”如果你不答应，我们可就要去投降唐朝了，到时候大王也难以自我保全了。

史朝义左思右想，也就只有这一条路可以走了，哭着说：“诸君善为之，勿惊圣人！”明明是要杀“圣人”，嘴上还要说“勿惊圣人”，虚伪？纠结？胆怯？未免令人觉得可笑。

是夕，史思明驻扎在鹿桥驿（今河南洛宁东北），由一位曹姓将军（名字失载）宿卫。史朝义令许季常将那位曹将军召来，对其讲了发动政变的计划。曹将军知诸将尽怨史思明，恐怕不答应会祸及己身，故不敢抗拒，也加入了史朝义一伙。骆悦带着曹将军及史朝义的亲随三百人赶奔鹿桥驿。

其夜，史思明在梦中惊醒，据床惆怅。他的身边有很多伶人，寝食不离左右。伶人们纷纷过来问史思明梦到了什么。史思明说：“我梦见水中沙洲上有一群鹿，这群鹿正在渡水，忽然水就干了，鹿也都死了。”言毕，史思明起身如厕。

史思明残忍多变，伶人们常吃苦头，皆怨恨史思明。听到史思明做了这样一个梦，他们偷偷地相互说：“鹿者，禄也；水者，命也。胡禄命俱尽矣！”

话音刚落，骆悦便带着人闯了进来，连杀数人，逼问伶人史思明的去处。伶人们纷纷指向厕所。正在如厕的史思明听到外面动静不对，知道有变，慌忙逾墙而出，到了马厩翻身上马准备逃走。骆悦等人迅速赶到。有人一箭射中史思明的臂膀，史思明应声落马。

史思明问：“乱者为谁？”骆悦回答：“奉怀王命。”史思明方悔悟是今早说错了话才引来杀身之祸。但他还幻想事情能有转机，狡诈地说：“我朝来语失，宜其及此。然杀我太早，何不待我克长安！今事不成矣。”

如今已经没有人听史思明废话。众人推搡着他赶赴史朝义驻扎的柳泉驿（今河南宜阳西）。事到临头，史思明真的害怕了。他急呼史朝义的名字，连声大叫："莫杀我！"但已无济于事。

史朝义不敢与史思明见面。史朝义见到骆悦还在假惺惺地问："莫惊圣人否？莫损圣人否？"骆悦答道："无有。"臂膀都中了一箭，还"莫惊""莫损"吗？史朝义一番表演过后，史思明在柳泉驿被缢杀，终年五十九岁。

史思明的尸体被叛军用毡毯包裹起来，搭在骆驼上运回洛阳，后被运回范阳安葬。1966年春，北京市丰台区王佐乡林家坟村村民在平整土地时发现了一座规模宏大的古墓。因条件所限，当时没有对其进行考古发掘。1981年春，北京文物工作队对墓葬进行了正式发掘，发现这是一座唐代帝王级大墓。北京怎么会有唐代帝王级大墓？在清理中，考古队员发现了谥册、哀册等带有文字的文物，确认这座大墓的墓主人就是史思明。安史之乱之后，幽州一带藩镇割据，史思明墓并没有受到唐朝廷的破坏，侥幸存留至今。

史朝义弑父后，堂而皇之地僭伪位，自立为"大燕皇帝"，又派人到范阳去杀史朝清。史朝清手下也有一伙死党，两派势力在范阳火并，死者数千人。最终，史朝清被杀，史朝义勉强稳定了局势。

经过这番窝里斗，叛军势力被严重地削弱。特别是史朝义一个黄口孺子，又是弑父篡位，难以服众。掌握兵权的叛军将领多是安禄山旧部，原本与史思明平起平坐。安禄山做"皇帝"时，他们心悦诚服；待到安庆绪即位，好歹也是安家之后，众将念在旧情，大面上还说得过去。待到史思明夺了帝位，众将领已是心中不忿，只是摄于史思明的军事实力，仍然服从调遣。如今换了一个连史思明生前都不待见的史朝义做了"大燕皇帝"，众将还哪能把他放在眼里。他们面对史朝义的征召往往抗命不至。史朝义难以统御麾下将领，也就不可能奢谈什么西攻陕州、潼关了。

叛军各实力派四分五裂、各自为战、相互兼并。洛阳四面数百里人相食，州县多化为废墟。唐朝廷趁此天赐良机积蓄力量，转守为攻。叛军的末日就要到了。

第四章 长恨歌

不如早还家

就在史朝义弑父夺位的这段时间里，唐朝廷也换了皇帝。唐肃宗驾崩，唐代宗继位。唐朝廷最高权力的更迭，同样充斥着腥风血雨。

唐玄宗与唐肃宗这对父子因最高权力而出现了尖锐的矛盾冲突。唐玄宗本已退居二线，虽说心有不甘，但唐肃宗临危负荷，挽狂澜于既倒，已经在天下士庶心中建立起了崇高的威望。唐肃宗本身又是唐玄宗早已亲自选定的接班人，唐玄宗没有理由再去铤而走险，改变这一既定事实。但是，唐肃宗却始终表现出与他身份地位不相符的不自信。

至德二年（757 年）九月底，当官军收复长安的捷书报至凤翔时，唐肃宗涕泗交颐，当日即遣使者入蜀迎请太上皇还朝。但唐肃宗在给唐玄宗的表中居然说请唐玄宗复位，自己要退回东宫继续做太子。唐肃宗召见李泌，对其说:“朕已表请上皇东归，朕当还东宫复修人子之职。”李泌一听就觉得不对，马上问表章还能不能追回来。唐肃宗说使者已经走远了。李泌叹息说:“上皇不来矣。”

为什么唐肃宗会请求“还东宫复修人子之职”？一是谦让，表现自己的孝心；二是试探，看看唐玄宗的态度。但这样一来，唐玄宗必然是不肯回京的，他若回京就是有复位的意图。届时冲突在所难免，不是父不慈，就是子不孝。

李泌非常了解这对父子，才断定“上皇不来矣”。但“上皇不来矣”不是正中唐肃宗的下怀吗？不来便不来，唐玄宗在蜀中养老，唐肃宗在长安治国，父子相安无事不好吗？

不好。如此便表现出了父子不和。《论语》中讲齐景公问政于孔子。孔子对曰：“君君，臣臣，父父，子子。”做君主的要像君主的样子，做臣子的要像臣子的样子，做父亲的要像父亲的样子，做儿子的要像儿子的样子。这是古代社会的伦理纲常。国即家，君即父，君主是天下人的父亲。一个连父亲都容不下的人，还有资格做天下人的父亲吗？所以，从唐肃宗的角度来讲，唐玄宗必须回到长安接受唐肃宗的奉养。

既必须接父亲回长安接受奉养，又要防止父亲回长安之后干政甚至夺权，这是唐肃宗最为难的地方。

唐肃宗听到李泌说“上皇不来矣”大惊失色，忙问有什么补救措施。李泌向唐肃宗献策：

今请更为群臣贺表，言自马嵬请留，灵武劝进，及今成功，圣上思恋晨昏，请速还京以就孝养之意，则可矣。

李泌要以群臣的口吻向唐玄宗上一道贺表，说明四层意思：其一，“马嵬请留”是关中父老要太子李亨留下的，并非太子不愿追随父皇，自己想要留下。其二，“灵武劝进”是群臣劝说太子即位平叛，并非太子大逆不道，自己想要即位。其三，“及今成功”是皇帝率领将士们取得克复两京的大功，皇帝继续执政理所当然。其四，皇帝思念父亲，希望太上皇能回京接受皇帝的“孝养”。言辞间不提让位之事。如此一来既打消了唐玄宗的疑虑，又保全了唐玄宗的面子；既阐明了唐肃宗执政的合法性，又表现了唐肃宗对父亲的孝敬。

唐肃宗当即让李泌草拟了一道贺表。唐肃宗读罢非常满意，立刻命使者奉表入蜀迎请唐玄宗。唐肃宗哭泣着对李泌说："朕始以至诚愿归万机。今闻先生之言，乃寤其失。"

此时，唐肃宗仍然在说他是"以至诚愿归万机"，他是诚心诚意地想要放弃皇位，退守东宫。这当然不是他的真心话。都说明人不说暗话，唐肃宗在李泌这样的明白人面前却还在进行矫揉造作的表演。

李泌洞察皇帝的心思，当然，他不能说破，让皇帝难堪等于让自己难堪。他需要配合皇帝的表演："人臣尚七十而传，况欲劳上皇以天下事乎？"做臣子的到了七十岁尚要卸职离任，如今太上皇已经七十三岁了，陛下怎么还能让太上皇为了天下事劳心费力呢？

听到这样的话，唐肃宗自然是放心了，也开心了。当夜，他与李泌对饮畅谈，同榻而寝。这是大臣难有的殊荣。这次夜谈，是唐史上一次重要的君臣对话。前半部分的主题是太上皇与皇帝的关系，后半部分谈了什么，我们先按下不表。

唐肃宗派出的使者接连到达成都。第一路使者带来了天子的表章。唐玄宗看后忧愁不已，表示："当与我剑南一道自奉，不复东矣。"唐玄宗决不肯回京，宁愿老死剑南。幸好几天后，第二路使者又带来了群臣的表章。唐玄宗览表大悦，仓促收拾了行囊起驾返京。事情果然与李泌料想的如出一辙。

因大部分臣子早已被唐玄宗派出，或北上辅佐唐肃宗，或到各地任职，唐玄宗离蜀时的随行人员只有贴身老奴高力士、禁军统帅陈玄礼以及禁军六百余人。一行人沿着金牛蜀道，原路返回。此时离当初唐玄宗仓皇辞庙踏上蜀道，已经过去了一年零两个月。时间并不算长，但风云变幻、江山改容，唐玄宗恍如隔世。

再次走到剑门关，唐玄宗望着左右大小剑山如刀削斧劈的千仞峭壁，对高力士等人说："剑门天险若此，自古及今，败亡相继，岂非在德不在险耶？"当年"武侯相蜀，凿石架空，始为飞阁以通行道"。诸葛亮开辟了剑门关，然而几十年后刘禅就出成都投降了。剑门关挡得住钟会大军，却挡不住蜀汉灭亡。此后，历代更替，剑门关发挥作用了吗？

据统计，剑门关是中国所有雄关中唯一一个在冷兵器时代没有被正面攻破过的关口，其险绝自不必说。然而，剑门关挡住过历史的车轮吗？自古及今，那么多的政权更迭，有哪一个是剑门关所左右的？“岂非在德不在险耶？”站在历史与现实的双重镜像面前，唐玄宗似有所悟。然而，这样的大道理又有谁不懂得？

剑门关默然无语。

至德二年（757 年）十一月，唐玄宗一行到达凤翔。此时距离唐玄宗离开成都整整三十天。今天，在宝成铁路上，即使最慢的列车也只要十三个小时就可以走完这段路程，但在一千二百多年前，唐玄宗归来的速度已可谓奇快。可见唐玄宗的本心并不想老死剑南，他怎么能不愿回到心心念念的长安呢？但让唐玄宗万万没想到的是，就在凤翔，出息的儿子给了自己第一个下马威。

唐肃宗派遣三千禁军来凤翔迎驾。他们见到唐玄宗后，马上解除了唐玄宗扈从禁军六百余人的武装，并说这是皇帝的意思。唐玄宗无可奈何，只能自我解嘲地说：“临至王城，何用此物？”命令全体将士缴械。据说此事是李辅国所为，“贼臣李辅国诏取随驾甲仗”。但没有主子的授意，李辅国这样的奴才恐怕是不敢如此欺辱主子的父亲的。

离了凤翔，再向前走，就到了唐玄宗心中那片永远也不愿回眸的伤心故地——马嵬坡。

天旋地转回龙驭，到此踌躇不能去。
马嵬坡下泥土中，不见玉颜空死处。

据野史记载，唐玄宗行至马嵬坡踌躇伤感，久久不愿离去，并在杨贵妃墓前进行了悼念活动。这一历史细节史籍缺载，公开悼念无异于为杨贵妃平反，以当时唐玄宗的处境，恐怕不会贸然生此事端。但唐玄宗故地重游触景生情，在马嵬坡前思念爱妃心生悲泣，本是人之常情，却也无伤大体。

车驾过了马嵬坡，再向前行走一日，便到了咸阳望贤宫。唐肃宗早早地在此迎候了。唐玄宗登上望贤宫南楼，见一人身着紫袍，跪拜于地，正是自己的儿子唐肃宗。这是这对父子自马嵬兵变分别之后的首次见面。在父亲面前，唐肃宗没有穿象征皇帝的黄袍，而是换上了象征臣子的紫袍。

唐玄宗亲自下楼接见唐肃宗。唐肃宗匍匐到唐玄宗面前，捧着父亲的脚涕泗呜咽，不能自胜。“拜跪捧足”是游牧民族表达敬意的最高礼节，在胡风兴盛的唐朝十分普遍。

遥想一年多之前，六月十三日那个酷热的中午，刚刚逃出长安半日的唐玄宗坐在望贤宫前的大树下掩面而泣；杨国忠亲自给唐玄宗买胡饼吃；周围的父老争相献上粗粝的饭食；唐玄宗令军士们到周边的村落去讨饭。一幕又一幕，恍如昨日。如今两京克复，人们欢腾雀跃地庆祝胜利。这一切唐肃宗居功至伟，唐玄宗还有什么理由去夺儿子的江山呢？

唐玄宗赶紧命人拿过来一件黄袍，亲手为儿子披上，道：“天数、人心皆归于汝，使朕得保养余齿，汝之孝也！”话已经说得非常透彻，无须再多言了。

这时，有一千余位关中父老得知唐玄宗回銮来到望贤宫，聚集在宫门外欢呼且拜、山呼万岁。唐肃宗特准他们入谒。父老说：“臣等今日复睹二圣相见，死无恨矣！”人心思唐，百姓对于唐室的爱戴并非完全出于忠君思想，更出于对正常统治秩序的向往。百姓的拥护和支持也是朝廷遭受重创之后还能平息战乱的重要原因。

在接受父老的拜谒后，唐肃宗扶着父亲登阶上殿。唐玄宗开始不肯居正位，曰：“此天子之位也。”唐肃宗执意将父亲扶上正位，并亲自为父亲献上食物。父子君臣，欢宴畅饮。

第二天，唐玄宗上马赶路，唐肃宗又亲自为父亲执鞍揽辔，一副恭敬孝顺的模样。唐玄宗当然要加以制止，唐肃宗这才上马，头前带路。唐玄宗谓左右曰：“吾为天子五十年，未为贵；今为天子父，乃贵耳。”左右皆呼万岁，一片喜气洋洋。

父子猜忌

自望贤宫到长安城，只有半日的行程。唐玄宗、唐肃宗一行自长安西北的开远门入城，长安士庶在路两侧欢迎，旗帜烛天，彩棚夹道。随后，在唐肃宗的陪同下，唐玄宗在大明宫含元殿接见百官，大家齐声称贺的同时，无不感慨呜咽。

唐玄宗很清楚自己现在的敏感地位，他没有在大明宫多做停留，当日便移驾兴庆宫居住。此后，唐肃宗数次上表请求避位，退还东宫，唐玄宗都没有答应。在这段时间的父子交锋中，唐玄宗表现出了极高的情商。

“临至王城，何用此物?”“天数、人心皆归于汝，使朕得保养余齿，汝之孝也。”“吾为天子五十年，未为贵；今为天子父，乃贵耳。”每一句话都很值得玩味，都表现出一位御宇五十年的政治家能屈能伸的胸襟和高超的语言艺术。

相比之下，唐肃宗就显得稚嫩得多。唐玄宗已经多次强调了自己的退让之心，唐肃宗就没有必要三番五次地表示要退还东宫了。古往今来，没有儿子让位给父亲的道理，也没有儿子让位给父亲的先例。唐肃宗大可不必如此矫揉造作，这样做反而暴露了自己对父亲的猜忌，让唐玄宗既尴尬又狐疑。

想想当年唐高祖让位于唐太宗、唐睿宗让位于唐玄宗，受内禅的嗣皇帝都与唐肃宗一样，是因有大功于社稷而在父皇在世时就登上皇帝宝座的。但他们都没有过唐肃宗今天这样的心虚与做作，可见唐肃宗心中对父亲的不信任和对自己的不自信。

兴庆宫又称“南内”，是唐玄宗一生居住时间最长的地方。在登基之前这里就是他和四位兄弟的藩邸，号“五王子宅”。登基后，唐玄宗将其扩建为兴庆宫。算来唐玄宗在此生活、听政达六十年之久。特别是杨贵妃入宫后，唐玄宗与爱妃长期在此居住，可以说兴庆宫中到处都有贵妃的身影：

归来池苑皆依旧，太液芙蓉未央柳。

芙蓉如面柳如眉，对此如何不泪垂。

昔日双宿双栖，如今形单影只，睹物思人，唐玄宗心中哀伤不已。杨贵妃最擅长击磬，水平超过了专业乐工，“虽太常梨园之能人，莫能加也”。唐玄宗便命人挑选上好的蓝田美玉为杨贵妃做了一架玉磬。这架玉磬不知曾给二人带来多少欢乐。如今斯人已逝，唐玄宗顾之凄然，不忍与这架玉磬日夜相对，便令人将其送到宫廷的乐器库中保存，再也不忍看到它了。

乾元元年（758 年）冬十月，唐玄宗赴骊山华清宫避寒。上一次唐玄宗来此还是天宝十四年（755 年）十月。正是在这里，唐玄宗听到了惊雷般的渔阳鼙鼓。一晃已过去了三年光景，接二连三的打击使唐玄宗颓老了许多。

往常坚持骑马的唐玄宗，如今只能乘坐步辇了。当地父老关切地问候皇帝，为何不再骑马。唐玄宗无奈地答道：“吾老矣，岂复堪此？”一句话惹得父老悲泣流泪。这泪水不仅是为唐玄宗而流，也是为一去不复返的大唐盛世而流。

明皇老了，大唐也老了。

华清宫温热的汤池虽能避寒，但唐玄宗的心中却无限凄凉。这里与兴庆宫一样，到处都晃动着杨贵妃的倩影。唐玄宗在这里见到了女伶谢阿蛮与乐师张野狐，他们都曾是唐玄宗的“梨园”中人。战乱起后，他们星散流落，如今又在华清宫聚首，免不了一番感慨。谢阿蛮为唐玄宗舞了一支《凌波舞》。《凌波舞》由唐玄宗亲自谱曲，是当年唐玄宗与杨贵妃最喜欢的舞蹈之一。一舞终了，谢阿蛮变戏法似的拿出一个“金粟装臂环”。这本是杨贵妃的爱物，当年杨贵妃赐予了谢阿蛮。又是睹物思人，老皇帝“持之出涕，左右莫不呜咽”。

唐玄宗在华清宫小住了二十余日后起驾回长安。此一去，便是他与这座华丽行宫的永别。唐玄宗的余生再也没有机会来到这里——他被儿子唐肃宗幽禁了。

唐玄宗赴华清宫避寒时，唐肃宗亲送父亲至灞上。唐玄宗自华清宫回长安时，唐肃宗亲迎父亲于灞上。唐肃宗对父亲表现出了十二分的恭敬孝顺。但当唐玄宗回到兴庆宫后，事情就有些变化了。

唐玄宗日夜思念杨贵妃，觉得杨贵妃死得冤屈，如今香躯仍草葬在马嵬坡下，便有意派人到马嵬坡祭祀杨贵妃，并以贵妃之礼为其改葬。对于父亲的这个心愿，起初唐肃宗并未提出反对意见。但祭祀事务归礼部负责。时任礼部侍郎李揆对此坚决反对。理由是祭祀杨贵妃并为其改葬等于为杨贵妃甚至杨氏一族平反，也就等于否定了唐肃宗暗中支持的“马嵬之变”。

李揆之所以敢于在皇帝面前反对太上皇，是他的后台李辅国给了他胆量。李揆呼李辅国为“五父”，“见辅国执子弟之礼”。李揆只是李辅国的代言人而已。

唐肃宗本不支持祭祀和改葬杨贵妃，只是碍于父亲的面子没有表示反对罢了。既然有朝臣出来反对，且理由充分，唐肃宗便以此为借口拒绝了父亲。对此，唐玄宗感到十分不悦。他没有就此作罢。既然国家层面的公开的祭祀活动不能举行，唐玄宗就派宦官秘密地到马嵬坡为杨贵妃改葬。杨贵妃的尸体已经腐烂，但身边的香囊仍保存完好。宦官将香囊带回，献给了唐玄宗。

又是睹物思人，唐玄宗再次陷入深深的悲痛之中。唐玄宗让著名画师王文郁画了一幅杨贵妃的肖像挂在别殿，他朝夕都会前去瞻视，并亲笔写下赞语：

万物去来，阴阳反覆。
百岁光阴，宛如转毂。
悲乐疾苦，横夭相续。
盛衰荣悴，俱为不足。
忆昔宫中，尔颜类玉。

助内躬蚕，倾输素服。

有是德美，独无五福。

生平雅容，清缣半幅。

白居易《长恨歌》中有方士为唐玄宗寻找杨贵妃魂魄的情节：

悠悠生死别经年，魂魄不曾来入梦。
临邛道士鸿都客，能以精诚致魂魄。
为感君王辗转思，遂教方士殷勤觅。
排空驭气奔如电，升天入地求之遍。
上穷碧落下黄泉，两处茫茫皆不见。
忽闻海上有仙山，山在虚无缥渺间。
楼阁玲珑五云起，其中绰约多仙子。
中有一人字太真，雪肤花貌参差是。
七月七日长生殿，夜半无人私语时。
在天愿作比翼鸟，在地愿为连理枝。
天长地久有时尽，此恨绵绵无绝期。

临邛道士受唐玄宗之托“上穷碧落下黄泉”地寻找杨贵妃的魂魄。最终在虚无缥缈的仙山上见到了已经成为太真仙子的杨贵妃。杨贵妃“惟将旧物表深情”，托物言情，表示不忘前誓。这个传说的滥觞恐与唐玄宗在杨贵妃墓中得到她的贴身香囊并为她绘制遗像有关。

唐玄宗把对杨贵妃的思念转化为不能为其风风光光祭祀和改葬的愧疚，愧疚又转化成了对儿子唐肃宗不近人情的不满。此后，唐玄宗似乎有了一些动作。

兴庆宫的长庆楼毗邻长安闹市。唐玄宗有时会登临长庆楼，故意让楼下的百姓看到自己。老百姓既爱围观凑热闹又有崇拜皇权的情结，见到太上皇，个个都很激动，跪倒一片山呼万岁。唐玄宗享受着这样的欢呼，来了兴致还会在楼下设宴请父老喝上几盅。这自然成了长安城的大新闻，大家奔走相告。唐肃宗本来希望父亲能够深居简出，让臣民遗忘掉有这么一个太上皇才好。唐玄宗这样三天两头地出来刷存在感，唐肃宗又会怎么想呢。

唐玄宗赐宴父老也就罢了，毕竟百姓赤手空拳，张嘴喊万岁掀不起什么风浪。但唐玄宗还经常与朝臣交结，这引起了唐肃宗的警觉。比如唐玄宗曾在长庆楼款待身为羽林大将军的郭英乂。郭英乂是最重要的禁军将领之一。唐代历次政变都与禁军有关，唐玄宗本人又是发动政变的高手，因此唐玄宗与郭英乂的接触就显得尤为敏感了。郭英乂很快被唐肃宗免除了禁军中的职务，从长安调往前线同史思明的叛军作战去了。

但调走一个郭英乂，唐玄宗还可以同其他朝臣接触。唐肃宗不可能把满朝文武全部调出长安，只能从源头上遏制这种情况的发生——阻止唐玄宗与外人接触。

人生一梦中

鉴于唐玄宗不避嫌疑，屡屡与朝中大臣相联系的情况，李辅国公然对唐肃宗说：

上皇居兴庆宫，日与外人交通，陈玄礼、高力士谋不利于陛下。

唐肃宗正为此事忧心忡忡，哭着说：“圣皇慈仁，岂容有此？”很显然，唐肃宗虽然是反问，但他是相信李辅国的话的。不然他也不会哭。

李辅国接着说：“上皇固无此意，其如群小何！陛下为天下主，当为社稷大计，消乱于未萌，岂得徇匹夫之孝！且兴庆宫与闾阎相参，垣墉浅露，非至尊所宜居。大内深严，奉迎居之，与彼何殊，又得杜绝小人荧惑圣听。”

在“小人”李辅国的“荧惑圣听”下，唐肃宗默许了对父亲采取强制措施。对此，唐玄宗曾无奈地说：“吾儿为辅国所惑，不得终孝矣。”

长安城中的皇宫分为三处。当年隋文帝兴建的太极宫与唐代新建的大明宫在北，太极宫居中，大明宫在太极宫之东，二宫称“西内”和“东内”。唐玄宗的兴庆宫在南，称“南内”。唐高宗之后，皇帝常居大明宫处理政务，太极宫地势低洼、宫内湫湿，皇帝已经许久不住在那里。但太极宫处在长安中轴线北端，又是传统皇宫，地位尊贵。软禁唐玄宗，这里是理想之所。

上元元年（760年）七月，李辅国称皇帝要请太上皇一起游览“西内”。唐玄宗多年未踏入“西内”了，也想到那儿看看。唐玄宗一行到了“西内”睿武门，没有见到前来迎接的皇儿，李辅国却带着手持利刃的五百禁军突然出现，李辅国传诏说：“皇帝以兴庆宫湫隘，迎上皇迁居大内。”

唐玄宗大惊，险些落马。关键时刻高力士高声断喝李辅国无礼，并以太上皇的名义向禁军士兵问好。面对太上皇，禁军士兵也不敢放肆，个个收起武器下拜。高力士命令李辅国来为太上皇牵马，李辅国也不得不从。但兴庆宫是回不去了，唐玄宗无奈，坐在马上被拉进了“西内”。高力士、陈玄礼等唐玄宗身边的近侍被勒令马上回兴庆宫，一律不准留在“西内”。唐玄宗的左右一个自己人也没有了。

同一天，李辅国到“东内”大明宫“素服”见唐肃宗请罪。可见，这件事是李辅国背着唐肃宗做的。但唐肃宗真的不知情吗？不见得。李辅国请罪可能只是自己揽下责任，为主子开脱而已。至少，他知道自己这样做是合乎主子心意的。果然，唐肃宗非但不怪罪李辅国，反而安慰他说：“南宫、西内，亦复何殊！卿等恐小人荧惑，防微杜渐，以安社稷，何所惧也！”

李辅国在朝中权势熏天，“宰臣百司，不时奏事，皆因辅国上决”。但这样的权势都是唐肃宗给的。一旦唐肃宗被废，李辅国马上就会跟着倒台，轻则贬谪流放，重则身首异处。从这一点上来讲，李辅国同唐肃宗的利益高度一致，这也是为什么李辅国敢于处处刁难皇帝的老子。

此时再想起唐肃宗执意要收复长安时给出的“朕切于晨昏之恋”的理由，不由得令人齿冷。就像王夫之所揶揄的那样：“父几死于宦竖之手，犹曰功在社稷，晨昏之语将谁欺乎？”

九天之后，高力士以“潜通逆党，曲附凶徒”的罪名被判长流巫州（今湖南黔阳县黔城镇）。上元元年（760 年）八月，陈玄礼被勒令致仕。他因发动“马嵬之变”对唐肃宗有功，保住了“蔡国公”的爵位，但失去了军职，居家养老，不久后去世。

西宫南苑多秋草，宫叶满阶红不扫。

自由的失去与近侍的离开使唐玄宗倍感凄凉苦闷。由是“上皇日以不怿，因不茹荤，辟谷，浸以成疾”。唐玄宗终日闷闷不乐，因“辟谷”而病倒了。

“辟谷”本是道家一种以“不食五谷”来养生的方法。唐玄宗从来没有过“辟谷”的先例，为什么在被幽禁的时候选择这样做呢？很显然，唐玄宗不是真的“辟谷”，这只是一种委婉的说法。唐玄宗或是在用绝食表示抗议，或是因伤心苦闷而生病无法进食。总之，唐玄宗的“辟谷”不是养生而是求死。

中国自古以孝治天下，唐肃宗幽禁唐玄宗在当时震惊朝野，引起很多人的不满。但皇帝家事涉及最高权力的争夺，人们敢怒不敢言。只有一些文学家在作品中对此事有委婉的表达，最为著名的是杜甫的《杜鹃行》：

君不见昔日蜀天子，化作杜鹃似老乌。
寄巢生子不自啄，群鸟至今与哺雏。
虽同君臣有旧礼，骨肉满眼身羁孤。
业工窜伏深树里，四月五月偏号呼。
其声哀痛口流血，所诉何事常区区。
尔岂摧残始发愤，羞带羽翮伤形愚。

苍天变化谁料得，万事反覆何所无。

万事反覆何所无，岂忆当殿群臣趋。

杜甫借“蜀天子”喻唐玄宗。仇兆鳌《杜诗详注》云：“《杜鹃行》，伤旧主之孤危也。”洪迈《容斋随笔》云：“明皇为辅国劫迁西内，肃宗不复定省，子美作《杜鹃行》以伤之。”

羁孤的唐玄宗再也没有力气“号呼”了。宝应元年（762 年）四月初五，唐玄宗驾崩于“西内”神龙殿，享年七十七岁。属于唐玄宗的时代终于落幕了，或者说在“渔阳鼙鼓动地来”时就已经落幕了，只是此时沉重的幕布才完全闭上。不知唐玄宗垂老的眼睑随着幕布完全闭上时，他是否想起了自己曾经无数次咏唱过的那首《傀儡吟》：

刻木牵丝作老翁，鸡皮鹤发与真同。

须臾弄罢寂无事，还似人生一梦中。

唐玄宗的人生之梦做完了。令人惊讶的是，仅仅十三天之后，四月十八日，正值五十二岁壮年的唐肃宗也撒手人寰。不到半个月的时间里，太上皇与皇帝先后弃天下而去，朝野上下一片惊诧震恐。阴谋论不会放过这样的机会，有人认为唐肃宗早已深染沉疴，害怕自己死后唐玄宗复位，因而提前与宦官李辅国阴谋杀害了唐玄宗。

一千多年过去，我们已经无法寻到唐玄宗的遗骸，文献中对唐肃宗弑父之事又无只言片语的记载，因而猜测也终究只能是猜测了。

就在唐玄宗被唐肃宗软禁在“西内”的日子里，唐玄宗的忠心老奴高力士在巫州过着流放生活。这个曾经权倾朝野的宦官，如今仅靠着身边少量的衣粮度日。一次，他见野间疯长的荒草居然是长安和洛阳人们追捧的荠菜，便问当地人为何不割取食用。当地人答这种野菜到处都是，人们不以为贵。高力士很感慨，便以荠菜自况，作了一首五言诗：

两京称斤买，五溪无人采。
夷夏虽有殊，气味应不改。

宝应元年（762 年）三月，高力士遇赦回京。他想着马上就要再次见到主子唐玄宗，甚至自己也能再次“称斤买”了。没想到当年七月，在回京的路上，遇到流放之人言及京城事，他才知道太上皇和皇帝都已经不在人世了。高力士向着长安的方向号啕恸哭，呕血而卒。

高力士是个忠诚的奴才，连明代桀骜不驯的李贽也称赞他：“高力士真忠臣也，谁谓阉宦无人。”但需要说明的是，高力士除了对唐玄宗忠诚，他在历史上起到的积极作用并不多。高力士去世后，新即位的唐代宗李豫以其是朝廷耆宿，保护唐玄宗有功，追赠其扬州大都督，陪葬泰陵。

泰陵是唐玄宗的陵墓，位于今陕西省渭南市蒲城县的金粟山。开元十七年（729 年），唐玄宗拜谒唐睿宗桥陵途中，行至金粟山，见岗阜有龙盘凤翥之势，对左右说：“吾千秋后，宜葬此地。”这算是有了口谕。但唐玄宗终其一生也没有为自己营建陵墓。对于一位在位长久的太平天子来说，这是十分罕见的。唐玄宗去世后，唐代宗“追述先旨”为祖父在金粟山仓促地修建了泰陵。

当时安史之乱尚未平定，府库空虚，人手紧张，加之要为唐玄宗、唐肃宗同时建陵，工程只能务求俭省，故泰陵狭小粗陋，和唐玄宗的历史地位与盛唐气象很不相符。当然，这一切已经同唐玄宗无关了。

高力士墓位于金粟山脚下的蒲城县椿林镇山西村，该墓曾多次遭受盗扰。1999 年，陕西省考古研究所对高力士墓进行了抢救性发掘，发现了弥足珍贵的墓志，可补史料之缺。今天我们对高力士甚至唐玄宗时代的许多新认知，都来源于这块墓志。

高力士墓是泰陵唯一的陪葬墓。是的，既没有姚崇也没有宋璟，既没有李林甫也没有杨国忠，既没有武惠妃也没有杨贵妃。一千多年的漫长时光里，只有高力士陪伴着这位中国古代盛世之巅的唐玄宗。

第五章 戎马关山北

瓜熟子离离

唐肃宗去世后，太子李豫即位，是为唐代宗。李豫即广平王李俶，他任天下兵马元帅克复两京，使其成为天下士人庶民侧目的政治人物，被认为是唐朝复兴的新生力量，同时也坚定了唐肃宗培养他为接班人的意愿。李俶先后被晋封为楚王、成王。乾元元年（758 年）五月，唐肃宗立李俶为皇太子，李俶也在此时改名为李豫。

李豫能够顺利登上太子之位，其一倚其皇长子的身份，其二倚其光复社稷的大勋。但还有一点不容忽视，那就是传奇人物李泌的力保。大家还记得官军收复长安之后，唐肃宗与李泌促膝长谈的那个夜晚吧。我们讲过，那是唐史上一次重要的君臣对话，前半部分谈的是太上皇与皇帝的关系，后半部分谈的就是皇帝与臣子、皇帝与皇子的关系。

当晚，唐肃宗与李泌开怀畅饮，相谈甚欢。李辅国见李泌得到皇帝的尊宠，当即取来宫禁的契符和钥匙交给李泌。这其实是一种试探，李辅国想看看李泌有没有揽权的野心。这次试探是李辅国自作主张还是唐肃宗对李辅国有所交代，不得而知。李泌何其聪明，自然不会让自己受到猜忌，他再三推辞，请李辅国继续执掌宫禁的契符和钥匙。

通过此事，李泌觉察到了一丝不好的气息，自己功高震主，唐肃宗可同患难，但可同富贵吗？这是一个问号。即使唐肃宗不忘旧情，皇帝身边的人能容得下自己吗？这又是一个问号。加之李泌羡仙慕道，本就崇尚隐逸的生活，如今不功成身退，还待何时？

李泌开诚布公地对唐肃宗提出退隐的申请："臣今报德足矣，复为闲人，何乐如之！"

唐肃宗闻言有些不解："朕与先生累年同忧患，今方相同娱乐，奈何遽欲去乎！"

李泌也不藏着掖着，说出了必须退隐的五个理由："臣有五不可留，愿陛下听臣去，免臣于死。……臣遇陛下太早，陛下任臣太重，宠臣太深，臣功太高，迹太奇，此其所以不可留也。"

这五个理由似乎说到了唐肃宗的心坎里，他一时无言以对，又不想这么放任李泌离开，于是想将这个问题搁置，就推托说："且眠矣，异日议之。"

既然话头打开了，李泌就不肯再回避，直言道："陛下今就臣榻卧，犹不得请，况异日香案之前乎！陛下不听臣去，是杀臣也。"今日你我君臣同榻而眠，陛下尚不肯答应我的请求，何况以后在庙堂之上呢。陛下不放我归去，就是要杀我啊。

这话是有些冒犯的，唐肃宗的情绪明显有些急躁："不意卿疑朕如此，岂有如朕而办杀卿邪！是直以朕为勾践也！"你李泌是把我当成杀害功臣的越王勾践了。

李泌解释说："陛下不办杀臣，故臣求归；若其既办，臣安得复言！且杀臣者，非陛下也，乃'五不可'也。陛下向日待臣如此，臣于事犹有不敢言者，况天下既安，臣敢言乎！"

究竟是什么事让李泌不敢言呢？唐肃宗沉思良久，试探着问："卿以朕不从卿北伐之谋乎？"当初你让朕先打范阳后收两京，朕没有同意，是这个原因吗？

李泌这才进入主题说："非也，所不敢言者，乃建宁耳。"原来李泌是为了建宁王李倓被赐死的事！

这句话勾起了唐肃宗的伤心往事，他觉得十分委屈："建宁，朕之爱子，性英果，艰难时有功，朕岂不知之。但因此为小人所教，欲害其兄，图继嗣，朕以社稷大计，不得已而除之。卿不细知其故邪？"唐肃宗认为建宁王李倓觊觎太子之位，自己不得已而大义灭亲。

李泌见唐肃宗仍执迷不悟，便为其讲其中的道理："建宁王李倓若有野心，广平王一定会怨恨他。但广平王每次与臣提到自己这个弟弟，都觉得他冤枉，为他流涕呜咽。当初陛下欲用建宁王为元帅，臣请用广平王为元帅。建宁王若有野心，一定会怨恨臣，但建宁王反而认为臣是一片忠心，对臣益相亲善。至于那些说建宁王想要谋害广平王的言辞都是出自谗人之口，建宁王孝友聪明，怎么会如此做呢。今日臣要辞别陛下而去，才敢说这番话。"

唐肃宗听到此处伤心地流下了眼泪，但他不想再听下去了："先生言是也。既往不咎，朕不欲闻之。"

李泌却说："臣所以言之者，非咎既往，乃欲陛下慎将来耳。"李泌的意思并非要责怪唐肃宗误杀建宁王，而是提醒唐肃宗不要再犯同样的错误。言下之意，皇帝不要再受了奸人的蛊惑而轻易伤害皇子。李泌引用武则天之子李贤的一首诗《黄台瓜辞》：

种瓜黄台下，瓜熟子离离。

一摘使瓜好，再摘使瓜稀，

三摘犹为可，四摘抱蔓归。

李泌劝诫唐肃宗："今陛下已一摘矣，慎无再摘！"唐肃宗深以为然。

此后，李泌多次请求归隐衡山。唐肃宗最终答应了他的请求，诏给三品俸禄，赐隐士服，为李泌在衡山营建了室庐。李泌离开政治风暴的中心，到衡山修仙求道去了。

此时，长安政治生态的险恶丝毫不亚于平叛前线的刀光剑影。唐肃宗的张皇后专宠后宫，生有二子，长子李佋，次子李侗。张皇后有意扶植李佋做太子，唐肃宗爱屋及乌，对李佋“最怜之”，也动过易储的心思。怎奈李佋福薄早亡，易储之事遂作罢。

据说李佋去世之后，唐肃宗与张皇后都梦到李佋向父母“辞决流涕去”，也许李佋不愿卷入纷繁残酷的帝王家事吧。唐肃宗醒后哽怅良久，追赠其为皇太子，但李佋对现实政治已是无所影响了。张皇后次子李侗年幼，是唐肃宗在灵武时出生的，现在不过是个三四岁的孩子，立其为太子实在说不过去，故李豫的储位得以安稳。

宝应元年（762 年）四月，唐肃宗病重，命不久矣。太子李豫居长，又非张皇后所生，可以想见，李豫即位后张皇后将不会拥有太多的政治权力。张皇后不甘心随着唐肃宗的驾崩而退出历史舞台，她要自己立一个皇帝，并让这个皇帝听命于自己，甚至幻想自己有朝一日能达到武则天的辉煌。

张皇后与心腹宦官朱辉光、马英俊、啖廷瑶、陈仙甫等人合谋立唐肃宗第二子越王李系为帝，他们矫诏召太子李豫入宫侍疾，准备加害。但内宫是李辅国的天下，张皇后一伙的动作很难逃过李辅国的耳目，掌握禁军的宦官程元振将这一情报及时通报给了李辅国。

李辅国也想在唐肃宗驾崩之后掌握朝廷大权，如果张皇后的阴谋得逞，新皇帝李系一定心向张皇后，自己对新皇帝无寸功可言，也就前途未卜了。如果李辅国及时制止张皇后的阴谋，李豫得以顺利即位，对李豫来讲，李辅国就有拥立之功，届时还不权倾朝野吗？

李辅国与程元振将刚刚入宫还毫不知情的李豫保护起来，程元振又率禁军将越王李系、张皇后等人逮捕。唐肃宗受到惊吓，俄而驾崩。李系、张皇后等人都被李辅国杀害。

李豫即皇帝位于唐肃宗灵柩前。按照史书记载，以后我们称李豫为唐代宗。唐代宗即位，最得意的人是李辅国。唐代宗以其有拥立之功，尊为“尚父”。不久，唐代宗又加拜李辅国为司空、中书令，政无巨细，皆委李辅国参决。

宦官是宫中之官，说白了是皇帝的家奴，并不是朝廷官员，而司空、中书令都是朝廷中的显官。李辅国以宦官身份做了司空、中书令，这在之前是从来没有过的事。不要说唐朝，就是宦官最猖獗的东汉末年，臭名昭著的“十常侍”也不过是任职中常侍。从这点上来说，李辅国可以说是前无古人了。

若说李辅国不聪明，从拥立唐肃宗到拥立唐代宗，他之所以能够窃据高位，都是每一次政治站队正确的结果。若说李辅国聪明，到了高处不胜寒的位置，他却没有意识到自身处境的危险，甚至倚仗着定策之功变本加厉、愈加恣横，还公然对唐代宗说:“大家但内里坐，外事听老奴处置。”

刚刚即位的唐代宗正值三十五岁盛年，加之数年军旅历练，既心高气盛又老成练达，哪容得一个老奴如此放肆。本是李辅国党羽的程元振早就欲夺李辅国之权，见其如此不逊，便屡屡在唐代宗面前表忠心。有了程元振等其他宦官的支持，唐代宗便不再需要李辅国了。唐代宗罢免了李辅国的各种职务，将李辅国的权力分授给程元振等其他宦官，命李辅国移居宫外。虽然如此，唐代宗还是很给面子，下诏封李辅国为博陆郡王，希望李辅国能够从此不问政事，安心地做个王爷。

李辅国茫然失据，想要修一封谢表入宫呈给唐代宗，走到宫门口，门吏却说:“尚父罢相，不合复入此门。”李辅国没有控制好情绪，气愤地说:“老奴死罪，事朗君不了，请于地下事先帝。”说自己伺候不了今上，要去伺候先帝，这分明是对“今上”不满。

唐代宗依然下诏安抚，没有发作。但宝应元年（762 年）十月十八日夜，有“盗”潜入李辅国的府邸，刺杀了他，并割下他的首级和手臂携去。能进王府刺杀郡王，自然不是普通的“盗”，有人认为那是唐代宗派去的刺客。

唐代宗始终没和李辅国撕破脸。李辅国被杀后，唐代宗下令追捕盗贼，并追赠其为太傅。但在为李辅国评定谥号的时候，唐代宗却没有隐藏自己的内心，为其选了一个“丑”字。

谥法中有云“怙威肆行曰丑”，凭借着威望肆意行事，这恐怕就是李辅国真正的死因吧。

官军收蓟北

解决了李辅国可能带来的威胁后，唐代宗将主要精力集中到了平叛工作上来。截至唐代宗即位，这场战乱已经持续了六年半的时间，河北、中原、关中的社会经济遭到了毁灭性打击；江淮、巴蜀的税赋也被这场旷日持久的战争耗竭；塞北、西域、吐蕃、南诏和边疆各政权都在因唐朝无力顾及而蚕食唐土。尤其是吐蕃，乘唐朝边防军东调之际，背后捅刀子，连陷唐朝数十州，尽取河西、陇右之地，并对长安构成威胁。

唐代宗一刻也不想再等，一刻也不能再等，朝廷只能作出让步。即位之初，唐代宗就下诏：除了逆贼史朝义之外，有能为投降及率众归附者，一概既往不咎，并要大加封赏。放低姿态的妥协明显是为了分化瓦解叛军阵营。事实证明，这一政策确实使史朝义众叛亲离，起到了快速平叛的作用，但也为唐朝后期的藩镇割据埋下了隐患。

史朝义弑父自立之后，无法统御叛军各军镇，仅能龟缩洛阳自保而已。但叛军毕竟骁勇善战，又兼负隅顽抗拼死一搏，更显得穷凶极恶，官军一时也难尽除。这样一来，朝廷与叛军之外的第三股力量，雄踞草原的回纥就成了朝廷与叛军博弈的因素，成为双方竞相争取的对象。

史朝义趁着长安变换主人的机会，遣使到回纥，说什么唐有丧，国无主，内乱不断，正是起兵剽掠长安的好机会。其时，回纥老可汗已经故去，登里可汗在位。新可汗受了谎言蛊惑，发兵伐唐。

正巧唐朝廷也派出宦官刘清潭出使回纥。登里可汗顿觉事有蹊跷说：“人言唐已亡，安得有使邪？”此时回纥兵锋已到三受降城一线。由于朔方精锐早已悉数调到内地平叛，在三受降城一线，唐军几乎没有设防。回纥人“见州县皆为丘墟，有轻唐之志”，居然软禁了刘清潭。刘清潭秘密派人赶紧回长安通风报信。

唐代宗不敢怠慢，再次派出使者，明为慰劳回纥，实际是告知回纥人，朝廷已经有了防备。登里可汗见偷袭不成，就要求仆固怀恩来牙帐通报情况。原来登里可汗娶了仆固怀恩之女为妻，他想要征询这位老丈人的意见。

仆固怀恩心向朝廷，便苦口婆心地劝说女婿要记得朝廷的恩德。最终，登里可汗决定同朝廷联手平叛。仆固怀恩为朝廷又立了一件大功，他也由此成为继郭子仪、李光弼之后，朝廷倚重的第三位军事统帅。

宝应元年（762 年）十月，朝廷开始部署对史朝义的最后决战。唐代宗以长子雍王李适为天下兵马元帅，以仆固怀恩为副元帅，率唐中央禁军与诸道节度使的部队及回纥骑兵在陕州集结。十月二十三日，大军集结休整完毕，仆固怀恩率本部人马与回纥骑兵为前锋，向东挺进。陕西节度使郭英乂自渑池方向、泽潞节度使李抱玉自河阳方向、李光弼自陈留方向向洛阳方面运动，四路官军欲在洛阳城下会师。

史朝义紧急召开“御前会议”商议军情，得知多次重创叛军的回纥骑兵再次随官军而来，叛军的很多将领心中发怵，阿史那承庆提议：“唐若独与汉兵来，宜悉众与战；若与回纥俱来，其锋不可当，宜退守河阳以避之。”一阵未接，叛军就已经要放弃洛阳了。史朝义不舍得放弃洛阳，从某种意义上来讲，洛阳是史朝义皇权合法性的保障。数日后，官军陆续进抵洛阳北郊。叛军在城外设立栅栏进行防守，以防官军直接攻城。

战役打响后，仆固怀恩派本部骑兵和回纥骑兵迂回到叛军左右夹击叛军，自己则率主力部队从正面突击。叛军的防线很快被攻破，史朝义率倾城之兵十万众援救，叛军与官军在洛阳城西展开厮杀。官军三军用命，连一向拖后腿的鱼朝恩都派出手下的射生军参与正面战斗，大量击杀叛军。

叛军本就士气低迷，既无必胜信心又无求胜欲望，被官军杀得大败。此战，叛军被歼六万，被俘两万。史朝义的主力部队损失殆尽，只得放弃洛阳，率扈从数百骑向郑州方向逃窜。

仆固怀恩一边率军入城并分兵攻取洛阳周边的河阳等地，另一边派其子右厢兵马使仆固玚率兵万余人向东追击史朝义。史朝义兵败如山倒，在郑州、汴州都无法站住脚跟，无奈只能放弃河南，北渡黄河，逃到卫州（治所在今河南卫辉）。

上一次安庆绪弃守洛阳，就是逃到河北之后再次站稳脚跟，将安史之乱拖入第二阶段。这一次史朝义会不会东山再起，仆固怀恩不敢掉以轻心，他亲率大军渡过黄河，不给叛军喘息之机。

史朝义没有复刻安庆绪的幸运，仆固怀恩率部先后攻下滑州（治所在今河南滑县东）和卫州。史朝义继续狼狈向北逃窜，并与叛军田承嗣部四万余人会合，进驻莫州（治所在今河北任丘北）负隅顽抗。

洛阳再次收复时，唐代宗就再次重申："东都、河北应受贼胁从署伪官并伪出身，悉原其罪，一切不问。"这一宽松的政策在官军光复河南、河北的过程中发挥了积极作用。叛军大将薛嵩率相州（治所在今河南安阳）、卫州（治所在今河南卫辉）、邢州（治所在今河北邢台）、洺州（治所在今河北永年）四州之地向官军投降。另一员叛军大将张忠志率赵州（治所在今河北赵县）、恒州（治所在今河北正定）、深州（治所在今河北深州西南）、定州（治所在今河北定州）、易州（治所在今河北易县）五州之地向官军投降。

唐代宗也未食言，任命薛嵩为卫相节度使，统相州、卫州、洺州、邢州、磁（治所在今河北磁县）五州；任命张忠志为成德军节度使，统恒州、赵州、深州、定州、易州五州，并赐张忠志皇家姓氏，改其名为李宝臣。

见到这种情形，田承嗣也动摇了。广德元年（763 年）正月，田承嗣偷偷派心腹到唐营仆固玚的大帐谈判，相约举州投降。但史朝义亲自坐镇莫州，田承嗣还是不敢轻举妄动。他设计诓骗史朝义说："不如身将骁锐还幽州，因怀仙悉兵五万还战，声势外张，胜可万全。臣请坚守，虽玚之强，不遽下。"怂恿史朝义带兵回幽州，再率伪范阳尹李怀仙所部五万回援莫州。而他自己则坚守莫州待援。很明显，田承嗣要支走史朝义。

史朝义此人"虚怀礼下，事皆决大臣，然无经略之才"。他没什么权谋，不知田承嗣所言是计，星夜率骑五千奔出莫州，向北逃窜。因为要急行军，不可能带着家眷，史朝义一家老小都留在了莫州。临行时，史朝义拉着田承嗣的手说："阖门百口，母老子稚，今付公矣。"

田承嗣顿首流涕，表示绝不负存亡之托。但史朝义前脚刚出了城门，田承嗣就使人在城墙上对着官军大喊："朝义夜半走矣，胡不追贼？"随后，田承嗣将史朝义的母妻子女全部用绳索捆绑，到唐营投降去了。

仆固玚见田承嗣真的来降，马上亲率兵三万追击史朝义。在归义（今河北雄县西北）大败史朝义。史朝义屁滚尿流地逃奔范阳，还在做着让范阳发兵救援莫州的美梦，殊不知伪范阳尹李怀仙也已经投降了官军。

李怀仙的部将兵马使李抱忠在城头对史朝义说："天不祚燕，唐室复兴。今既归唐矣，岂可更为反覆，独不愧三军邪！大丈夫耻以诡计相图，愿早择去就以谋自全。且田承嗣必已叛矣，不然，官军何以得至此！"

史朝义这才醒悟田承嗣已经投降了官军。他可怜兮兮地说："吾朝来未食，独不能以一餐相饷乎？"如今的"大燕皇帝"已经落到乞食的地步了。李抱忠乃令人设食于城东。史朝义终于算是吃上了一口范阳的饭食。

史朝义军中的范阳子弟见大势已去，都悄悄地逃离了队伍。史朝义坐在旷野中，流着眼泪大骂田承嗣："老奴误我！"然而已于事无补。此时，史朝义身边仅有数百胡骑跟随。史朝义在范阳城外拜谒了其父史思明之墓。不知此时墓中的史思明是否还在叨念着那句："朝义怯，不能成我事！"对于自己的识人之明，史思明是应欣喜呢，还是应悲伤呢？

史朝义率众逃奔广阳（今北京房山东北），亦不得入城，只得向北投奔奚与契丹。行至温泉栅（今河北丰润东）时，李怀仙的追兵赶到，史朝义走投无路，被迫在林中的医巫闾祠下自缢身亡。

李怀仙斩其首献给仆固怀恩。这颗头颅被传送到长安报捷。史朝义平日"宽厚，下多附者"，将士们收敛其尸埋葬。下葬时，李怀仙与将士皆号恸。这些人背叛了史朝义，却也为史朝义流泪。人心是复杂的。

此时是广德元年（763 年）正月，距安禄山起兵已经过去了七年零三个月。

胡骑尘满城

安史之乱并不是孤立的历史事件。它并非因安禄山的一时兴起而骤然发生，也不会随着史朝义的自缢身死而彻底结束。安史之乱是一系列事件连锁反应的结果，同时也带来了一系列的连锁反应。狭义上的安史之乱结束了，但是，深刻影响唐朝国运的战乱并未结束。

捉襟而肘见，顾此而失彼。朝廷为平叛抽调大量西北边防军回师内地，吐蕃趁火打劫，攻占了唐朝河西、陇右数千里土地。

河陇尽丧，使朝廷陷入极为被动的局面。一方面断绝了朝廷与西域的联系，阻断了“丝绸之路”。丝路上的商旅贸易被吐蕃控制，贸易收入和税收不复为唐所有，给朝廷的财政造成了沉重的打击。另一方面，河陇数千里的广阔草原本是朝廷的牧场，朝廷在此饲养了大量军马，开元年间约有二十七万匹。河陇失陷后，这些优良的军马被各游牧民族掠夺殆尽。因缺乏军马，回纥等族趁机哄抬马价，在互市时，唐朝要以丝绢四十匹才能换得一匹马。最致命的是，陇右与关中仅隔一座陇山，吐蕃的铁骑随时可以踏进关中平原，威胁长安的安全。

广德元年（763 年）九月，安史之乱刚刚平定半年，吐蕃就入寇关中。此时掌权的宦官程元振密而不报、贻误战机。待唐代宗得知敌情，吐蕃的军队已经深入到距离长安仅仅二百里的邠州（治所在今陕西彬县）。二百里对于骑兵来讲，几乎是眨眼就到。唐代宗只好起用赋闲在家的郭子仪为关内道副元帅，以雍王李适为名义上的关内道元帅，急赴咸阳布防。

郭子仪自邺城之战后受到猜忌，没有参与平定安史之乱后半期的战争，一直在京师闭门闲居。国家到了用人之际，唐代宗又想起了这位老帅。郭子仪受诏后仅率二十余骑赶赴咸阳。此时，吐蕃与吐谷浑、党项、氐、羌等族的联军二十余万众，已经渡过渭水。敌兵列阵数十里，向长安挺进。郭子仪手中无兵，无法御敌，忙派人入朝求兵。程元振竟然从中作梗，阻止来人与唐代宗见面。郭子仪无计可施，危难中只有渭北行营兵马使吕月将率本部两千人与敌军死战。但敌我实力悬殊，两千唐军全部殉国。

吐蕃联军顺利通过便桥进抵长安城下。唐代宗弃城逃出，向东出潼关到陕州避难。这是唐朝皇帝第二次逃离长安。吐蕃联军未经唐军抵抗便占据长安。他们立广武王李承宏为傀儡皇帝，在城中烧杀劫掠。

郭子仪闻知天子逃出长安，只得放弃咸阳，收罗逃散在长安周边的唐军退到武关（今陕西丹凤、商南间）整顿，得兵四千人，继而回师长安。郭子仪令军士白日在长安城下虚设旌旗，夜晚点起大量火把和篝火，迷惑吐蕃军队，令其不知唐军虚实。郭子仪又派人潜入长安，联络城中百姓，在城内击鼓呐喊，虚张声势。长安百姓皆传言："郭令公自商州将大军不知其数至矣！"吐蕃恐惧，主动退出长安。此时距长安陷落仅仅十五天。

唐代宗回到破败的长安，百官上疏弹劾程元振"专权自恣"，祸国殃民。唐代宗罢免了程元振的职务，将其放归乡里，后又流放溱州（治所在今重庆市綦江区）。程元振在途经江陵时为仇家杀死。

虽然退出了长安，但是吐蕃军队在关中到处劫掠，所幸各地守军拼死抵抗。吐蕃见无法在关中立足，只好又退到陇山以西。就在唐人刚刚松了一口气的时候，谁也没想到，朝廷最为倚重的名将仆固怀恩居然派遣使者联络吐蕃，邀约吐蕃与自己联合进攻长安。

仆固怀恩为什么要这么做，话还要从他将史朝义的首级传送长安之后说起。安史之乱宣告平定后，仆固怀恩启程护送女婿回纥登里可汗回漠北。回纥兵是平乱的功臣，他们自认为对唐朝有再造之功，骄横跋扈、军纪涣散。在第二次光复洛阳时，回纥兵入城后大肆屠杀百姓上万人，抢劫财物无数，火焚洛阳房屋，大火十余日不灭。此次回程，回纥兵也是一路上烧杀抢掠。登里可汗不予制止，仆固怀恩也无法制止。沿路的官吏、百姓谈回纥兵为之色变，只是敢怒不敢言。

回纥兵行至太原，唐河东节度使辛云京拒绝仆固怀恩和登里可汗入城。他关城自守，对仆固怀恩所部和回纥兵也不犒劳。仆固怀恩对此非常不满，他上表朝廷状告辛云京。在等待朝廷回复的日子里，仆固怀恩索性屯驻在太原附近不走了。

广德元年（763 年）七月，朝廷的使者骆奉先到达太原，辛云京对骆奉先说仆固怀恩勾结回纥谋反。如果说仆固怀恩所部和回纥兵军纪有问题，这是事实，但谋反一说就是子虚乌有了。

骆奉先返京时经过仆固怀恩大营，仆固怀恩也想结好骆奉先，于是藏匿了他的马匹，想让他多留一日。骆奉先却听信了辛云京的谗言，认定仆固怀恩要谋反。仆固怀恩的这一举动，被骆奉先认为是要谋害自己，他连夜越墙而逃。

仆固怀恩见此，派人追上骆奉先，奉还了马匹，希望能消除误会。不想误会越来越深，骆奉先回京后向唐代宗报告仆固怀恩确实将要谋反。仆固怀恩大怒，上表辩解，并请求唐玄宗诛杀辛云京和骆奉先。

唐代宗也知仆固怀恩不会反叛，但辛云京也是平乱功臣，为此事就诛杀功臣似乎也不妥。唐代宗亲手写了一封诏书给仆固怀恩，希望两人能够和解。仆固怀恩却认为唐代宗偏袒辛云京。

仆固怀恩“为人雄毅寡言，应对舒缓，而刚决犯上”。正因这样的性格，他在早年做偏将、裨将时就时常顶撞主将，“始居偏裨之中，意有不合，虽主将必诟怒之”。如今身居高位，他的性子还是没变，不把皇帝的权威放在眼里。他写了一封措辞严厉的奏章，指出自己身负六条“不忠于国”的大罪，合该万死：

往年同罗背叛，河曲骚然，经略数军，兵围不解。臣不顾老母，走投灵州，先帝嘉臣忠诚，遂遣征兵讨叛，使得河曲清泰，贼徒奔亡。是臣不忠于国，其罪一也。

臣男玢尝被同罗虏将，盖亦制不由已，旋即弃逆归顺，却来投臣，臣斩之以令士众。且臣不爱骨肉之重，而徇忠义之诚，是臣不忠于国，其罪二也。

臣有二女，俱聘远蕃，为国和亲，合从讨难，致使贼徒殄灭。寰宇清平。是臣不忠于国，其罪三也。

臣及男玚，不顾危亡，身先行阵，父子效命，志宁邦家。是臣不忠于国，其罪四也。

陛下委臣副元帅之权，令臣指麾河北。其新附节度使，皆握强兵，臣之抚绥，悉安反侧，州县既定，赋税以时。是臣不忠于国，其罪五也。

臣叶和回纥，戡定凶徒，天下削平，蕃夷归国，使其永为邻好。义著急难，万姓安宁，干戈止息，二圣山陵事毕，陛下忠孝两全。是臣不忠于国，其罪六也。

仆固怀恩分明是在说反话，将自己的功勋说成是罪名，言辞中带着强烈的不满。的确，自安史之乱起，仆固怀恩身先士卒，参与了将近八年的平叛战争，一家为国捐躯者达四十六人，这在历史上也是罕见的。正如他自己所说：

臣谬承大行皇帝委任，授以兵权，誓雪国仇，以匡时难。阖门忠烈，咸愿杀身，野战攻城，皆先士卒。兄弟死于阵敌，子侄没于军前，九族之亲，十不存一，纵有在者，疮痍遍身。

仆固怀恩用“阖门忠烈”形容自己毫不过分。今日战乱初定，却受到这样不公平的待遇，依仆固怀恩的性子，他哪里受得了。他由自身的遭遇想到自己所在的朔方军的遭遇，指责唐代宗：

朔方将士，功效最高，为先帝中兴主人，乃陛下蒙尘故吏，曾不别加优奖，反信谗嫉之词。子仪先已被猜，臣今又遭诋毁。弓藏鸟尽，信匪虚言。

这话确实不假。“勋高一代”的郭子仪受到猜忌，“战功推中兴第一”的李光弼也被排挤，但帝王有帝王的考虑。安禄山不受猜忌，结果又如何。人心隔肚皮。唐玄宗御宇四十余载，那是多么富有经验的政治家，尚不能看破安禄山的肚皮，更何况是刚刚即位的唐代宗。

郭子仪、李光弼、仆固怀恩，唐代宗焉知谁有可能会成为安禄山第二。只要是不滥杀功臣，给功臣以优厚待遇，适当削减功臣的权力，对皇帝、对国家、对功臣、对百姓都不失为好事。兔死狗烹自然是无情，鸟尽弓藏又有何不可？

广德元年（763 年）九月，唐代宗派黄门侍郎裴遵庆再次到仆固怀恩处宣谕。仆固怀恩号哭诉冤，许诺返京。但其副将范志诚却劝阻说：“公以谗言交构，有功高不赏之惧，嫌隙已成，奈何入不测之朝？”仆固怀恩恐惧，不敢入朝。不久，吐蕃攻入长安，唐代宗避难陕州，召仆固怀恩速来勤王，仆固怀恩仍抗旨不遵。至此，君臣的嫌隙已无法弥合。

吐蕃退兵后，唐代宗着手解决仆固怀恩的问题。在这个问题上，颜真卿发挥了重要作用。当初颜真卿在河北坚持对抗叛军，唐肃宗在灵武登基后，颜真卿数次遣使以蜡丸封裹战报的方式向唐肃宗汇报，赢得了唐肃宗的信任，拜其为工部尚书兼御史大夫，后又为河北招讨使。但因史思明、尹子奇急攻河北，加之军费枯竭，河北诸郡复陷，颜真卿困守的平原郡渐渐不支。

至德元年（756 年）十月，颜真卿放弃平原，渡过黄河，沿着崎岖小路回归朝廷。唐肃宗任命他为宪部尚书，又调任御史大夫。此后颜真卿虽然也曾被李辅国排挤出京，但始终是朝中举足轻重的大臣。

颜真卿并不相信仆固怀恩谋反，他对唐代宗说：“明怀恩反者，独辛云京、李抱玉、骆奉先、鱼朝恩四人耳，自外朝臣，咸言其枉。”但事已至此，只能先解除仆固怀恩的兵权，令其入朝，先控制起来再做打算。颜真卿出策说：“怀恩将士，皆子仪部曲，恩信结其心，陛下何不以子仪代之，喻以逆顺祸福，必相率而归耳。”仆固怀恩本是郭子仪部下，仆固怀恩的军队多是郭子仪的旧部朔方军。郭子仪在军中德高望重，他若到军中，朔方军必然服其指挥。于是，唐代宗任命郭子仪为河东副元帅，到河东去接收仆固怀恩的军队。

果然，朔方军“闻子仪到，束甲来奔，归者数万”。连仆固怀恩之子仆固玚也被朔方兵马使张维岳等人斩首。仆固怀恩闻变率麾下数百骑，渡过黄河北走灵武，啸聚散亡之众，开始公然反叛。但唐代宗念其旧勋，不但不将其当作罪臣看待，反而厚抚其家，甚至还遥授仆固怀恩为太师、兼中书令、大宁郡王，希望他能回心转意。

仆固怀恩却是不肯回头了。广德二年（764 年）八月，仆固怀恩引回纥、吐蕃十万之众入寇关中。唐代宗命郭子仪率军抵御。十月，仆固怀恩率各族联军进逼奉天（今陕西省乾县），长安危急。诸将请战，郭子仪却要以逸待劳，消磨联军的士气。他对诸将说："虏深入吾地，利于速战，吾坚壁以待之，彼以吾为怯，必不戒，乃可破也。若遽战而不利，则众心离矣。敢言战者斩！"

双方僵持数日，郭子仪才率军列阵于唐高宗与武则天长眠的乾陵之南。联军本以为唐军仓促无备，却见唐军军容严整，加之郭子仪的威名令其恐惧，联军遂不战而退。

这时又突然传来唐军袭击灵武包抄联军退路的消息。原来是河西节度使杨志烈见联军主力长驱长安，认为"攻灵武，则怀恩有返顾之虑，此亦救京师之一奇也"，于是派兵五千人由监军柏文达统率奇袭灵武。这一招果然起到了围魏救赵的效果，仆固怀恩忙回师救援，长安危机遂解。

一年之后，永泰元年（765 年）九月，仆固怀恩卷土重来，引吐蕃、回纥二十万众兵分三路再次入寇。京师震动，人心恐慌，唐代宗下诏亲征。但仆固怀恩于途中病重，行至鸣沙县（今宁夏中卫东）病死。其部下按照回纥人的习俗将其火化埋葬。

吐蕃与回纥不知仆固怀恩的死讯，继续在关中攻掠。唐军关中各将领率兵抵抗，双方互有胜负。但唐军总体处于劣势，吐蕃、回纥联军再次挺进到奉天、泾阳附近。

郭子仪在泾阳率万余众抵御，敌众我寡，情况十分危急。

好在此时吐蕃、回纥得知了仆固怀恩的死讯，军心渐有动摇。郭子仪利用这一时机，决定分化瓦解吐蕃、回纥。回纥常与唐军联合作战，双方向来较为友好，只因仆固怀恩的关系才反目成仇。吐蕃则向来是唐朝劲敌。说服回纥罢兵还是有可能的。

郭子仪派牙将李光瓒到回纥大营谈判，相约共击吐蕃。回纥主帅是登里可汗之弟合胡禄都督药罗葛。药罗葛问：“仆固怀恩言天可汗已弃四海，令公亦谢世，中国无主，故从其来。今令公存，天可汗存乎？”原来回纥人受了仆固怀恩蒙蔽，以为唐代宗和郭子仪都已经去世了。李光瓒告诉回纥人，天子和郭令公都在。回纥人不信，要求与郭子仪见面。

郭子仪得知这一情况，不顾个人安危，仅率数十随从，不穿戴甲胄，赶赴回纥大营。回纥人被郭子仪折服，诸酋长皆下马跪拜郭子仪，与之把酒言欢，重修旧盟。吐蕃得知回纥将与唐联合对付自己，连夜撤退。唐军与回纥军在后掩杀，吐蕃大败，被斩万余人，短期内不敢窥视关中了。至此，仆固怀恩引起的祸乱方告平息。

仆固怀恩本是朝廷的大功臣，却因种种主客观因素而成为朝廷的叛臣，令人扼腕，引人深思。虽然连续两次率各族联军入寇，唐代宗却始终不愿承认仆固怀恩谋反。“前后下制，未尝言其反”，连国家的正式文书都没有提过仆固怀恩谋反。唐代宗也曾言：“疑隙之端，起自群小，察其深衷，本无他志。”

仆固怀恩死后，唐代宗依然表现出对其的怜悯和惋惜之情，叹息说：“怀恩不反，为左右所误。”唐代宗始终没有剥夺仆固怀恩的种种待遇，这位中兴名将的画像也始终挂在凌烟阁中。后来，回纥人将仆固怀恩的亲属及部将送还唐朝，唐代宗将这些人全部赦免，仆固怀恩的侄子继续受到重用。

不知仆固怀恩在九泉之下深察唐代宗的用心，能否释然，能否悔悟。

河朔三镇

在官军对史朝义的大决战中，朝廷出于急于平叛的需要，对归降朝廷的叛军将领不仅既往不咎，还委以重任，允许他们原地驻防。这样一来虽然加快了伪燕政权的瓦解速度，使史朝义顷刻授首，但这也使得在河南、河北原伪燕政权攻占的土地上，出现了许多以原叛军将领为主帅的半独立王国，唐朝后期的藩镇割据就此形成。

这些藩镇对内“各拥劲卒数万，治兵完城，自署文武将吏，不供贡赋”，相互间“结为婚姻，互相表里”。而朝廷却对他们无能为力，只能采取“姑息之政”，“专事姑息，不能复制，虽名藩臣，羁縻而已”。《资治通鉴》记载此时藩镇林立的局面：

> 大盗既灭，而武夫战卒以功起行阵，列为侯王者，皆除节度使。由是方镇相望于内地，大者连州十余，小者犹兼三四。故兵骄则逐帅，帅强则叛上。或父死子握其兵而不肯代；或取舍由于士卒，往往自择将吏，号为留后，以邀命于朝。天子顾力不能制，则忍耻含垢，因而抚之，谓之姑息之政。

在这些割据势力中最著名的当属河朔三镇。河朔三镇是范阳（又称幽州、卢龙）节度使、成德节度使、魏博节度使的合称。

在对伪燕政权的最后一击中，有四位重要的投诚将领：田承嗣、李怀仙、张忠志（后改名李宝臣）和薛嵩。朝廷任命田承嗣为魏博节度使，又称天雄节度使，统领魏州、博州、德州、沧州、瀛州五州之地。李怀仙为幽州节度使，统领幽州、营州、平州、蓟州、妫州、檀州、莫州七州之地。李宝臣为成德军节度使，统领恒州、定州、易州、赵州、深州、冀州六州之地。薛嵩为卫相节度使，后改为昭义军节度使，统领相州、卫州、洺州、贝州、邢州、磁州六州之地。

这四个人虽都是降将，但情况略有不同。田承嗣是平州卢龙人，“世事卢龙军为裨校”，“以豪侠闻于辽碣”；李宝臣是“范阳城旁奚族也”，是生长于范阳附近的奚族人；李怀仙是“柳城胡人也”，是营州柳城的胡人。这三个人出生在胡汉杂居之地，对于朝廷的认可程度相对较低，投降朝廷本是无奈之举，一旦有割据的条件，会义无反顾地选择割据，对朝廷毫无敬畏眷恋之心。这三个人所控制的藩镇，成为河朔三镇的基础。

比如田承嗣，他本是在史朝义背后捅了一刀的人，但在割据魏博期间，却冒天下之大不韪，公然为安禄山、安庆绪、史思明、史朝义四人建祠祭祀，并将四人尊为“四圣”。唐代宗没有实力讨伐，只能派使者劝说田承嗣毁掉“四圣”祠。田承嗣竟然要求唐代宗为其加同平章事衔加以交换。唐代宗无奈，只得拜田承嗣为检校左仆射、守太尉、同平章事，封雁门郡王。

唐代宗为笼络田承嗣，还将自己的女儿永乐公主下嫁给田承嗣之子田华。加官晋爵不够，还要同田承嗣“和亲”，简直岂有此理。田承嗣却“生于朔野，志性凶逆，每王人慰安，言词不逊”，越发地骄慢了。

田承嗣召募私兵，号称衙军，或牙军。这些牙军平日里待遇高于其他士卒，“丰给厚赐，不胜骄宠”。他们“父子世袭，姻党盘互，骄悍不顾法令”，是田承嗣割据称雄的基础力量。当时有谚云：“长安天子，魏府牙军。”

而薛嵩则不然。他出身将门，是左骁卫大将军、幽州都督名将薛仁贵之孙。薛嵩的父亲薛楚玉以门荫入仕，在开元年间就做到了范阳节度使。因父亲在范阳任职的关系，薛嵩才出生在燕蓟之间，他有膂力，善骑射，却不知书，以致后来身陷叛军阵营，都是历史与命运的机缘巧合。虽然“不知书”，但他对朝廷的认可度较高。

大历八年（773 年）薛嵩去世。其子薛平刚刚十二岁，却被将士们拥立为主帅。薛平不想做割据军阀，让位于叔叔薛崿，自己乘夜逃走回乡，后辗转去了长安。昭义军人心不稳，野心勃勃的田承嗣看到了可乘之机。他在暗中挖薛崿的墙脚，意欲策反昭义军将士，妄图吞并昭义军的辖区。昭义军兵马使裴志清暗中投靠了田承嗣。大历十年（775 年）正月，裴志清兵变作乱，驱逐了薛崿。田承嗣趁机发兵占据了昭义军各州。

田承嗣如此明目张胆地火并，根本不把朝廷放在眼里。消息传到长安，满朝哗然。唐代宗命令魏博节度使周边的各节度使讨伐田承嗣。各节度使也不愿看到田承嗣做大做强，有了皇帝的命令，一时间河东、成德、卢龙、淄青（平卢）、淮西、永平、汴宋、河阳、泽潞各镇纷纷发兵讨伐田承嗣。

诸道兵四合魏博，双方的混战从四月一直持续到八月。田承嗣渐渐不支，大片辖地丢失，众多部将叛变。田承嗣无以为继，遣使奉表向朝廷投降，请求只身入长安谢罪。唐代宗十分清楚，诸节度使瓜分掉魏博之后，不会将一寸土地献给朝廷。田承嗣虽然灭亡，但诸节度使会更加强大，这样的局面并不利于朝廷。于是，趁着田承嗣服软的机会，唐代宗紧急叫停混战，勒令诸节度使禁止进攻田承嗣。

但诸节度使不肯放弃到嘴的肥肉。九月，成德节度使李宝臣与淄青节度使李正己合围贝州（治所在今河北省清河县），田承嗣率军救援。田承嗣让自己的士卒伪装成淄青兵和成德兵混到敌军中搬弄是非，挑拨说淄青兵的军饷和赏赐少，成德兵的军饷和赏赐多。淄青兵颇有怨言，不愿再战。李正己害怕军队哗变，率军撤退。李宝臣也只得撤退。

十月，河南诸节度使大破田承嗣之侄田悦于陈留。田承嗣采用稳军、骄兵之计，遣使将自己管辖境内的户口、甲兵、谷帛册籍献给李正己，并说："承嗣今年八十有六，溘死无日，诸子不肖，悦亦孱弱，凡今日所有，为公守耳，岂足以辱公之师旅乎！"

田承嗣说自己死后会将自己所有的土地、人口、军队献给李正己。田承嗣甚至还亲自跪拜李正己的画像。李正己被田承嗣所迷惑，得意扬扬地按兵不动。河南诸节度使见状皆不敢进。田承嗣解除了南顾之虞，得以专心对付北方的成德节度使李宝臣和幽州节度使朱滔。

幽州节度使原是李怀仙，大历三年（768 年），幽州发生兵变，幽州兵马使朱希彩杀死李怀仙，自领节度使。他重用与其同姓的朱泚、朱滔二兄弟。大历七年（772 年），幽州再次发生兵变，朱希彩被部下所杀。将士共推朱泚为节度使。大历九年（774 年），朱泚自请入朝，将幽州军务交给其弟朱滔。

朱滔资历尚浅，却占据着安史旧将心中的"圣地"幽州，自然引起了安史旧将的觊觎。比如李宝臣是范阳人，一直想打回老家去，将幽州收入囊中。李宝臣与朱滔的矛盾正好被田承嗣所利用。田承嗣派人在一块石头上刻了一条谶语："二帝同功势万全，将田为侣入幽燕。"将石头埋在李宝臣的辖区内。田承嗣又派遣一个术士去见李宝臣，说某处有王气。李宝臣掘地得石，便信以为真，以为“田”（指田承嗣）是自己的“侣”，将协助自己攻取幽燕，日后并为“二帝”。

田承嗣派人对李宝臣说：“公与朱滔共取沧州，得之，则地归国，非公所有。公能舍承嗣之罪，请以沧州归公，仍愿从公取范阳以自效。公以精骑前驱，承嗣以步卒继之，蔑不克矣。”李宝臣果然上当，与田承嗣谋划密图幽州。田承嗣发兵北上，假意配合李宝臣。李宝臣骑兵在前，田承嗣步兵在后，共击朱滔。

就在李宝臣突袭朱滔，双方打得不可开交的时候，田承嗣却撤军了。田承嗣派人对李宝臣说：“我境内出了乱子，要马上回师，不能随您作战了。至于石上的谶文，‘吾戏为之耳’。”李宝臣方知受了戏弄，但自己已经和朱滔撕破了脸皮，朱滔也知道了李宝臣对自己图谋不轨，二人再也无法合力讨伐田承嗣了。

唐代宗得知李宝臣中计与朱滔反目，李正己不肯与田承嗣交战。田承嗣又再次上表请求入朝，希望得到朝廷的原谅。唐代宗只好就坡下驴，下诏恢复了田承嗣官爵，答应他入朝的请求。然而，田承嗣又怎肯真的入朝呢。

大历十一年（776 年）五月，汴宋节度使留后田神玉去世。“留后”是节度使、观察使空缺时的临时代理职务。朝廷任命永平节度使李勉兼任汴宋节度使留后。汴宋都虞侯李灵曜伺机以田承嗣为外援，夺取汴宋兵权。

唯恐天下不乱的田承嗣马上嗅到了利益的味道，出兵帮助李灵曜击败李勉，逼迫朝廷改命李灵曜为汴宋节度使留后。田承嗣还趁机上表称病，表示因身体原因无法入朝。

田承嗣将朝廷玩弄于股掌，唐代宗对其忍无可忍，诏命淮西、永平、河阳三城，淮南、淄青五镇节度使共同讨伐李灵曜。李灵曜连战连败，最后仅剩汴州孤城一座。剪除李灵曜之后，朝廷下一步必然会讨伐田承嗣。唇亡齿寒，田承嗣派侄子田悦驰援李灵曜。淮西节度使李忠臣遣帐下裨将李重倩率轻骑趁夜突袭田悦大营，自己与河阳三城节度使马燧以大军主攻。田悦军大溃，田悦只身逃回魏博。李灵曜见救命稻草没了，开城出逃，后被李勉部将所获，押往长安斩首。

大历十二年（777 年）三月，唐代宗再次向田承嗣挥刀。他下诏将李正己、李宝臣、李忠臣三人加同平章事衔，命他们讨伐田承嗣。但李正己、李宝臣、李忠臣三人在上次战争中新占据了不少州县，这些土地还没有完全消化完毕，且三人之间互有猜忌、掣肘，皆不敢轻举妄动。朝廷讨伐田承嗣终成泡影。

大历十四年（779 年），田承嗣病逝，其侄田悦袭位。唐代宗也在此年驾崩，其子唐德宗李适即位。双方都忙着巩固自己的地位，魏博节度使与朝廷之间的矛盾暂时得到了缓和。

经济改革

剑外忽传收蓟北，初闻涕泪满衣裳。
却看妻子愁何在，漫卷诗书喜欲狂。
白日放歌须纵酒，青春作伴好还乡。
即从巴峡穿巫峡，便下襄阳向洛阳。

广德元年（763 年）春天，安史之乱被彻底平定的消息伴着春风传遍各地。远在蜀中的杜甫突然得到这一惊天捷报，喜极而泣。“诗圣”将奔涌的复杂情感化作浓墨，痛快淋漓地写下了这首《闻官军收河南河北》。后人称其为杜甫的“生平第一首快诗”。这里的“快”应是快意的快。相信每一个初闻捷报的唐人都会一吐多年的积郁，油然生出快意。

在这首诗下，杜甫自注：“余田园在东京。”杜甫恨不得肋生双翼，不日便飞回自己的故园。那么，劫后余生的东京洛阳是什么样子呢？

洛阳“久陷贼中，宫室焚烧，十不存一。百曹荒废，曾无尺椽，中间畿内，不满千户。井邑榛荆，豺狼所嗥，既乏军储，又鲜人力”。往日的繁荣景象早已不复存在。

不仅洛阳，在经济、政治、文化方面具有先进性的整个中原地区，“东至郑、汴，达于徐方（今江苏徐州），北自覃怀（今河南沁阳），经于相土（今河南安阳），人烟断绝，千里萧条”。昔日繁华的郑州、汝州（治所在今河南临汝）等地，“比屋荡尽，人悉以纸为衣，或有衣经者”。百姓连衣服都穿不上，甚至要以经书糊衣服蔽体。

除了中原地区，关中、河东等地也莫不如此。战乱对社会生产力造成严重破坏，大量百姓死于非命或流离失所，国家急需重振经济。唐朝历史上两位最著名的理财家刘晏与杨炎在此时得以大显身手。

刘晏是曹州南华（今山东东明县）人。在开元十三年（725 年），唐玄宗东封泰山时，十岁的刘晏因献《东封书》而被唐玄宗视为神童，称其为“国瑞”，名震一时。安史之乱中，唐肃宗命刘晏负责度支、铸钱、盐铁等事务，成为举足轻重的经济大臣。唐代宗即位后，刘晏为京兆尹、户部侍郎，仍然负责度支、盐铁、转运、铸钱、租庸诸事。

战乱曾一度使大运河航运受阻，江淮的钱粮只能溯行长江、汉水运入关中，极为费时费力。唐代宗命刘晏恢复大运河的漕运。刘晏不辞劳苦地亲自勘察了泗水、汴水、黄河等漕运沿线，弄清了实际情况。

刘晏见漕运沿线人烟稀少、百姓穷困，河岸崩塌、河道淤塞，开始着手处理。他解决了一个又一个难题，终于恢复了从江淮至关中的漕运，此后每年有四十万斛的粮食运抵关中，“自是关中虽水旱，物不翔贵矣”。不仅关中受惠，漕运沿线也逐渐兴旺起来，村落人口滋多，中原逐渐恢复了往日的生机。唐代宗非常满意，称赞刘晏：“卿，朕鄼侯也。”鄼侯即萧何。

食盐是人们日常生活中的必需品，食盐买卖中蕴藏着巨大利益。唐初，食盐是可以自由贩卖的，官府也不收盐税。后来，官府看到了其中的利益，开始对食盐实行垄断专卖，并提高盐价攫取利润。负责盐政的官员也利用手中职权中饱私囊，以致盐价大涨，百姓积怨。而盐政官员过多也增加了政府的财政负担。

刘晏着手改革榷盐法。他将官收、官运、官销的国家专卖方式改为官收、商运、商销的公私合作方式。即由官方监督食盐生产，收获食盐后转卖给商人，由盐商将食盐运往四处贩卖。政府从中抽取盐税。这样的改革使政府、商人、百姓三方都受益。

长久以来，刘晏的榷盐法改革只有史料记载，缺少考古资料证明。后来在河北省黄骅市的大左庄制盐遗址发现了唐代计量称重用的小型铜环权和大型石环权各一枚，为唐代榷盐法提供了实物证据。大型的石环权用于称重盐包，小型的铜环权用于称重盐商购买官盐的金银。两种环权的发现，佐证了当时政府就是在盐场就地实行专卖。

榷盐法改革大大提高了盐的产量和国家税收。改革之前，朝廷每年盐利收入约四十万缗。改革之后，朝廷所获盐利逐年增加，至大历末年，竟达到六百万缗。当时全国每年赋税总收入约一千二百万缗，盐利几乎占了一半，“天下之赋，盐利居半，宫闱服御、军饷、百官禄俸皆仰给焉”。

为了防止不法商人囤积居奇，扰乱盐价，刘晏还在各地设置了“常平盐”。如果有商人哄抬盐价或者某地发生缺盐危机，官府就会开仓放盐，平价将盐卖给百姓。

“常平盐”只是刘晏对常平法改革的一部分，对国计民生更为重要的粮食的常平法，他更为重视。他认为：“王者爱人，不在赐与，当使之耕耘纺织，常岁平敛之，荒年蠲救之。”朝廷让百姓能够安居乐业，使其在荒年的生产生活也有所保障是最为重要的。

“丰则贵取，饥则贱与。”在丰收的年景，政府平价购买一半的粮食存入常平仓，避免谷贱伤农。到了荒年或青黄不接、粮价上涨的时候，政府再将常平仓里的粮食平价卖给百姓。

为了准确获取各地的经济信息和市场动态，政府还在各地设立巡院，命专官负责，使“四方货殖低昂及它利害，虽甚远，不数日即知”。各地商品盈缺、物价高低等情况很快就能上达朝廷。朝廷会根据情况及时作出政策调整。

刘晏在掌舵国家经济事务的十多年里，有着难能可贵的勤政与廉洁。他清晨即开始处理政务，至夜深方止，甚至在上朝的马背上还在挥动着马鞭计算税赋情况。他经手的钱物不计其数，却不谋私利，自己的住处“粗朴库陋陋，饮食俭狭，室无媵婢”。他对于物质生活的态度甚至可以作为我们的座右铭：“居屋安便，不务华屋；食取饱适，不务多品；马取稳便，不务毛色。”

可惜的是，就是这样一位能臣廉吏，竟在官场的倾轧中被诬含冤而死。而更令人惊叹的是，诬陷他的人正是另一位对唐代经济有着巨大影响的大臣杨炎。

杨炎比刘晏的年龄略小，属于大器晚成，早年虽有名气却没有太多的政绩。大历九年（774 年），杨炎为吏部侍郎，受到宰相元载的器重，因而在朝中被认为是元载一党。大历十二年（777 年）元载因专横和纳贿受到审查。审理此案者正是刘晏。元载伏罪被处死，杨炎也被贬为道州司马。自此杨炎与刘晏结仇。

唐德宗李适即位，宰相崔佑甫推荐杨炎可用。唐德宗急于建立自己的班子，早知杨炎的才能，于是令其回京为宰相。

唐代宗尚在时宠爱独孤妃及其子韩王李迥。据说刘晏曾建议唐代宗立独孤妃为皇后。若真如此，必然会威胁李适的太子之位。杨炎得知此事，添油加醋地对唐德宗说：“赖祖宗福祐，先皇与陛下不为贼臣所间。不然，刘晏、黎干之辈，摇动社稷，凶谋果矣。今干以伏罪，晏犹领权，臣为宰相，不能正持此事，罪当万死。”因此事无凭无据，唐德宗未治刘晏之罪，但心中对刘晏有了芥蒂。

建中元年（780 年），唐德宗以奏事不实为由将刘晏贬为忠州（今重庆市忠县）刺史。杨炎对刘晏不依不饶，必要置其于死地。他擢任与刘晏有私怨的庾准为荆南节度使，让庾准诬陷刘晏私通原幽州节度使朱泚，怂恿朱泚招兵作乱。唐德宗遂于当年七月遣使至忠州将刘晏缢杀，籍没家产，家属发配岭南。在抄刘晏家产时，来人发现其家仅有书籍若干，米麦数斛，足见其廉。

当然，杨炎毕竟是能臣，在陷害刘晏的同时，也在着手干着大事——“两税法”改革。在此之前，唐代赋税征收实行租庸调制。租即田租，庸则是力役，调是户调，“有田则有租，有家则有调，有身则有庸”。简单地说，租庸调制就是均田人户不论其家授田多少，均按人丁向政府缴纳定额的赋税，并为政府服一定的徭役。

很显然，租庸调制是建立在均田制基础上的以“人丁为本”的赋税制度。国家必须要保障均田制的实行，租庸调制才能够实行。如果国家给农民分配的土地不足，还要求农民按人头按期缴纳定额的租庸调，农民肯定无法负担。“天下之人苦而无告”，其结果不是逃亡就是反抗。

到了唐德宗时期，均田制早已瓦解破坏，租庸调制也就举步维艰了。建中元年（780年）杨炎向唐德宗建议推行一种新税法。新税法的主要原则是不再区分本地户和外来户，只要在当地有资产、土地，就上籍征税。征税的标准，不再按户役的年龄界限征租、庸、调，而是按贫富等级征财产税和土地税，即“户无主客，以见居为簿；人无丁中，以贫富为差”。具体办法如下：

一、将建中以前正税、杂税及杂徭合并为一个总额，即所谓“两税元额”，共分两种：一种是斛斗（即谷物），按土地面积摊征；一种是税钱，按户等高下摊征。

二、主户和客户都编入现居州县的户籍，依照丁壮和财产的多少定出户等。

三、朝廷将“两税元额”分配给各地，各地依照朝廷分配的数目分别按垦田面积和户等高下摊分。

四、两税依户等纳钱，依田亩纳米粟，田亩税以大历十四年（779年）的垦田数为准，均平征收。

五、每年分夏、秋两次征收，“夏税无过六月，秋税无过十一月”，因此被称为“两税法”。

六、无固定住处的商人，所在州县按其收入的三十分之一征税。

七、租、庸、调和一切杂徭全部废除，但丁额不废。

八、除此之外，再有横征暴敛赋税者，以枉法论。

“两税法”最重要的特征是唯以资产论，不以人头论，资产少者则其税少，资产多者则其税多。相比之前的租庸调制，显然要合理得多。由是

“天下便之”,“轻重之权始归于朝廷”。百姓受益，朝廷得利。

“两税法”改革是中国土地制度史和中国税制史上具有重要意义的改革，不但对唐代经济影响显著，对后世也有深远的影响。唐以后的宋元明皆实行“两税法”或“两税法”的改进版。直到明代后期，“两税法”才被张居正的“一条鞭法”所取代。

善因生善果，恶因生恶果。杨炎因“两税法”名垂青史，也因对刘晏的陷害而不得善终。刘晏之死，“天下以为冤”。那些不愿服从朝廷命令的节度使借机大造舆论，打击朝廷的权威。比如淄青节度使李正己就上表朝廷，指责“诛晏太暴，不加验实，先诛后诏，天下骇惋”。

杨炎“恐天下以杀刘晏之罪归己”，派使者到各镇解释此事，甚至将杀刘晏之罪推诿给皇帝。唐德宗得知后大怒，遂起诛杨炎之心。宰相卢杞为人奸诈，觉察到皇帝的心思，处处为难杨炎。后来，有司查出杨炎有贪墨和纵子违法之罪，甚至有流言说杨炎在曲江之南修建家庙是因为“此地有王气，炎故取之，必有异图”。

建中二年（781 年）十月，唐德宗将杨炎贬为崖州（一说今海南三亚崖州区，一说今海南海口琼山区）司马。在大唐版图上，这里几乎是官员能被贬谪的最远的地方了。当杨炎千辛万苦走到离崖州百里的地方时，又得到了唐德宗的赐死诏书，他被押解的宦官勒死。

刘晏与杨炎是中唐时期两位著名的理财家。他们在战乱过后的废墟上革故鼎新、兴利除弊，通过努力使“民不加赋，而国丰饶”，也使唐朝的统治在藩镇割据、农民起义、外族入侵、宦官专权、朋党倾轧等连环打击下得以再延续一百多年。二人都具有经世济国之大才，若是同心协力，中晚唐的历史或许又会是另一番景象，然而杨炎却因难以释怀私仇，最终害人害己。

精于算计的杨炎是愚是智，令人深思。

第六章 更著风和雨

四镇之乱

刘晏与杨炎的悲剧之所以发生，除了杨炎自身的问题之外，还有一位起决定性作用的人物——唐德宗李适。他在即位后的前两年接连诛杀朝廷倚重的刘晏与杨炎，给唐朝的经济造成了不可弥补的损失。他为什么会这样做，恐怕还要从他的亲身经历以及对藩镇的态度说起。

天宝元年（742 年），李适出生于长安，是唐玄宗的长玄孙，太子李亨的长孙，广平王李俶的长子。这样的地位加之天宝年间国家的繁荣与稳定，李适在十四岁之前的生活可想而知。天宝十四年（755 年）安史之乱爆发，次年长安失守，朝廷出逃，李适的幸福生活戛然而止。他与祖父、父亲一起饱经家国之痛、离丧之苦，对叛乱深恶痛绝。

宝应元年（762 年），父亲唐代宗即位。李适被委任为天下兵马元帅，名义上统率官军与叛军进行了最后的决战并取得胜利。这样的成就与荣耀使李适志得意满，但战乱也给他带来了无法弥合的伤痛，他的生母睿真皇后沈氏在战乱中失踪。

沈氏本与丈夫广平王李俶在一处。李俶率官军第一次光复洛阳后，沈氏被安排在洛阳皇宫居住。不久，史思明重新攻陷洛阳。沈氏是否及时撤离，就不得而知了。待到李适第二次攻陷洛阳，沈氏已不知所终。此后十余年间，唐代宗父子一直在寻找沈氏，却一直杳无音信。战乱中，贵为皇后尚且如此，百姓又如何？沈氏的遭遇即可作为例证，反映了战乱给人民带来的苦难。

李适即位后，遥尊沈氏为皇太后。在封册之礼上，李适只能对空伏拜，“歔唏不自胜，左右皆泣下”。此后，唐德宗李适一直在寻找母亲。直到二十六年后唐德宗驾崩，人们认为沈氏已不在人世，寻找工作才算停止。

这样的痛苦经历使唐德宗对藩镇有着切齿的痛恨。刘晏与杨炎最大的罪名便是被指责为勾结藩镇，如杨炎诬告刘晏怂恿朱泚招兵作乱，杨炎本人遣使与藩镇交通，这都是唐德宗难以容忍的。

唐德宗对于疑似勾结藩镇的朝中大臣的态度都如此强硬，对那些拒不听命于朝廷的割据藩镇的态度就更不必说了。这位刚刚即位的大唐皇帝暗自下定决心，一定要在自己手中彻底解决藩镇问题。然而，唐德宗虽负高气，志在靖难，却才疏意广。率军平定安史之乱的成就与荣耀，以及父亲唐代宗晚年对藩镇的遏制，让他误以为自己可以对藩镇寸步不让，却不知事情并非他想象的那么简单。

建中二年（781 年）正月，成德节度使李宝臣病死，其子李惟岳上表请求继承父亲的职务。原来，李宝臣生前已经和魏博节度使田承嗣、山南东道节度使梁崇义、淄青节度使李正已等强藩相约，将自己的职位传给子孙。大历十四年（779 年），田承嗣死时，李宝臣、李正已等人出面力挺田承嗣之侄田悦代为魏博节度使，唐代宗也答应了他们的要求，因而此次李惟岳敢于公然向朝廷要求世袭节度使之职。

谁知唐德宗的态度远比唐代宗强硬得多，他坚决反对李惟岳继任父职。李惟岳恼羞成怒，举兵反叛。田悦、李正已、梁崇义各自从自己的利益出发，共同举兵支持李惟岳。唐德宗时期朝廷与藩镇的战争就此爆发。

当年薛氏昭义节度使灭亡时，洺州、相州、卫州被田承嗣所夺，磁州、邢州及临洺县（今河北省永年县）为朝廷收回。田悦早就垂涎磁州、邢州，对部众说："邢、磁如两眼，在吾腹中，不可不取。"此次和朝廷撕破脸，田悦不为李惟岳，而是为了磁州、邢州。建中二年（781 年）五月，田悦率大军数万围攻临洺县。唐守将张伾据城死守，田悦一时难以攻下。

田悦围困临洺累月，城中钱粮耗尽，士卒多死伤。张伾将爱女打扮了一番，带出来拜见众将士。张伾说："诸群守战甚苦，伾家无它物，请鬻此女为将士一日之费。"将士皆哭，说："愿尽死力，不敢言赏！"

田悦与朝廷在河北厮杀时，李正己与梁崇义在河南着力破坏朝廷的经济命脉。李正己派兵扼守符离桥（今安徽宿州濉河新河边）和涡河入淮河口（今安徽怀远东），以阻断大运河。梁崇义派兵断绝自襄阳北上的交通。二人如两只大手扼住了朝廷的咽喉，致使江淮漕船无法进入中原，湘楚货船也无法行汉水，情形甚至比安史之乱时还要严峻。

唐德宗诏令以淮西节度使李希烈为汉南、汉北兵马招讨使，急救襄阳，讨伐梁崇义。淮西节度使本为李忠臣，但他贪财好色，将吏妻女多有被其诱奸者。其军素无纪纲，所至之处烧杀抢掠。李忠臣既失将心，又失民心。其麾下大将李希烈看准时机，于大历十四年（779 年），与众将驱逐了李忠臣。李忠臣单骑逃往京师，李希烈遂占据了淮西。

在河北，唐德宗也作出一系列部署：命河东节度使马燧、昭义节度使李抱真、神策先锋都知兵马使李晟率军往救临洺；命永平节度使李勉、宋亳节度使刘洽、郑汝节度使路嗣恭、河阳节度使李艽率军讨伐李正己、田悦；命幽州留后朱滔、朔方节度使李怀光讨伐李惟岳。

马燧与李抱真合兵八万，东出太行攻击盘踞在邯郸的叛军杨朝光部。杨朝光向田悦紧急求援。田悦正在围攻临洺，只遣兵五千救援邯郸，不果，自己又亲率万人赴援。官军在邯郸西北的双冈击败田悦。田悦只得退兵再去攻打临洺。没有了援军的杨朝光部遂溃，杨朝光被斩。官军乘胜进军临洺，在城外与田悦大战，官军斩首万余级，田悦引败军逃遁。

此时，梁崇义正与李希烈在江陵一带对峙，得知田悦大败，梁崇义军心浮动，也被李希烈击败，逃回襄阳。李希烈沿汉水尾随至襄阳。在襄阳城外，李希烈接连击败梁崇义军，后者只能闭城据守。但守军却纷纷开城投降。梁崇义无法控制局势，知势必死，遂与其妻投井自杀。李希烈入襄阳，将梁崇义的首级传送长安。但李希烈却不肯撤兵，欲将襄阳据为己有。

唐德宗以河中尹李承为山南东道节度使，赴镇襄阳。李承为避免李希烈疑心，不带一兵一卒，单骑赴镇。李承据理力争，李希烈才恋恋不舍地离开襄阳。当然，贼不走空，李希烈纵兵在襄阳掠夺，“大掠阖境所有而去”。

此时，淄青节度使李正己去世。其子李纳奏请袭位，唐德宗不许。李纳遂与田悦、李惟岳结成同盟，对抗朝廷。双方战作一团，打得难解难分。

建中三年（782 年）正月，马燧、李抱真、李晟等部与田悦夹洹水列阵对峙。官军在洹水上修建了三座浮桥，每日骂阵，田悦就是不肯应战。马燧佯装撤退，沿着洹水去袭击田悦的老巢魏州，并留少量人马带着柴火埋伏起来。田悦见官军向魏州方向撤走，便带着人过桥去追，赶上官军时，官军早已列阵。田悦却因仓促赶到，立足未稳而被击败。等田悦再撤回洹水桥边时，发现桥已被烧断。这时官军的追兵赶到，叛军军心大乱，被斩杀、溺死者不计其数，田悦仅率千余人逃往魏州。

魏州守将李长春本想关闭城门拒绝接纳田悦，等待官军到来再投降。怎奈官军没有及时赶来。田悦入城杀掉李长春，抽刀与诸将士断发为誓。将士们亦断发，与田悦约为兄弟。叛军同仇敌忾，“整部伍，缮守备，军势复振”。而官军方面，李抱真与马燧互相牵制，迁延不进，十余日后才到达魏州城下。田悦早已做好迎战准备，官军难以攻下魏州。但是，魏博节度使治下其他各州纷纷投降朝廷，魏州也仅是孤城一座，危在旦夕。

幽州节度使朱滔在讨伐李惟岳的过程中说降了李惟岳部的易州刺史张孝忠。张孝忠被朝廷任命为恒州刺史、成德节度使，与朱滔共讨李惟岳。

李惟岳见官军势大，准备投降朝廷。田悦得知怒且惧，若李惟岳投降，自己更是独木难支，便遣使对李惟岳说，自己举兵，“正为大夫求旌节耳，非为己也”。你李惟岳怎么能自己投降，将反逆之罪都让我田悦一人承担呢？

李惟岳被说动，继续与官军对抗。张孝忠归降朝廷事件，使李惟岳对部将多有猜忌。不久，他属下的赵州刺史康日知举州归降朝廷，这使得李惟岳对属下越发不信任。成德兵马使王武俊智勇双全，为左右所妒，小人们多次在李惟岳面前诬陷王武俊。李惟岳对王武俊渐渐起了杀心。

幸亏有人劝说李惟岳：“武俊勇冠三军，今危难之际，复加猜阻。若无武俊，欲使谁为大夫却敌乎？”李惟岳深以为然，王武俊才未遇害。对此，王武俊心知肚明，为求自保决定归顺朝廷。李惟岳遣王武俊进攻赵州。王武俊却在出征后突然杀了个回马枪，奇袭李惟岳所在的恒州。王武俊的心腹开城迎接。王武俊进城后勒杀了李惟岳，将其首级传于京师。原李惟岳所属的深州、定州的官员见大势已去，又不肯听从王武俊号令，二州均向幽州节度使朱滔投降。

如今叛乱的四镇中，梁崇义、李惟岳被灭，田悦困守魏州，李纳在河南被官军围困，眼看平叛即将成功，但谁知又出了乱子。

朝廷以降将张孝忠为易州、定州、沧州三州节度使；以康日知为深州、赵州二州都团练观察使；以王武俊为恒州、冀州二州都团练观察使。王武俊认为自己功劳最大，却位居张孝忠之下，不但没有得到节度使的职务，还仅仅辖两州之地，十分不满。而深州、定州二州原本已经向朱滔投降，朝廷为了避免朱滔坐大，而将深州划给了康日知，将定州划给了张孝忠。朱滔为朝廷讨伐李惟岳，本想着能得到奖赏，不想却一无所获，同样十分不满。

两个心怀怨望的军阀联合起来，一场更大的反叛随即爆发。

几家称王

建中三年（782年）三月，唐德宗遣使诏命朱滔、王武俊、张孝忠诸镇共赴魏州合围田悦。王武俊本因自己立有大功却遭受不公正待遇而心怀不满，如今朝廷又要拿自己当枪使去讨伐田悦，更不想再为朝廷卖命，便将使者扣押送往朱滔处，欲与朱滔联合反叛。当时，河朔诸镇中，王武俊实力弱小，田悦已是苟延残喘，只有朱滔势力最强。朱滔认为自己必为盟主，遂决定起兵，与王武俊共救田悦。田悦朝不保夕，自然希望有人来救援，于是三镇联合，与马燧、李抱真等部作战。

唐德宗见河北局势糜烂，遂命朔方节度使李怀光率神策军入河北征讨。李怀光本是靺鞨人，并不姓李，他的父亲名叫茹常。茹常内迁到幽州居住，后为朔方将领，因战功赐姓李。

建中三年（782 年）六月，朱滔、王武俊率军两万余人到达魏州，来救被围困的田悦。李怀光也率军一万余人赶到魏州，双方在魏州城下相遇。围困魏州的马燧认为朱滔、王武俊兵强马壮，李怀光部人少且长途赶来，十分疲惫，应休整几日再做打算。李怀光却认为应趁朱滔、王武俊立足未稳、营垒未成时发起突袭。

马燧拗不过李怀光，只得同意其出战。起初，朱滔出兵迎战李怀光部，叛军被斩千余人，朱滔的营垒被攻破。李怀光非常得意，纵兵抢夺朱滔的物资。但殊不知王武俊以精骑两千突然掩杀过来，官军准备不足，军阵被冲断为两截，首尾难顾。

朱滔引兵反攻，官军大败。幸有马燧稳住阵脚，官军才得以退回营垒固守。

是夜，王武俊掘开大运河的永济渠，使水入黄河故道王莽河。官军的退路和粮道都被断绝。马燧见攻取魏州已无可能，便遣使与朱滔讲和：“老夫不自量，与诸君遇。王大夫善战，天下无前，吾固宜败，幸公图之，使老夫得还河东，诸将亦罢兵，吾为言天子，以河北地付公。”

朱滔也不愿与马燧结怨太深，更不想王武俊因获胜而难制，就同意马燧解围撤军。王武俊眼看就要取得全胜，对朱滔的决定十分不满，他建言：“燧等皆国名臣，连兵十万，一战而北，贻羞国家，不知何面目见天子耶？彼行不五十里，必反拒我。”朱滔不听。果然，马燧撤军后根本没回河东，而是在永济渠以西选择了一处高地重新扎下营寨，坚壁固守，观察魏州的动向。朱滔悔之晚矣，王武俊也因此与朱滔结怨。

魏州解围后，田悦提议与朱滔、王武俊、李纳共同建国称王，奉朝廷为正朔，不改年号，奉朱滔为盟主，朱滔自称“孤”，其余皆自称“寡人”。他们在魏州筑坛定盟，朱滔称冀王，田悦称魏王，王武俊称赵王，李纳称齐王，并分别设置百官。为了增加援手，分散朝廷的平叛力量，他们还遣使至淮西，劝说淮西节度使李希烈反唐称帝。

淮西节度使李希烈讨伐梁崇义取得胜利，且较为和缓地退出了襄阳，因而取得了朝廷的信任。建中三年（782 年）七月，朝廷以李希烈兼任淄青平卢节度使，命他率本部人马讨伐李纳。而李希烈因没有得到襄阳，早已对朝廷不满，只是隐忍未发而已。这时他见朝廷与河朔诸镇在河北混战无暇南顾，自己身兼数镇节度使，又有了堂而皇之的出兵理由，谋逆之心遂生。

李希烈一边告知汴宋节度使李勉，自己奉命讨伐李纳，要借路过境，另一边又暗中联络李纳，相约共袭汴宋节度使治所汴州（治所在今河南开封）。因有朝廷的命令，李勉无法拒绝李希烈过境的请求。李勉只得一边逢迎李希烈，为李希烈准备军需物资，一边加紧练兵，严阵以待。

朱滔、田悦、王武俊、李纳共约称王，他们派遣使者劝李希烈称帝。李希烈此时虽还不敢公然称帝，但也学着其他几个军阀的样子称王，自称天下都元帅、太尉、建兴王。李希烈与朱滔、田悦、王武俊、李纳被合称“五贼”。

李希烈见李勉有备，没有贸然向北面的汴州发起进攻，而是向西面的汝州发起突然袭击。汝州守将李元平是个才薄性疏之人，“敢大言，好论兵”，实际上没有什么才能。他在加固汝州城防时招募了很多工徒。李希烈暗中遣数百壮士应募。这些人都混进了汝州。李希烈部将李克诚仅率数百骑来攻汝州，城中内应开城迎接。汝州不战而陷，李元平也投降了李希烈。

攻陷了汝州，李希烈的人马就可北上威胁东都洛阳。河南形势危急。唐德宗与宰相卢杞商议对策。面对危局，朝廷内部仍然在相互倾轧，卢杞更是借此排除异己。卢杞与太子太师颜真卿不和。颜真卿是三朝元老且刚正不阿，他十分看不惯卢杞的卑劣行径。而卢杞也将德高望重的颜真卿视为眼中钉。

卢杞出身范阳卢氏，本是名门之后，其父御史中丞卢奕是朝廷的忠臣，在安禄山攻占东都洛阳时死节。安禄山为了迫使颜真卿投降，将卢奕的首级传至平原。颜真卿非常敬佩卢奕，为卢奕有卢杞这样一个不肖子而感到失望。

颜真卿曾提醒卢杞，不要忘了自己是忠烈之子："先中丞传首平原，面流血，吾不敢以衣拭，亲舌舐之，公忍不见容乎！"当年见到卢奕的首级，颜真卿不敢用衣襟擦拭卢奕面部的血迹，而是用舌头舔舐干净。听到这样的话，卢杞"矍然下拜，而衔恨切骨"，表面对颜真卿很尊敬，内心却更加痛恨他了。

此次李希烈反叛，唐德宗问计于卢杞，后者认为这是加害颜真卿的好时机。他对唐德宗说："希烈年少骁将，恃功骄慢，将佐莫敢谏止。诚得儒雅重臣，奉宣圣泽，为陈逆顺祸福，希烈必革心悔过，可不劳军旅而服。颜真卿三朝旧臣，忠直刚决，名重海内，人所信服，真其人也。"

明眼人都能看出来，卢杞这是欲令颜真卿身犯险境。正因为李希烈是"年少骁将，恃功骄慢"，这样的混横之人什么事干不出来，是不会把什么"儒雅重臣"放在眼里的。唐德宗却偏偏不察，下诏让颜真卿出使淮西宣慰李希烈。

圣旨一下，"公卿皆失色"，大家都知道颜真卿这次肯定是有去无回。汴宋节度使李勉上表提醒说，颜真卿此去朝廷"将失一元老"，使朝廷贻羞。颜真卿行至河南，河南尹郑叔则劝说颜真卿，李希烈反状已明，不要再去送死。颜真卿却反问："君命可避乎？"仍然不顾生死，走向敌营。

一到淮西，颜真卿即遭软禁。李希烈软硬兼施，妄想逼迫颜真卿投降。颜真卿数度遇险，却不辱使命。

一次，李希烈设下盛宴大聚党羽。他召颜真卿赴宴，席间故意指使倡优借古讽今，以唱戏的形式斥侮当今朝廷。颜真卿大怒。当时，朱滔、王武俊、田悦、李纳使者皆在座，诸贼对李希烈说："闻太师名德久矣，公欲建大号而太师至，求宰相孰先太师者？"李希烈想要称帝，朝廷就送来了颜太师，由颜太师来做宰相再合适不过了。

这简直是对颜真卿的侮辱，他喝斥道："若等闻颜常山否？吾兄也。禄山反，首举义师，后虽被执，诟贼不绝于口。吾年且八十，官太师，吾守吾节，死而后已，岂受若等胁邪！"诸贼久在河北，谁不知颜常山的大名。眼前的颜真卿大义凛然，俨然颜常山第二。诸贼皆羞赧失色。

李希烈将颜真卿软禁在蔡州（治所在今河南汝南）龙兴寺。颜真卿自知必死，提前写好了遗书，还为自己撰写了墓志和祭文，并指着寝室西墙下说："此吾殡所也。"

唐德宗见颜真卿此次没有取得既定效果反而一去难归，这才有些后悔。他以名将哥舒翰之子左龙武大将军哥舒曜为东都、汝州节度使，率兵万余人讨伐李希烈，又命江西节度使、曹王李皋，荆南节度使张伯仪，山南节度使贾耽，汴宋节度使李勉等配合哥舒曜作战。

与数路大军多线作战，李希烈渐渐难支。其帐下的都虞侯周曾、兵马使王玢等人甚至想要暗中释放颜真卿，奉其为主帅归顺朝廷。不料事泄，李希烈遣人杀死周曾、王玢等人稳定住局面。但李希烈派驻各地的军队纷纷哗变，李希烈只好上表表示服从朝廷，领军返回蔡州，以保存实力。

唐德宗对李希烈不予宽恕，下诏诸镇继续讨伐李希烈。就在这关键时刻，长安突然发生了泾原兵变，唐德宗逃离长安。平叛形势急转直下。李希烈也因此再度复起。

李希烈向北攻打汴州。诸镇节度使或入关中平叛，或闭门自保，无人救援汴州。李勉坚守月余，无以为继，只得放弃汴州。李希烈乘胜攻取汴州附近的诸多州县，一时中原、江淮大震。

泾原兵变

在讨伐李希烈的过程中，唐德宗深感中原地区兵力不足，便调遣关中军队增援。不想这次军事调动带来了远远剧于李希烈之叛的战乱，使唐王朝险些倾覆。

建中四年（783 年）十月，泾原（治所在今甘肃泾川北）节度使姚令言率本镇五千士卒支援中原。行至长安，时秋雨连绵，天寒地冻，泾原士卒冒雨在城外不远的浐水一带驻扎。他们本以为自西向东千里调动地为国家平叛，路过天子脚下，一定会得到天子优厚的赏赐。谁知唐德宗并没有考虑到这一点，当时朝中卢杞等奸佞当道，也没有人提醒皇帝应为远道而来的士卒赏赐钱物，以致朝廷竟然“一无所赐”。

唐德宗仅仅下诏，令京兆尹王翃以酒肉犒赏三军。王翃却给士卒们提供败肉臭粮。众皆愤怒，掀翻饭菜，扬言道：“吾辈弃父母妻子，将死于难，而食不得饱，安能以草命捍白刃耶！国家琼林、大盈，宝货堆积，不取此以自活，何往耶？”“琼林”“大盈”是长安的两大府库，泾原士卒要洗劫国库，自取财物。

姚令言着了慌，告诫士卒不要鲁莽行事：“比约东都有厚赏，儿郎勿草草，此非求活之良图也。”姚令言安抚大家到了洛阳就会有重赏。在长安都无人重视，到了洛阳哪里会有什么赏赐呢，这样的鬼话骗不了大家。士卒们用长戈把姚令言逼退，径直向长安进发。

姚令言使心腹飞马上奏唐德宗。唐德宗听说士卒哗变，急忙令内库出缯彩二十车赏赐给士卒。但为时已晚，泾原兵变声势浩大，鼓噪着涌入长安。

长安街市顿时大乱，乱兵到处呼号，百姓狼狈走窜。唐德宗急命禁军平叛，但禁军却不为所用。当时的禁军统帅是神策军使白志贞。此人善伺上意，靠巴结奸臣卢杞取得唐德宗的信任，唐德宗甚至连招募禁军的工作都悉委白志贞。“皆以京师沽贩之徒以填其阙。其人皆在市廛”。他招募的禁军都是长安的小商贩，名在军籍拿着国家的军饷，而人却在市井做生意。这样的禁军焉能打仗？

司农卿段秀实曾忧心忡忡地上奏：“禁兵不精，其数全少，卒有患难，将何待之？”唐德宗终究不悟。如今“泾师犯阙，诏白志贞以神策军拒贼，无人至者，上无以御寇，乃图出幸”。不幸被段秀实言中。

唐德宗已来不及后悔，乱兵已经攻入皇城，列阵于丹凤楼下。唐德宗带领部分皇室成员和官员仓促逃往奉天。唐德宗是继唐玄宗、唐代宗之后第三位被迫撤离长安的皇帝。这时，只有曾在东宫侍奉过唐德宗的宦官窦文场、霍仙鸣率大小宦官一百余人随从。唐德宗十分感慨，对窦文场、霍仙鸣委以重任，把禁军交由他们统领。但这样一来又产生了一个影响深远的后果：禁军统领之权再次落入宦官之手。

泾原兵变事发突然，令人惊愕。虽然唐德宗有失考虑，没有及时给予士卒赏赐，但是士卒居然敢于起事攻陷京师，主帅无法制止，皇帝仓皇出逃，足见当时朝廷已威严扫地。自安史之乱以来，暴力可以改变秩序已深深潜入人们的意识。

这是一次自发的兵变，幕后并没有指使者，也没有政治目的。乱兵攻入长安最初的目的本是想要劫掠国库，而当皇帝真的被惊走，最高权力突然真空。接下来该何去何从呢，乱兵并没有考虑过。姚令言见大错已经铸成，料定皇帝不可能饶过自己，索性与乱兵同流合污。当晚，姚令言与乱兵商议：“今众无主，不能持久，朱太尉闲居私第，请相与奉之。”

朱太尉指原幽州节度使朱泚。朱泚入朝后，将幽州节度使一职让给了弟弟朱滔。朱泚曾做过泾原节度使，为人宽厚，泾原士卒对他颇有好感。后来，朱泚调任凤翔节度使。朱滔举兵反唐时，曾遣人以蜡书送往凤翔，约朱泚共同反叛。不想书信被马燧截获，马燧将书信送至长安。唐德宗召朱泚入京对质。朱泚自然表示毫不知情。唐德宗也没有为难朱泚，说：“千里不同谋，非卿之过。”虽未治罪，但为了以防万一，唐德宗还是解除了朱泚的兵权，令其留居长安。

如今长安无主，乱兵就推朱泚出山主持大计。姚令言亲率百余骑到朱泚的私第迎请。朱泚本是军阀，久来失权，心中怏怏思乱。见有这样浑水摸鱼的机会，朱泚毫不犹豫地决定出山，趁乱取天下。

是夜，朱泚“乘马拥从北向，烛炬星罗，观者万计，入居含元殿”。此时，朱泚尚不敢称帝，对外仍称太尉。而一些不受朝廷器重的官员，如源休、李忠臣、张光晟等人唯恐天下不乱，纷纷劝说朱泚百尺竿头，更进一步。朱泚头脑渐热。

凤翔、泾原的将领张廷芝、段诚谏在襄城被李希烈击败，于是带着三千溃卒投奔朱泚。朱泚却认为这是众望所归，僭越之心自此而定。司农卿段秀实原为泾原节度使，久失兵权，朱泚认为他也必定深怨朝廷，故推心委之，对其非常信赖。而实际上段秀实心向朝廷，暗中正与唐德宗的另一位支持者左骁卫将军刘海宾密谋诛杀朱泚。

当时，唐德宗在奉天，朝中文武多有投奔者。朱泚准备解决掉唐德宗之后再称帝。朱泚派三千人马假意迎请唐德宗还朝，实则去抓捕唐德宗。段秀实和刘海宾知道内情后，假传朱泚命令，追回叛军，使唐德宗转危为安。朱泚质问段秀实与刘海宾为何假传命令。他们先是劝说朱泚悬崖勒马，后见朱泚已经铁了心反叛。刘海宾从靴筒中抽出匕首，段秀实夺过一旁源休手中的象笏共击朱泚。朱泚走脱，李忠臣率叛军一拥而上，将段秀实和刘海宾杀死。

朱泚恼羞成怒，一不做二不休，于十月初八公然在大明宫宣政殿称帝，国号“大秦”，改元“应天”，设置百官。为了以绝人望，朱泚听从源休的建议，诛杀滞留在京城的唐朝皇室成员郡王、王子、王孙等七十七人。

朱泚遥封远在河北的朱滔为冀王、太尉、尚书令，不久又进号皇太弟，并与之相约，自己定关中，朱滔南下定中原，大事可成。朱滔得到朱泚的诏书，移檄田悦、王武俊等人说：“今发突骑四十万走洛阳，与皇帝会上阳宫。”这样一来，河北的反叛势力与关中的叛军实际上组成了联盟，加之李希烈祸乱中原，形势之危急已过于安史之乱。

朱泚留下李忠臣镇守长安，自己亲率大军攻打奉天。唐德宗到奉天后，传诏天下诸镇速来勤王。此时，奉天已经聚集了关陇一带的部分官军，拥有了一定的守城能力。特别是左金吾大将军浑瑊赶赴奉天，使军心为之一振。浑瑊是朔方名将，素有威望。但是，如李抱真、马燧、李怀光、李晟等实力派将帅仍然在河北战场尚未脱身。

事到如今，唐德宗已经走投无路，仅剩孤城一座，若奉天被攻破，也就宣告了唐朝的灭亡。唐德宗拿出一千多张空头委任状交给全权负责守城的浑瑊，告诉他只要士兵立功，就可以视功劳大小随意填写官职。如果委任状不够用，浑瑊可以在士兵身上书写官职，事后朝廷将全部予以认可。

重赏之下，必有勇夫。奉天保卫战打得异常惨烈，双方死伤无数。叛军数次登城，甚至攻开了城门，都被顽强的守军击退。其中，值得一提的是皇太子李诵。李诵是唐德宗的长子，在唐德宗出逃时，他曾执剑殿后。在奉天保卫战中，李诵也是身先士卒、登城拒敌，表现得异常勇猛。唐代太子为将帅者多矣，但真正能与敌军短兵相接的也只有李诵一人。李诵的表现赢得了唐德宗的信任和众将士的尊敬。后来，李诵虽身处剧烈的政治风波之中却能顺利即位，奉天保卫战中的表现无疑是很大的加分项。

奉天支撑一月有余，城中粮草耗尽，唐德宗也只能吃糙米度日，守城战具也即将用尽，城池眼看就要陷落。这一天，叛军仍在照例攻城，守城的官军也在殊死抵抗。忽然攻城的叛军中有一人对城上守军说："我朔方使也！"

此人自称是朔方军派来的使者，朔方军是李怀光的军队，本应在河北与反叛诸镇交战，怎么会突然来到奉天，守军赶紧把此人拽上了城。此人登上城头时，身上已经中了几十支箭，也不知是官军所射还是叛军所射。他忍着疼痛对大家说，自己是朔方军的裨将张韶，奉命入城来通报，李怀光率领朔方军已经挺进关中，不日即可驰援奉天。此话一出，守军顿时欢声如雷，鼓噪力战，守城之心更加坚定。

原来在河北平叛的诸镇接到勤王的诏书后立即行动，李抱真则继续留在河北维持局面，避免叛军南下攻掠中原。马燧引军回太原保卫河东。李怀光、李晟以及马燧之子马汇，迅速撤离河北战场回师勤王。

李怀光昼夜兼程地赶回关中。一路上朔方军势如破竹，目前已经抵达距离奉天不远的醴泉。李晟、马燧之子马汇等人也率兵赶至关中，目前正在围攻长安。李忠臣遣使向朱泚告急。朱泚见李怀光援军已到，又恐长安有失，只得放弃奉天，还师长安。奉天之围遂解。

李怀光自恃功高，认为一定会得到皇帝的隆重接见，没想到唐德宗给了他当头一棒。唐德宗根本不见李怀光，并传旨让李怀光即刻开拔，追剿朱泚，收复长安。唐德宗之所以如此不近人情，又是奸臣卢杞从中作梗。

李怀光一介武夫，心直口快，他时常对属下说："宰相谋议乖刺，度支赋敛重，京兆尹刻薄军食，天下之乱皆由此。吾见上，且请诛之。"将矛头指向了卢杞、赵赞（任判度支）、王翃等人。

王翃得知，心中恐惧："怀光有大功，上且访以得失，使其言入，岂不殆哉！"他害怕李怀光在皇帝面前参奏自己给士卒食用败肉臭粮招致祸乱，就将此事告诉了卢杞。卢杞一听也害了怕，马上在唐德宗面前进谗言："怀光兵威已振，逆贼破胆，若席胜，可一举灭贼。今入朝，则必宴劳留连，贼得从容完备，卒难图也！"怂恿唐德宗传旨，让李怀光马不停蹄地去攻打长安。

唐德宗早被打昏了头，他恨透了朱泚，更希望能早日回銮，居然稀里糊涂地传了圣旨。当初泾原兵为何反叛，就是因为路过长安却没有得到奖赏。泾原兵只是路过长安，没有得到奖赏而造反，更何况李怀光立有不世之功。唐德宗吃一堑竟不能长一智。

罪己诏

数千里竭诚赴难，破朱泚，解重围，而咫尺不得见天子！

李怀光得旨颇为恚怅，认为自己千里冒死赴难，与皇帝咫尺之遥竟然不得朝见。这一切都是奸臣阻拦怒道："吾今已为奸臣所排，事可知矣。"他心生怨望，驻屯咸阳，迟迟不肯进攻长安，拖延两月有余。

时李晟部驻扎在陈涛斜（今陕西咸阳东），防御工事尚未修备整齐，叛军就来围攻，李晟派人向李怀光求援。李怀光闹情绪，不肯相救，道："吾马未秣，士未饭，可遽战哉？姑养吾勇以待之。"李怀光的态度使李晟很着急，他诚恳地劝说："贼据京邑，天子暴露于外，公宜速进兵，虽晟不肖，愿为公先驱，死且不悔。”李怀光仍然不为所动。

李怀光“顿兵不进，数上表暴扬卢杞等罪恶”。虽然不能见到皇帝，但他屡次上本参奏卢杞等众奸佞。众臣也因卢杞平日里倒行逆施，纷纷附议。为避免众叛亲离，唐德宗贬卢杞为新州司马、白志贞为恩州司马、赵赞为播州司马。

兴元元年（784 年）正月，唐德宗下“罪己诏”，即著名的《奉天改元大赦制》，赦免各路叛镇的罪责，承认自己的过失，甚至将国政糜烂至此的一切责任都归咎于自己，言辞恳切，令人动容。

唐德宗直言，自己“长于深宫之中，暗于经国之务，积习易溺，居安忘危，不知稼穑之艰难，不察征戍之劳苦”，以致“天谴于上，而朕不寤，人怨于下，而朕不知”。李希烈、田悦、王武俊、李纳等人之所以反叛是因为“朕抚驭乖方，信诚靡著，致令疑惧，不自保安”。因此，特发布大赦：“李希烈、田悦、王武俊、李纳及所管将士官吏等，一切并与洗涤，各复爵位，待之如初，仍即遣使，分道宣谕。朱滔虽与贼泚连坐，路远未必同谋，朕方推以至诚，务欲宏贷，如能效顺，亦与维新。”李希烈、田悦、王武俊、李纳一并免罪，如果朱滔愿意同其兄朱泚划清界限，也既往不咎。

《奉天改元大赦制》为陆贽执笔，以唐德宗的口吻书写。虽非唐德宗亲笔，但肯定是得到唐德宗同意才发出的，代表了皇帝的意志。平心而论，虽然有藩镇割据、天下大乱的迫使，但作为一位至高无上的皇帝，唐德宗能做到这一步已经很不容易了。皇帝的卑身请和收到了一定的效果，田悦、王武俊、李纳纷纷去除王位，重新在名义上听命于朝廷。

但李希烈却坚持不降，反而称帝，前文已经讲过。朱滔因与朱泚为兄弟，又被朱泚立为继承人，也不肯与朝廷和解。诏书中没有提到李怀光，是因为此时李怀光虽露出反状，但毕竟没有公然扯旗造反。唐德宗还是希望李怀光能够幡然悔悟，不要一失足成千古恨，真的走到朝廷的对立面。

尽管如此，李怀光心中仍不自安，自认为同皇帝有了嫌隙。唐德宗也懊恼自己当初没有接见李怀光。为了弥合君臣之间的关系，唐德宗决定亲自到咸阳李怀光军中慰问。

人和人之间一旦有了猜忌，即使是善意的行为，也会被演绎成背道而驰的样子。这时有人就提醒李怀光，皇帝此行可能是效法当年汉高祖擒韩信之计。当年汉高祖为了擒拿韩信，亲自到了韩信的楚国，在韩信拜谒时，出其不意地将韩信擒获。李怀光更加狐疑，反意遂生，甚至暗中与长安城中的朱泚交通。

朱泚困在长安，眼看就要覆亡，万万没想到最大的对手李怀光居然会主动与他合作。他回信称李怀光为兄，相约灭亡唐室之后共同称帝。唐德宗见李怀光仍心存狐疑，出于安抚的目的，下诏加李怀光为太尉，并赐铁券。铁券可免除李怀光三次死罪。谁知这反而激怒了李怀光，赫然曰："凡疑人臣反，则赐券。今授怀光，是使反也！"说罢将铁券扔在地上。李怀光更加坚信，皇帝已经不信任自己了。至此，君臣关系彻底破裂。

李怀光麾下将领韩游瑰此时正在奉天护驾，李怀光遣人送去密信，约他同反。韩游瑰不愿一同反叛，将此事密报。面对急转直下的形势，奉天已经不安全，唐德宗只好率朝廷逃离奉天，穿越秦岭，到梁州（治所在今陕西汉中）立足。朝廷刚入秦岭谷口，李怀光的追兵就赶到了。有赖浑瑊派兵殿后，唐德宗才得以脱险。

到达梁州后，唐德宗急召隐居的李泌来见。李泌在唐肃宗后期隐居衡山。唐代宗即位后，因李泌有维护其太子地位的功劳，召李泌为宰相。李泌一度出山，后因不愿卷入官场纷争，再度隐居。这位时隐时现的重臣总是在危急之时，给予朝廷至关重要的帮助。此次朝廷危在旦夕，唐德宗和他的父祖一样想到了李泌。

李泌脱掉隐士的白衣，奔赴梁州见驾。李泌与唐德宗的祖父唐肃宗是挚友，又有维护唐德宗父亲太子地位的功勋，唐德宗自然对其十分敬重。李泌向唐德宗提出两点重要建议：

第一，李怀光不可赦免。当时内忧外患严重，加之旱、蝗两灾爆发，唐德宗原本是想对李怀光妥协。唐德宗心中明白，李怀光本是率先赶来勤王的忠臣，只因自己听信了卢杞的谗言，君臣才闹到这步田地。但李泌坚决反对:“陛下未幸梁、洋,怀光犹可降也。今则不然,岂有人臣迫逐其君,而可复立于其朝乎!纵彼颜厚无惭,陛下每视朝,何心见之!”唐德宗没有逃离关中时,双方尚未撕破脸皮,还有回旋的余地,如今已不可能了。李泌打破了一片铜叶,借铜叶不可复合来说明唐德宗与李怀光之间“君臣之分不可复合”。姑息李怀光只能是养虎为患。

第二,李泌要亲赴陕虢(今陕县、灵宝一带)疏通粮道。贞元元年(785年)七月,陕虢都知兵马使达奚抱晖杀害了节度使张劝,占据陕虢,切断了自中原向关中运送粮食的通道。因粮食供给困难,唐德宗甚至准备逃亡蜀中,走唐玄宗的老路。此时,李泌尚未到达朝廷,朝臣议论不决。关中的李晟及时上表说:“陛下驻跸汉中,所以系亿兆之心,成灭贼之势。若规小舍大,迁都岷、峨,则士庶失望,虽有猛虎谋臣,无所施矣。”唐德宗这才决意留在梁州。但粮食问题怎么解决?李泌入朝后,向唐德宗请求,自己单人独骑到陕州与达奚抱晖谈判。

“单骑如何可入?”唐德宗十分担心李泌的安全,“朕方大用卿,宁失陕州,不可失卿。”李泌认为陕州城三面悬绝、易守难攻,带兵强攻不知何时能够攻下,且陕州百姓并非有反叛之心,只是达奚抱晖一人作恶。李泌相信,凭借自己的威望,是可以收降陕州的。唐德宗被说服,任命李泌为陕虢都防御水陆运使,后又加陕虢观察使。李泌到达陕州后,果然凭借只言片语便使达奚抱晖逃亡。陕虢一带重新听命于朝廷。

李泌临行时,唐德宗草拟了参与叛乱的七十五名罪臣名单,要他按照名单抓人。李泌却认为牵连太广,不利于安抚,最终只将罪大者五人抓捕。李泌还在陕虢凿山开道,使中原的粮食可以更为便捷地运往关中,支援平叛。

此时,关中的平叛战争仍然在激烈地进行。在这场战争中,李晟成长为朝廷最为倚重的将领。当时的关中分为李晟所部及其他诸镇官军、朱泚叛军、李怀光叛军三股势力。如果朱泚和李怀光合作,将很难对付。幸好二人之间出现了分歧。

李怀光反叛不得军心,军中多有叛逃者。朱泚起初称李怀光为兄,后见李怀光式微，开始以君主对臣下的姿态对待李怀光。李怀光十分不满，悔不当初。李晟又致书李怀光谕以祸福，劝其立功补过。李怀光惭愧彷徨，未与李晟激战就退出关中战场，带兵"烧营东走"回到河中（治所在今山西永济县蒲州镇），静观其变。在东走途中，李怀光"掠泾阳等十二县，鸡犬无遗"，对当地百姓犯下了大罪，也暴露了他的军阀本质。李怀光麾下孟涉、段威勇、赵贵先纷纷率部归顺朝廷，李怀光大有众叛亲离之势。

李怀光脱离战场，李晟得以专心对付盘踞在长安的朱泚。他"治城隍，缮甲兵"，为最后的决战做准备。泾原兵变本是偶然事件，被别有用心的野心家利用，以至于到了不可收拾的地步。这样的动乱与官逼民反的农民起义不同，毫无群众基础可言。

自安史之乱被平定以来，唐代宗、唐德宗用了将近二十年的时间整顿内政、发展经济，虽说没有恢复到"开元盛世"的水平，但百姓尤其是长安的百姓，还是能够安居乐业的。百姓希望看到政局稳定，对于藩镇割据甚至是军阀反叛，从内心中是反对的。

不仅老百姓，叛军甚至是叛将的家属，也多有反对叛乱者。比如叛军悍将李日月在攻打奉天的战斗中阵亡，朱泚为鼓舞士气，为其举行了隆重的葬礼。李日月的母亲见到儿子的尸体不但不哭，反而骂道："奚奴（李日月为奚族）！国家何负于汝而反？死已晚矣！"

"国家何负于汝而反？"这是民众对叛军共同的追问。在这样的民心向背下，仅占据长安一座孤城的朱泚注定不能长久。城中的叛军经常有潜出城投降者，并将城中的虚实报告给李晟。

当然，李晟在攻取长安的战斗中，同样须注意不要惊扰百姓。朝廷军队要有王者之师的样子，不能与贼同论。兴元元年（784年）五月初，李晟召集诸将研究总攻方案。有的将领就提出"先取外城，据坊市，然后北攻宫阙"，建议与叛军打巷战。这样做一定会使百姓身陷战火之中，长安城也要受到破坏。李晟否决了这个建议，他认为：

坊市狭隘，贼若伏兵格斗，居人惊乱，非官军之利也。今贼重兵皆聚苑中，不若自苑北攻之，溃其腹心，贼必奔亡。如此，则宫阙不残，坊市无扰，策之上者也。

李晟将主攻方向放在叛军重兵驻守的西苑，争取在这里歼灭叛军主力，这样既能保护长安百姓的安全又可使城市完好无损。

五月二十六日，战斗打响。战斗持续了三日，十分惨烈。官军数度击败叛军，并拆毁了二百多步长的苑墙。叛军树立栅栏堵住缺口，并透过栅栏向外射箭。官军伤亡较大。关键时刻，李晟显示出了用兵的狠辣，他大怒道："安得纵贼如此？当先斩公等！"下达必须突破叛军防线的死命令。官军终于攻毁栅栏蜂拥而入。叛军无法抵抗，惊恐逃散。朱泚率百余骑逃离长安，后在落难途中被部下斩杀。

李晟入城，首先约束军纪，"晟赖将士之力，克清宫禁，长安士庶，久陷贼庭，若小有震惊，非吊民伐罪之意"。有将领擅取叛贼歌女，有士兵擅取叛贼马匹。李晟毫不留情，皆按军法处斩。于是，"公私安堵，秋毫无犯，远坊有经宿乃知官军入城者"。有的人居然睡了一夜觉，都不知长安已经光复。

长安光复的消息传到梁州，群臣向唐德宗上表祝贺，并称赞李晟："古之树勋、力复都邑者，往往有之，至于不惊宗庙，不易市肆，长安人不识旗鼓，安堵如初，自三代以来未之有也。"攻占长安这样的大都会居然能做到不伤百姓，确实是古今罕见。饱经战乱颠沛之苦的唐德宗也极为感慨：

天生李晟，为社稷万人，不为朕也。

失败的胜利

朱泚败亡，河北还有一个朱滔尚在。一段时间以来，河北的局面也发生了显著变化。兴元元年（784 年）正月，唐德宗下“罪己诏”，田悦、王武俊自去王号。朱滔着了急，派人怂恿田悦继续反叛，说什么昔日田悦深陷重围，是自己与王武俊挺身相救，田悦才得保全。今日朱泚已据关中，自己以步骑十万与回纥联合攻击东都，若田悦能共同渡河经略中原，则天下可定。

田悦听了又有些犹豫。王武俊闻讯，派来使者劝说田悦不要再与朝廷为敌，“闻大王欲从滔度河，为泚掎角，非也。方泚未盗京师时，滔为列国，且自高，如得东都，与泚连祸，兵多势张，返制于竖子乎？今日天子复官赦罪，乃王臣，岂舍天子而北面滔、泚耶”！

王武俊提醒田悦，即使跟随朱滔反叛，也不过是朱泚、朱滔的臣下，与其那样，继续做朝廷的大臣不好吗，何必铤而走险呢？田悦遂下定决心不与朱滔同流合污。但此时魏州内部却出了乱子。田悦本是前任魏博节度使田承嗣之侄。田承嗣死时诸子年幼，他为保田家地盘不失，将官位传给田悦，并命诸子辅佐田悦。但随着田承嗣之子田绪长大成人，他越来越不满受制于堂兄田悦。兴元元年（784 年）三月，朝廷任命田悦为检校尚书右仆射、济阳郡王，命给事中孔巢父到魏州来宣谕。

朝廷正式赦免田悦并为其加官晋爵。田悦非常高兴，设宴接待孔巢父，并撤去了门前阶下的岗哨。是夜，田绪与族人私议：“仆射妄起兵，几赤吾族。以金帛厚天下，而不至兄弟。”埋怨田悦亏待了他们兄弟，并告知众人欲杀田悦之意。有人劝田绪不要轻举妄动，却被田绪杀害。随后，田绪与心腹翻墙进入田悦的住处。田悦早已喝得酩酊大醉，在睡梦中被田绪所杀。田绪又杀田悦的母亲、妻儿及牙将薛有伦等二十余人，致使魏州大乱。田绪担心被田悦心腹报复而出逃。

魏州将士无主，为了保障自己的利益，避免被其他藩镇吞并，最终又将田绪迎回，让他主持军务。朱滔听说魏州内乱大喜，派军攻打魏州。李抱真、王武俊害怕田绪顶不住压力投降朱滔，连忙派兵支援田绪。李抱真、王武俊与田绪的联军在贝州一带大败朱滔。朱滔狼狈地逃归幽州。

此时传来朱泚在关中败亡的消息。朱滔自感独木难支，只得上表向朝廷请罪。唐德宗还要对付李怀光与李希烈，也就只能下诏宽恕了朱滔。朱滔沮丧忧惧，约一年时间就死去了。河北获得了暂时的安宁。

兴元元年（784年）七月，唐德宗车驾回到长安，距离上一年十月仓皇辞庙，已过去将近九个月的时间。虽经大劫，但唐王朝再次复兴。如今，关中仅剩下了李怀光一支叛军。李怀光预感到大事不妙，派其长子李璀觐见唐德宗，表示愿意投降，请求允许自己束身归朝。

李怀光虽然反叛，但没有帮助朱泚与朝廷为敌，而是退守河中镇观望自保。鉴于李怀光奉天之难时救驾有功、李怀光之叛确有其苦衷、关中战乱连年业已经不起大战等诸多因素，唐德宗还是想挽回李怀光，愿意与其和解。

唐德宗命给事中孔巢父、宦官啖守盈带着诏书前往河中宣慰，并恢复李怀光的官爵。孔巢父等人到河中后，李怀光身着素服表示自己有罪，跪地听诏。因李怀光要入朝谢罪，孔巢父就问谁可以代替李怀光执掌河中的军务。

李怀光帐下的悍将听到此言喧哗躁动，他们以为朝廷要治李怀光的罪，一怒之下竟上前攻击孔巢父等人。李怀光或是对于入朝有些犹豫，或是没有反应过来，总之没能及时制止，孔巢父、啖守盈等人皆被害。此事一出，李怀光只能继续反叛。

闻此变数，唐德宗忧心忡忡，他向李泌咨询："河中密迩京城，朔方兵素称精锐，如达奚小俊等皆万人敌，朕昼夕忧之，奈何？"李泌认为李怀光多次反复，将一手好牌打得稀烂，根本没有脑子，如同梦中之人，根本不足忧也。"怀光既解奉天之围，视朱泚垂亡之虏不能取，乃与之连和，使李晟得取以为功。今陛下已还宫阙，怀光不束身归罪，乃虐杀使臣，鼠伏河中，如梦魇之人耳！但恐不日为帐下所枭，使诸将无以藉手也。"

李晟也认为李怀光反复无常，决不能再赦免，且如今李怀光已是强弩之末，朝廷必胜。"河中距长安才三百里……多兵则未为示信，少兵则不足堤防，忽惊东偏，何以制之……今河中斗米五百……饿殍甚众。且军中大将杀戮略尽，陛下但敕诸道围守旬时，彼必有内溃之变，何必养腹心之疾为它日之悔哉？"

唐德宗遂下定决心讨伐李怀光。当时，吐蕃趁着唐朝内乱，寇边猖獗。李晟奉调西去防御吐蕃，进剿河中的任务落在马燧、浑瑊、骆元光、韩游瑰等人身上。在激烈的战争中，唐德宗不忘分化瓦解李怀光所部，希望有更多的叛军将领能够弃暗投明。毕竟叛军曾经也是官军，甚至是功勋之师，何必手足相残。

比如当年十月，唐德宗特意说明："朔方军累代忠义，今为怀光所制耳，将士何罪？……朔方及诸军在怀光所者，冬衣及赏钱皆当别贮，俟道路稍通，即时给之。"叛军将士得知后，多有感到羞愧者。叛军随李怀光反叛朝廷作恶多端，朝廷在极度困难的情况下，却仍然给叛军准备了冬季军衣和赏钱，这让叛军情何以堪。李怀光所部相继有来投降朝廷者。加之马燧、浑瑊等人步步为营，在多地击败叛军，李怀光日渐式微。

到了贞元元年（785年）八月，李怀光的势力范围仅剩下河中一地。河中是夹黄河建城，黄河东岸为东城，黄河西岸为西城。当马燧、浑瑊等军分别抵达两城后，两城中尚有叛军一万七千人。但因两城隔绝，西城叛军谣传东城即将开城投降，东城叛军谣传西城已经投降。两城中的叛军相互猜疑、人心惶惶，完全没有了守城的士气。

李怀光知城已不可守，心灰意懒，为避免被俘，遂自缢身亡。李璀杀死了自己的两个弟弟之后也自杀了。唐人李亢所撰小说《独异志》载，李怀光有子七人，李璀居长。李璀对诸弟说："我兄弟不可死于兵卒之手，曾不自裁！"于是，执剑将诸弟斩杀，将他们的头颅叠加摆放整齐之后，一剑穿心自杀而亡。这个情节略有惊悚，未必是史实。

叛军见主帅已死，遂开城投降。李怀光叛乱至此宣告平定。

这里还要谈一谈李怀光之子李璀。李璀是一个并不引人注目的历史人物，但发生在他身上的悲剧着实令人唏嘘。李璀一直追随父亲作战。他是忠臣，也是孝子。在李怀光还是朝廷忠臣的时候，忠孝在李璀的身上得到了完美统一，此时的他肆意挥洒着才华，是朔方军中一位重要的年轻将领。

当李怀光在咸阳盘桓不前、萌生反意之后，忠孝的完美统一在李璀的身上被撕裂了。他仍然追随其父，却利用出使奉天的机会警示唐德宗："臣父必负陛下，愿早为之备。臣闻君、父一也，但今日之势，陛下未能诛臣父，而臣父足以危陛下。陛下待臣厚，臣胡人，性直，故不忍不言耳。”君与父不“一”，李璀的痛苦与无奈溢于言表。

唐德宗想通过李璀弥合与李怀光的关系，嘱托他说：“当为朕委曲弥缝，而密奏之。”李璀知其父反意已决，无奈地说：“臣父非不爱臣，臣非不爱其父与宗族也；顾臣力竭，不能回耳。”自己就是力竭也不能挽回父亲了。

唐德宗问：“然则卿以何策自免？”既然无法挽救李怀光，唐德宗还想挽救李璀。李璀的回答更加无奈：“臣之进言，非苟求生，臣父败，则臣与之俱死矣，复有何策哉！使臣卖父求生，陛下亦安用之！”在那样的时代，君父一体，忠孝一体，不孝之人无法立于天地之间，卖父求生更是为人所不齿。不能为人子，又如何为人臣？

唐德宗当然还想做最后的努力，让李璀去咸阳试着劝说李怀光回心转意：“卿勿死，为朕更至咸阳谕卿父，使君臣父子俱全，不亦善乎？”

“君臣父子俱全”是多么美好的结局，李璀明知不可为，还是遵命至咸阳对父亲苦苦劝说。结果自然是无效。他回奉天复命，对唐德宗说：“无益也，愿陛下备之，勿信人言。臣今往，说谕万方，臣父言：‘汝小子何知！主上无信，吾非贪宝贵也，直畏死耳，汝岂可陷吾入死地邪！’”

唐德宗本无意杀李怀光，李怀光却认定唐德宗要杀他。君臣嫌隙不可弥合，身处父亲与君主中间的李璀既不忍抛弃父亲又不想对抗皇帝。大义灭亲，他做不到；因私废公，他同样做不到。他只得一再提醒皇帝要做好防备父亲的准备，同时又站在父亲一方做了叛军。

为人臣者，为人子者，当君父走向矛盾的对立面时，自己也就陷入了无法两全的困境。当李怀光说出“汝岂可陷吾入死地邪”的时候，事实上他已经陷李璀于死地了。

李怀光反叛后，唐德宗再三想要招降李怀光，也有不忍见李璀与李怀光同死的原因。他曾对李泌说：“朕所以再三欲全怀光者，诚惜璀也。”希望李泌能够再做一番努力：“卿至，试为朕招之。”李泌知道事已不可挽回，李璀必死无疑，道：“李璀固贤者，必与父俱死矣。”

果然，河中城破之日，李璀亦随父自尽，死前还将诸弟斩杀。他自己不愿做不孝子，也不想让诸弟做不孝子。但李怀光反前李璀曾向唐德宗密告其父欲反，是否是不孝？兵败巢覆之后，斩杀诸弟并自尽使家绝嗣，是否是不孝？李璀所为令人生悲、可叹。

对李怀光、李璀，唐德宗也怀着惋惜之情。李怀光解奉天之围确实为朝廷立下大功。当时，奉天城中人认为，李怀光若晚至三天，奉天将不保，朝廷也将倾覆。唐德宗念其旧功，不忍李怀光绝嗣，乃将他的外孙燕八八改名为李承绪，作为李怀光的继承人。

在给李承绪的诏书中，唐德宗说了一句意味深长的话："勉绍乃考之建国庸，无若尔父之违王命。"请继续努力像你父亲那样为国建功，但不要像他那样违抗王命。

随着李怀光势力的覆灭，一场由偶然兵变引发的关中浩劫也宣告结束。但李希烈此时仍在为害中原。兴元元年（784年）正月，鉴于此前朱泚已经在长安称帝，国号"大秦"。李希烈也悍然称帝，国号"大楚"。李希烈僭位时，派人向颜真卿咨询仪式问题。颜真卿对曰："老夫耄矣，曾掌国礼，所记诸侯朝觐耳！"说自己只知道诸侯朝见皇帝的礼仪，不知道诸侯称帝的礼仪。

李希烈对颜真卿杀意已决，派使者赶赴蔡州，说："有敕。"真卿拜。使者说："宜赐卿死。"颜真卿还以为是朝廷派来的使者，遂问："不知使者几日发长安？"使者说："自大梁来，非长安也。"颜真卿这才知道是李希烈从汴州（大梁）派来的使者，轻蔑地说："然则贼耳，何谓敕邪！"颜真卿遂遭缢杀，终年七十六岁。

颜真卿人如其字，字如其人。他的书法雄秀端庄、方正刚强、多力筋骨、笔力遒劲，像极了他的人格。宋代书法家黄庭坚在颜真卿殉国处凭吊，见壁间有颜真卿遗墨，感慨道："余观颜尚书死李希烈时壁间所题字，泫然流涕。鲁公（颜真卿）文昭武烈，与日月争光可也。"

颜真卿的死节激发了官军士气。江西节度使、曹王李皋回忆听到颜真卿噩耗时的情景："臣听之未毕，涕泗交流。三军对臣，亦苦呜咽。"随着朱泚在关中兵败，朝廷终于可以腾出手来收拾李希烈了。多镇节度使会攻李希烈。李希烈大惧，放弃汴州，逃往蔡州，其所属各州纷纷向朝廷投降。李希烈威势日蹙，他的心腹也各做打算。

李希烈有一小妾窦氏，是他入汴州时强抢而来。李希烈的亲信将领陈仙奇之妻也姓窦，窦氏就与陈仙奇之妻结成姐妹，明里暗里地劝说陈仙奇归顺朝廷。陈仙奇终于被说动。贞元二年（786 年）三月，李希烈因吃了牛肉病倒。四月初，陈仙奇令医生在药中下毒，李希烈一命呜呼。

李希烈虽死，其政权尚未瓦解。李希烈诸子打算诛杀陈仙奇等人之后继续反叛。窦氏得知此事，以献樱桃之名将密信夹在樱桃中送给陈仙奇之妻。陈仙奇得信，带兵攻入帅府，杀死李希烈妻、子。随后，陈仙奇将李希烈及其妻、子等七人首级传送长安。唐德宗拜陈仙奇为淮西节度使，免除淮西赋税二年。但不久后，陈仙奇被李希烈的宠将淮西兵马使吴少诚所杀，吴少诚继任淮西节度使。淮西从此成了吴家天下。三十年后，到了吴元济做淮西节度使时，终成朝廷大患。

尽管淮西隐忧尚在，但毕竟随着李希烈之死，自建中二年（781 年）正月以来，因成德节度使李宝臣病死，其子李惟岳请求承袭父职而引发的诸多藩镇叛乱已经基本宣告结束。这场叛乱持续了五年之久，其祸之巨几乎可与安史之乱相匹。因在这场叛乱中，朱泚、李希烈相继称帝，朱滔、王武俊、田悦、李纳并列称王，故又称“二帝四王之乱”。同时期没有称帝称王而起兵反唐者亦有之，如梁崇义、李怀光。这些藩镇军阀最终或被杀或降，表面上看唐朝廷取得了最终的胜利，但这样的胜利似乎又并非胜利。

李惟岳的诉求是承袭父职，因唐德宗的否决而引发战乱。但战乱平定后，这些藩镇仍然自行任命节度使，父子兄弟相继，朝廷也无法干涉。如王武俊去世后，其长子王士真承袭其职位；李纳去世后，其子李师古承袭其职位；田绪去世后，其三子田季安承袭其职位；等等。

藩镇成功挑战了朝廷的权威，唐德宗只能靠颁布“罪己诏”，向诸藩镇承认自己的错误来稳定局面。当《奉天改元大赦制》颁布天下时，唐德宗的削藩政策实际上已经以失败而告终。从此，唐德宗对藩镇的态度由先前的强硬变成同他父亲唐代宗一样的姑息纵容，只要藩镇在名义上还尊奉朝廷，那么就睁一目眇一目，得过且过了。

吐蕃与回鹘

在泾原兵变引起关中板荡、唐王朝险些覆亡的这段时间里，与泾原叛军渊源颇深的泾州、凤翔一带的守军纷纷出现兵变，以呼应泾原兵变。如凤翔兵杀主帅张镒，立李楚琳为帅；泾州兵杀主帅冯河清，立田希鉴为帅等。朝廷平定叛乱后，泾州、凤翔人心惶惶，生怕受到朝廷的制裁。由于吐蕃的多年蚕食，泾州、凤翔已经属于边镇，这些地区不稳定，对防御吐蕃十分不利。

因此收复长安后，唐德宗甚至将李晟调离讨伐李怀光的战场，让其马不停蹄地到泾州、凤翔稳定局面。李晟没有让朝廷失望，他以雷霆手段斩杀田希鉴等叛乱将领数十人，众军皆服。唐德宗闻讯大喜："泾州乱逆泉薮，非（李）晟莫能理之。"

李晟稳定泾州、凤翔做得非常及时。没过多久，贞元二年（786 年）八月，吐蕃宰相尚结赞率军入寇，沿途攻掠多州。九月，吐蕃前锋到达关中。唐德宗甚至计划再次逃离长安。李晟派麾下将领王佖率领三千精兵在汧城（今陕西千阳西）设伏，并嘱咐他："蕃军过城下，勿击首尾，首尾纵败，中军力全，若合势攻汝，必受其弊。但俟其前军已过，见五方旗、武豹衣，则其中军也，突其不意，可建奇功。"王佖依计行事，果然击溃了吐蕃军队，尚结赞险些被俘。

此役后，尚结赞分析失利原因，认为唐朝有名将尚在，"唐之良将，李晟、马燧、浑瑊而已，当以计去之"，吐蕃人开始想方设法地除掉此三人。十月，吐蕃军卷土重来。他们到凤翔城下高喊："李令公召我来，何不出犒我？""李令公"指李晟。李晟遣唐军迎战，吐蕃军旋即撤退。吐蕃军此番不是来打仗的，而是要造成李晟引吐蕃军入寇的假象。唐德宗本就疑心边将故意挑起战争，以此捞取功劳、把握兵权。尚结赞正是利用唐德宗的这一疑虑故意陷害李晟，离间唐德宗与李晟的君臣关系。

好在此时边疆形势吃紧，唐德宗非用李晟不可。当然，李晟需要用实际行动澄清自己与吐蕃的瓜葛。他马上亲自率兵五千奇袭吐蕃的军事重镇摧沙堡（今宁夏固原西北）。这是一步险棋。摧沙堡是吐蕃东侵的后勤给养基地，深沟长壕环绕，易守难攻，周遭驻扎有两万吐蕃军。李晟率军奋勇杀敌，击败数倍于己的吐蕃军，攻占摧沙堡，并将堡中的吐蕃军需物资全部焚毁。

吐蕃人在战场上敌不过李晟，继续使用诡计离间。尚结赞数次遣使到长安请和。唐德宗犹豫了，咨询李晟的意见。十二月，李晟入京，对唐德宗说："戎狄无信，不如击之。"

此时，原本支持李晟的宰相韩滉去世，左仆射张延赏加授同平章事，拜相执政。张延赏与李晟不睦。在此之前，唐德宗欲拜张延赏为相，在李晟的干预下，仅授予张延赏左仆射的虚职。此次，张延赏终于等到了报仇的机会。他诬陷李晟是在生事邀功，怂恿唐德宗削夺李晟的兵权。

唐德宗一来厌恶连年战争，二来惧怕李晟兵权太重，于是对李晟说："朕以百姓之故，与吐蕃和亲决矣。大臣既与吐蕃有怨，不可复之凤翔，宜留朝廷，朝夕辅朕。"唐德宗册封李晟为太尉、中书令，只是按时朝觐，不再掌握具体军事。李晟见到这种形势，也惧怕功高震主而不得保全，便从此安于高官厚禄、养尊处优。尚结赞阴谋的第一步得逞了。

接下来还有马燧、浑瑊两位名将需要对付。贞元二年（786年）八月，浑瑊被唐德宗派到了西部战场配合李晟。当年十二月，李晟奉调回京后，马燧也率河东军队来到西部战场。尚结赞主动向马燧示弱，说摧沙堡战败后，吐蕃已经无力侵扰大唐，愿意退还侵占大唐的土地，与大唐重修旧好，双方共击回纥。

马燧信以为真，停止进攻吐蕃，还亲自到长安，将吐蕃的意思转达给唐德宗。当时因摧沙堡被毁，又正值严冬，吐蕃军粮草匮乏，大量战马饿死甚至被充作了军粮，吐蕃骑兵成了步兵，战斗力大大削弱。马燧若发动进攻，很大概率是可以击溃吐蕃军主力的。但马燧中了吐蕃的议和缓兵之计，贻误了天赐的战机，使尚结赞率兵从容地步行撤退。

唐德宗痛恨回纥，吐蕃提出的共击回纥的主张对其诱惑颇大，更何况吐蕃还提出主动归还侵占的唐土，便很快答应了吐蕃的请和要求。尚结赞见这一步计划又得逞了，马上指名要求浑瑊作为全权大使来与自己会盟。唐德宗不知有诈，任命浑瑊为会盟使，到平凉川（今甘肃平凉西北）与吐蕃会盟。

离开长安时，李晟忍不住叮嘱浑瑊，吐蕃言而无信，千万要小心防备。张延赏得知不以为然，他在唐德宗那里诋毁李晟："晟不欲盟好之成，故戒瑊以严备。我有疑彼之形，则彼亦疑我矣，盟何由成？"于是，唐德宗召见浑瑊，让其不要受李晟的影响，一定要对吐蕃表现出十二分的真诚："切戒以推诚待虏，勿自为猜贰以阻虏情！"在皇帝的授意下，浑瑊对吐蕃放松了警惕。

贞元三年（787 年）五月，浑瑊在大将骆元光和韩游瑰等人的护卫下，来到平凉川与吐蕃会盟。此次会盟无异于羊入虎口。尚结赞早就布下了天罗地网。原来，尚结赞故意让马燧做中间人促成会盟，再准备在会盟期间劫持浑瑊。唐德宗一定会因会盟被骗而怪罪马燧，不再信任马燧。如此一来，等于同时除掉了马燧与浑瑊二人。

这正是尚结赞苦心积虑的计谋，不可谓不毒辣。幸好骆元光和韩游瑰对吐蕃始终保持着高度警惕。比如韩游瑰就曾经对唐德宗说："吐蕃弱则求盟，强则入寇，今深入塞内而求盟，此必诈也！"无奈唐德宗不听。到达平凉川附近后，浑瑊要求骆元光在距离会盟地点七十里处扎营。骆元光认为这么远扎营，一旦出现危机，根本来不及处置。浑瑊搬出唐德宗压制骆元光。骆元光宁愿抗旨，也要继续率军前进，直到距离会盟地点三十里处，才安营下寨。他深壕固栅，做好了防御准备。韩游瑰则率领五百骑兵设伏于侧，准备接应。

浑瑊率三千唐军继续前进与尚结赞会盟。尚结赞也以三千吐蕃兵与唐军对峙。实际上，在这三千吐蕃兵身后，还埋伏着数万精锐骑兵。浑瑊浑然不知。会盟开始后，吐蕃人突然击鼓三下，大喊捉拿唐使。浑瑊此时方知有诈。好在浑瑊毕竟是大将，反应很快，急忙奔出，抢了一匹马逃走。吐蕃数万大军倾巢而出，三千唐军根本不是对手，死伤惨重，数百人被杀，千余人被俘，随同浑瑊会盟的六十余名官员亦被俘获。

骆元光让过浑瑊和败军，严阵迎敌。吐蕃见唐军军容整齐，知道已有准备，一时不敢进攻。韩游瑰的骑兵也奔赴战场。吐蕃军不知唐军虚实，不敢轻易接战，徐徐退去。

浑瑊狼狈地回到长安"素服待罪"。唐德宗后悔不迭，但因非浑瑊之过，所以并没有怪罪他，而是让他还镇奉天，防备吐蕃入寇。此后，唐德宗"由是恶马隧"，罢免了他的兵权，授司徒兼侍中，同李晟一样，奉朝请而已。

尚结赞离间李晟、陷害马燧的计谋都得逞了，唯独没有擒获浑瑊。唐朝方面，堂堂天子受到吐蕃戏耍，加之吐蕃连连寇边，唐德宗恨透了吐蕃，下决心解决掉这个恼人的邻居。当时，唐朝刚刚从内乱中挣扎出来，哪有实力对抗吐蕃，只能求以外援。

李泌为唐德宗献策："臣愿陛下北和回纥，南通云南，西结大食、天竺，如此，则吐蕃自困。"唐德宗答："三国当如卿言，至于回纥则不可。"也就是说，云南（指南诏）、大食、天竺都可联合，唯独回纥不可。

可是，南诏国力弱小，大食、天竺远在吐蕃以南、以西，只能起到牵制吐蕃的作用，能够与唐军联合阻止吐蕃东侵的只有回纥。所以，李泌接着说："为今之计，当以回纥为先，三国差缓耳。"唐德宗寸步不让道："唯回纥卿勿言。"

李泌见唐德宗根本不允许自己提及回纥，也有些着急，说："臣备位宰相，事有可否在陛下，何至不许臣言！"听不听在你，说不说在我，怎么连一句话都不让说呢？唐德宗无奈地说："朕于卿言皆听之矣，至于和回纥，宜待子孙；于朕之时，则固不可！"

唐德宗为何如此痛恨回纥呢？不要说与之联合，甚至像李泌这样的重臣提及回纥，唐德宗反应都如此强烈？原来唐德宗曾在回纥面前遭受过奇耻大辱。

当年登里可汗率回纥兵协助唐军攻打史朝义。当时，还是雍王的唐德宗是名义上的唐军统帅。二军在陕州会合。雍王李适率领幕僚药子昂、魏琚、韦少华、李进等十余人到回纥大营会见登里可汗。没想到登里可汗趾高气扬，要李适对其大礼参拜。他给出的理由是唐与回纥为兄弟之国，李适是唐朝皇帝的儿子，自己就是李适的叔叔，李适理应大礼参拜。

若真这样做，当然有失大唐国体。药子昂、魏琚、韦少华、李进等人据理力争，惹怒了回纥的车鼻将军。在登里可汗的许可下，车鼻将军将药子昂、魏琚、韦少华、李进等人各杖责一百。魏琚、韦少华挺刑不过，重伤毙命。这段历史被称作“陕州之耻”，是唐朝的国耻。

“陕州之耻”一直是唐德宗心中的隐痛，每一次被揭开这道伤疤，他的心都会滴血。今天，李泌就来揭唐德宗心中这道伤疤了。李泌直言:“岂非以陕州之耻邪？”唐德宗也不再避讳:“然。韦少华等以朕之故受辱而死，朕岂能忘之！属国家多难，未暇报之，和则决不可。卿勿更言！”

见唐德宗心结如此，李泌便不再讲与回纥联合朝廷能够得到多少实际利益，而是要打开皇帝的心结。李泌说，有罪的是当年的登里可汗，登里可汗已经在内乱中被当今的合骨咄禄可汗杀死。如此说来，今日的回纥可汗乃有功于陛下，宜受封赏，又何怨邪？但唐德宗还是听不进去。李泌先后十五次同唐德宗讨论联合回纥之事，最终说服了唐德宗与回纥和亲，联合对抗吐蕃。但条件是回纥必须对唐朝称臣称子。

回纥合骨咄禄可汗对唐朝抛出示好的信息非常欣喜。他断绝了同吐蕃的交往，派使节来唐朝求亲，在国书中称:“昔为弟兄，今即子婿。子婿半子也。彼犹父，此犹子也。父若患于西戎，子当遣兵除之。”合骨咄禄可汗还要求唐朝将自己的国号回纥改为回鹘，“取回旋轻捷如鹘”之意。

此时，唐朝派往大食、天竺、南诏的使节也传来喜讯。对大食、天竺来讲，他们不愿看到一个强大的吐蕃在自己身边崛起，乐得与唐朝联合“远交近攻”。对南诏来讲，依附于文明的唐朝远比依附于野蛮的吐蕃更有安全感。吐蕃四面皆仇敌，东侵的势头有所放缓。虽然吐蕃与唐朝仍然在边疆断断续续地碰撞着，但吐蕃已经很难再威胁关中的安全了。

第七章 沉舟侧畔

郜国公主案

贞元三年（787 年）是唐朝中央政府彻底平定朱泚、李怀光、李希烈等人叛乱之后的第一个年头，诸藩镇纷纷收敛爪牙，出现了久违的安宁局面。但是，作为唐朝最高统治者，唐德宗的心中却颇不宁静。国势江河日下，一件件扰人的事件总会按倒葫芦又起瓢，一波未平一波又起。在边疆，吐蕃制造了无耻的平凉劫盟；在宫闱，一件惊天大案也在上演。因主犯是郜国公主，此案被称为郜国公主案。这件大案对唐朝政治最大的影响是波及了唐德宗的继承人——太子李诵。

李诵是唐德宗嫡长子，建中元年（780 年）被立为太子，史书对其评价为“慈孝宽大，仁而善断”。仁慈与善断两种性格本身有些冲突，能够集于一身并不容易。如果说这八个字表现的是李诵的品性，那么他的能力可用“允文允武”来概括。

李诵喜学术，好佛经，尤其写得一手好隶书。唐德宗作诗赐予大臣和藩镇将领，一般会命太子书写。当时，得到由太子手书的皇帝赐诗是一种殊荣。李诵并非仅能舞文弄墨，舞枪弄棒也不含糊。泾源兵变，唐德宗出逃时，正是李诵率禁军将士殿后。奉天之难时，李诵“常身先禁旅，乘城拒战，督励将士，无不奋激”，与叛军激战四十余日，为保卫奉天立下大功。

这样一个慈孝宽大、仁而善断、允文允武且居嫡长的太子，看上去已经无可挑剔，是皇位的理想继承人，偏偏他在贞元三年（787 年）卷入了郜国公主案。

郜国公主是唐肃宗的女儿，唐德宗的姑姑。她初被册封为延光公主，在唐玄宗时期嫁给了虢国夫人的儿子裴徽。马嵬之变中，裴徽被杀。后来，她再嫁唐玄宗的外孙、太仆卿萧升。贞元元年（785 年），她进封郜国大长公主。她与萧升的女儿萧氏被选为太子李诵的正妃。就这样，郜国公主与李诵产生了联系。

唐人不太注重辈分伦理。就以郜国公主来讲，她的第一任丈夫裴徽与她的父亲唐肃宗属于平辈。而她的女儿萧氏与唐德宗平辈，却嫁给了唐德宗的儿子李诵。而唐德宗甚至还曾“收孙为子”，将自己的孙子，李诵之子李謜认作自己的第六子。李诵只得称自己的儿子为六弟。唐德宗并非“收孙为子”的始作俑者，唐太宗、唐肃宗都曾这么干过。唐太宗曾将自己第四子魏王李泰的长子李欣“以为己子”。唐肃宗曾将孙子李傀认作儿子。

辈分错位加之近亲婚配，使唐皇室的亲属关系十分复杂。郜国公主既是唐德宗的姑姑又是太子的岳母，凭借多重皇亲国戚的身份，她飞扬跋扈、骄横无礼。萧升去世后，郜国公主孀居在家。她延续了唐朝诸多公主的开放作风。彭州司马李万、蜀州别驾萧鼎、澧阳县令韦恽、太子詹事李昪等官员，经常出入郜国公主的私第，秽声流传于外。

郜国公主的女儿太子妃萧氏身居东宫，故郜国公主经常来往东宫，与太子、太子妃接触密切。贞元三年（787 年）八月，有人向唐德宗告发郜国公主淫乱宫闱，并密令术士行厌祷、巫蛊之事，诅咒唐德宗尽快驾崩，期望太子李诵早日即位。

厌祷、巫蛊之事历来是宫闱大忌，唐德宗接到举报后大发雷霆，立即下令拘捕郜国公主，彻查此事。盛怒之下，唐德宗将李万杖杀，将萧鼎、韦恽、李昪等人流放岭南。唐德宗又将太子李诵唤来喝斥了一通，质问他与郜国公主有无瓜葛，是否参与了厌祷、巫蛊之事。李诵矢口否认。唐德宗一时没抓到证据，也只能作罢。但李诵却被迫与太子妃萧氏和离，萧氏随即被杀，郜国公主被幽禁而死。

虽说唐德宗没有处分太子李诵，但他却因此动了易储的念头。在唐德宗心中，李诵的理想替代者是舒王李谊。李谊本是唐德宗的弟弟郑王李邈之子。唐德宗与这位弟弟手足情谊深厚，惜乎李邈早逝，唐德宗便将爱弟之子李谊收为自己之子。这件事当时是宫闱机密，外人鲜有知者。

同李诵一样，李谊也是一位优秀的皇子。唐德宗很早就注意培养李谊。军国大事，只要有李谊想要办理的，唐德宗都会委派他去做。在奉天之难中，李谊虽然未能像李诵那样在城头浴血迎敌，却也尽心尽力，“昼夜传诏，慰劳诸军，仅不解带者月余”。李谊还曾指挥军马讨伐淮西节度使李希烈。这些都是李谊可以取代李诵登上太子之位的资本。

废立太子这样的大事，唐德宗要与宰相李泌商议。李泌表现出强硬的反对态度，说：“何至于是！陛下惟有一子，奈何一旦疑之，欲废之而立侄，得无失计乎！”李泌这里讲的“惟有一子”是指嫡子。

唐德宗勃然大怒道：“卿何得间人父子！谁语卿舒王为侄者？”唐德宗还以为李谊并非自己亲生子的事外人不知，他恼羞成怒，甚至说：“卿违朕意，不顾家族邪？”言下之意要对李泌阖门治罪。

李泌见唐德宗对李谊本是皇侄身份的反应这么大，干脆不再谈是子是侄的问题，而是从父子猜忌的弊病着手劝说：“自古父子相疑，未有不亡国覆家者。陛下记昔在彭原，建宁何故而诛？”

唐德宗也感慨：“建宁叔实冤，肃宗性急，谮之者深耳！”李泌提到了昔日建宁王李倓无辜被害的教训，让唐德宗自己说出了谮语谗言的危害，使唐德宗对太子李诵是被谮语谗言诬陷有所感悟。

李泌紧接着又搬出了唐太宗当年立嗣时的经验做法：“昔太宗诏：‘太子不道，藩王窥伺者，两废之。’陛下疑东宫而称舒王贤，得无窥伺乎？

若太子得罪，请亦废之而立皇孙，千秋万岁后，天下犹陛下子孙有也。”

李泌一生进谏无数，积累了丰富的经验。他平生第一次重要进谏是建议唐肃宗先取范阳再取两京，但唐肃宗并未采纳。当时的李泌初出茅庐，在政治上并不成熟。他虽然是为国家长远打算，却没有捕捉到唐肃宗当时内心中隐秘的迫切需求。而此次劝说唐德宗勿立舒王李谊，则是李泌一生最后一次重要进谏。

很显然，此时李泌的谈话艺术较之年轻时高超多了。他举出了唐太宗、唐肃宗的例子，一个具有权威性，一个具有贴近性，两者相加，具有很强的说服力。他还为唐德宗提出了解决办法——若是太子果真有罪，也应立皇孙，并阐明这是为唐德宗着想，就是将来天下还是您的子孙的。需要说明的是，这里的皇孙指的是太子的长子李淳（后改名李纯），即后来的唐宪宗。

李泌的劝说打动了唐德宗。面对眼前这位忠心耿耿的三朝元老，唐德宗有些感动：“此朕家事，何豫于卿，而力争如此？”

李泌对曰：“天子以四海为家。臣今独任宰相之重，四海之内，一物失所，责归于臣。况坐视太子冤横而不言，臣罪大矣！”

最终，唐德宗答应考虑一晚，明天给李泌答复。李泌却担心夜长梦多，嘱咐皇帝：“陛下还宫，当自审思，勿露此意于左右；露之，则彼皆欲树功于舒王，太子危矣！”这话点得直白露骨，天子左右皆敌寇，是真正的孤家寡人。

李泌回到自己的私邸，回想多年伴君如伴虎的官场生涯，退隐之意再起，他对众子弟说：“吾本不乐富贵，而命与愿违，今累汝曹矣。”

这一夜，长安城虽然像往常一样平静，但是帝国最有权力的几个人，皇帝、太子、宰相，心中却翻江倒海。皇帝在权衡利弊，太子在等待命运，李泌在无奈地望着自己的未来。

太子受不了心中的折磨，想到了自尽，遣人对李泌说：“若必不可救，欲先自仰药，何如？”李泌安慰他：“必无此虑。愿太子起敬起孝。”

第二天，唐德宗单独召见李泌，抚其背流涕曰：“非卿切言，朕今日悔无及矣！皆如卿言，太子仁孝，实无他也。自今军国及朕家事，皆当谋于卿矣。”

皇帝相信了太子，太子得到了他想得到的命运。但“自今军国及朕家事，皆当谋于卿”却并非李泌想要得到的结果。

李泌先是拜贺，后话锋一转道：“陛下圣明，察太子无罪，臣报国毕矣。臣前日惊悸亡魂，不可复用，愿乞骸骨。”唐德宗大惊道：“朕父子赖卿得全，方属子孙，使卿代代富贵以报德，何为出此言乎！”

“使卿代代富贵”是唐德宗能给予李泌的诱惑条件，但唐德宗懂李泌吗？

“命与愿违”是李泌一生的宿命。郜国公主案过去一年多之后，贞元五年（789 年）三月初二，一生忽隐忽仕、出将入相的李泌在宰相职上病逝。

李泌的画像被绘制在凌烟阁上。到了清代，康熙六十一年（1722 年），李泌与历代名臣四十人一起从祀历代帝王庙。但是，这些士人们孜孜以求的“殊荣”，似乎都不是李泌心中最想得到的。

当年李泌的姐姐嫁给了东宫侍讲张游朝，他们的子女中有一个叫作张志和的，写有一首《渔歌子》流传颇广。想必李泌读时也定会神伤：

西塞山前白鹭飞，
桃花流水鳜鱼肥。
青箬笠，绿蓑衣，
斜风细雨不须归。

二王革新

唐德宗贞元二十年（804 年）九月，太子李诵突然患了风疾。这位曾经昼夜不停地在奉天城头指挥的太子丧失了语言能力，甚至连行动都成了问题。然而，当时的唐德宗已经老迈，来不及再培养其他继承人了。

到了转年正月初一，新春朝会照例举行。皇子、皇孙都到宫中向唐德宗致贺。唐德宗最想见到的人——太子李诵却不能亲至。早年，唐德宗的母亲失陷在乱军之中，从此杳无音信；中年，唐德宗又经历藩镇割据与反叛等一连串打击；晚年，他又面临着丧失继承人，国家无可托付的悲凉。想到这里，这位御宇二十载却很难说清功过是非的皇帝不免悲从心起，老泪纵横，"涕泣悲叹，由是得疾，日益甚"。

"由是得疾"说得不算准确，"日益甚"倒是事实。唐德宗在此前已经生病，只是不太严重。经过新春朝会的刺激，唐德宗病情恶化，短短几天就到了卧床不起的程度。弥留之际，诸王在龙榻前奉侍汤药，唯独李诵不能到床前尽孝，唐德宗更是担忧，"涕泣久之"。其所忧者不仅仅是儿子的身体，更有自己身后的社稷。

贞元二十一年（805年）正月二十三日，唐德宗在长安会宁殿驾崩，享年六十四岁。事发突然，唐德宗甚至没有留下遗诏。宦官们召翰林学士郑絪、卫次公起草遗诏。既然唐德宗生前未提出异议，那么遗诏中顺理成章就要说明由太子李诵继承皇位。李诵厌恶宦官，多年来不愿与宦官交往，更不巴结逢迎宦官。宦官们担心李诵即位后对自己不利，当时的宦官领袖俱文珍借口李诵的病情，企图更换皇位继承人。

幸好在唐德宗弥留之际，李诵已经将自己的心腹王叔文安插入翰林学士院，"坐翰林中使决事"。唐中期以后，朝廷的决策中枢已分为内外两部分。在内又分为翰林学士和宦官群体两部分，在外则是以诸宰相为首的行政官员。翰林学士人称"内相"，可以出入宫禁，与皇帝商讨国事，起草诏书，类似于皇帝的智囊和秘书，但他们没有行政权力。诸宰相主持朝政，有行政权力却不能随意出入宫禁，只能遵照皇帝和翰林学士商定的决策办事。至于宦官，本不能参政行政，但因为他们亲近皇帝又把持禁军兵权，所以也能参与决策。

王叔文进入翰林院，就可以鼓动其他翰林学士一起保护李诵的皇位继承权。翰林学士郑絪、卫次公是"守道中立"之臣，在他们看来，皇帝驾崩后储君即位是天经地义的事。因此，他们同王叔文一起持拥护李诵的态度，反对俱文珍另立旁人的主张。宦官群体也出现分化，以李忠言为代表的部分宦官表示支持李诵。俱文珍无奈，只能眼睁睁地看着郑絪、卫次公起草了宣太子李诵于柩前即位的遗诏。

李诵知人心还有忧疑，便挣扎着穿上哀服，紫衣麻鞋，命人抬到大明宫的九仙门，让诸军使远远地望了一眼，证明自己还活着，人心稍安。李诵随后即皇帝位于太极殿。大典时，卫士们尚怀疑李诵是否还在人世，企足引颈而望，见真是李诵，争相说“真太子也”，大家这才放心。李诵即唐顺宗。

“风疾”是李唐皇室的遗传疾病。在唐初期，唐太宗、唐高宗的死因都与“风疾”有关。每每皇帝身染“风疾”，总是会引起一阵政治动荡。但庆幸的是，自唐高宗之后约一百年的时间，唐代皇帝都没有罹患“风疾”的记载。至唐顺宗，“风疾”再次开始兴风作浪，而且是狂风巨浪。

身体是一切的本钱，这样一个即位伊始就被恶疾困扰的皇帝，似乎已经注定了他不可能作出什么成绩，但唐顺宗不甘于此。自建中元年（780年）正月李诵被册立为太子，到贞元二十一年（805年）正月即位为皇帝，唐顺宗整整做了二十五年太子。如此长时间的太子生涯，在唐代历史上是绝无仅有的。

唐顺宗做太子时就在心中为自己即位后的作为绘制着蓝图，渐渐形成了自己的执政思路。他目睹国家积弊，决心在自己执政后进行一系列革新。为了推行革新，他很注意发掘人才，这其中就有刚刚提到的王叔文。

王叔文是越州山阴（今浙江绍兴）人，因擅长棋艺而被唐德宗发现。唐德宗令王叔文到东宫侍读。李诵常与其读书论道，王叔文渐渐受到李诵的器重。

当时，宫廷中有掌管货物采买的机构称为“宫市”，由宦官掌管。这些宦官出宫采购，往往倚仗宫廷的势力压榨商贩，以极低的价格购入。后来，宦官索性网罗了数百无赖在长安闹市充当眼线，看到好的货物，就诡称有皇帝的圣旨，要将货物充入宫中，只给予一点点补偿，甚至巧取豪夺，这些眼线被称作“白望”。

白居易的新乐府《卖炭翁》就直言是因宫室之弊政而作，“苦宫市也”：

翩翩两骑来是谁？黄衣使者白衫儿。
手把文书口称敕，回车叱牛牵向北。
一车炭，千余斤，宫使驱将惜不得。
半匹红绡一丈绫，系向牛头充炭直。

“黄衣使者”指宦官，“白衫儿”指白望，他们借皇帝之威势欺压卖炭的老翁，用“半匹红绡一丈绫”抵了千余斤炭钱。白居易写的只是一般情况，有时宦官甚至可恶到将旧衣染成红紫色撕成布条，冒充红绡。

《卖炭翁》是文学作品，老翁结局如何，白居易没说，给读者留下了想象的空间。韩愈在《顺宗实录》中倒是记录了这样一件真事，可以给我们提供一些想象：

尝有农夫以驴负柴至城卖，遇宦者称“宫市”取之，才与绢数尺。又就索“门户”，仍邀以驴送至内。农夫涕泣，以所得绢付之，不肯受，曰：“须汝驴送柴至内。”农夫曰：“我有父母妻子，待此然后食。今以柴与汝，不取直而归，汝尚不肯，我有死而已。”遂殴宦者。

“宫市”使做生意的百姓苦不堪言。“商贾有良货，皆深匿之。每敕使出，虽汁浆、卖饼者皆撤业闭门。”只要远远望见“黄衣使者白衫儿”，即使是“汁浆、卖饼”的小商贩，也都纷纷关门歇业。

当时还是太子的李诵见到这种情况气愤地说：“寡人见上，当极言之。”他要向唐德宗奏明“宫市之弊”。与李诵一起论政的诸生都交口称赞太子之德，唯独王叔文闭口无言。

李诵觉得奇怪，私下里单独问王叔文：“向论宫市，君独无言何也？”王叔文直言答：“皇太子之事上也，视膳问安之外，不合辄预外事。陛下在位岁久，如小人离间，谓殿下收取人情，则安能自解？”

王叔文提醒李诵，作为太子要韬光养晦，只须关心父皇的起居就好，不要轻易表达政见，更不要主动干预政事。不然若有小人离间，引起陛下的猜忌就危险了。

李诵如梦初醒，拜谢道：“苟无先生，安得闻此言？”从此更加信任、敬重王叔文。王叔文成为东宫中最重要的人物，他平时注意为太子发现、网罗人才，每每对太子言：“某可为相，某可为将，幸异日用之。”

王叔文对太子推荐的“某”“某”，包括了王伾、韦执宜、柳宗元、刘禹锡、韩泰、陈谏、韩晔、凌准、程异等人。其中以王伾、柳宗元、刘禹锡最为太子所重，加上王叔文，就形成了环绕在太子身边的以“二王刘柳”为核心的革新派。“异日”自然就是等太子成为皇帝的那一天。

这一天终于到来了。正是因为有了长期的准备，才使得唐顺宗在即位之初，虽然卧床不起，甚至口不能言，却能一连串地发布革新诏令。唐顺宗首先罢除了饱受诟病的“宫市”和“五坊小儿”。

“宫市”已经讲过，是凭借皇权扰民害民的恶政。而所谓的“五坊小儿”就更加荒唐。“五坊”是指宫中供皇帝玩乐的雕坊、鹘坊、鹞坊、鹰坊、狗坊。“五坊小儿”是指五坊中专为皇帝捕捉、豢养动物的使役。这些小儿仗着宫廷的威势，打着为皇帝捕捉鸟、雀、鹞、鹰的名义，在长安及周边横行霸道。有的“五坊小儿”为巧取豪夺百姓的钱财，将捕捉鸟雀的罗网张在百姓家门上，甚至张在水井上。百姓不给钱财贿赂，就无法开门、无法汲水。百姓若自行移除罗网，“五坊小儿”就污蔑百姓“汝惊供奉鸟雀”，将百姓痛殴一顿，最终还要百姓拿钱了事。

“五坊小儿”常聚饮于酒肆，醉饱而去。酒肆老板若敢要钱，他们就扔给酒肆老板一袋子蛇，说：“此蛇所以致鸟雀而捕之者，今留付汝，幸善饲之，勿令饥渴。”酒肆老板一听赶紧免单，哀求他们将蛇带走。“五坊小儿”欺压百姓竟至如斯。

唐顺宗即位后将“宫市”和“五坊小儿”全部罢除，一时间“人情大悦”。

其次，停“进奉”，止苛征。“进奉”是指各地除正税外，另给皇帝的钱财。说白了，就是地方官员给皇帝的贿赂。唐德宗在执政初期施行“两税法”，曾罢除正税以外的“进奉”。当时有节度使向唐德宗“进奉”，唐德宗甚至将钱财悉数充公。比如将淄青节度史李正己进献的三十万缗钱赏赐给了淄青将士，这样的做法使得“天下以为太平之治，庶几可望焉”。

但天下人还是失望了。经历了“二帝四王之乱”，唐德宗已不再锐意进取，甚至开始鼓励各地向其“进奉”。各地尤其是别有用心的藩镇节度使，争相向皇帝大肆“进奉”，以取得皇帝的恩宠，扩大自己在地方上的权力。在皇帝与官员之间的权力交易中，饱受剥削与苦难的仍然是百姓。

这种情况，唐德宗不是不知。有一次，唐德宗去打猎，一时兴起，来到一个叫赵光奇的百姓家中。这一年庄稼获得了大丰收，唐德宗本以为百姓会很安乐。于是，他故意问道：“百姓乐乎？”等着百姓对其歌功颂德。没想到赵光奇毫不客气，硬生生地答道：“不乐。”唐德宗觉得有些下不来台，反问道：“今岁颇稔，何为不乐？”大丰收的年景，你怎么还不快乐呢？

赵光奇也不隐晦，直言：“诏令不信。前云两税之外悉无它徭，今非税而诛求者殆过于税……愁苦如此，何乐之有！每有诏书优恤，徒空文耳！恐圣主深居九重，皆未知之也！”本来说好两税之外不再征收其他财物，但现在苛捐杂税却多于正税。愁都愁不过来，还有什么快乐呢？唐德宗尴尬得无话可说，下令免除了赵光奇一家的赋税和徭役。但天下又有多少个“赵光奇”呢？

李诵在做太子时就对盘剥百姓的弊政深恶痛绝，他也曾壮着胆子对父皇劝谏。如户部侍郎、判度支裴延龄擅于聚敛献媚，唐德宗想要任用其为宰相，经李诵劝谏乃止。韩愈感慨李诵：“居储位二十年，天下阴受其赐。”

如今李诵做了皇帝，不必再“阴”了。他传诏令，除两税以外，“不得擅有诸色榷税；常贡外，不得别进钱物”，并将“羡余”“月进”“进奉”等名目的苛捐杂税一概罢去。他还免除了百姓历年积欠的课税租赋五十二万六千八百贯（钱）、石（粮）、匹（绢）、束（丝、草）。

其间，唐顺宗还释放宫女三百人、后宫并教坊女妓六百人还家，“听其亲戚迎于九仙门。百姓相聚，欢呼大喜”。

唐顺宗与“二王刘柳”等人的这几项革新措施推行得还算顺利，毕竟罢除“宫市”“五坊小儿”和释放宫女都是小事。两税以外不再另收税赋也早有定制，只是被唐德宗自己破坏了而已。接下来，革新派要使革新之船划向深水区就要触动更多人的利益，事情就不那么容易了。

“永贞内禅”

接下来，唐顺宗与以“二王刘柳”为首的革新派将革新的对象对准了藩镇与宦官。藩镇割据与宦官专权是朝廷的两大顽疾，也是这一时期政治中最敏感的两个话题。革新派直面解决此二者，不得不说具有很大的政治勇气，却也有些操之过急了。唐顺宗刚刚即位，权力还不稳固，且重病缠身，甚至无法接见群臣。在这样的条件下着手解决藩镇与宦官问题，未免显得不合时宜。不过也可以理解，唐顺宗苦等二十五年才登上皇位，又自感时日无多，为了在有生之年实现自己的政治抱负，不得不加快革新的进程。

而王叔文等人是“好言理道”的书生，本没有多少为官理政的经验，在官场原本也是不入流的微官，是靠皇帝的赏识一朝得势、权震天下。他们高谈阔论、头头是道，于政治实操却未必在行。

特别是“二王刘柳”等人目空一切，互相“唱和，曰管，曰葛，曰伊，曰周，凡其党倜然自得，谓天下无人”。相互吹捧为管仲、诸葛亮、伊尹、周公，以为天下无人，根本不把唐德宗留下的前朝重臣元老放在眼里。这样就使得革新派在朝堂上被孤立了。

宰相贾耽，年已七十六岁，在朝中德高望重。王叔文等人诸事都不与其商议，贾耽一气之下主动辞去了相位。另一位宰相郑珣瑜也是一位公正惠民的官员，而王叔文却不讲官场惯例，在一起用餐时怠慢了郑珣瑜，使郑珣瑜觉得受了侮辱，居家七日不出。

还有原本力挺唐顺宗即位的翰林学士郑絪、卫次公，也对王叔文“操权树党”不满。贾耽、郑珣瑜、郑絪、卫次公等人本都不反对革新，却因实在看不惯王叔文一党的行为，而逐渐成为革新的反对派。类似他们的，在朝中大有人在。他们不反对革新，却反对主持革新的人。

就在朝臣都已开始站队，对革新日渐表示不支持的时候，革新派又开始对藩镇下手。浙西观察使李锜在唐德宗时期同时兼任诸道盐铁转运使。最初，唐肃宗时期设立了盐铁使，由擅于理财的第五琦担任，对盐铁生产实行专卖。后刘晏担任盐铁使，改进了盐铁专卖制度，使盐利增加到六百余万缗，约占朝廷财政收入的一半。刘晏还兼任转运使，以盐利充作漕运经费。后朝廷干脆将二职合一，设立了盐铁转运使一职。这个职位可以说掌握着朝廷一半的财政命脉，权力不可谓不重。

李锜担任诸道盐铁转运使后，私自增加了私路小堰之税，聚敛了不少钱财宝货，并以赃款赃物贿赂唐德宗和朝中权贵，取得了皇帝进一步的信任。李锜“因恃恩骜横，天下榷酒漕运，锜得专之”。“榷酒”就是卖酒专利。盐铁、榷酒与漕运都是肥差，却都成了李锜的囊中之物。而国家的收入却日渐减少。唐顺宗即位后，免除李锜盐铁转运使的职务，将榷酒与漕运的控制大权收归朝廷。为了安抚李锜，将其转任为镇海节度使。

剑南西川节度使韦皋已经在蜀地任职二十一年，形成了一方势力。他想在新帝登基之后继续坐镇剑南，甚至想通过王叔文的关系将三川（即剑南西川、剑南东川、山南西道）都收入囊中。他派支度副使刘辟进京私下拜谒王叔文，说：“太尉（韦皋）使致诚于足下，若能致某都领剑南三川，必有以相酬；如不留意，亦有以奉报。”言下之意，王叔文若支持韦皋攫取剑南的权力，韦皋也将支持王叔文主政中央，反之亦然。王叔文本欲削藩，不愿做这样的交易，更不愿受这样的威胁，声言要杀掉刘辟。刘辟只得狼狈地逃回剑南。

通过这两件事，唐朝中央的强硬态度引起了地方诸藩镇的警觉，他们开始想办法如何在朝廷内部“变天”。而革新派却丝毫不以为意，仍然在大踏步前进。在得罪了元老重臣，得罪了藩镇军阀之后，革新派又开始向宦官势力开刀了。

这第一刀对宦官来讲就是最要命的一刀，革新派要夺取宦官所掌握的禁军军权。当初，唐德宗刚刚即位时本也不信用宦官。但泾原兵变时，只有宦官窦文场、霍仙鸣率领宦官及从人一百余人扈从唐德宗出逃，使他对宦官好感倍增。此后，唐德宗令窦、霍二人掌管禁卫军务，特别是将禁军主力神策军交给了二人。为了制约藩镇，神策军逐渐扩编到十五万人，“窦、霍之权振于天下”。此后形成定制，神策军均由宦官统领。

唐顺宗即位后想改变这一局面。贞元二十一年（805 年）五月，唐顺宗秘密任命右金吾大将军范希朝为左右神策、京西诸城镇行营节度使，任命度支郎中韩泰为范希朝的行军司马。对范希朝的任命只是幌子，他是德高望重的老将，以其张目而已，最终目的是让革新派主力韩泰接管神策军军权。

神策军大多驻扎在以奉天为中心的长安以西。当皇帝的命令下达到奉天后，奉天的神策军将领遣使向俱文珍等老上司辞别，说以后神策军将要隶属范希朝了。宦官们这才知道兵权为王叔文等人所夺，大怒道：“从其谋，吾属必死其手。”

他们密令神策军诸将不要听从范希朝的命令。范希朝到奉天后，聚将议事，诸将没有一个来报到的。韩泰见势不妙，赶紧跑回去向王叔文报告。王叔文也无计可施，仅会着急地说：“奈何！奈何！”

夺取神策军军权的失败，预示着革新派的末日不远了。朝臣、藩镇、宦官开始站在同一阵线上反对王叔文，甚至反对唐顺宗继续做皇帝。贞元二十一年（805 年）五月二十三日，俱文珍以唐顺宗的名义罢免了王叔文的翰林学士职务。

唐顺宗口不能言，重病在床，并不见外臣。此前，唐顺宗的旨意要通过宠妃牛昭容传达给宦官李忠言，李忠言传达给王伾，王伾再传达给王叔文。王叔文与柳宗元、刘禹锡等人商议，然后下达到中书省，由韦执谊施行。王叔文有事启奏也是告诉王伾，王伾再向内告诉李忠言，李忠言再告诉牛昭容，才能传到唐顺宗的耳朵里。

俱文珍只要控制了牛昭容与李忠言，就能假借唐顺宗之口向外传达命令。罢免王叔文并非出自唐顺宗本意，而是俱文珍一伙的意思。自唐中期以来，翰林学士有为皇帝起草诏制之任，虽然不是宰相，却可以参议机密，被称为“内相”。被免去了翰林学士，王叔文虽仍然是户部侍郎，却丧失了入宫参议机密的权力。

贞元二十一年（805年）六月，剑南西川节度使韦皋的报复行动终于来了。他上表称：“陛下哀毁成疾，重劳万机，故久而未安。请权令皇太子亲监庶政，俟皇躬痊愈，复归春宫。”皇太子指唐顺宗的长子李纯（原名李淳）。他于当年四月被立为太子。韦皋又给太子上笺，说唐顺宗“委政臣下，而所付非人。王叔文、王伾、李忠言之徒，辄当重任，赏罚纵情，堕纪紊纲”，“恐倾太宗盛业，危殿下家邦，愿殿下即日奏闻，斥逐群小，使政出人主，则四方获安”。

韦皋的意思很明显，希望唐顺宗把政务交给太子处理，自己安心养病；希望太子能够挑起重任，斥逐王叔文一党。紧接着荆南节度使裴均、河东节度使严绶也接连上表，附议韦皋。

见势不妙，王叔文萌生退意。正值王叔文母亲病重，他便备酒馔招待翰林诸学士及李忠言、俱文珍、刘光琦等宦官。席间王叔文感慨道：“叔文母病，以身任国事之故，不得亲医药，今将求假归侍。叔文比竭心力，不避危难，皆为朝廷之恩。一旦去归，百谤交至，谁肯见察以一言相助乎？”希望与反对派缓和矛盾。

俱文珍却根本不吃这一套，“随其语辄折之”。王叔文说一句，俱文珍顶一句，最后王叔文无言以对，宴席不欢而散。数天后，王叔文母亲去世，他辞去所有职务，归第闲居。见王叔文失势，韦执谊也不再听从王叔文的命令。王叔文很不满，与其一党谋图起复，并计划起复后先斩韦执谊，再尽诛不附己者。韦执谊等人大惧，更加坚定地成为王叔文的反对派。

王叔文离职后，王伾孤掌难鸣，他一度想让宦官们重新起用王叔文，当然得不到满意的答案。后王伾又接连向唐顺宗上了三道表章，皆石沉大海。宫中已经完全被宦官们控制了，王伾的表章自然不可能再送到唐顺宗的病榻前，唐顺宗的旨意也决出不了宫廷大门半步。王伾自知大事不济，也扔下了这堆烂摊子，借口“伾中风矣”，遂闭门不出。王叔文离职，王伾躲避，革新派彻底失势。

贞元二十一年（805 年）七月二十八日，唐顺宗的制文自宫中传出，称自己“积疢未复，其军国政事，权令皇太子纯勾当”。正式令太子监国。据说当时“内外共疾王叔文党与专恣，上亦恶之。俱文珍等屡启上请令太子监国，上固厌倦万机，遂许之。”说唐顺宗厌恶王叔文一党，甚至厌恶处理政务，这自然不是实情。唐顺宗做了二十五年太子，一直为即位做准备，刚刚做了七个月皇帝怎么会“厌倦万机”了呢。问题当然出在俱文珍等人身上。可叹唐顺宗口不能言，根本无法召见大臣以表明心迹。

贞元二十一年（805 年）八月，唐顺宗的制文再次自宫中传出：“令太子即皇帝位，朕称太上皇。”太子李纯即位，是为唐宪宗。成为太上皇的唐顺宗被人抬出了大明宫，徙居兴庆宫。唐顺宗在位时间太短，还没来得及改元。在兴庆宫，唐顺宗下诰改元永贞。因唐顺宗将皇位禅让给了自己的儿子而不是外姓人，这一历史事件被称为“永贞内禅”。

做了二十五年的太子和二百天的皇帝，唐顺宗像一只鸣蝉一样，在黑暗的地下积蓄多年，终于破土而出，一飞冲天，一鸣惊人，令天下震惊。然而仅短短数日，他再次蹙起羽翼，从枝头跌落。

第三天子

在“永贞内禅”前后，以王叔文为首的革新派先后被贬出朝廷，到边远州郡任职。其中，王叔文被贬为渝州司户，王伾被贬为开州司马，韦执谊被贬为崖州司马，韩泰被贬为虔州司马，陈谏被贬为台州司马，柳宗元被贬为永州司马，刘禹锡被贬为朗州司马，韩晔被贬为饶州司马，凌准被贬为连州司马，程异被贬为郴州司马。这十个人合称为“二王八司马”。

转过年来，重病在床的唐顺宗于正月十九日驾崩，王叔文在任上被杀，王伾也在任上病卒。两位革新主将一朝尽矣。“八司马”则飘零多年，再也没有得到朝廷的重用。比如刘禹锡，自永贞元年（805 年）被贬，先后任职于朗州（治所在今湖南常德）、连州（治所在今广东连州）、夔州（治所在今重庆奉节）、和州（治所在今安徽和县），至宝历二年（826 年）冬应召，并在第二年回到洛阳任职于东都尚书省，辗转飘零二十余年。

刘禹锡返回洛阳途中路过扬州，恰巧白居易自苏州返回洛阳也路过扬州。二人在扬州初逢，白居易在宴席上作诗赠予刘禹锡，刘禹锡写诗回赠：

巴山楚水凄凉地，二十三年弃置身。
怀旧空吟闻笛赋，到乡翻似烂柯人。
沉舟侧畔千帆过，病树前头万木春。
今日听君歌一曲，暂凭杯酒长精神。

刘禹锡在诗中表达着自己参与革新失败，被贬谪二十余年的无限辛酸和愤懑之情。但也正像这首诗中所说“沉舟侧畔千帆过，病树前头万木春”，唐顺宗的革新虽然失败了，但是，新的复兴大业却随之铺展开来。

唐宪宗与唐太宗、唐玄宗并称为唐代“三宗”。元代史学家胡三省说:“唐十七宗，令人所称者，三宗而已。”欧阳修曾言:“唐有天下，传世二十，其可称者三君，玄宗、宪宗皆不克其终，盛哉，太宗之烈也。”这句话虽然是称赞唐太宗的，但是唐宪宗能紧随唐太宗、唐玄宗之后，被视为唐代最可称道的三位君主之一，已经是非常了不起的成就了。当然，欧阳修的观点有失偏颇，抹杀了唐高祖李渊的历史功绩。但即使算上唐高祖，唐宪宗也是唐代最有成就的皇帝之一。

唐太宗、唐玄宗的功业，我们耳熟能详，不必细表。而唐宪宗在位仅仅十五年，即位之前毫无存在感，即位之后又毫不留情地打压革新派，凭借什么能够位列“三宗”呢？

唐宪宗李纯是唐顺宗长子，他出生时，曾祖父唐代宗仍然在位；一两岁时，祖父唐德宗即位，父亲被立为太子。幼年的李纯（当时名李淳）经历了泾原兵变，随祖父和父亲颠沛流离，初经人世沧桑。父亲在做太子的漫长的二十五年里，李纯一直是被作为“太子的太子”培养的。

李纯六七岁时，曾坐在祖父唐德宗膝上玩耍，唐德宗逗弄孙儿：“汝谁子，在吾怀？”李纯回答：“是第三天子。”唐德宗很惊奇，更喜欢这个孙儿了。李纯小小年纪能说出这样的话，证明平时他的身边人对他是以“第三天子”来期许和教育的。李纯自幼也有将来执掌江山，舍我其谁的想法。后来，唐宪宗又成为继唐太宗、唐玄宗之后的“第三天子”，也算是一语成谶了。

自己能够做皇帝，李纯并不感到意外，而自己能够这么快做皇帝，却不一定会想得到。若不是贞元二十年（804 年）九月，父亲李诵突然患了风疾，李纯怎么也不可能在仅仅十一个月之后就即位为帝。

命运的按部就班与突如其来交织在一起，李纯有一些措手不及。摆在自己面前的朝政局势称不上太好，也称不上太糟。几个月的革新，在这一潭死水上激起了不大不小的波澜，却远没有后人所评价的“永贞之际，几乱天下”那样危言耸听。几块石头一沉，死水还是死水。

唐宪宗完全可以坐在皇帝宝座上，凭着历史的惯性，驾驶着唐朝这驾大车继续前行，而驶向哪里也不必多问。总之，他不至于成为亡国之君。所有的问题和症结，也都可以有待来人。但他并不想这样做，他希望自己能够操控这驾大车的方向。

有一个有趣的现象，唐太宗在二十八岁时发动玄武门之变成为大唐的主宰者；唐玄宗在二十八岁时通过七月初三事件，清洗了太平公主一党，成为一个名副其实的皇帝；如今嗣位之初的唐宪宗，同样是二十八岁。

当然，这不是什么冥冥之中的自有安排，而是历史有趣的巧合。只不过这种巧合也并非完全没有道理。古人讲三十而立，三十岁上下正是有了一些人生历练，还期待更多人生挑战的年纪。这个年纪的人既成熟又进取，是做一番事业的好时候。

“宪宗嗣位之初，读列圣实录，见贞观、开元故事，竦慕不能释卷。”

唐宪宗常阅览历朝实录，每每读到贞观时期和开元时期的政绩时，总令他倾慕不已。唐太宗、唐玄宗两位圣明祖上给唐宪宗树立了榜样。

当然，唐宪宗对历史的思考不止于对圣明祖上的亦步亦趋，他会在总结历史经验的同时，吸取历史教训。比如唐宪宗曾问李绛："朕读《玄宗实录》，见开元致理，天宝兆乱，事出一朝，治乱相反，何也？"对此，李绛做了长篇回答，总结概括即是"理生于危心，乱生于肆志"。直到元和十四年（819年），唐宪宗即将去世前夕，他仍然公开向宰相们提问："玄宗之政，先理而后乱，何也？"可见，唐宪宗对于这个问题的追问一直没有停止。"理生于危心，乱生于肆志"，同样也是唐宪宗实现中兴却不克其终的关键。这还是后话。

唐太宗、唐玄宗取得的成就与信任良臣、勇于纳谏密切相关。"开元致理，天宝兆乱"一成一败也与是否信任良臣、勇于纳谏有很大的关系。唐宪宗深刻地认识到这一点，他曾经对宰相们说："太宗之创业如此，玄宗之致理如此，既览国史，乃知万倍不如先圣。当先圣之代，犹须宰臣与百官同心辅助，岂朕今日独能为治哉？事有乖宜，望卿尽力匡救。"要与臣僚共治天下。

元和二年（807年），唐宪宗曾与名臣李绛就进谏与纳谏有过一番著名的对话。唐宪宗问李绛："谏官多谤讪朝政，皆无事实，朕欲谪其尤者一二人以儆其余，何如？"唐宪宗认为谏官经常毫无根据地妄议朝政，想要贬谪几位尤甚者以儆效尤。

李绛回答说："人臣死生，系人主喜怒，敢发口谏者有几？就有谏者皆昼度夜思，朝删暮减，比得上达，什无二三。故人主孜孜求谏，犹惧不至，况罪之乎！如此，杜天下之口，非社稷之福也。"皇帝想要求谏尚且求之不得，又怎可堵塞天下人之口呢？

唐宪宗深以为然，开始鼓励大臣进谏。同年十二月，唐宪宗对大臣们说："朕读《贞观政要》，以太宗神武，每有一事少涉过差，群臣进谏者往复数四，况朕寡昧。自今每有事不得中者，卿须十论，不特一二而已。"希望大家见到自己有错误，要直言进谏，一而再再而三、三番五次也不够，要进谏十次才行。

在执政的前期与中期，唐宪宗确实基本能做到从谏如流。若是在一段时间内没有大臣进谏，唐宪宗还会询问为何无人进谏，表现出责备与鼓励："岂朕不能容受耶？将无事可谏也？"甚至有些谏言，唐宪宗即使认为自己被误解，也能虚心接受。比如元和三年（808年）七月，唐宪宗出巡，到长安周边视察庄稼的长势，第二天就接到了像雪片一样的上疏，说什么皇帝在初秋去打猎有损于庄稼生长。

唐宪宗觉得受了委屈，自己明明是去视察庄稼长势，哪里是去打猎的呢？宰相李吉甫道出了玄机，陛下本来是去"亲问禾黍，察闾里之疾苦"的，但是您的队伍"弧矢前驱，鹰犬在后。田野纵观，见车从之盛，以为万乘校猎，传说必多"。您带着鹰、牵着狗、带着弓箭手，老百姓远远望去，当然以为您是来打猎的呀。唐宪宗这才明白是怎么回事，对李吉甫说："卿言是也。"

不仅仅是宰辅重臣的意见唐宪宗能虚心接受，甚至一些下级官吏的意见，他也乐于听取，并将勇于反映问题的官吏提拔重用，留在身边以备顾问。这其中影响最大者莫过于白居易。

盩厔尉、集贤校理白居易作乐府及诗百余篇，规讽时事，流闻禁中。上悦之，召拜翰林学士。

元和二年（807年）十一月，唐宪宗将当时仅仅是一介县尉的白居易重用为翰林学士。原因是白居易创作了乐府、歌行等各类诗歌百余篇，规讽时事，被唐宪宗读到了，皇帝"悦之"。

新乐府运动是中国文学史上一场著名的诗歌革新运动。白居易与元稹、李绅、张籍等诗人共同倡导恢复古代的采诗制度，发扬《诗经》和汉魏乐府讽喻现实的传统，以自创的新的乐府题目咏写时事，使诗歌发挥"补察时政""泄导人情"的作用，创造了引一时之风的"元和体"。前文提到的《卖炭翁》就是新乐府诗歌的代表作。类似的诗歌，白居易还创作了许多，我们再看一首《杜陵叟》：

杜陵叟，杜陵居，岁种薄田一顷余。
三月无雨旱风起，麦苗不秀多黄死。
九月降霜秋早寒，禾穗未熟皆青干。
长吏明知不申破，急敛暴征求考课。
典桑卖地纳官租，明年衣食将何如？
剥我身上帛，夺我口中粟。
虐人害物即豺狼，何必钩爪锯牙食人肉？
不知何人奏皇帝，帝心恻隐知人弊。
白麻纸上书德音，京畿尽放今年税。
昨日里胥方到门，手持敕牒榜乡村。
十家租税九家毕，虚受吾君蠲免恩。

白居易的诗老妪都能看懂，内容浅显直白，不用过多释义。我们也知道他写的是什么，读之使人心恻，慨然思深，叹息良久。如此针砭时弊的作品，唐宪宗读后的反应是“悦之”。作为最高统治者，能有如此胸襟实属难得。联想一下历朝历代的文字狱，多少文人因言获罪、因文获罪，唐宪宗的做法就更显得难能可贵了。

还有我们曾经反复提到的《长恨歌》，创作于元和元年（806 年），唐宪宗当然也是读过的。“云鬓花颜金步摇，芙蓉帐暖度春宵。春宵苦短日高起，从此君王不早朝。”白居易的诗句并非历史真实，即使在接杨贵妃入宫之后，唐玄宗仍然是上早朝的。若唐宪宗是那种见“清风”二字都会疑心影射本朝的君主，白居易公然以如此恶毒的语言污蔑皇帝，其罪恐要灭族吧。

唐宪宗为什么能够任由一首八卦自己最崇敬的先圣唐玄宗的诗歌流传呢？且他不治罪于作者，反而在《长恨歌》问世的第二年给作者加官晋爵？

其原因可能是在那个时期，唐宪宗一直在苦思“朕读《玄宗实录》，见开元致理，天宝兆乱，事出一朝，治乱相反，何也”的问题。《长恨歌》所回答的恰恰是这个问题。《长恨歌》之后，描写帝王恋情的出色文学作品，历朝历代再没有出现过，是白居易这种量级的文学大师再没有出现过吗？问题的答案值得深思。

勇于面对现实，善于思考问题，虚心接受批评，努力解决困难，是唐宪宗即位初期执政的最显著特征。而当时摆在唐宪宗面前最重要、最棘手的问题就是，如何“以法度裁制天下方镇”？

第八章 裁制天下方镇

西川叛乱

永贞元年（805 年）八月十七日，剑南西川节度使韦皋暴病而卒。消息传到长安，刚刚即位的唐宪宗李纯为之辍朝五日，追赠其为太师，谥号“忠武”。

在古代的谥号中，“忠武”可以说是一位武官所能得到的最高褒义谥号了。整个古代史上，能获此殊誉者寥寥无几，皆如诸葛亮、韩世忠、岳飞、常遇春等不世出的名帅名将。历史上最后一个得到“忠武”谥号的人是张勋。这位对清廷忠心耿耿的“辫帅”去世后，清逊帝溥仪无以为报，给了他这一至高无上的荣誉。

就唐朝来讲，共五人得到过“忠武”谥号，分别是尉迟恭、郭子仪、浑瑊、李晟和韦皋。韦皋一个地方军阀，盘踞蜀中二十余载，去世前还在谋求割据三川，何德何能可与以上诸公并称？很显然，这与他上表力挺当时为皇太子的李纯监国执政有关。唐宪宗投桃报李，给了韦皋一个与之功德并不匹配的美谥。

这一决定也反映出唐宪宗的复杂心情。数月前，王叔文断然拒绝了韦皋提出的统领三川的无理要求。因此韦皋开始反对唐顺宗与“二王”，支持太子李纯。如今唐宪宗如愿即位，韦皋凭借拥立之功，若再提出统领三川，朝廷如何应对？

与之，秦岭以南就成了韦皋的地盘，唐宪宗定然不舍；不与，韦皋功大，且独立在朝外，唐宪宗对其如何交代？其他拥立支持唐宪宗的宦官、朝臣、藩镇又会做何感想？这实在是一个棘手的问题。韦皋之死却使这个问题迎刃而解。唐宪宗顿觉轻松了许多，也就不吝惜什么谥号了。

本以为随着韦皋之死，剑南的问题将不再是问题，谁知道乱子才刚刚开始。永贞元年（805 年）八月下旬，剑南西川的将士上疏朝廷，要求支度副使刘辟继任为剑南西川节度使。这显然是刘辟在背后捣鬼。

刘辟刚刚从长安逃回西川不久，数月前险些被王叔文斩杀，还是幸亏韦执谊相救才得活命。就这样一个人也想割据西川？唐宪宗断然拒绝，并任命袁滋为西川节度使，同时征刘辟入朝为官。

唐宪宗原以为袁滋单骑入蜀传达圣旨就能稳定西川，刘辟也会乖乖入朝。但唐宪宗高估了此时皇帝圣旨的作用。刘辟竟抗旨不遵，修缮甲兵开始谋求以武力割据西川。袁滋见到这种情形，害怕入川遇害，居然裹足观望，不敢赴任。唐宪宗一气之下贬袁滋为吉州（治所在今江西吉安）刺史。

如果不算懵懂孩提时代经历的泾原兵变，刘辟叛乱是唐宪宗第一次亲身领教了藩镇军阀的厉害。此时，唐宪宗刚刚即位一个月，需要处理的事务太多，刘辟又远在西南，对朝廷不构成威胁。考虑再三，唐宪宗只好忍气吞声，批准刘辟为剑南西川节度副大使知节度使事。刘辟捡了个大便宜，却自认为朝中无人而得寸进尺。元和元年（806 年）正月，太上皇唐顺宗刚刚驾崩，刘辟在国丧期间却上表请求兼领三川节度使。唐宪宗闻之勃然大怒。

三川即为剑南西川、剑南东川和山南西道。剑南西川节度使治所在成都，管辖范围相当于今天的成都平原及其以西、以北和雅砻江以东地区。剑南东川节度使治所在梓州（今四川三台），管辖范围相当于今天的四川东部、北部和重庆一带。山南西道节度使治所在兴元（今陕西汉中），管辖范围相当于今天的陕西汉中及四川北部一带。这三个节度使的管辖范围基本相当于三国时期的蜀汉。也就是说，若是坐视刘辟统领三川，等于默认了刘辟成为当今的刘备。这对于大一统的唐朝来说是无法接受的。

自唐初以来，三川就成为朝廷的“外府”，后方基地和避难之所。一旦朝廷有难，总是会想到退守三川。安史之乱时，唐玄宗如是做；泾原兵变时，唐德宗也如是做。即使是后来黄巢起义攻进长安后，唐僖宗也是如是做。这样的战略要地如果出现了割据势力，等于断绝了朝廷的退路。后来，唐朝最终灭亡就与王建割据三川有很大的关系。

另外，三川对于朝廷的边境安全同样至关重要。这块地方民族成分复杂，外又与吐蕃、南诏接壤。一旦吐蕃在陇右地区发动战争入侵关中威胁长安，朝廷就可以从西川向吐蕃进兵以作牵制。如果西川乃至三川都不服从朝廷的命令，朝廷就丧失了牵制吐蕃的力量。吐蕃甚至可能同三川的割据者约定互不侵犯，继而专注于在北方向唐朝用兵。

然而，三川尤其是西川有高山大川之阻隔，蜀道之难，难于上青天，境内山高路险，朝廷的控制力稍有下降，就极易形成割据。自安史之乱以来，西川节度使从严武到崔宁，再到韦皋，几乎都保持着半割据的状态。此次刘辟显然是效法了他的先辈，并变本加厉。

如果说刘辟要求袭任剑南西川节度使，朝廷还勉强可以接受的话，那么他公然要求统领三川，唐宪宗就绝不能再姑息退让了。对于刚刚即位的唐宪宗来说，这是一次挑战，同时也是一次机遇。毕竟，刘辟没有韦皋根基深厚，又在侵夺另外两川地区，他并没有十足的把握能割据成功。只要唐宪宗下定决心、选帅得当，一举平灭刘辟，解决西川数十年割据问题的可能性还是比较大的。

唐宪宗经过与朝臣的多次磋商，决定以神策军使高崇文为主帅，以大宦官俱文珍为监军，领兵进入巴山蜀水平叛。正月二十三日，唐宪宗发布《讨刘辟制》，正式讨伐刘辟。

在制文中，唐宪宗指责刘辟：“剑南两川疆界，素定藩镇守备，各有区分。顷因元臣薨谢，邻藩不睦，刘辟乃因虚构隙，以忿结仇，遂劳三军，兼害百姓。”直到此时，唐宪宗还为刘辟保留着挽回的余地，并没有直言刘辟反叛，而是将问题轻描淡写地归结为剑南西川与剑南东川的地界之争。唐宪宗希望刘辟能够悬崖勒马，“禀奉朝经，抽兵却归本镇”，这样一切都好商量，朝廷也会“务存诚信，委待如初”。但刘辟已是要一条道走到黑，不撞南墙不回头了。

神策军使高崇文当时已经六十一岁，自少年时在平卢从军，一生都在军旅中度过。他不通文墨，厌倦公文案牍，喜欢在边疆任职，为朝廷冲杀效力。虽然屡经大战，曾大破吐蕃，封渤海郡王，但高崇文却称不上名将。当唐宪宗宣布委派高崇文挂帅出征时，那些自觉能够当选的“显功宿将”们无不吃惊。可以说，如果没有讨伐刘辟的机会，这位老将不会在历史上留下太多的痕迹。

但机会总是留给有所准备的人，高崇文勤于练兵，擅于屯守，麾下兵马强壮、粮草充足，接到命令后即刻起兵入斜谷，穿秦岭，来到山南西道节度使治所兴元（今陕西汉中），与在这里焦急等待的山南西道节度使严砺合兵。

此时，官军约一万五千人，如何进入蜀中，是摆在众军面前的第一道难题。自汉中入蜀有三条路可走。第一条道是正途官道剑阁道，也就是战国以来的金牛道。这条蜀道有“一夫当关，万夫莫开”的剑门雄关紧锁，刘辟在那里驻有重兵。三国时，钟会攻蜀，姜维与其在剑门关对峙，令钟会一筹莫展。第二条道为阴平小道。这条蜀道山高路远，要经过无人区，翻越摩天岭。三国时，邓艾奇袭灭蜀，走的就是此路。但邓艾的胜利充满了幸运与巧合，不到万不得已，谁也不会贸然选择此路行军。第三条道是沿嘉陵江谷地行军，自阆中（今四川阆中）直达剑南东川的治所梓州，这是三国时张飞曾派重兵把守的一条蜀道。

当时，刘辟已经出兵梓州，对东川节度使李康实施包围。为尽快解梓州之围，高崇文与严砺分兵，自率军直奔阆中，严砺则率军攻取剑州（治所在今四川剑阁县）。

高崇文行军途中，前方传来消息，刘辟已经攻陷梓州俘获李康。高崇文更是心急，迅速南下，于三月收复了梓州。另一路官军在严砺的率领下也顺利攻取剑州，斩杀刘辟麾下的剑州刺史文德昭。形势已向有利于朝廷的方向转变。

刘辟感觉事情不妙，便主动释放了李康，希望能够得到喘息之机。不想年轻的唐宪宗用兵决心坚定，他下诏申明："如辟之罪，非朕敢舍。是用协群率之谋，除百姓之害，永清妖孽，底定一方，伐罪吊民，于是乎在。"不再给刘辟投降的机会了。

元和元年（806 年）五月，高崇文率官军主力挺进至成都东北约一百五十里处的鹿头关（今四川德阳北罗江县境）。鹿头关是成都北大门，它有一个更广为人知的名字：白马关。当年"凤雏"庞统即战死于此。宋代诗人陆游"细雨骑驴入剑门"路过鹿头关时，有凭吊"凤雏"之句《鹿头关过庞士元庙》："士元死千载，凄恻过遗祠。海内常难合，天心岂易知。英雄今古恨，父老岁时思。苍藓无情极，秋来满断碑。"

鹿头关屡遭兵难，高崇文伐刘辟之战是鹿头关经历的数不清的兵难中最激烈的一次。刘辟修筑了八个战栅列于关口两侧，在关城和战栅内屯驻数万人严阵以待。官军开始进展顺利，多次击败守军，并夺取了鹿头关的制高点万胜堆。但守军负隅顽抗，凭借关城和战栅的坚固阻挡了官军三个月之久。

元和元年（806 年）九月初，官军深入鹿头关之西，切断了鹿头关的粮食补给线。鹿头关守军心理防线崩溃，向高崇文投降，官军得以直趋成都。

刘辟见兵临城下，带领亲信数十人弃城而逃，向西投奔吐蕃。在都江堰一带被官军追上，刘辟自沉于岷江之中，被官军打捞上来俘获。刘辟之乱遂平。随后，刘辟被押解至长安，处斩于长安城皇城西南角的独柳树下。

这棵独柳树原本并无甚特殊处，但自安史之乱后，它却阴差阳错地成为朝廷处置重量级叛臣的刑场，因而成了中晚唐政治风云的见证者。唐肃宗至德二年（757 年），接受伪职的原河南尹达奚珣等十八名叛臣在此被处斩。代宗、德宗之世，朝廷削藩不力，独柳树下安静了许多。自从处斩刘辟起，独柳树下又开始热闹了，这个地方后文会经常提起。

在平乱期间，高崇文所率官军军纪严明，甚至有士兵因为折断了客舍的羹匙和筷子就被斩首示众。进入成都之后，官军皆驻屯于街头，不敢惊扰百姓。史称高崇文“入成都也，师屯大达，市井不移，珍货如山，无秋毫之犯”，一时传为美谈。

叛乱平定后，朝廷对官军将士论功行赏，对阵亡将士从厚抚恤，对刘辟手下的西川将士一律赦免，对西川百姓则减免征收税钱。这些举措使民心、军心大悦，也显示出唐宪宗之志绝不在一个刘辟，西川之战只是牛刀小试而已。

讨平镇海

就在讨伐刘辟叛乱的这段时间里，唐宪宗还捎带着平灭了眼皮子底下一个藩镇军阀的威胁。永贞元年（805 年）八月，夏绥节度使韩全义上表请求归朝，并推荐其外甥杨惠琳为夏绥留后。夏绥镇治夏州（今陕西靖边北白城子），是长安以北的一个重要藩镇。这里北接回鹘，向西又可与吐蕃交通，若是夏绥节度使勾结回鹘、吐蕃，引兵入寇，后果不堪设想。因而，夏绥若不安宁，就如同在长安头上悬了一把利剑。

唐宪宗先是批准韩全义入朝，后于元和元年（806 年）三月，以韩全义骄横不逊、守边无功为借口勒令其致仕，同时还免除了杨惠琳的职务，另派旁人为夏绥节度使。杨惠琳不甘心坐以待毙，遂策动所部叛乱。唐宪宗命河东、天德两节度使联合出兵镇压，以河东节度使严绶统一指挥。但还没等官军与叛军接阵，叛军内部就先出了乱子。夏州兵马使张承金发动兵变斩杀了杨惠琳，传首京师。

杨惠琳与刘辟的先后覆亡震动了天下藩镇，军阀们看到了年轻皇帝“以法度裁制天下方镇”的决心，开始根据自身情况各想对策。镇海节度使李锜突然请求入朝，试探唐宪宗的意图。李锜是宗室出身，其六世祖是淮安郡王李神通。李神通与唐高祖李渊是一爷之孙。但李锜同唐朝皇帝的亲属关系已经很疏远了，在唐朝建立约二百年后的中唐时代，这样的宗室车载斗量。因此，李锜在官场的发迹与他的宗室身份有一定的关系，却并非必然。

李锜的父亲李国贞早年曾跟随李光弼平定安史叛军。因有战功历任河南尹、京兆尹、成都尹、御史大夫、剑南西川节度使、户部尚书等职，“清白善用法，世称能吏”。后在绛州因粮乏民贫，李国贞又不忍聚敛，引起军中怨谤，突将王元振趁机发动兵变，李国贞及二子被害。

李国贞死于王事，李锜因父亲的门荫步入仕途。李锜行事与其父完全不同，他擅于投机钻营，在唐德宗时期以数十万缗的巨资巴结贿赂宠臣李齐运，而得任润州刺史、浙西观察使、诸道盐铁转运使。

在任上，李锜除了利用职务之便聚敛财富外，还亲自培养了两支只听命于自己的私人武装。一支由善骑射者组成，号为“挽硬随身”，另一支由胡人精壮武士组成，号为“蕃落健儿”。李锜厚待这两支“特种部队”，平日的待遇超过普通士兵十倍以上，使其成为效忠于自己的死士。

唐顺宗革新时期，免除了李锜盐铁转运使的职务。为了安抚李锜，朝廷转任其为镇海节度使。镇海节度使辖区虽屡有变化，但核心地带是唐朝东南的润州（治所在今江苏镇江）、苏州（治所在今江苏苏州）、常州（治所在今江苏常州）、杭州（治所在今浙江杭州）、湖州（治所在今浙江吴兴）和睦州（治所在今浙江建德西）。这些地区皆属经济发达的膏腴之地，是朝廷税赋、粮食的主要来源地区。镇海节度使位置的重要性自不必说。

坐拥国家粮仓、钱库，李锜并不满足，始终对自己失去盐铁转运使的职务耿耿于怀。唐宪宗即位后，李锜重金贿赂朝中权贵，想要重任盐铁转运使，并希望朝廷能将宣州（治所在今安徽宣城）、歙州（治所在今安徽歙县）划归镇海节度使管辖。李锜为什么要这两个地方呢？这两个地方地处长江南岸，是东南屏障，如果这里的军队也归属李锜，那么他一旦割据江左，官军连渡江都困难了。

翰林学士李吉甫看出了李锜的心思，他提醒唐宪宗说："昔韦皋蓄财多，故刘辟因以构乱。李锜不臣有萌，若益以盐铁之饶、采石之险，是趣其反也。"有钱、有粮、有兵、有地，这是鼓励李锜造反啊。唐宪宗始悟，拒绝了李锜的请求。

李锜衔恨于心，而他却突然请求入朝。按唐制，高级地方官长应定期入朝觐见皇帝。对此，唐太宗当年的解释是："君臣共事，情犹父子。外官久不入朝，情或疑惧。朕亦须数见之，问以人间风俗。"如果高级地方官长长时间不入朝，恐怕会引起皇帝与高级地方官长之间的相互猜忌。同时，皇帝需要定期向高级地方官长咨询地方上的情况。

但是，自从朝廷设立节度使之后，节度使的权力过大，与皇帝之间的猜忌也越来越严重。安史之乱爆发的直接诱因就是唐玄宗召安禄山入朝，安禄山因忌惮杨国忠而不敢入朝。安史之乱后，皇帝与藩镇之间的相互猜忌愈演愈烈，藩镇军阀害怕入朝之后被皇帝控制起来，一般是不敢入朝的，更别说主动提出入朝了。那么，李锜为什么要主动提出入朝呢？

一是李锜希望借此向唐宪宗表示自己绝无二心，二是李锜想要试探一下唐宪宗是否仍然信任自己。在中唐时期，很多地方大员尤其是藩镇军阀，终身不入朝，甚至数代不入朝，朝廷也无可奈何。那么是否愿意入朝，就成为节度使是否忠于朝廷的一个重要标志。一般情况下，如果皇帝对这位节度使比较信任，即使这位节度使表示入朝，皇帝在褒奖其忠诚的同时也会好言谢绝，并不会真的令其入朝。李锜想要看到的就是这样一个局面，自己恳请入朝表示忠诚，皇帝褒奖、谢绝以表示信任。

可李锜没有想到，唐宪宗不是唐代宗、唐德宗那样姑息纵容藩镇的皇帝。唐宪宗就是想要"以法度裁制天下方镇"，重拾朝廷的权威，节度使入朝在他看来是理所当然的事儿。唐宪宗马上"恩准"李锜入朝。

这下子李锜被动了。入朝吧，害怕唐宪宗顺势免除其节度使的职务，委任他一个位高权不重的京官圈养起来；不入朝吧，明明是自己主动申请入朝，出尔反尔又如何向皇帝解释呢。同时，更令李锜恐惧的是，他已感到唐宪宗对自己并不信任，甚至比唐顺宗对自己还不信任。

唐宪宗担心夜长梦多，派使者迅速赶到润州迎接李锜入朝，并宣慰镇海将士。李锜也只得假惺惺地准备入朝，并任命镇海军判官王澹担任留后，主持军务。但临近上路日期，李锜却突然称病，百般拖延。

消息传到长安，唐宪宗君臣对李锜的态度十分不满。宰相武元衡直言："陛下初即位，锜求朝得朝，求止得止，可否在锜，将何以令四海？"最后，唐宪宗决定强征李锜入朝。如果李锜能遵王命再好不过；如果李锜不从，就下诏讨伐。

元和二年（807 年）十月初五，唐宪宗免去李锜镇海节度使职务，升任其为尚书左仆射，并任命御史大夫李元素为镇海节度使，以接替李锜。

而与此同时，李锜却已经抢先下手了。他利用军队发放冬装的时机，唆使心腹当众杀死留后王澹，制造了兵变的假象。随后，他马上上奏朝廷，称镇海发生兵变，王澹被杀，一旦自己离开镇海，局势将无法控制。李锜的奏章于十月初六到达长安，此时任免李锜的诏书刚刚发出一日。

接到李锜的表章，唐宪宗马上意识到李锜已经谋反。他紧急与朝臣磋商对策，并决定由临近镇海的淮南节度使王锷为招讨处置使，出兵讨伐李锜。然而，还没等王锷与李锜交战，李锜就已经被擒了。

原来李锜杀害王澹后，派遣兵马使张子良、李奉仙、田少卿率军袭击宣州、歙州与池州（治所在今安徽贵池）。但张子良等人知道以李锜一人之力根本无法对抗朝廷，李锜的反叛无异于以卵击石。跟随李锜毫无出路，与其玉石俱焚，不如抓李锜立功，再归顺朝廷。

他们三人在润州城外集合军队假意出征，实际上早已同城内李锜的外甥裴行立共谋，里应外合地抓捕李锜。当夜，张子良等人将计划向将士们和盘托出。将士们也不愿与朝廷为敌白白送死，纷纷表示要为朝廷立功。于是，张子良等人率军来到城下，裴行立在城中接应，很顺利地攻入城中。

李锜此时还不知道出了什么事，只听见军府外人马躁动，立即派人前去打探，才知道张子良、裴行立等人发动了兵变。李锜急火攻心，叹道："吾何望矣！"他把最后的希望寄托在了自己豢养的心腹"挽硬随身"和

“蕃落健儿”身上，命令这群亡命之徒从军府中杀出。

张子良等人率军一面厮杀一面向军府内大喊：朝廷只抓李锜一人，其余不问。军府中的士兵纷纷放下武器，甚至有士兵将李锜抓获献出军府。还在拼杀的“挽硬随身”和“蕃落健儿”见李锜被抓，纷纷自杀，“尸相枕藉”。李锜叛乱就这样轻而易举地被平定了。

李锜被擒的消息传到长安，群臣都到紫宸殿向唐宪宗致贺。“天府无一金之费，已静江流；王师无一战之劳，已除人害”，群臣本以为皇帝会十分喜悦。唐宪宗却愀然叹曰：“朕之不德，致宇内数有干纪者，朕之愧也，何贺之为！”是啊，海内屡有叛乱发生，虽然都被平灭，但是又有什么值得庆贺的呢？

元和二年（807 年）十一月十一日，李锜被押送至长安。唐宪宗斥问李锜为何谋反。李锜恨透了张子良，反诬是张子良唆使自己谋反，然后张子良再抓获自己邀功。唐宪宗并不糊涂，驳斥道：“卿为元帅，子良等谋反，何不斩之，然后入朝？”李锜无言以对。唐宪宗乃腰斩李锜于独柳树下。

有司请籍没李锜家财输入京师。翰林学士裴垍、李绛上言：“李锜僭侈，割剥六州之人以富其家，或枉杀其身而取其财。陛下闵百姓无告，故讨而诛之，今辇金帛以输上京，恐远近失望。愿以逆人资财赐浙西百姓，代今年租赋。”这是安定镇海民心的好办法。唐宪宗从其言，将李锜聚敛的财富还之于民，对于李锜在职期间擅自收取的苛税也一律免除。

对于张子良等功臣，唐宪宗给予极高评价：“莫大之节，卓然无伦，非常之功，斯谓不朽。”并悉数加封了显官。但是，鉴于这些人在镇海根基过深，唐宪宗将他们调入朝廷或其他州任职。镇海的割据势力被荡平，朝廷的东南粮赋供给基地得以长期保全。

值得一提的是，李锜的家属被没入宫廷为奴。李锜有一个姓郑的侍妾成为郭贵妃（郭子仪孙女）的侍女。郑氏被唐宪宗临幸，生下一子。这位母家地位极其低微的皇子居然在隐忍多年之后，成为唐朝最后一位中兴皇帝，人称“小太宗”。人之命，国之运，令人感慨。

兵败成德

刘辟、杨惠琳、李锜相继而灭，提高了朝廷的威望，使诸藩镇受到很大震动，也进一步巩固了刚刚即位的唐宪宗的地位和声誉。一些藩镇表示主动归附，听从朝廷的号令。比如易定（治所在今河北定州）节度使张茂昭、武宁（治所在今江苏徐州）节度使张愔、山南东道节度使于頔纷纷上表自愿入朝。

特别是山南东道节度使于頔，他掌控的山南东道治所在襄阳，扼汉水要津，是江淮向关中输送粮税的另一条重要漕运通道。于頔是一个凌上威下、骄横不法的军阀，如一个叫作薛正伦的判官去世，他竟强抢薛正伦之女为儿媳，以致人们称类似的节度使为“襄样节度”（像襄阳于頔那样的节度使）。但于頔也有着复杂的性格。一个叫崔郊的文人寓居姑母家，爱上了姑母家的一个婢女，后该婢女被卖到于頔府上。崔郊因此写下《赠去婢》，其中有“侯门一入深似海，从此萧郎是路人”的名句。于頔读到此诗，便将婢女赐给崔郊并资助万贯，成就了二人的姻缘。

可能正是这种性格的复杂性，使于頔既能割据一方，又能服从朝廷。于頔请求入朝，唐宪宗求之不得，并将永昌公主下嫁给于頔之子，并拜于頔为司空、同中书门下平章事，以示恩宠。这也是给其他节度使做个样子，希望他们能够成为服从朝廷的“襄样节度”。

刘辟、杨惠琳、李锜的速亡，加上于頔等节度使的归顺，使唐宪宗看到了削尽天下藩镇的希望。他以李吉甫为宰相，在一年多的时间里，更换了三十多个藩镇的大小官员，朝廷加强中央集权的努力取得了相当大的成效。这一切使唐宪宗沾沾自喜，也开始被胜利冲昏头脑。他又将眼光瞄准了自安史之乱以来就成为国家顽疾的河朔强藩。

元和四年（809 年）三月，成德节度使王士真病死，其子王承宗根据河朔诸镇的惯例自立为留后，代领军务，并要求朝廷任命自己为成德节度使。正有志于削藩的唐宪宗当然不愿批准，召集朝臣商议对策。

裴垍、李绛都劝唐宪宗要忍一时之怒，先答应王承宗的请求，再从长计议。他们认为河朔诸节度使父子相承的习惯已经保持了四十余年，人情习以为常，不是说改变就能改变得了的。如今王承宗已经总揽军务，麾下将士又忠心拥护，今日朝廷若改变惯例，他恐怕也未必奉诏。

况且，范阳、魏博、淄青等节度使与成德节度使沆瀣一气，相互间扶持党助。这些节度使恐将来朝廷也会如此对待他们，一定会帮助王承宗对抗朝廷。朝廷要是出兵征讨王承宗，到那时恐要重蹈唐德宗初年削藩失利的覆辙，因此“军旅之事，殆未可轻议也”。

这样的观点虽然看上去消极保守，但是符合当时的实际情况，唐宪宗也有些犹豫了。但掌管左神策军的宦官吐突承璀，却想要利用唐宪宗急于求成的心理，怂恿唐宪宗派遣神策军讨伐王承宗，自己好借此立功。因父丧丁忧在家的昭义节度使卢从史也想趁此机会赶快复职，他上表表示自己愿率本部人马讨伐王承宗。

这些人各打自己的小算盘，造成了群情激奋纷纷请战的假象。唐宪宗又开始倾向于对王承宗用兵。

李绛只好继续苦谏：“群臣见陛下西取蜀，东取吴，易于反掌，故谄谀躁竞之人争献策画，劝开河北，不为国家深谋远虑。陛下亦以前日成功之易而信其言。臣等夙夜思之，河北之势与二方异。”

李绛认为河朔藩镇与先前被平灭的西川、镇海两个藩镇是不同的。四川和江南本非反叛滋生之地，这些地方没有对抗朝廷的传统。而河朔地接塞外、民风彪悍，往近了说数十年前就是安史之乱的策源地，放远了说隋末唐初就是反抗者的大本营，是有造反传统的地方。这里的将士百姓只知有藩镇，不知有朝廷，“不知君臣逆顺之理，谕之不从，威之不服，将为朝廷羞”。

西川和镇海两镇周边都是听命于朝廷的地区，刘辟、李锜孤掌难鸣，一旦反叛必遭群起而攻之，“大军一临，则涣然离耳”。而河朔藩镇则不同，他们原本都是安史余孽，一荣俱荣、一损俱损，虽说平时也有争斗，但一旦涉及河朔藩镇集体利益，必然一致对外，同仇敌忾。要想对付河朔藩镇，朝廷不可操之过急。要等到“物故之际，有间可乘，当临事图之，于今用兵，则恐未可。太平之业，非朝夕可致”。

总之，李绛劝唐宪宗要审慎地对待河朔藩镇，等待时机、利用时机，不可盲目蛮干。同时，李绛还指出，朝廷可以将目光南移，多关注淮西的局势，即“舍恒、冀难致之策，就申、蔡易成之谋”。

当时，淮西节度使吴少诚重病不起。淮西只有三州之地，周围又都是听命于朝廷的地区，情况和西川、镇海两镇类似，朝廷可以趁机免去吴少诚节度使的职务。如果吴少诚不从，朝廷可出兵征讨，胜利的把握要比征讨成德大得多。李绛说：“少诚病必不起，淮西事体与河北不同，四旁皆国家州县，不与贼邻，无党援相助，朝廷命帅，今正其时，万一不从，可议征讨。”

后来的事实证明，李绛的意见是正确的。但唐宪宗却不肯轻易放弃河朔。经过主战、主和双方的多次交锋，最终，唐宪宗采取了一个折中的方案：有条件地承认王承宗的节度使地位。条件有三：一是王承宗必须割让出德州（治所在今山东德州陵城区）、棣州（治所在今山东惠民东南）两地，以此削弱成德节度使的实力。二是王承宗必须定期向朝廷缴纳赋税，不许私自截留。三是成德节度使所属官员必须由朝廷任命，王承宗不能擅作主张。

这三个条件对独断专行惯了的河朔强藩来讲，不可谓不苛刻。但是，王承宗急于得到朝廷的任命，当他得知朝廷的意思后，表现得非常恭顺，马上献出了德州与棣州。于是，朝廷正式任命王承宗为成德节度使，并在德州与棣州成立了保信军，以原德州刺史薛昌朝为节度使。

见王承宗对朝廷提出的苛刻条件一概接受，魏博节度使田季安担心自己去世后，朝廷也会如此为难自己的儿子，便开始挑拨王承宗与朝廷之间的关系。田季安派遣使者对王承宗说：“昌朝阴与朝廷通，故受节钺。”

王承宗得到了节度使的职位之后，也开始琢磨自己付出的代价是不是有点大了。听田季安如此一说，王承宗也开始觉得事有蹊跷。他趁着朝廷还没有给薛昌朝授予节钺，急忙派出数百精锐骑兵攻入德州，将薛昌朝抓住，带回囚禁。而朝廷派往德州给薛昌朝送节钺的使者，却在魏州被田季安拦下。田季安“热情”地款待了朝廷使者数日，才“依依不舍”地放行。

等使者到达德州，才知道薛昌朝已经被王承宗抓走多日，便赶紧回长安报告消息。唐宪宗得知大怒，派使者劝谕王承宗放薛昌朝还镇德州，王承宗拒不奉诏。至此，朝廷与成德节度使的关系终于僵化。

元和四年（809 年）十月十一日，唐宪宗下诏，削去王承宗一切官爵，命宦官吐突承璀为左右神策军及河中、河阳、浙西等道行营兵马使，讨伐王承宗。宦官做统帅，自古未有之。翰林学士白居易上奏：

“国家征伐，当责成将帅，近岁始以中使（宦官）为监军。自古及今，未有征天下之兵，专令中使统领者也。今神策军既不置行营节度使，则承璀乃制将也。又充诸军招讨处置使，则承璀乃都统也。臣恐四方闻之，必窥朝廷；四夷闻之，必笑中国。陛下忍令后代相传云以中官为制将、都统自陛下始乎？”

此言一出，很多朝臣附议，皆言不可以宦官为统帅。唐宪宗是宦官所立，因而亲信宦官。面对朝臣的非议，他仍然以吐突承璀为宣慰使，虽无统帅之名分，却有统帅之实权。

田季安见朝廷果然兴兵讨伐王承宗，不敢公然与朝廷对抗，而是暗地里与王承宗勾结。他假惺惺地出兵帮助朝廷作战，却私通王承宗，请王承宗让出一城，由魏博军假装攻取。这样既使自己能在朝廷面前交代得过去，又使成德不伤筋骨。而那个怂恿唐宪宗出兵的昭义节度使卢从史却按兵不动，哄抬粮草价格，从中牟取暴利。

各个助战的藩镇几乎都难以指望。官军主力在宦官吐突承璀的率领下，向成德军发起猛攻。但吐突承璀不懂用兵之道，根本无法指挥大规模作战，致使官军屡屡受挫，被阻于邢州（治所在今河北邢台），无法向成德镇的腹地推进。白居易再次上表，请求罢河北之役。但唐宪宗就是听不进去。

双方僵持了半年有余，除了卢龙节度使刘济、河东节度使范希朝、易定节度使张茂昭偶有小胜之外，官军对成德镇的军事进攻可谓寸步难行。

朝廷耗费了大量粮饷，成德镇也感觉到窒息的压力。

元和五年（810 年）七月，王承宗遣使上表，向朝廷服软，请求自新。王承宗将反叛的原因推脱为卢从史的离间，表示愿意悉数答应朝廷此前的要求，按时输纳贡赋，成德镇的官吏亦由朝廷任免。淄青节度使李师道也上表为王承宗说情，请求朝廷看在王承宗祖上为国效忠的分儿上，赦免王承宗的罪行。

经此苦战，唐宪宗也见识到了河朔藩镇的厉害。既然王承宗给了台阶，只能就坡下驴，唐宪宗重新任命王承宗为成德节度使，双方罢兵。

讨伐王承宗的失利是唐宪宗削藩事业上的第一次重大挫折，他终于明白了李绛所说“军旅之事，殆未可轻议也”“太平之业，非朝夕可致”的深刻含义。他开始韬光养晦，等待时机。

幸运的是，时机很快就来了。

魏博归服

“物故之际，有间可乘”的时机，居然出在河朔三镇中最为飞扬跋扈、死硬凶残的魏博镇身上。魏博镇自田承嗣出卖史朝义投降朝廷后开始割据，至唐宪宗元和初年，已历四十余年，先后有田承嗣、田悦、田绪、田季安四任节度使父子相继、兄弟相承。

元和七年（812 年）八月，三十二岁的魏博节度使田季安病死，幼子田怀谏执掌军务。田季安生前非常暴虐，部将偶有小错就会受到残酷的惩罚，将士渐渐离心离德。此前田悦、田绪、田季安继任时都已经成年，且有多年军旅锻炼的经历，对魏博镇有很强的掌控能力。但田怀谏继任时刚刚十岁，根本无法处理军务。主少国疑，久经沙场的将士们，对一个不谙世事的孩子做自己的主帅内心不服。

由于田怀谏幼弱，军政皆决于贴身家僮蒋士则。蒋士则数以自己爱憎而随意改变诸将的职位。当时，唐朝民间流传着“长安天子，魏府牙兵”的谚语，皇帝老子和魏博镇的牙兵是百姓心目中最厉害的人。这些身经百战的悍将勇士哪受得了这样的欺辱，一个十岁的孩子做主帅，诸将士心中本来就不服气，现在居然还要凡事听命于一个家僮，大家更是愤怒。

长安得知这种情况，李绛对唐宪宗说："今怀谏乳臭子，不能自听断，军府大权必有所归，诸将厚薄不均，怨怒必起，不相服从，则向日分兵之策，适足为今日祸乱之阶也。"并预言"可坐待魏博之自归也"。唐宪宗深以为然，决定对魏博镇的事情冷处理，既不发兵征讨，也不正式承认田怀谏节度使的地位，仅是静观其变而已。

果然，"朝命久未至，军中不安"。得不到朝廷的正式任命，田怀谏的地位就不稳固。魏博镇人心惶惶，诸将都在寻找出路。渐渐地，人们将目光集中在田氏子弟中一个叫田兴的人身上。

田兴时任魏博镇衙内兵马使，其祖父田延恽是田承嗣的叔父，曾任安东都护府司马；其父田廷玠敦厚儒雅，不好兵事，但也曾为魏博镇立下战功，当初曾在李宝臣、朱滔的联合进攻下坚守沧州城不失。田廷玠后迁魏博节度副使，"二帝四王之乱"期间，他劝诫侄子田悦恪守臣礼，不要背叛朝廷："尔藉伯父遗业，可禀守朝廷法度，坐享富贵，何苦与恒、郓同为叛臣？自兵乱已来，谋叛国家者，可以历数，鲜有保完宗族者。尔若狂志不悛，可先杀我。无令我见田氏之赤族也。"但田悦不听，最终还是反叛了朝廷。田廷玠谢病不出。田悦到其宅第当面谢罪，田廷玠却闭门不纳，郁愤而卒。

田廷玠忠于朝廷的思想对田兴的影响很大。"田兴颇观书，知君臣父子之道。"可以说，田兴是一个受过儒家忠孝教育的军阀子弟，他从心眼里反感割据，但无奈手中无权，暂时无法施展抱负。

田兴"有勇力，颇读书，性恭逊"，这三点使他逐渐成长为广受将士爱戴的一位儒将。按辈分，田季安是田兴的侄子。田兴多次规劝田季安，对朝廷要恭顺，对将士要爱护。田季安却认为田兴是在讨好朝廷、收拢人心，将田兴贬出了魏州，派驻到临清（今河北临西）做镇将，并欲伺机将其杀害。

田兴知道自己得罪了田季安而身处险境，就学起了司马懿，借口患了风痹之症，退家赋闲，闭门谢客，并炙灼满身，令自己体无完肤，看上去奄奄一息。田季安果然中计，认为田兴命不久矣，不可能再有作为，遂不以为意。

田季安死后，田兴才敢公开露面。一日清晨，田兴入军府，忽见牙军将士数千人集合大噪，环绕着自己跪倒了一片，请求他就任留后。牙军将士的意思很明显，要推举田兴为主帅，不再效忠田怀谏。田兴惊仆于地，劝大家不要造反，然而将士却经久不散。

在一片噪喊声中，田兴看到了其中的机会，只要掌握了魏博镇的军政大权，既可以实现自己消除割据的理想，又可以保田氏安全富贵。在众将士的一再恳求下，田兴答应暂时主持军务，但对众将士提出三个要求："勿犯副大使，守朝廷法令，申版籍，请官吏，然后可。"即不要伤害副节度使田怀谏，遵守朝廷法令，将魏博镇六州之地的版籍上交朝廷，请求朝廷任命官长。众将士皆曰："诺。"自此田兴掌控了魏博镇。田兴下令斩杀蒋士则等十余人，将田怀谏迁出军府保护起来。

田兴稳定局势后，上表朝廷请求归服。唐宪宗得知后喜出望外。未遣一兵一卒，未费一钱一粮，就解决了困扰朝廷四十余年的魏博割据问题，唐宪宗焉能不喜。唐宪宗马上召集朝臣，商议如何应对这一突发状况。

宰相李吉甫认为应按照惯例，派遣使者前往魏博宣慰，观察了解魏博动态。待使者带着魏博将士推请田兴担任节度使的表章归来后，朝廷再根据实际情况商议是否任命田兴为魏博节度使。李绛则认为这样做会冷了田兴的报国热情，且若待将士推请再下达任命，也会降低田兴对天子的感戴之心。特事特办，朝廷现在应马上任命田兴为魏博节度使，加以笼络。

对于李绛的建议，唐宪宗缺乏实行的魄力，最终还是决定按惯例行事，派遣使者以宣慰为名到魏博镇察访。

使者上路后，李绛仍不甘心，再次在唐宪宗面前坚持自己的主张，并劝说道："朝廷恩威得失在此一举，时机可惜，奈何弃之？利害甚明，愿圣心勿疑。"唐宪宗有些心动。李绛继续说："（田兴）恭顺如此，自非恩出不次，则无以使之感激殊常。"

最终，唐宪宗被说服，他立即下诏以田兴为魏博节度使。唐宪宗的诏命到达魏州时，朝廷先前派出的第一拨使者尚在魏州。田兴见天子如此信任自己，“感恩流涕，士众无不鼓舞”。为了褒奖田兴，唐宪宗还赐田兴名为田弘正。对于田怀谏，唐宪宗念其年幼，政非己出，而是出于群小，才致使军府骚然不宁，因而免除了他的罪责，派人护送其入京，给予优厚的赏赐。

十岁的田怀谏从此消失在史籍之中，这样的结局或许对他来说也是一种幸运。

紧接着，朝廷围绕如何赏赐魏博镇将士又展开了争论。魏博归服虽然几乎是田弘正一人之力，但将士不能不赏，百姓不能不抚，这也是给其他藩镇做个表率。在讨论期间，朝臣们你一言我一语，说出了心中的理想数目。

又是李绛语出惊人：“刳河朔之腹心，倾叛乱之巢穴，不有重赏过其所望，则无以慰士卒之心，使四邻劝慕。请发内库钱百五十万缗以赐之。”李绛建议赏赐给魏博将士一百五十万缗钱。这是什么概念，当时朝廷全年的税收才一千多万缗。

这个数字一从李绛口中说出，就引起了轩然大波。朝臣、宦官纷纷表示反对，他们质问李绛：“所与太多，后有此比，将何以给之？”对此，唐宪宗也有疑问。

李绛解释说：“陛下奈何爱小费而遗大计，不以收一道人心！钱用尽更来，机事一失，不可复追。借使国家发十五万兵以取六州，期年而克之，其费岂止百五十万缗而已乎？”

是啊，如果朝廷发兵攻取魏博六州，即使能够取胜，仅军费又岂止花费一百五十万缗呢？两年前讨伐成德镇王承宗，朝廷“四面发兵二十万，又发两神策兵自京师赴之，天下骚动，所费七百余万缗”，却无功而返。如今魏博不战自降，朝廷怎么能吝啬赏赐呢？

唐宪宗彻悟：“朕所以恶衣菲食，蓄聚货财，正为欲平定四方。不然，徒贮之府库何为？”唐宪宗的梦想就是削平藩镇再造一统，远追贞观、开元。为此，他多年来积累了大量财富。钱要花在刀刃上，他怎能“爱小费而遗大计”呢！

唐宪宗任命知制诰裴度为特使，携带皇帝诏令赴魏博宣慰。魏州百姓已经几十年没见过朝廷威仪，观者如云。裴度当众宣布赏赐魏博将士一百五十万缗，免除魏博百姓一年租税。魏州城中顿时欢声雷动，山呼万岁。

魏博归服对于元和政局有着极为深远的影响。可以说，唐朝能够在元和时期实现中兴，唐宪宗能够与唐太宗、唐玄宗并称为唐代“三宗”，魏博归服是最关键的因素。在魏博归服之前，唐宪宗虽然在文治方面取得了一定的成绩，在武功方面也取得了对一些弱藩的胜利，但离再造一统的目标还是差得很远。

魏博镇是河朔藩镇之首，也是天下藩镇中最强悍的一个。朝廷在成德镇的失利使人们看到举天下之兵，不能破一方镇，朝廷军队遇见强藩只能束手无策，为天下人所讥笑。诛灭刘辟、杨惠琳、李锜为唐宪宗所带来的威望和声誉，不说损失殆尽，也是大打折扣。一个成德镇尚且无法讨伐，魏博镇更是朝廷难以用武力解决的难题。若魏博镇与幽州镇、成德镇沆瀣一气，再以淄青镇、淮西镇为外援，那么北至燕山、南至淮河，唐朝最富庶的平原地带将永无宁日，大唐中兴将成泡影。

正因如此，魏博镇的归服在天下藩镇中引起极大的震动。就藩镇将士来讲，他们本身也不愿割据，做谁的将、当谁的兵还不是一样，何必非要跟着军阀闹割据呢？当裴度宣布赏赐魏博将士一百五十万缗的时候，成德、淄青等镇出使魏博镇的使者也都在场，他们相顾叹息说：“倔强者果何益乎？”与朝廷对着干有什么好处呢？相信这个消息传到各镇，诸镇将士也会如此暗自思忖。

而那些割据军阀们却因魏博镇的归服而慌了神，“自弘正归国，幽、恒、郓、蔡有齿寒之惧，屡遣客间说，多方诱阻”，幽州、成德、淄青、淮西等藩镇屡派说客离间魏博与朝廷的关系，希望将田弘正拉回割据的阵营。但“弘正终始不移其操”，“奉上之意逾谨”。

第九章 又取淮西贼

淮西有贼五十载

魏博归服，还有一个重要的影响。那就是在元和九年（814年）至元和十二年（817年）所进行的征讨淮西吴元济之役中，魏博镇不仅直接派出军队参与讨伐，还有效地牵制了成德、淄青、幽州等强藩对淮西的支援。

就像李绛所言，魏博镇是“河朔之腹心”“叛乱之巢穴”，它北抵幽州镇，西接成德镇，东南与淄青镇接壤，南临汴宋镇（宣武军），汴宋镇之南即为淮西镇。正因为魏博镇在朝廷的掌控之中，才使幽州刘济不可能越境支援淮西；成德王承宗、淄青李师道也畏惧一旦举兵南下支援淮西，魏博镇会袭击其侧翼和后方。

由于魏博的归服，解放了朝廷原先用于对付魏博镇的武装力量，使得朝廷可以将原先监视河朔藩镇的精锐部队调到淮西战场。比如河阳节度使乌重胤的军队，原本就是用来对付魏博镇的。魏博归服后，河阳镇军队被调往汝州，既可以用来保卫东都，又可以压制淮西，是官军讨伐淮西的主力部队之一。

魏博的归服使得淮西陷入孤军奋战的局面，官军最终擒获吴元济。田弘正还在不久后促成了淄青将领刘悟反正，杀死李师道，一举解决了淄青镇割据的问题。可以说，魏博的归服牵一发而动全身，完全盘活了唐宪宗削平藩镇、再造一统的这盘大棋。

如果说魏博的归服是“元和中兴”时期朝廷利用和平手段解决藩镇问题的最大收获，那么平定淮西就是这一时期朝廷武力解决藩镇问题的最大胜利。

元和天子神武姿，彼何人哉轩与羲。
誓将上雪列圣耻，坐法宫中朝四夷。
淮西有贼五十载，封狼生貙貙生罴。
不据山河据平地，长戈利矛日可麾。
…………

李商隐的《韩碑》记述了元和天子唐宪宗平灭淮西之役。此役在中唐历史上极为重要，对当时人们的思想有着强烈的震撼。元稹的《连昌宫词》借种田老翁之口兴奋地说出“官军又取淮西贼，此贼亦除天下宁”，将平定淮西作为太平再造的标志。

淮西节度使的全称为淮南西道节度使，是安禄山攻入中原后，为防叛军南下江淮而紧急设立的方镇。安史之乱后期，李忠臣为淮西节度使，并参与了收复洛阳之战。后来，李忠臣被部将李希烈驱逐，李希烈遂有淮西。此后，淮西一直是中原反叛动乱的策源地。

李希烈时期的淮西镇下辖六州：申州（今河南信阳）、光州（今河南潢川）、蔡州（今河南汝南）、寿州（今安徽寿县）、安州（今湖北安陆）、唐州（今河南泌阳）。部将陈仙奇毒杀李希烈归附朝廷后，朝廷为削弱淮西，收回了寿州、安州、唐州三州。淮西成了仅辖申州、光州、蔡州三州之地的小藩镇。但就是这个弹丸之地，却从来没有消停过。

陈仙奇毒杀李希烈之后仅两年，淮西兵马使吴少诚打着为李希烈报仇的旗号杀死陈仙奇，再度割据淮西。刚刚经历“二帝四王之乱”的唐德宗担心战乱又起，对其采取姑息纵容的政策，默认了既成事实。

吴少诚不断在淮西制造事端。淮西之地少马，吴少诚就广畜骡子作为骑兵坐骑，时人谓之“骡子军”，尤称勇悍。吴少诚曾出兵攻取寿州霍山（今安徽霍山），袭击唐州、临颍（今河南临颍）、西华（今河南西华）、陈州（今河南淮阳）等地，杀戮朝廷命官，掠夺百姓。

朝廷忍无可忍，也曾派兵征讨，却无奈铩羽而归，只能对吴少诚听之任之，严加防范而已。为了安抚吴少诚，唐德宗甚至下诏赦免他的罪行，加封其为检校右仆射；唐顺宗又加其为同中书门下平章事，这就是李商隐诗中所言的“列圣耻”。

到唐宪宗即位时，吴少诚已经在淮西割据了整整二十年。唐宪宗决心“以法度裁制天下方镇”，肆意妄为的吴少诚自然在裁制之列。由于淮西地处中原江淮间，吴少诚可称为朝廷的“心腹之患”。吴少诚的势力若向东扩展，可扼制汴河、切断漕运，向北扩展可威胁东都、控制汴州，向西扩展可进取襄州、袭扰汉水漕运。吴少诚曾擅自开决司、洧等河进行农田灌溉，致使大运河干涸，漕船停运。唐德宗下诏制止，吴少诚竟不听诏。

淮西一日不平，唐宪宗便寝食难安。早在元和初年平定西川刘辟之后，唐宪宗就有意征讨淮西。而元和四年（809 年）成德王承宗率先发难，朝廷无暇对淮西用兵。也就是在同一年，元和四年十一月吴少诚病死，淮西大将吴少阳杀吴少诚之子夺权。吴少诚、吴少阳的名字虽然相近，但实际上吴少诚是幽州潞县（今北京通州潞城镇）人，吴少阳是沧州清池（今河北沧州）人，二人并无亲属关系。吴少诚发迹后，吴少阳攀附吴少诚，被后者认作从弟，提拔重用，成为亲信部将。吴少阳竟然弑主自立，这也是淮西割据积习衍生的丑剧。

吴少阳行径之恶劣有过于吴少诚，他在境内横征暴敛，甚至劫杀过境商旅。他招揽亡命之徒扩充军队，修筑要塞，加筑城防，为抵抗朝廷的征讨做准备。

五年之后，元和九年（814 年）闰八月，吴少阳病卒。其长子吴元济秘不发丧，还以吴少阳的名义上表，称自己病重，请求朝廷将淮西节度使职务授予吴元济。吴元济的小花招并不高明，马上引起了朝廷的警觉，猜测吴少阳已经去世。

唐宪宗将计就计，派遣太医前往淮西节度使的治所蔡州为吴少阳诊治，实则探听虚实。吴元济见自己出了昏招，马上又谎称吴少阳病情好转，不必劳烦太医。淮西杨元卿此时正出使京师，他将淮西镇的情况向朝廷报告，朝廷这才确切地了解了真相。

此时距吴少阳去世已经过去了四十多天，吴元济仍未正式向朝廷通报其父的死讯。朝廷开始商议是否以此为由讨伐吴元济。宰相李吉甫曾任淮南节度使，地接淮西，对淮西比较了解，是坚定的主战派，理由是："淮西非如河北，四无党援。国家常宿数十万兵以备之，劳费不可支也。失今不取，后难图矣。"另外一些大臣认为，淮西已割据数十载，吴元济并没有公然反叛，故而战事不可轻开。如今最好的处理方式是一不讨伐，二不任命，朝廷先派遣使者赴蔡州吊唁，观察动态。如吴元济果有不轨行为，再出兵征讨方为师出有名。

唐宪宗采纳了温和派的意见，派遣使者前往蔡州吊唁。没想到吴元济却坐不住了。迟迟见不到朝廷的任命，却等来了吊唁的使者，吴元济恼羞成怒，居然拒绝接见使者，并派兵四下攻掠，向朝廷示威。淮西兵屠杀舞阳（今河南舞阳）民众，焚毁叶县（今河南叶县）城防，抢掠淮西周边十几个县，焚烧庐舍，使百姓流离失所，"人多逃伏山谷荆棘间，为其杀伤驱剽者千里"。

这还了得？即使在这种情况下，绝大多数朝臣还是劝阻唐宪宗不要讨伐吴元济。他们说什么"蔡帅之不庭授，于今五十年，传三姓四将，其树本坚，兵利卒顽，不与他等。因抚而有，顺且无事"。"蔡帅"指淮西节度使，因治所在蔡州，故名。如前诗所言，这些主和派大臣以淮西割据五十年，将帅父子相袭，根固本坚为由，劝阻唐宪宗不要兴兵，兴兵无益。这简直是让朝廷顺从藩镇。这种言论"万口和附，并为一谈"，只有数位大臣除外。

这几位少数的主战大臣就是李吉甫、武元衡、裴度等人。唐宪宗本人是主战的，他准备倚重这几位大臣以武力解决淮西问题，然而，李吉甫却在元和九年（814 年）十月初三暴病而亡。唐宪宗“伤悼久之”，更加孤立无援，却也更加坚定了解决淮西问题的决心。

李吉甫去世十八天后，唐宪宗发布《招谕淮西诏》，指责吴元济“擅自继袭，肆行寇掠”。为了孤立吴元济，诏书还将罪魁祸首吴元济同淮西将士区分对待，认为“将士等迫于受制，非是本心”，如果归顺朝廷，就会量职授，以前所犯罪行，一律不问。唐宪宗也给吴元济留了出路：“吴元济如束身归朝，亦当弃瑕录用。”唐宪宗还下了血本，给淮西将士、百姓许诺：“待事平之后，淮西将士宜共赐钱二百万贯，百姓给复三年。”

“招谕”是指帝王招抚敌叛之谕旨，由于主战阻力太大，这份诏书仍然以招抚为主。即“垂恻隐之诏”。朝廷表现出的态度依然是以和为贵，也算是对吴元济先礼后兵。但与主和派建议的无条件妥协明显不同，唐宪宗的招抚是有条件的。吴元济必须先要离开淮西“束身归朝”，至于以后还会不会让他主政淮西，要看其态度而定。这一点吴元济是无法接受的，故而《招谕淮西诏》发出后如石沉大海。

吴元济依然故我，纵兵攻掠，甚至一度威胁东都。有条件的招抚失败了，唐宪宗于元和十年（815 年）正月十七日正式发布《讨吴元济诏》。此时，措辞已由“招谕”变作了“讨”，内容可想而知。唐宪宗宣布削夺吴元济的所有官秩，敕令征发宣武、忠武、太原、武宁、淮南、宣歙、山南东道、魏博、荆南、江西、剑南东川、鄂南、东都防御使，怀、汝、郑、义成共十六道军马犄角相应，共同进讨吴元济。

一场大战在淮西大地爆发。战争初期，朝廷以山南东道节度使严绶为淮西招抚使，坐镇襄州，节制诸道军马。指挥诸道军马的将领有李光颜、乌重胤、柳公绰、令狐通等人。

在诸军中，仅忠武军节度使李光颜部有所进展，接连在临颍、南顿、时曲等地击破淮西军。时曲即洄曲，在今河南省漯河市沙河与澧河汇流处。淮河支流溵水于此洄曲，故名。时曲之战中，李光颜部原本被吴元济军压制在垒栅之中不得出。李光颜自毁左右两侧栅栏出骑击敌，又自将数骑冲陷敌阵，四入四出。淮西军皆识李光颜，故而箭矢像刺猬刺一样向李光颜射来。李光颜仍不肯退，其部下人人争先，淮西兵大溃。

虽然官军与淮西军僵持有日，但并没有占到便宜，若唐宪宗不放弃讨伐政策，淮西被平灭是早晚之事。双方经济、军事力量对比悬殊，“用三州之赋，敌天下四海之饶，以一旅之师，抗天下无穷之众”，吴元济浑身是铁又能打几颗钉？问题仅仅是朝廷愿不愿意付出高昂的代价，维持这场战争而已。通过一段时间的较量，天下人都看到了唐宪宗的决心，此次似乎不同以往，皇帝是要动真格的了。

吴元济感受到了前所未有的压力，他派遣使者赴成德镇和平卢镇向王承宗与李师道求援。王承宗与李师道当然知道唇亡齿寒的道理，一旦淮西被平，朝廷的下一个目标必是此二人。但是，王承宗与李师道皆不敢出兵援救。魏博镇田弘正已经遣其子田布率三千兵马驰援淮西战场，他站在朝廷一方的立场非常明确。王承宗与李师道若敢公然出兵解救吴元济，田弘正必然会对他们不客气。

王承宗与李师道只能一遍一遍不厌其烦地向唐宪宗奏表，以和事佬的姿态请求朝廷赦免吴元济。唐宪宗对此置之不理。眼见常规渠道解决不了问题，李师道居然想到了刺杀的手段……

刺　杀

自接任淄青节度使以来，李师道一直图谋不轨。除了常规的扩军修城备战之外，他还招纳海内亡命之徒组建起一支身手不凡、敢拼敢死、只效忠其个人的“特种部队”。李师道不敢公然出兵援助吴元济，就暗中派遣这群亡命之徒使用威吓等恐怖手段，干扰朝廷的平叛工作。

李师道的第一个目标是朝廷的租赋转运咽喉——河阴转运仓院。河阴转运仓院位于黄河与汴河（大运河）交汇处（今河南荥阳东北）。最初设立于盛唐开元年间，由江淮运来的粮食、税赋沿着大运河抵达河阴转运仓院存储，再由此处沿黄河西上，级级转运，最终抵达长安。中原有战事时，这里存储的钱粮会优先供应给战区。淮西开战之后也是如此，战争所需的钱粮大多靠这里供应。

元和十年（815 年）四月十日夜，李师道派出的数十名亡命之徒趁着夜色突袭河阴转运仓院，一把大火将五十五间仓库中的钱帛三十万缗、匹，粮谷三万余斛付之一炬。同时李师道还派人在东都杀人放火，制造紧张气氛，一时东都“人情骇扰”。征讨淮西的官军风闻粮饷断绝，立即军心动荡。

朝廷闻讯震惊，主和派大臣又纷纷上书请求罢兵。此时，无人知晓河阴转运仓院被袭是出自谁手，唐宪宗下令彻查，同时表示绝不知难而退，即使从全国调拨物资，也要将征讨淮西的战争进行下去。

李师道火焚河阴转运仓院并掠扰东都，自以为得意，但一个月过去了，他发现朝廷并没有罢兵的意思。一计不成又生二计，李吉甫去世后，唐宪宗所倚重的主战派大臣主要是宰相武元衡与裴度，李师道要砍去唐宪宗的左膀右臂。

元和十年（815 年）六月初三清晨，武元衡带着从人出了府邸所在的靖安坊东门，沿着宽一百步的大街向北行进，准备由丹凤门入大明宫参加早朝。

靖安坊位于长安城东南，是朱雀大街以东第二街的第五坊。如果以今天的地理论，靖安坊在今西安城南小寨以西的长安大学至教育学院之间。当时，这里居住着很多达官显贵，除了武元衡外，唐玄宗第二十二女咸宜公主、宰相李宗闵、太子宾客崔伦、殿中少监唐昭、吏部侍郎韩愈、水部郎中张籍、武昌军节度使元稹、邠宁节度使程执恭、刑部侍郎刘伯刍等都曾在此居住。因深宅大院居多，靖安坊很是幽静。唐人殷尧藩有《经靖安里》诗云:“巷底萧萧绝市尘，供愁疏雨打黄昏。悠然一曲泉明调，浅立闲愁轻闭门。”可遥想其幽。

武元衡的队伍并不大，前面是开路的导骑，秉灯烛而行，武元衡骑马居后。农历六月，正是天长的时令，宰相上朝仍需秉烛，足见其早。古人有“朝臣待漏五更寒”的感叹，恐怕并不夸张，也道出了“名利”的苦辛。然而，今日是武元衡最后一次起早了。

武元衡是一位诗人，《全唐诗》存其诗一百九十一首。就在昨日晚上，武元衡作了他平生最后一首诗：“夜久喧暂息，池台惟月明。无因驻清景，日出事还生。”

没想到，一语成谶。

武元衡的队伍像往常一样不缓不急地行进着，没有人觉察出有什么异样。

忽地，不知从何处冒出了一声呵叱：“灭烛！”导骑一惊，四下张望，呵责是谁惊了宰相的马队。

突地，一声弦响，一支冷箭正中武元衡肩膀。紧接着，树丛中跳出数名刺客，有的手持木棒击打武元衡的大腿，有的驱赶武元衡的从人，打灭导骑的灯烛。街面顿时一片昏暗混乱。一名刺客趁乱拽着武元衡的马缰向东南奔去，见周围无人，就将武元衡拽下马一刀刺死，并割下武元衡的头颅，大声呼啸。众刺客知道同伴已经得手，纷纷散去，消失在微微晨曦之中。

被驱散的从人慌慌张张地重新点燃灯烛，寻找宰相。在武元衡宅东北隅墙之外，从人找到了倒在血泊之中的武元衡尸身，只是项上那颗苍老的人头早已不翼而飞。

此时，虽夜漏未尽，但路上的朝骑及行人已经渐多。人们大声疾呼“贼杀宰相”，声连十余里，一直传到了朝堂。等候上朝的百官听到这个传言，面面相觑，不知发生了什么事，死者又是谁。须臾，武元衡的坐骑老马识途，溜溜达达地来到宫门前，人们才知道是武元衡被害。

武元衡遇刺的同时，长安城东南角的通化坊外也在上演着刀光剑影的一幕。

御史中丞兼刑部侍郎裴度与随从王义等人同武元衡一行一样，正在去大明宫早朝的路上。突然间，一道寒光，一柄利剑刺向裴度。因裴度骑在马上，第一剑仅仅砍断了裴度的靴带。裴度瞬间意识到有刺客，催马就走。刺客的第二剑已经挥出，正中裴度后背。紧接着，第三剑击中裴度的头部。裴度应声落马，滚落入路旁沟中。

刺客正要跳进沟中摘取裴度的人头，千钧一发之际，裴度的随从王义奋不顾身，扑上去死死地抱住刺客，并高声连呼“捉贼”。贼人毕竟胆虚，这是在天子脚下，长安城中防卫森严，刺客有些惊慌，反手一剑砍断王义的手臂，才得脱身。刺客料定裴度已死，只是来不及割取他的人头了，无奈仓皇逃窜。

也是天不绝裴度。当日裴度头戴一顶厚毡帽。刺客的第三剑虽然正中裴度后脑，厚毡帽却挡住了剑锋。裴度受了重伤，跌进沟中昏迷过去，却奇迹般地死里逃生。

有司急匆匆地向准备上朝的唐宪宗汇报了案情。唐宪宗愕然痛哭，下诏全城缉拿凶手。而刺客居然在负责抓捕刺客的有司衙门上留下纸条，上写：“毋急捕我，我先杀汝。”嚣张如此！兵部侍郎许孟容哽咽着说：“自古未有宰相横尸路隅而盗不获者，此朝廷之辱也。”听到此言，百官也跟着垂泪。

唐宪宗发布《捕杀武元衡贼诏》，悬赏钱两万贯加授五品官，大力搜捕贼人。唐宪宗命人将两万贯赏钱置于长安闹市之中，让百姓围观做证。一时观者如堵，百姓们“咨嗟叹息，既去复来，以至日暮”，起到了很好的广告效应。

案件发生前，成德节度使王承宗的牙将尹少卿曾赴长安求见武元衡，劝说后者能为吴元济在唐宪宗面前求情。尹少卿狂妄无礼、出言不逊，被武元衡斥去。尹少卿回到成德后，王承宗曾上疏弹劾武元衡。由此，唐宪宗认为案件背后主谋是王承宗。

为捉拿凶犯，长安城门设卡，对往来行人严加盘查，特别是燕赵地区来的长须之人，更是严上加严。长安全城的地毯式大搜捕也随即展开。皇亲国戚、公侯卿相，不管是多高的地位，家中全部要彻底搜查，夹壁重楼、一草一木都不放过。

为避免刺杀案再度发生，唐宪宗提高了百官的安保等级，如宰相出入，要由金吾卫骑士张弦露刃、严加保护。裴度所居住的通化坊更是由宫中卫士昼夜守卫。尽管如此，京师官员仍然人心惶惶，甚至天不亮都不敢离府上朝。以前都是百官早早地到宫中等候皇帝，而现在有时唐宪宗坐在金殿上等了很久，百官却还没有到齐。

唐宪宗憋气窝火，对刺客的搜捕更急。六月十日，有司在成德进奏院捕获恒州士卒张宴等八人，疑系刺杀案凶手。进奏院是藩镇设于京师的办公机构，最初负责呈送藩镇给朝廷的奏章，接收皇帝下达给藩镇的诏书以及传送各种公文，后来就成了藩镇来京办事人员的落脚点。

张宴等人在长安横行不法，被人举报为疑凶。唐宪宗命京兆尹裴武、监察御史陈中师严加审讯。最终，张宴等人对刺杀武元衡、裴度的行为供认不讳。唐宪宗本来就怀疑此案与王承宗有关，凶犯又是在成德进奏院中被搜出，自然坐实了王承宗的嫌疑。

张宴等人被处死。唐宪宗颁布《绝王承宗朝贡敕》，指责王承宗“妄陈表章，潜遣奸人，窃怀兵刃，贼杀元辅，毒伤宪臣，纵其凶残，无所顾忌，推穷事迹，罪状彰明”，诏令“绝其朝贡”，让王承宗自行悔过，束身归朝谢罪，争取宽大处理。朝廷和王承宗再次走向对立。后来的事实表明，李师道才是背后主使，此案与王承宗无关，张宴等人也并非凶手。至于他们为什么要招认，是因受到了刑讯逼供还是另有隐情，也成了谜团。

深受重伤的裴度，在家中休养了二十余日便复出工作。唐宪宗以裴度为中书侍郎、同平章事，全权负责征讨淮西和研究如何对付王承宗。裴度给唐宪宗打气：“淮西，腹心之疾，不得不除，且朝廷业已讨之，两河藩镇跋扈者，将视此为高下，不可中止。”

唐宪宗也自信地说：“吾用（裴）度一人，足破二贼。”于是，朝廷对淮西用军愈急。裴度尚未痊愈，须居家办公。为了避免结党营私，当时朝廷有规定，宰相不得在家中私自会客，而唐宪宗却特许裴度可居家办公会客。

李师道见刺杀行动虽然杀死了武元衡、击伤了裴度，却没有改变唐宪宗的决心，反而招来朝廷对淮西用军愈急，便开始谋划更大的事件。好在此时朝廷误以为刺客是王承宗所遣，没有怀疑到李师道头上，给了李师道可乘之机。

这一次，李师道将目光锁定到东都洛阳。因淮西的叛军多次逼近洛阳，洛阳的军队多被调往伊阙（今河南伊川西）屯守防御，城中空虚。李师道与一个叫作圆静的嵩山僧人密谋，准备在洛阳发动叛乱，占领东都，与吴元济遥相呼应，令朝廷顾此失彼。

圆静早年是史思明手下骁将，如今已年逾八旬。五十年前，伪燕政权覆灭，圆静落发嵩山，隐姓埋名，只是心中恶念未消。五十年来，圆静一直同各地安史余孽保持着密切联系，妄图有朝一日复起。

圆静早就为李师道献计，在洛阳西南的伏牛山中有很多专以打猎为生的山民，他们吃住在深山中，被称为“山棚”。这些人个个身手不凡，如果把他们收买过来，就能形成一支很有战斗力的武装力量。李师道出资，让圆静广买田地，赠给这些“山棚”居住、生产。圆静暗中笼络他们，让他们甘于为叛乱卖命。就在叛乱发动前，李师道又出资一千万钱，假意装修佛寺，实为聚拢党羽。

元和十年（815 年）七月，洛阳外围的力量已安排妥当，李师道让他的“特种部队”数百人陆续进入洛阳，到淄青节度使驻东都的进奏院埋伏。他们准备趁着洛阳空虚，突然发动叛乱，焚烧皇宫。待城中火光一起，城外的圆静也将在山上举火响应。周边被收买的“山棚”就向圆静所在处会合，里应外合地攻陷洛阳。

一天晚上，叛军在淄青进奏院烹羊宰牛，犒赏豪饮。其中有两个人因事受到责罚，他们怀恨在心，就秘密到东都留守吕元膺处告发。吕元膺大骇，马上率官军到淄青进奏院抓捕叛军，并立即派人到伊阙调大队兵马回师洛阳。叛军见计划败露，依托淄青进奏院做殊死抵抗。城外的圆静得不到信号，也不敢贸然行动。城内的叛军毕竟寡不敌众，只能强行突围出城，向洛阳西南的深山之中投奔圆静。

圆静也弃了寺院，同叛军上山隐蔽。吕元膺发兵搜捕叛军，但山高林密，官军一无所获。直到几个月后，一伙叛军下山到山民出售野货的摊点抢劫鹿肉，山民引导官军才端了叛军的老巢。叛军被一网打尽，圆静也被俘获。

圆静伟悍过人，练就一身硬功。初被执时，官军怕圆静逃脱，找了个大力士欲用巨锤砸断他的腿骨，竟然不能砸断。圆静瞠目大骂道："鼠子！折人脚犹不能，敢称健儿乎？"乃自置其足，自己折断了自己的腿骨。圆静受刑时仍不知罪，居然还在叹息："误我事，不得使洛城流血。"毫无悔改之意。

在审理东都反叛案时，吕元膺从叛军口中得知，此案是李师道所为，发生在六月的长安刺杀案同样是李师道所为。唐宪宗大怒，欲对李师道用兵。但是，此时淮西战场激战正酣，成德王承宗又在河北屡屡挑衅，朝廷无力树敌过众，故对李师道的罪行暂且冷处理，先集中人力、物力、财力对付吴元济与王承宗。

南征北战

自唐宪宗宣布断绝王承宗的朝贡以来，王承宗屡屡挑起事端。王承宪四处劫掠临近诸藩镇，尤其是对已经归顺朝廷的魏博镇，他更是视其为眼中钉、肉中刺。魏博镇与成德镇交界处饱受战乱之苦。田弘正多次上表向朝廷诉苦，请求率本部人马讨伐王承宗。淮西叛乱尚未平灭，唐宪宗本不想在河北开辟新战场。但是，田弘正多次表示不必朝廷派一兵一卒，魏博镇愿意承担讨伐王承宗的重任。同时，"王承宗纵兵四掠，幽、沧、定三镇皆苦之，争上表请讨承宗"。

唐宪宗不愿冷了河北藩镇，特别是田弘正的一片忠心。几经考虑，朝廷终于在元和十一年（816 年）正月发布《讨镇州王承宗制》。制文中，唐宪宗指责王承宗"先动干戈，屡犯城邑，焚烧剽掠，流毒于人"，"迫于群情，须正刑典"。唐宪宗当然不会让魏博镇孤军奋战，他诏令河东、幽州、义武、横海、魏博、昭义共六镇兵马"四面征镇，愤激咸同"，共讨王承宗。

在决定讨伐王承宗前后，朝廷中的不同声音此起彼伏。大意都是劝说唐宪宗尽量要避免两线作战，不要在淮西战事尚未结束之前，在河北开辟新战场。宰相韦贯之的看法最具代表性，他对唐宪宗说：“陛下不见建中之事乎？始于讨魏及齐，而蔡、燕、赵皆应，卒致朱泚之乱，由德宗不能忍数年之愤邑，欲太平之功速成故也。”建中年间，唐德宗就是不顾国力，急于求成，最终导致四面楚歌，朝廷也弃长安而逃。当然，朝廷讨伐藩镇导致泾原兵变乃至朱泚之乱是偶然事件，不能以此为例，但平定三镇不可急于求成的意见是对的。可惜唐宪宗并没有采纳。

随着诏书的下达，第二次讨伐成德之战正式开始。在元和十一年（816 年）正月至七月间，官军虽然取得了一些小胜利，但是并没有动摇成德镇的根本。

此后六镇节度使之间开始有了分化。比如幽州节度使刘总是老牌的割据军阀，他在取得一些胜利之后，便不肯继续为朝廷卖力，屯兵边界向朝廷索要粮饷。昭义节度使郗士美是元和六年（811 年）由朝廷任命的节度使，他对于讨伐成德的态度相对积极。昭义兵马使王献率兵一万人逗留不进，郗士美将其当众斩首，并下令“敢后出者斩”！八月二十六日，郗士美在柏乡（今河北柏乡）与成德军相遇。郗士美亲自擂鼓助威，大破成德军，官军取得开战以来的最大胜利。

义武节度使浑镐是名将浑瑊第二子，也是唐宪宗任命的节度使。他的进讨态度也很积极。当年十二月，浑镐率本部人马杀到恒州一带，却造成了自己后方的空虚。王承宗派兵直捣义武镇治所定州，定州岌岌可危。但浑镐非但不退兵，反而以攻为守，结果进攻遭到失败，军队丧失过半，义武镇基本丧失了进攻的能力。

这一结果也使得王承宗腾出手来反扑郗士美。郗士美惨败，逃回本镇。继而王承宗攻入横海镇境内。元和十二年（817 年）三月，成德军在东光（今河北东光）一带切断运河，横海节度使程执恭被迫撤军回援。

这段时间以来的接连失利使讨伐王承宗的战争难以为继，出现了令朝廷难堪的局面：

兵十余万，回环数千里，既无统帅，又相去远，期约难壹，由是历二年无功，千里馈运，牛驴死者什四五。刘总既得武强，引兵出境才五里，留屯不进，月给度支钱十五万缗。

唐宪宗终于在元和十二年（817 年）五月低下了高贵的头颅，颁诏："权罢河北行营，专讨淮蔡。"

二讨王承宗的失败使朝廷蒙羞，唐宪宗必须要在淮西战场上找回颜面，否则中兴局面将不复存在。

但淮西战局同样不容乐观。作为统领全军的淮西招抚使严绶武略欠佳，只知广散钱财以激励将士。以十六道军马围剿三州之地，严绶却无法为朝廷取得一场像样的胜利。再三失利之后，严绶又企图靠贿赂宦官保住地位。但唐宪宗现在要的只有胜利，其他任何说辞都不能使他满意。严绶最终被朝廷召回长安，从此被束之高阁。

当时，在围攻淮西的诸道将帅中，李光颜战功最显，却资历最浅，尚无威名，不足以统率诸道。另有宣武军节度使韩弘、河阳三城节度使乌重胤、寿州团练使李文通、鄂岳观察使柳公绰、安州刺史李听等人。论资历、论实力，他们之中只有宣武军节度使韩弘有资格接替严绶担任诸军统帅。

宣武军即前文曾提到的汴宋镇，它下辖汴、宋、亳三州，治所在汴州（今河南开封）。随着大运河的兴盛，汴宋一带经济发达、人口稠密，且处在河朔藩镇与江淮藩镇之间，战略位置十分重要。后来的朱温就是在做了宣武军节度使之后，以汴宋为根基，灭掉唐朝、建立后梁的。北宋赵匡胤也是定都汴州，并以此为根据地基本统一全国的。

元和十年（815 年）十月，唐宪宗任命韩弘担任淮西诸军行营都统，负责整个淮西战场。由于韩弘坐镇汴州，汴州又在淮西以北，因此北线战场的主战场地位更加突出。

宋代司马光说韩弘"镇定一方，居强寇之间，威望甚著。若有异志，与诸镇连衡跋扈，如反掌耳。然观其始末，未尝失臣节”。应该说评价是不低的。但韩弘也是一个军阀，他虽然没有参与叛乱，却是个有“异志”的人。在统治宣武军十几年的时间里，韩弘不曾入朝觐见皇帝，使宣武军处于半割据状态。

这样的人虽然没有“与诸镇连衡跋扈”，却“乐于自擅，欲倚贼自重”，从内心并不想吴元济被朝廷消灭，还曾暗地里允许李师道的人通过自己的防区，向吴元济输送食盐。可以说，韩弘虽然没有做一个叛臣，却有着养寇自重的心思。任用韩弘这样的人做平叛统帅的风险很大，唐宪宗作出这样的人事安排也是无奈之举。

韩弘上任后，讨贼态度消极，不愿诸将建功。他看到李光颜常常身先士卒，对敌死战，居然将他精心选拔培养的一位美女送给李光颜，还说什么“慰公征役之思”。韩弘希望李光颜耽于色乐，不思进取。

李光颜见到这份特殊的礼物非常气愤，他集合将士，大宴三军，命韩弘的使者当众将美女带来。美女款款而出，容止端丽，殆非人间所有，顿时满座皆惊。李光颜却泣涕呜咽，当着众将士的面对韩弘的使者说：“光颜受国家恩深，誓不与逆贼同生日月下。今战卒数万，皆弃妻子，蹈白刃，光颜奈何以女色为乐！”堂下兵士数万，皆感激流涕。说罢，李光颜令使者将美女领回汴州。韩弘被李光颜折了面子，对其深恨。

元和十年（815年）十一月，乌重胤在小溵桥（今河南临颍南）一带同淮西军血战。乌重胤异常勇猛，杀入敌军重围，身被数创，血染征衣。但官军形势不容乐观，乌重胤向李光颜求援。军情紧急，李光颜不及请示韩弘，便擅自派部将田颖、宋朝隐驰援乌重胤。二将围魏救赵，攻击淮西军小溵桥据点，迫使淮西军脱离同乌重胤部的接触而回援。

韩弘却抓住此事不放，称李光颜擅自行动，违反军令，要处斩田、宋二将。幸有朝廷的使者景忠信帮助，紧急向唐宪宗陈述情况，田、宋二将才被赦免。但韩弘与李光颜之间的嫌隙愈深。

韩弘、李光颜与乌重胤集中在北线战场，将帅不和，官军注定在北线无所作为。而淮西东线战场，向来不是官军的主攻方向，寿州团练使李文通只起策应作用，虽然也有一些战绩，却无关大局。

淮西南线战场的情况更糟糕。南线原本是鄂岳观察使柳公绰与安州刺史李听合力讨贼。鄂岳观察使治所就在安州（今湖北安陆），两人等于在同一地点办公。柳公绰是唐朝书法家柳公权之兄，自幼习儒，进士出身，豪爽仗义，喜结交豪杰。唐宪宗担心柳公绰不懂用兵之道，下诏发鄂岳士卒五千人隶属于安州刺史李听。柳公绰非常不满，认为："朝廷谓吾儒生不知兵邪！"

柳公绰见李听背弓插箭、一身戎装，对他说："公所以属鞬负弩者，岂非为兵事耶？若去戎容，被公服，两郡守耳，何所统摄乎？以公名家晓兵，若吾不足以指麾，则当赴阙；不然，吾且署职名，以兵法从事矣。"

柳公绰是在警告李听，既然你懂得用兵之道，若认为我没有指挥才能，我自当回朝复命，若不然就要按照我的军法从事。这样的口吻当然是带着不满的。因为这种隔阂，柳公绰与李听的配合虽然没有出现大的问题，但战事也一直没有起色，淮西战场南线死气沉沉。

唐宪宗忧心于这种局面，觉得应该派人替换柳公绰，他选中的人是已故曹王李皋之子李道古。当年李希烈叛乱时，李皋是淮西南线屏障，将淮西叛军拒于江汉之外，在江汉间人人都知道李皋的厉害。裴度向唐宪宗建议说，李皋"威惠至今在人，复用其子，必能继美"。此时，李道古正在偏远的黔中任职。唐宪宗将其调往淮西南线，出任鄂岳观察使。

李道古喜出望外，马上收拾行囊出发。到达安州后，李道古自恃身为宗室，又是名将之后，对柳公绰、李听等人无礼。甚至他还大肆敛财，将柳公绰的私产和将士们的军饷占为己有，弄得人心惶惶、怨声载道。

元和十二年（817 年）二月，李道古贪功冒进，督军出穆陵关（今河南新县南）进攻申州。官军顺利攻取了申州外城。李道古认为成功就在眼前，不顾夜色已晚，命将士猛攻内城。入夜后，淮西军借着夜色从四门杀出，拼死反攻，连城中妇女都登上城墙呐喊助威。官军大败而逃。申州之败使官军在淮西南线战场仍是无法打开局面，仅能维持而已。

淮西西线战场方面，严绶被罢职后，唐宪宗以高霞寓代其统领西线战场。高霞寓是一员猛将，骁勇善战，曾以开路先锋的身份随同高崇文征讨西川刘辟，取得大功。但高霞勇武有余，智谋不足。元和十一年（816年）六月，高霞寓统军攻淮西要塞文城栅（今河南遂平县西南）。文城栅固若金汤，号称“铁城”。高霞寓在这里中了淮西军的诱敌深入之计，陷入重围。官军几乎全军覆没，只有高霞寓侥幸逃回唐州。

“大败不可掩”，消息迅速传到朝廷。这时又有人跳出来劝唐宪宗罢兵。唐宪宗的意志却仍然坚定：“胜负乃兵家之常，今但当论用兵方略，察将帅之不胜任者易之，兵食不足者助之耳，岂得以一将失利，遽议罢兵邪！”打了败仗可以换将帅，可以换战术，但就是不能撤兵。

唐宪宗将高霞寓贬为归州（今湖北秭归、巴东、兴山）刺史，起用袁滋为彰义军节度使，申、光、蔡、唐、随、邓六州观察使，坐镇唐州指挥西线战场。

申、光、蔡、唐、随、邓六州中，申、光、蔡三州即淮西三州，目前还都在吴元济手中。这样的任命表现了唐宪宗誓要拿下淮西的决心，同时也是告诉淮西三州的百姓，官军取得胜利之后，袁滋将成为他们的父母官。

唐宪宗曾命袁滋到西川代替刘辟，袁滋却因惧怕刘辟谋害而不敢前往。唐宪宗在盛怒之下将其贬官。袁滋虽然胆怯，但善于治理地方，对待百姓也较为宽爱。且袁滋是土生土长的蔡州人，唐宪宗对他的任命，也有争取蔡州乃至淮西民心的意图。

但袁滋在西线战场却裹足不前，甚至将前线的巡逻斥候悉数撤下，不许官军踏入淮西境内半步。淮西军进攻官军，袁滋非但不统兵对抗，还写信好言相劝，希望叛军停止进攻。半年之后，借着朝廷第二次讨伐王承宗失利的当口，袁滋居然上疏请求唐宪宗罢兵。袁滋之所以这样做，大概有两个原因：一是袁滋文弱，不敢同彪悍的淮西军作战。二是淮西吴氏早就拉拢了袁滋，袁滋的祖茔皆在蔡州一带，吴氏为其修缮看护；袁滋在乡的家属，吴氏也委以官职。

袁滋的所作所为令唐宪宗倍感失望，他意识到袁滋终究是个“将帅之不胜任者”。不仅是袁滋，先前的严绶、高霞寓，目前的韩弘、李道古也都是“将帅之不胜任者”。正是因为所用非人，才使得朝廷举全国之力，居然历时数载，却仍拿不下淮西三州之地。就在唐宪宗无人可用之时，一个叫李愬的人主动请缨，要上淮西前线为国建功。这个李愬此前曾在地方和朝廷任职，然而他却从来没有过军旅经历，这样的人可堪一用吗？

雪夜下蔡州

李愬，陇右临潭人，是唐德宗时期的名将李晟之子。其妻子韦氏是唐宪宗姑母唐安公主的女儿，韦氏比唐宪宗略小几岁，也就是说李愬是唐宪宗的表妹夫。

李愬有筹略，善骑射，因父亲的荫庇和自身的能力累迁至太子詹事、宫苑闲厩使、金紫光禄大夫。元和四年（809 年），唐宪宗下诏追忆李晟，称其“有不朽之名，垂永久之业”，并褒奖李晟的后代，这其中就包括李愬。

金紫光禄大夫已经是正三品的高级散官。李愬蛮可以躺在父亲的功劳簿上，凭着皇亲国戚的身份悠游一生，但他却有着陇右世代武将家族强烈的尚武精神，家国有难，甘愿挺身犯险。

在淮西西线战场屡屡所用非人，官军接连失利、一蹶不振的局面下，李愬挺身而出，主动上表毛遂自荐，称自己愿意到西线战场为国分忧、建功立业。李愬虽然是名将之后，但是在此之前却从没有过军事指挥的经历。联想到另一个名将之子李道古，唐宪宗有些犹豫。幸有宰相李逢吉从中推荐，希望唐宪宗给予李愬一次机会。唐宪宗也索性大胆起用李愬，放手一搏。

元和十一年（816 年）十二月，李愬被委任为随、唐、邓三州节度使，充任官军西路统帅。李愬慷慨赴任。到达驻地唐州后，李愬却出人意料地摆出了一副比前任袁滋还要柔弱的姿态，向三军宣告：“天子知愬柔而忍耻，故令抚养尔辈。战者，非吾事也。”

李愬公然说自己是来抚慰诸军的，不是来打仗的。原来近年来官军屡屡失利，士卒皆厌战惮战，毫无士气可言。李愬到任后见此情形，知道强行驱使士卒出战，也不会取得好的结果，不如先稳住军心，再做长久之计。

李愬还亲自巡视军营，慰问伤病士卒，言谈间没有一点统帅的架子。有将领劝他整军备战，他解释说："袁尚书专以恩惠怀贼，贼易之，闻吾至，必增备，故吾示之以不肃。彼必以吾为懦而懈惰，然后可图也。"前任袁滋已经给淮西叛军留下了柔弱的印象，不如将这样的印象维持下去，让叛军对西线继续丧失防备，待敌军懈怠，再找准时机，一击致命。

果然，淮西叛军"轻愬名位素微，遂不为备"。吴元济不再将李愬放在眼里，而将重兵调往北线，专心对付洄曲一带的李光颜。

李愬却在暗中思考着用兵之法。他观察到，吴氏割据淮西数十年，境内栅垒连连、烽燧相望，州县城墙高壑深、易守难攻，若是同吴元济打阵地战，即使取胜也必定旷日持久、损失惨重，淮西富饶之地更会被打成一片焦土。将士何辜？百姓何辜？奈何吴元济死硬顽固，淮西一战又在所难免。

如何能够速战速决地解决淮西问题，一个大胆的设想浮出李愬的脑海：偷袭蔡州。吴元济坐镇蔡州，却将主力悉数派往边境御敌，尤其在北线洄曲一带更是屯有重兵。淮西的兵马就那么多，捉襟而见肘，蔡州必然空虚。若是偷袭蔡州成功，吴元济被杀或被俘，淮西各个州必然树倒猢狲散，不攻自降。

确定了偷袭蔡州的计划后，李愬需要一支精兵来完成突击任务。此时，唐州的官军已是残兵败将，军心不齐，军械不整，很难完成这样艰巨的任务。李愬向唐宪宗请求增兵。但是为了保密，偷袭蔡州的计划，李愬连唐宪宗也没有告知。

唐宪宗虽然不知道李愬的具体作战计划，但是对李愬的要求全力支持。唐宪宗调拨昭义（治所在今山西长治）、河中（治所在今山西永济）、鄜坊（治所在今陕西富县）的两千精兵支援李愬。

李愬又从唐州、邓州的官军中精挑细选出骨干力量一千人，组建了一支三千人的精锐之师，号为“六院兵马”，加以严格训练，以作为将来的突袭部队。李愬“丰于待士”“俭于奉已”，与士卒同甘共苦，取消军官的宴饮活动，遣散为军官准备的伎女乐人，取得了将士们的一致拥戴。

解决了作战部队的问题，还有一个问题迫在眉睫。自吴少诚拒命至今，官军不至蔡州城下三十余年。自唐州到蔡州，吴元济是如何布防的，官军都会遇到哪些阻碍，李愬一无所知。且不说蔡州城能否被攻下，官军如何做到挺进蔡州城下而不被发觉，更是难之又难。只有得到熟悉淮西布防情况的人的帮助，计划才有成功的可能。

谁最熟悉淮西布防情况，自然是淮西的将士。因而李愬十分注意俘获、劝降淮西叛将。元和十二年（817 年）二月，李愬的骑兵在营外巡逻时擒获了吴元济属下的捉生虞侯丁士良。丁士良是淮西骁将，官军没少吃他的亏，众将恨透了他，向李愬请求“刳其心”。李愬发现丁士良是一条好汉，只是跟错了人，便苦口婆心地劝降了丁士良，委任其为官军的捉生将。

丁士良对李愬说，淮西将领吴秀琳拥兵三千据守文城栅（今河南遂平西南）。文城栅位置重要，是淮西之左臂，官军之所以难以攻取，是有陈光洽作为吴秀琳的帮手。陈光洽勇猛轻率，喜欢亲自出战。丁士良主动请缨，愿意诱使陈光洽出战并擒拿他，如此吴秀琳必然不战自降。

丁士良果真擒陈光洽而归。吴秀琳也果如丁士良所言，举众投降了李愬。吴秀琳手下将领李宪有勇材，李愬更其名为李忠义，将其留在了自己身边。

这场胜利使官军士气复振，人人有欲战之志。很多叛军相继向官军投降，李愬“每得降卒，必亲引问委曲，由是贼中险易远近虚实尽知之”，在淮西俘虏口中逐渐弄清了淮西西线布防的情况。

李愬厚待吴秀琳，与他共同谋划取蔡州之策。吴秀琳为李愬献策：“公欲取蔡，非得李祐不可，秀琳无能为也。”李祐是淮西骑将，有勇略，此时正守在兴桥栅（今河南遂平县东南）。李祐勇猛善战，要想生擒他可不容易。

此时正是淮西麦收时节，李愬得到情报，李祐正率领军士在兴桥栅抢收麦子。李愬顿时心生一计，命三百骑兵埋伏在距离麦地不远的林中，又命几名士兵到麦地中放火。正在刈麦的李祐远远望见几名官军在放火，大怒，以为官军是来破坏他收粮的。李祐素来轻视官军，又见官军人少，故仅仅带了数骑赶过来抓捕官军。没想到三百官军突然从林中冲出，李祐被生擒。

李祐曾斩杀无数官军，与官军的仇怨比丁士良还要深。官军将士请求李愬将李祐处以极刑。李愬却亲自为李祐松绑，待以客礼。自己罪大恶极，李愬却待之以礼，李祐十分动容，就归顺了朝廷，表示愿意将功补过。

李愬得到李祐后，本想趁热打铁，在雨季来临之前的五月实施偷袭蔡州的计划。但天公不作美，这一年的雨季来得早，雨又出奇的大，从五月至七月，洪水泛滥，李愬只能耐心等待。

元和十二年（817 年）五月二十六日，李愬做了尝试性进攻，派兵攻打朗山（今河南确山）。朗山距蔡州七八十里，是蔡州西南门户。淮西叛军顽强抵抗，官军初战不利。李愬下令撤军。众将认为初战不利也不至于退军，“皆怅恨”。李愬却欢然曰：“此吾计也。”众将不明就里，李愬却闭口不谈。

李愬信任李祐，常与其讨论军务至深夜。可官军将士们却疯传李祐是淮西的奸细，每天都有举报信放在李愬的帅案上。众口铄金，三人成虎，李愬虽然不信，但若传到朝廷，不一定会传成什么样子。李愬无奈，只好假意拘捕李祐，以堵众人之口。他对诸将说：“诸君即以（李）祐为疑，请令归死于天子。”让唐宪宗发落李祐。

李祐临行前，李愬知李祐委屈，流着泪对其说：“岂天不欲平此贼邪？何吾二人相知之深，而不能胜众口也！”

李祐的囚车消失在淮西大地上。李愬暗中派心腹飞奔长安，向唐宪宗密奏李祐的情况，并且说：“若杀（李）祐，则无以成功。”唐宪宗仍然选择信任李愬。他传旨赦免李祐，令其回李愬大营效力。

有了皇帝的诏命，众将再也无话可说。李愬以李祐为六院兵马使，将最精锐的三千士兵交给李祐指挥。为表示对李祐的信任，李愬还允许其带佩刀出入自己的寝帐，并与自己同眠。李祐更为感激，从此死心塌地为朝廷效力。

在此期间，李愬又在当地募集了敢死之士三千人，号为“突将”。李愬将这三千军马交给了另一位降将李忠义指挥，并朝夕亲自教习，将其作为偷袭蔡州的预备队。

元和十二年（817 年）九月二十八日，李愬率军进攻吴房（今河南遂平）。吴房距蔡州七十多里，是蔡州西北的军事重镇。李愬成功地攻下了外城，斩首千余级。叛军余众退守子城，坚守不出。李愬引兵撤退，淮西叛将孙献忠率五百骁骑追击。

官军大惊。李愬却翻身下马，就地坐在胡床之上，大令道：“敢退者斩！”率军反攻，官军大胜。孙献忠战死，淮西兵逃走。众人皆劝李愬乘胜反扑，一定能攻取吴房子城。李愬却摇头说：“非吾计也。”引兵还营。

不久后，唐宪宗派宰相裴度来淮西前线督军，驻扎在郾城。李愬将偷袭蔡州的计划报告给了裴度。裴度非常赞赏，鼓励李愬“兵非出奇不胜”，并令李光颜加紧攻势，一定要将淮西叛军的主力吸引在洄曲一带。

此时已经进入十月，天气一天凉似一天。官军、叛军皆认为天气条件已经不再适合作战，战争恐怕又要拖到来年了。

元和十二年（817 年）十月十五日，淮西大地阴云密布，一场大雪即将降临。李愬却突然升帐，命令李祐、李忠义率三千精锐的“六院兵马”为先锋，自己率兵马三千为中军，唐州刺史李进诚率三千兵马殿后，即刻点队出发，向东行进。将士们皆不知此行的目的地，李愬也不过多解释，仅说“但东行”！

行军约六十里，天色渐渐暗了下去，鹅毛大雪漫天飞舞。官军前哨已经到达张柴村（今河南遂平东南）。这里位于洄曲与蔡州之间，是洄曲与蔡州的信息联系枢纽，有由戍卒把守的烽火台负责传递烽火信号。官军突袭烽火台，杀尽戍卒，切断了叛军的联系。

稍做休整后，李愬留下五百人据守张柴村，又命丁士良率军五百，切断洄曲返回蔡州的诸道桥梁，避免叛军回师救援。自己亲率主力八千人继续冒雪向东急行军。众将一再询问行军的目的地，李愬这才吐口道：“入蔡州取吴元济。”“诸将皆失色”——监军太监甚至哭着说：“果落李祐奸计！”直到此时，大家还是不相信李祐。

时大风雪，旌旗冻裂，官军减员严重，人马冻死者相望于道。张柴村是过去三十年来，官军深入淮西腹地最远的区域。张柴村以东的道路官军从未走过，只能靠着李祐、李忠义等降将带路。官军人人自以为必死，但畏惧李愬，没人敢违抗军令。官军在雪中跋涉了七十里，至夜半，终于到达朝思暮想的蔡州城下。

此时，大雪下得更急了。官军已经三十年没有到过蔡州，今夜又天降大雪，叛军做梦也想不到官军会突然来到蔡州城下。李祐和李忠义带着人，手持锄头在城墙上开凿阶梯——当时的城墙都是土城，宋代以后包砖城墙才逐渐普及。

城上的守卒正在酣睡，完全没有发觉。官军先头部队登城后尽杀守卒，只留下打更人继续打更，以迷惑叛军。然后，先头部队悄悄地开启城门，城外的官军涌入城内。城中的叛军仍然没有发觉。

雄鸡一唱，天光放亮，雪花也不再飘落了，叛军这才发现官军。他们连忙禀报吴元济：“官军至矣！”吴元济根本不信。又有人报：“城陷矣！”吴元济更是不信，居然还在打趣：“此必洄曲子弟就吾求寒衣也。”这时突然听到了官军的军号声，吴元济这才开始恐惧，带着人登上牙城拒战，却为时已晚。

李愬率军猛攻，烧毁牙城南门。眼见牙城即将陷落，吴元济知插翅难逃，只好在城上请罪。吴元济被俘，蔡州光复。稍后，洄曲等各要塞、各栅的淮西将士二万余人相继投降。淮西遂平。

吴元济投降后，李愬传令不准再杀一人。吴元济以下淮西官吏一概继续任用，甚至连厨子、马夫都没有处理、调换一人。为了不惊扰百姓，李愬将入城的官军驻屯在马球场内。蔡州的民心、军心很快安定下来。

雪夜下蔡州，是中国古代最著名的突袭战战例之一。李愬也一战成名，由原先名不见经传的衙内公子哥一跃而成名将。胜利的欢喜之余，诸将对李愬的猝然成功感到疑惑，于是有了下面一番对话。众将问道：

始公败于朗山而不忧，胜于吴房而不取，冒大风甚雪而不止，孤军深入而不惧，然卒以成功，皆众人所不谕也，敢问其故？

李愬答道：

朗山不利，则贼轻我而不为备矣。取吴房，则其众奔蔡，并力固守，故存之以分其兵。风雪阴晦，则烽火不接，不知吾至。孤军深入，则人皆致死，战自倍矣。夫视远者不顾近，虑大者不计细，若矜小胜，恤小败，先自挠矣，何暇立功乎？

众皆叹服。“视远者不顾近，虑大者不计细”，有远大目标者，不可“矜小胜，恤小败”。这是李愬教给我们的智慧，同时也是唐宪宗留给我们的智慧。

司马光总结李愬的成功经验说：“俭于奉己而丰于待士，知贤不疑，见可能断，此其所以成功也。”这不仅是李愬袭取蔡州的成功经验，也是唐宪宗取得“元和中兴”局面的成功经验。但是，并非一个人懂得了其中的道理，就能够做好眼前的事情。

“俭于奉己而丰于待士”需要同自己的欲望相对抗，但只要下决心去做，还是可以用自己的意志来掌控的。要想做到“知贤不疑，见可能断”就很困难了。首先要准确地判断谁为“贤”，何为“可”。很多原本想有一番作为的皇帝，却无法判断所用之人是否“贤”，所做之事是否“可”。曾经的隋炀帝，后来的崇祯帝，不都是这么失败的吗？

即使是唐宪宗，也是屡屡犯错的。严绶、袁滋、高霞寓、韩弘、李道古，唐宪宗对他们的任用不能说有多明智。这些人“贤”乎？连续两次讨伐王承宗却无功而返，河北之役“可”乎？为什么唐宪宗没有失败，反而取得了成功？历史的偶然性是历史必然性的一部分。

第十章 重见天宝承平时

按剑看恒山

蔡州光复时，“八司马”之一的刘禹锡正在边远的连州（治所在今广东连州市）过着贬谪生活。刘禹锡，一生桀骜不驯。早在元和九年（814年），刘禹锡本已经奉召回京，结束了颠沛流离的贬谪生涯。但他却在次年三月，写作了《元和十年自朗州召至京戏赠看花诸君子》一诗，以“玄都观里桃千树，尽是刘郎去后栽”之句讽刺唐顺宗革新失败后得势的新贵，进而又遭贬谪。

然而，当刘禹锡听到“官军又取淮西贼”的捷报之后，也忍不住兴奋之情，欣然提笔一口气写下了《平蔡州》三首：

其一

蔡州城中众心死，妖星夜落照壕水。
汉家飞将下天来，马箠一挥门洞开。
贼徒崩腾望旗拜，有若群蛰惊春雷。
狂童面缚登槛车，太白天矫垂捷书。

相公从容来镇抚，常侍郊迎负文弩。

四人归业闾里间，小儿跳浪健儿舞。

其二

汝南晨鸡喔喔鸣，城头鼓角音和平。

路傍老人忆旧事，相与感激皆涕零。

老人收泣前致辞，官军入城人不知。

忽惊元和十二载，重见天宝承平时。

其三

九衢车马浑浑流，使臣来献淮西囚。

四夷闻风失匕箸，天子受贺登高楼。

妖童擢发不足数，血污城西一抔土。

南峰无火楚泽间，夜行不锁穆陵关。

策勋礼毕天下泰，猛士按剑看恒山。

蔡州光复后，李愬飞马请督战的宰相裴度入蔡州慰抚。在为裴度举行的盛大入城仪式上，李愬满身戎装出迎，跪拜在路左迎接裴度。正所谓“相公从容来镇抚，常侍郊迎负文弩”，相公指裴度，常侍指李愬。

李愬地位尊贵，又立下如此盖世奇功，裴度当然不肯受拜，赶快侧身躲避。李愬却说：“蔡人顽悖，不识上下之分数十年矣，愿公因而示之，使知朝廷之尊。”原来李愬对裴度如此谦恭逊让，是为了让蔡州军民见识朝廷的威仪。有感于李愬的良苦用心，裴度这才惶惶受拜。

李愬入城后秋毫无犯，让蔡州军民第一次领略到了王师的风采。裴度入城后，取消了吴氏政权诸如禁止人们私下往来、聚众宴饮、夜间点烛等一系列苛政，使蔡州军民感受到生活在大一统的太平社会中是什么滋味：“四人归业闾里间，小儿跳浪健儿舞。”

元和十二年（817 年）十月十八日，李愬将吴元济打入囚车，派人严密押送赴京。十一月初一，唐宪宗在大明宫兴安门举行隆重的献俘仪式。唐宪宗历数吴元济之罪，命令将吴元济游街示众后斩于独柳树下。“妖童擢发不足数，血污城西一抔土。”刘禹锡遂称吴元济为“妖童”，其死年已三十五矣。

那棵独柳树下之鬼又多了一个。其夜，吴元济的头颅被人盗走，下落不明，成为一桩悬案。吴元济之妻沈氏等女眷被没入掖庭，吴元济之子全部被杀，以绝吴氏后嗣，可见唐宪宗对吴元济之恨。但唐宪宗只斩了淮西将领中罪大恶极者七人，其他人一律予以赦免，至于淮西军民更是优待。

淮西之役自元和九年（814 年）十月始，至元和十二年（817 年）十月结束，历时整整三年。淮西仅有三州之地，虽说富庶，但毕竟被官军合围了三年。由于吴元济的铁腕统治，淮西虽能咬牙死挺，但经济早已崩溃。暗中支持吴元济的李师道曾经通过韩弘的防区向淮西送盐，但盐毕竟轻巧好运，而粮食却是很难输送进来的。士兵、百姓无粮，只能以菱芡、鱼鳖、鸟兽，甚至草根为食。

淮西军民是凭着对吴元济的畏惧和对朝廷的抵触坚持了三年。由于吴氏父子数代人几十年的虚假宣传，淮西军民对朝廷误解很深。比如吴少诚就曾恐吓军民，一旦朝廷攻取蔡州，军民的妻女都会被掳走充作婢妾。特别是淮西的年轻人，他们都是在吴氏父子统治下成长起来的，早已不认为自己是大唐的子民了。

鉴于此，唐宪宗接连发布《平吴元济诏》《平淮西大赦文》，反复阐明朝廷的政策。一是认为淮西官吏将士与吴元济共同反叛，但“皆非本心”，一律予以赦免。当然，根据三年来在战争中的死硬顽抗表现来看，大部分淮西官吏将士是与吴元济勠力同心的，不然也不可能把战争打成这个样子。但淮西已平，严苛制裁他们并没有任何实际的好处，反而会被成德、淄青等尚未归附的藩镇军阀利用，大肆宣传，让将士们拼死抵抗朝廷。

二是哀怜淮西百姓久经战火摧残，朝廷免除淮西租税两年，使淮西的经济能尽快恢复。这种做法一方面是为了兑现战争开始和进行中曾经对淮西百姓的承诺；另一方面，此时的淮西百姓食不果腹，即使朝廷想收取租税也很难收上来，与其等着淮西百姓抗税，还不如索性免掉租税，以争取淮西百姓对朝廷的认可与支持，让淮西百姓从此乐于重新做大唐的子民。

三是几十年来淮西镇屡屡作乱，为防止它东山再起，唐宪宗将淮西镇建制取消，将淮西三州划归给不同的藩镇。申州划归鄂岳观察使，光州划归淮南团练使，蔡州划归忠武节度使。“南峰无火楚泽间，夜行不锁穆陵关。”申州划归鄂岳观察使后，从此太平无事，申州与鄂岳之间的穆陵关自然就无用武之地了。

平定淮西是朝廷“以法度裁制藩镇”的最大胜利，唐宪宗十分得意。元和十二年（817 年）十二月，唐宪宗诏令当时最优秀的散文家、刑部侍郎韩愈撰写《平淮西碑》文。韩愈对于皇帝交办的这一任务高度重视，小心翼翼地构思、撰写、推敲了七十天，才在元和十三年（818 年）三月将碑文呈上。唐宪宗诏令在蔡州城南立碑，以歌功颂德，昭示后人。

蔡州原有吴少诚的政德碑，朝廷将此碑字迹磨去，重刻韩愈之文于其上。《平淮西碑》文是文学史上的名篇，但该文将平定淮西的功绩归结于宰相裴度，对李愬雪夜入蔡州之事记载不详，这引起了李愬麾下将士的不满。李愬部将石忠孝居然聚众将石碑拽倒。当地官吏来抓捕他，他又拒捕将一名吏卒打死。

对于这桩公案，李商隐曾在《韩碑》中加以记述：

碑高三丈字如斗，负以灵鳌蟠以螭。
句奇语重喻者少，谗之天子言其私。
长绳百尺拽碑倒，粗砂大石相磨治。

唐宪宗亲自审问石忠孝，石忠孝辩解说碑文不实，故而毁之。李愬之妻韦氏又入禁中，向表兄唐宪宗陈诉碑文不实。“帝亦重牾武臣心，诏斫其文，更命翰林学士段文昌为之。”最终，唐宪宗赦免了石忠孝，诏令翰林学士段文昌重撰碑文，并将原石碑上的韩愈旧文磨去，重刻段文昌的新碑文于其上。新碑文宣扬唐宪宗的文治武功和李愬的英勇善战，对裴度的作用则做了弱化处理，使唐宪宗和李愬都很满意。至此，这场风波才告平息。

在“元和中兴”的大背景下，立碑、磨碑、重新立碑虽然只是一件小事、一段插曲，但其背后的意义却很值得玩味。一个级别较低的武将只因不满碑文内容，就敢于将皇帝所立之碑拽倒，做出这种事的武将还隶属效忠朝廷的军队，他们尚且如此，那些割据藩镇的将领又当如何？

而出了这种事，皇帝不但不予以治罪，还要重新撰写符合“武臣心”的碑文。且不说原碑文内容是否属实，即使不实，在皇权强大的时期，重新立碑恐怕也是不可能的事。“韩碑事件”以小见大折射出朝廷权威在中唐之后的衰落。武臣藐视朝廷权威已是普遍现象，并非几个割据藩镇所特有。唐宪宗凭借个人的崇高威望尚且不能完全驾驭武臣，一旦他这样的中兴之主去世，新登大宝的皇帝若是碌碌无为之辈，统一局面将很快被打破，中兴事业将很快被断送。这是“元和中兴”的隐忧。

当时的皇帝和朝廷还沉浸在“四夷闻风失匕箸，天子受贺登高楼”的喜悦之中，至于隐忧那是身后之事了，当务之急是要收拾在淮西之战中一直在搞小动作的王承宗和李师道。

“忽惊元和十二载，重见天宝承平时。”对于中兴忽然间降临感到惊诧的，不仅有从天宝年走来的老人，还有王承宗和李师道那样不逊的藩镇。

“河北藩镇以淮西为上下也。”我们熟悉的王承宗和李师道，以至于幽州的刘总一直对淮西战局拭目以待，等着看这场恶战究竟谁输谁赢。战争的结果是他们最不想见到的。“申蔡平而河北震惊”，他们知道，唐宪宗“以法度裁制藩镇”的大斧马上就要挥向他们了。

当然，这其中两次以武力抗拒朝廷的成德镇节度使王承宗自然首当其冲，成为唐宪宗的征讨对象。

“策勋礼毕天下泰，猛士按剑看恒山。”唐代的恒山并非今天山西浑源的恒山，而是位于河北曲阳的古北岳恒山。唐代的恒山正在成德镇境内，“猛士按剑看恒山”不言自喻了。

元和十三年（818 年）正月初一，唐宪宗在含元殿举行盛大的新春朝贺典礼，并亲登丹凤楼，宣布大赦天下。摆出这样的威仪，正是要借平定淮西之士气一举荡平诸藩镇。此后，第三次对成德镇用兵被正式提上日程。

但是，正当唐宪宗使足力气抡起大斧的时候，王承宗突然向朝廷举起了白旗。王承宗是个识时务者。他清醒地意识到，朝廷第一次讨伐成德镇失利，是因为当时魏博镇尚未归服，朝廷在河北没有盟友；朝廷第二次讨伐成德镇失利，是因为有淮西战场分散官军兵力。如今两个条件都已不存在。“长安天子，魏府牙军”，天底下最厉害的人已经一起站在了王承宗的对立面，他不可能对付官军主力与魏博精兵的共同攻击。王承宗罪孽深重，曾两次使官军铩羽而归，一旦讨伐战争第三次打响，届时他将再无回旋余地，也再无退路可走。与其将来兵败，或传首于长安，或被斩于独柳树下，不如趁着现在战争尚未发动赶快投降朝廷。

王承宗在最紧要的关头作出了最正确的抉择，他派使者联络魏博节度使田弘正，希望田弘正能够替自己向长安方面表明请求归服的意愿。同时，为了得到朝廷的宽恕，王承宗提出了四个让步条件：其一，将儿子王知感、王知信及牙将石讯送入长安为人质；其二，依朝廷最初的要求，献出德州与棣州；其三，请朝廷向成德镇派遣官吏；其四，此后按时向朝廷上缴成德镇税赋。

唐宪宗与众臣经过多次磋商，最终同意赦免王承宗。毕竟国家经过多年战乱，王承宗的实力又不容小觑，与其劳民伤财地再打一仗，即使能够取得最终的胜利，也不如和平地解决成德镇问题。

元和十三年（818 年）四月，王承宗将两子及牙将石讯连同德州、棣州的图印一同送至长安。四月二十七日，唐宪宗正式发布《赦王承宗诏》，宣布赦免王承宗的以往罪行，恢复他被剥夺的所有职务和封爵。成德镇问题得到了暂时解决。

郓州兵变

成德镇节度使王承宗归服朝廷，唐宪宗削藩的下一个目标已经非常清晰，自然非淄青节度使李师道莫属了。

淄青镇即平卢镇。与魏博、成德等平定安史之乱之后出现的藩镇不同，平卢镇是唐朝最老牌的藩镇，早在唐玄宗时期就已经设立。天宝初年，分范阳节度使置平卢节度使，统辖河北省东部、辽宁省南部等地，治所在柳城（今辽宁朝阳），最初有兵三万七千五百人，马五千五百匹。平卢镇是朝廷控制东北边疆，制约契丹、奚族、渤海的战略重地，安禄山就曾任平卢节度使。

平卢镇辖区原本离中原很远。安史之乱后期，投靠朝廷的原安禄山部将侯希逸被拜为平卢节度使。侯希逸孤悬东北边陲，经常受到契丹、奚族和安史叛军的骚扰，迫于无奈率众南迁到今山东境内，在青州一带落脚。朝廷便将青、淄、齐、沂、密、海六州之地划给平卢节度使管辖，称为平卢淄青节度使。而平卢原来的辖区因过于边远，反而不再受重视，故平卢淄青节度使也简称为淄青节度使。

唐代宗永泰元年（765年），内弟李怀玉开罪了侯希逸，侯希逸要治其罪，李怀玉率军驱逐了侯希逸，自领平卢淄青节度使。后李怀玉获皇帝赐名李正己，经过几代经营，淄青镇辖有郓、兖、曹、濮、淄、青、齐、海、登、莱、沂、密十二州之地，治所设在郓州（今山东东平县）。

淮西平定后，唐宪宗派使者张宿到郓州游说李师道纳质割地，归顺朝廷。李师道回想自己杀害武元衡、举众乱东都等罪行，心中恐惧，知道若不归服，朝廷一定会发兵讨伐。如今朝廷派使者前来谈判，条件又不算苛刻，仅是输送人质、割削土地而已，没有逼迫自己入朝，李师道便答应了下来。

随后，唐宪宗要求李师道将沂、密、海三州献给朝廷，并令李师道长子入朝侍卫皇帝。李师道也乖乖地献上了沂、密、海三州的图印，并与朝廷约定了长子赴京的日期。一切看起来十分顺利，谁知道事情很快就横生出了枝节。

李师道虽然身为一镇诸侯，却没有什么主见，史称“师道识暗，政事皆决于群婢”。李师道好听妇人之言，他的长子是妻子魏氏所生，魏氏舍不得儿子去长安做人质，对朝廷的条件坚决反对。李师道有两个心腹的婢女，一个称为蒲大姊，一个称为袁七娘，二人被李师道引为谋主。这群妇人对李师道说:“自先司徒（即李正己）以来，有此十二州，奈何一日无苦而割之耶！今境内兵士数十万人，不献三州，不过发兵相加，可以力战，战不胜，乃议割地，未晚也。”

群婢的主张很简单，不能因为朝廷的只言片语就白白献上三州之地。不如和朝廷兵戎相见，较量一番。胜了自然保全了三州之地，若是败了，再退让割地也为时不晚。站在李师道的角度来讲，根据当时的实际情况来看，群婢所言不无道理。

当时，成德王承宗尚未归服朝廷，淄青可以与成德联合对抗朝廷，且成德是朝廷的第一打击目标，淄青尚有缓冲的余地。即使朝廷用兵，要想真的拿下淄青也绝非易事。

淄青不同于淮西。淮西地处中原腹地，四邻皆为朝廷所有，一旦遭到朝廷长期围困，淮西将陷入经济困顿。淄青占有整个山东半岛，拥有足够的战略纵深，三面环海，不可能陷入朝廷的包围。且淄青有渔盐之利，在经济上自给自足，即使陷入朝廷的长期包围，也可借海路与东北亚其他地区进行贸易，很难如淮西那样坐吃山空。

淮西境内平坦无险可依，而淄青处于海岱之间，丘陵沟壑纵横，有许多天然屏障。淮西仅有三州之地，辖区内人口较少，兵只六七万人；而淄青拥有十二州之地，辖区人口众多，有兵数十万人。

“淮西，三州尔，有裴度之谋，李光颜、李愬之将，然犹引天下之兵力，历岁而后定。”朝廷打淮西三州居然用了三年之久。若淄青十二州同仇敌忾，再引成德为外援，朝廷想靠武力解决淄青确实不易，这也是群婢敢于劝阻李师道不归服朝廷的底气。

当然除了为一己私利主战的群婢，淄青镇内部的主降势力也不容小觑。这些人往往是有家国情怀的文人，他们看待淄青问题并非完全为李师道一人考虑，而是希望尽早结束藩镇割据的局面，实现天下一统。其中以高沐、郭昈、李公度、贾直言、李英昙等人为代表。这些人力劝李师道不要与朝廷为敌，但李师道不听，最终高沐、李英昙被杀，郭昈、李公度、贾直言等人被拘捕入狱。

元和十三年（818 年）四月，李师道正式派使者通知朝廷，说自己虽然欲纳质割地，然而麾下将士不同意，强行归服，恐怕会引起兵变，希望暂缓。这是军阀惯用的借口，唐宪宗怎能不懂，至此和平劝降李师道的愿望宣告破灭。幸好此时王承宗已经归服，朝廷可专心专力地对付李师道。

自四月至七月，唐宪宗进行了一系列军事部署，在淄青镇的南、北、西、西南、西北五面拉网，围剿李师道。

唐宪宗以骁将李光颜为义成军节度使，负责对淄青镇的西线进攻，义成军节度使治所在滑州（今河南滑县），辖区在淄青镇以西；以李愬为武宁军节度使，负责对淄青镇的南线进攻，武宁军节度使治所在徐州，辖区在淄青镇以南；以郑权（后改任乌重胤）为横海军节度使，负责对淄青镇的北线进攻，横海军节度使治所在沧州（今河北沧州），辖区在淄青镇以北。此外还有宣武军节度使韩弘率军在淄青镇西南，魏博节度使田弘正率军在淄青镇西北。五路大军将淄青镇三面包围。

元和十三年（818 年）七月初三，唐宪宗正式发布《讨李师道诏》，历数李师道罪行，削夺其所有职爵，诏令宣武、魏博、义成、武宁、横海五军“节度兵马，分道并进，同力攻讨，相为犄角”。战争再次在中原大地铺展开来。

从七月至十二月，约半年的时间，官军几乎每战必胜，但遗憾的是都是小胜，不足以让李师道伤筋动骨。直到十二月，战事才有了进展。魏博节度使田弘正率军在东阿（今山东东阿西南）击溃淄青军三万余人，进而又在阳谷（今山东阳谷东北）再败淄青军五万余人。

东阿、阳谷两次大捷的意义并非击败淄青军八万军队那么简单。东阿、阳谷距离郓州不远，两次大捷使官军有了直捣李师道老巢的机会。李师道闻风丧胆，以至于“闻风动鸟飞，皆疑有变”。他禁止郓州人亲友之间的宴聚，甚至道路偶语者都要受刑，又征发百姓加固城防，因劳力不足，妇女都要充当苦役，以致民心大失。李师道对前线将领也产生了疑虑，特别是怀疑在阳谷前线奋战的都知兵马使刘悟，严厉催促其出战，引起了刘悟的极度不满。

十二月二十九日，田弘正将大捷中俘获的淄青都知兵马使夏侯澄等四十七名淄青将领作为新春贺礼送至京师。唐宪宗认为他们“附丽凶党，抗拒王师，国有常刑，悉合诛戮”。但是，念在他们“久居污俗，昔被胁从”，“情似可矜，朕不忍杀”。唐宪宗明确表示“罪止师道”，其他人一律不问，将俘虏“特从释放”，还将他们送回前线，如果他们肯投降朝廷，就留在军中效力；如果他们还想回到淄青，“情切归还者，仍量事优赏放去”。

这种宽宏的处理方法起到了分化瓦解淄青镇军队的作用，使淄青镇将士看到了朝廷的真诚，此后多有淄青镇将士倒戈投诚。淄青镇的恶性循环开始了。将士的倒戈引发了李师道对部属的更大疑心，尤其是对身处最前线的都知兵马使刘悟，李师道更是不放心。

为什么李师道对刘悟如此疑虑，其中的原因较为复杂。刘悟的祖父叫刘客奴，安史之乱以前，刘客奴就在平卢节度使吕知诲手下任职。后吕知诲跟随安禄山反叛朝廷，刘客奴便联合平卢诸将诛杀吕知诲归顺朝廷。唐玄宗任命刘客奴为平卢节度使，并赐名刘正臣。刘正臣率平卢军进攻范阳，被史思明击败。败回平卢后，刘正臣被安东都护王玄志毒杀。

刘悟的祖父本身就做过平卢节度使，又是朝廷忠烈，而后来李师道又公然反叛朝廷，刘悟与李师道的关系自然就十分微妙了。

与朝廷开战后，刘悟本人对部下的将士以及辖区的百姓、商人都较为宽厚，人称其为“刘父”。有人向李师道进言：“刘悟不修军法，专收众心，恐有他志，宜早图之。”“刘悟终为患，不如早除之。”李师道对刘悟的猜忌更重。

李师道密令行营兵马副使张暹斩刘悟首级来献，不想张暹与刘悟是密友，将此事告诉了刘悟。刘悟闻讯大怒，升帐召诸将议事，厉色道：“悟与公等不顾死亡以抗官军，诚无负于司空（指李师道）。今司空信谗言，来取悟首。悟死，诸公其次矣。且天子所欲诛者独司空一人。今军势日蹙，吾曹何为随之族灭！欲与诸公卷旗束甲，还入郓州，奉行天子之命，岂徒免危亡，富贵可图也。诸公以为何如？”

兵马使赵垂棘战战兢兢地问：“如此，事果济否？”怀疑的态度激怒了刘悟，他应声大骂：“汝与司空合谋邪？”将赵垂棘立斩。

刘悟遍问其将，稍有迟疑未表态者悉斩之，一口气杀了三十余人，陈尸于帐前。众将股栗，皆曰：“惟都头命，愿尽死！”于是，刘悟集合三军，对士卒许诺，攻入郓州后，每人赏钱百缗，州中逆党家财可以任意掠取，只要不抢劫军资军饷即可，若城中有仇人，可以任意报仇，不加阻拦。众心大悦，士卒皆饱食执兵，人衔枚，马缚口，趁夜行军，天未明，就赶到了郓州城下。

出发时，刘悟使人到田弘正大营密告自己已经归顺朝廷，要率军突袭郓州为国建功：“事成，当举烽相白。万一城中有备不能入，愿公引兵为助。”为了让田弘正相信，刘悟还让田弘正进占自己的大营。但田弘正还是担心有诈，不敢贸然进军，选择按兵不动观察动向，因而刘悟实际上是孤军突袭。

郓州毫无防备，刘悟引大军很快攻陷外城和子城，城中噪哗动地，只有牙城还在据守。刘悟率军纵火烧城，用大斧劈开牙城城门而入。军士们到处捕索李师道，最终在床下将李师道与其二子擒获。

刘悟并没有同李师道见面，而是命人对李师道说：“悟奉密诏送司空归阙，然司空亦何颜复见天子！”遂将三人斩首。

当天是元和十四年（819 年）二月初九。

沂州之屠

刘悟说自己奉了密诏来抓捕李师道，密诏当然是子虚乌有。然而，唐宪宗早有明诏，李师道犯上作乱，有淄青军将领能擒杀李师道者有重赏：“部将有能杀师道以众降者，师道官爵悉以与之。”刘悟又何必无中生有地弄个密诏出来？“司空亦何颜复见天子”，李师道确实无颜面见唐宪宗，但这话又为何要使人传达？至李师道死，刘悟也不肯见李师道，恐怕刘悟也没有颜面复见旧主。此时此刻，刘悟的心情是复杂的。

刘悟将李师道父子三人的首级送往田弘正的大营。田弘正并不认识李师道，疑首级非真，乃召被俘的夏侯澄辨识。夏侯澄一见李师道的头颅，顿时长号陨绝，竟抱起那颗头颅用舌头舔舐李师道眼中的尘垢，复又恸哭不止。田弘正这才确认眼前这颗头颅确实为李师道，同时他也为夏侯澄的忠义所动容。

李师道父子三人的首级被放在木函中传送至长安。李师道一死，淄青镇十二州皆望风而降。

平定淄青是唐宪宗"元和削藩"打的最后一场硬仗。至此，"元和削藩"已经基本取得了胜利。元和十四年（819 年）二月十六日，唐宪宗在大明宫宣政殿举行了盛大的受贺仪式。庆典过后，朝廷要肢解庞大的淄青镇。

从唐代宗永泰元年（765 年）算起，李氏已经在淄青镇割据了五十四年之久，传三代四任节度使。淄青镇对朝廷的离心力很大，李师道政权又是因内乱而猝亡，分裂的根基尚在，稍有不慎就会再度叛乱。为了防止此地再出乱子，肢解淄青镇势在必行。

但是，早在讨伐淄青之初，为了诱惑淄青镇官员将佐投诚反正，唐宪宗就曾许诺，"部将有能杀师道以众降者，师道官爵悉以与之"。也就是说，谁杀了李师道，谁就可以继任淄青节度使。如今，刘悟做到了，如何安排他是个棘手的问题。真的让刘悟接管淄青十二州？这与唐宪宗的削藩本意不符。出尔反尔？那朝廷信义何在。

特别是此时的刘悟甚至已经有了割据淄青的苗头。刘悟的祖父刘客奴本就是淄青节度使，刘悟是淄青宿将，在淄青根基颇深。此次刘悟又为朝廷立下不世之功，从哪方面来说，刘悟都觉得淄青必属自己，他"意谓尽得十二州之地"，"遂补署文武将佐，更易州县长吏"，已经开始擅自委派官吏了。刘悟得意扬扬地对心腹下属说："军府之政，一切循旧，自今但与诸公抱子弄孙，夫复何忧 。"

面对这种情形，唐宪宗也顾及不了许多，决不能让刘悟成为第二个李师道。唐宪宗必须要让刘悟离开淄青，对其另做安排。此时，距离刘悟最近且忠于朝廷的就是田弘正。唐宪宗秘密授意田弘正，令其观察、控制刘悟。

悟既平贼，大张饮军中，凡三日，设角抵戏，引魏博使至廷以为欢，悟盱衡攘臂助其决，坐中皆惮悟勇。

刘悟在军中豪饮，设摔角游戏助兴，还请了魏博的使者来参观。刘悟瞠目张臂欢呼，不亦乐乎。使者回去向田弘正报告，田弘正暗笑："郓士疲于战，疮者未起，悟当恤亡吊乏，慰士大夫心，奈何取快目前邪？吾奉诏按军，伺悟去就，今知其无能为也。"刘悟只知作乐，不知收买军心，不过是个头脑简单、有勇无谋之徒，不足为患。

田弘正向唐宪宗报告了这一情况。唐宪宗心里有了底，立即传诏，任命刘悟为义成军节度使，即刻赴任。刘悟大失所望，却也无可奈何，只好"狼狈上道"。义成军节度使又称郑滑节度使，治所在滑州，仅仅管辖滑州、郑州二州之地，且地处中原，四面皆有比邻的藩镇，远非淄青镇所能比。刘悟自此也就无所用事了。

解决了刘悟问题，唐宪宗"按图籍，视土地远迩，计士马众寡，校仓库虚实"，将淄青镇十二州一分为三，以郓州、曹州、濮州为一道，设节度使（即天平节度使）；以淄州、青州、齐州、登州、莱州为一道，设观察使；以兖州、海州、沂州、密州为一道，设观察使。对于原先驻防郓州的最精锐的淄青镇牙军，朝廷又将其一分为三，除了一部分留守郓州，另外两部分别换防至青州和沂州。

唐宪宗本以为这样的安排万无一失，没想到，还没到半年时间，正是换防到沂州的原郓州牙军又闹出了乱子。

淄青镇被一分为三后，唐宪宗任命王遂为沂、海、兖、密观察使。王遂并非武将，而是一个"钱谷吏"，对于唐宪宗来讲，他的政治价值是聚敛财赋。在朝廷征讨淮西镇时，唐宪宗用王遂为宣州刺史、宣歙观察使，他在任上为朝廷聚敛了大量财赋，保证了淮西之役的顺利进行。在征讨淄青时，王遂被任命为淄青行营诸军粮料使，负责官军的粮草供应。淄青之役结束时，王遂的粮仓里居然还剩余一百余万石粮食。既能敛财又能节省，这样的官吏皇帝哪能不喜欢。唐宪宗投桃报李，故才任其为沂、海、兖、密观察使。

但是，像王遂这样的官僚，他的所谓优势也是他的缺点：苛刻。不苛刻哪能聚敛，不苛刻哪能节省，这是可以想见的；这样的人不适合管理人心不稳定的地区，也是可以想见的。唐宪宗却忽略了这一点。

王遂上任后，只知大肆聚敛钱财，根本不知安抚人心。他以战胜者自居，对于李师道的旧部非打即骂，视之为“反虏”。在酷热的盛夏，他仍然驱使郓州来的牙军为他修造帅府。军士们每日疲惫不堪，憋了一肚子火气。

元和十四年（819 年）七月十五日，郓州军卒王弁与四个军中好友在沂水中洗澡。趁着水面和岸边无人，王弁同四人密谋：“今服役触罪亦死，奋命立事亦死，死于立事，不犹愈乎！明日，常侍（指王遂）与监军、副使有宴，军将皆在告，直兵多休息，吾属乘此际出其不意取之，可以万全。”四人皆以为然，并约定事成之后共推王弁为留后。

第二日中午，王遂正在与诸官员宴饮，王弁等五人突入，射杀副使张敦实，抓获王遂，惊走朝廷派驻的监军。王弁历数王遂之罪后将其斩首。王弁升厅号令，自称留后，众人莫敢不从。监军将兵变之事飞报朝廷。

面对这一突然变故，唐宪宗担心引起连锁反应，致使淄青镇旧地重新陷入动荡，因而没有采取军事镇压。他委派棣州刺史曹华率军赶赴沂州，宣布赦免王弁发动兵变的罪行，将其改任为开州（今重庆开州区）刺史。开州距离沂州很远，这样的调动显然暗藏玄机。王弁只是一名士卒，并无根基，更无威势，仅仅凭着胆大敢干才做出了如此大事。朝廷委任其为开州刺史，王弁也只能赴任，毫无讨价还价的资本。

王弁上路后，曹华率棣州兵进入沂州。他假意安抚将士，谎称朝廷对王遂被杀之事既往不咎。王遂被杀本来就是王弁等五人所为，同其他将士并无关系，大家也就相信了曹华的话。

待形势稳定后，曹华在府中设下埋伏，召集所有淄青镇旧部将士入府犒赏。郓州军士与沂州军士来了两千余人。曹华对大家说："天子以郓人有迁徙之劳，特加优给，宜令郓人处右，沂人处左。"

郓州军士与沂州军士按照曹华的命令迅速分为左右两队。曹华命沂州军士出府，随之关闭府门。随后，曹华带来的棣州兵一齐杀出，将手无寸铁的郓城将士一千二百余人全部屠杀。现场"门屏间赤雾高丈馀，久之方散"。已经赴任开州的王弁也在随后被杀。

司马光在《资治通鉴》中对沂州之屠极为不满：

作乱者五人耳，乃使曹华设诈，屠千馀人，不亦滥乎！然则自今士卒孰不猜其将帅，将帅何以令其士卒！上下盻盻，如寇仇聚处，得间则更相鱼肉，惟先发者为雄耳，祸乱何时而弭哉！惜夫！宪宗削平僭乱，几致治平，其美业所以不终，由苟徇近功，不敦大信故也。

唐宪宗削平僭乱，几乎使天下达到治平，却并没有挽救唐朝衰亡的命运。"美业所以不终"的原因是"苟徇近功，不敦大信"，是说唐宪宗太过于急功近利，而没有注意为朝廷确立信义。

比如此次沂州之屠，朝廷的本意是"以为师道余党凶态未除"，要对李师道的嫡系郓州牙军斩草除根，并以此震慑其他淄青镇旧部。但朝廷在做法上既卑劣又残忍，既使用了诈术又不问是非地无差别屠戮，虽然暂时震慑了淄青镇旧部，但人们只是敢怒不敢言而已，心中对朝廷非但没有敬服，反而更加敌视。加之唐宪宗之前在对待刘悟的问题上出尔反尔，暴露了朝廷的薄恩寡义。人们更加崇信武力、崇信诈术，以至于祸乱非但没有消弭，反而在唐宪宗这个强有力的极权人物消失之后愈演愈烈，最终将唐王朝吞噬。

九彻亏一篑

唐宪宗在经过艰苦卓绝的三年淮西之役后，又用了一年多的时间，降服成德、平定淄青，给了天下藩镇强烈的震撼。“自广德以来，垂六十年，藩镇跋扈河南、北三十余州，自除官吏，不供贡赋，至是尽遵朝廷约束。”那些平日里常怀不轨之心的藩镇，纷纷自谋出路。其中，宣武军节度使韩弘主动入朝归服，而幽州节度使刘总竟然去做了和尚。

韩弘自唐德宗贞元五年（799 年）接替舅舅刘玄佐任宣武军节度使以后，霸占汴州、陈州、许州凡二十余载，史称“镇大梁二十余载，四州征赋皆据为己有，未尝上供，有私钱百万贯，粟三百万斛，马七千匹，兵械称是”，俨然中原的土皇帝。他不但不纳贡赋，更是二十多年来从未入朝觐见。

汴州地处漕运之咽喉，相当于韩弘始终卡着朝廷的脖子。韩弘能让漕运货船正常通过，朝廷就已经求之不得，哪里还敢对其要求更多。更何况宣武镇“当两河贼之冲要”，北接河北诸藩镇，南连淮西镇，朝廷担心韩弘与其他藩镇联合反叛，更是不愿招惹。

讨吴元济时，唐宪宗任命韩弘为诸军统帅，韩弘却养寇自重、危国邀功。韩弘非但自己从没有去过前线，不对战局进行指挥，反而百般阻挠诸将进取。一旦听到前线捷报，韩弘居然数日不乐：“常不欲诸军立功，阴为逗挠之计，每闻献捷，辄数日不怡。”真不知韩弘是哪一方的统帅。

但天不遂韩弘之愿，李愬雪夜下蔡州，猛士按剑看恒山，刘悟倒反郓州城，短短一年多的时间三大藩镇皆平，韩弘再也坐不住了。韩弘本无反叛之心，只想在乱世中浑水摸鱼，将自己的利益最大化而已。如今，若再与朝廷对抗，哪怕是消极对抗，恐怕也不会再有什么好处。因此，韩弘迅速表明态度，主动申请入朝。

唐宪宗自然是乐得韩弘如此。就在沂州屠杀发生的元和十四年（819 年）七月，韩弘来到长安。觐见时，韩弘患有足疾行路不便，唐宪宗特令宦官下殿搀扶，对其表示了特殊的尊重。韩弘逗留长安期间，先后三次上表，请求辞去宣武军节度使职务，留在长安为官。唐宪宗更是乐得韩弘如此，下诏将韩弘夸赞了一番，委任其为中书令，以示荣宠。

韩弘归朝，天下藩镇不服王命者仅剩一个幽州镇的刘总。幽州镇是当年安禄山起家之地，北接草原大漠，加之安禄山、史思明的影响一直持续，人心不定。幽州镇与中原之间相隔多个藩镇，朝廷的势力一直不及此处。

在唐德宗“二帝四王之乱”时期，幽州节度史为朱滔，是“四王”的盟主。朱滔死后，将节度使的职位传给了表弟刘怦，幽州镇自此进入刘氏时代。刘怦死后，其子刘济继任，刘总是刘济的次子。刘总生性阴险，他得到节度使的过程很不光彩，先是毒杀了父亲刘济，随后假传父亲命令，杖毙长兄刘绲，遂领军务。

但自从担任节度使之后，刘总一直受着良心的谴责，经常见到父兄变作厉鬼作祟。刘总一度只敢在僧人聚集的道场休息，若入他室，就会见到鬼影。刘总只好在官署后院置僧数百人，日夜超度，乞恩谢罪。由此，他对佛教崇信更深。待到吴元济就擒，李师道枭首，王承宗归服，韩弘入朝，幽州镇所有的屏障全部消失，刘总四无党援，愈加诚惶诚恐，每日谋求自安之计。

渔阳军使谭忠趁机劝说刘总归顺朝廷：“凡天地数穷，合必离，离必合。河北与天下相离六十年矣，此亦数之穷也，必与天下复合。”他历数天下诸侯，凡是与朝廷对抗者，无不身死族灭。皇帝缩衣节食，重赏将士，志要一统天下，岂能独留幽州不取，不如早降。

刘总见大势如此，索性上疏，将幽州镇交给国家，自己也不入朝为官，而是剃度出家修行，以赎己罪。此时正赶上唐宪宗暴崩，长安易主，新即位的唐穆宗赐刘总号为“大觉师”。

那么，一代中兴之主唐宪宗是如何突然驾崩的呢？

在朝廷节节胜利的元和十四年（819 年），唐宪宗并没有意识到自己的身体有什么问题。随着藩镇一个接着一个被平定，唐宪宗开始进一步考虑如何在制度上消灭藩镇。这一年三月，横海节度使乌重胤上奏：

河朔藩镇所以能旅拒朝命六十余年者，由诸州县各置镇将领事，收刺史、县令之权，自作威福。向使刺史各得行其职，则虽有奸雄如安、史，必不能以一州独反也。臣所领德、棣、景三州，已举牒各还刺史职事，应在州兵并令刺史领之。

这一奏章所论述的问题很重要。节度使之所以尾大不掉、对抗朝廷，皆因他们手握重兵，掌握着辖区内所有州县的军权，可以调动数州的军队为己所用。乌重胤希望朝廷能够改变这一局面，将每一州县的军权交给州县的行政长官，而节度使只掌握其治所所在州的军权。这样一来节度使所掌握的军队少了，也就不敢反叛了，即使反叛也很容易被平灭。乌重胤以身作则，将自己所掌握的德州、棣州、景州三州的州兵交给各州刺史统领。

乌重胤的奏章受到了唐宪宗的重视和肯定。四月，唐宪宗颁布《支郡镇遏属刺史诏》，要求“诏诸道节度、都团练、都防御、经略等使所统支郡兵马，并令刺史领之”。平心而论，乌重胤的建议并非有什么出奇之处，如此稀释藩镇军阀兵权的法子并不难想到，但关键是能否真正做到。藩镇军阀哪一个是皇帝一纸诏令就乖乖听话的呢？政令的推行还是要有强大的军事力量做保障。若不是唐宪宗有先前接连平定诸藩镇的威势做基础，《支郡镇遏属刺史诏》根本就是一纸空文。

此时的唐宪宗正值四十一岁的壮年，相信有他坐镇长安，《支郡镇遏属刺史诏》会较为顺利地推行。假以时日，人们对于各州各县行政长官统兵习以为常，就会形成定制。可以想见，丧失了军权，节度使、都团练使、都防御使、经略使等军政财权一把抓的地方大员就会被架空，其他诸如人事权、财政权等其他权力就容易剥夺了。届时，唐宪宗再一纸诏令，将这些原本就是在安史之乱等非常时期设立的军事机构裁撤，藩镇就会被彻底消灭，地方行政秩序将会重新恢复到唐玄宗执政时期的样子。到那时，削藩大业才算真正完成。

但很可惜，《支郡镇遏属刺史诏》颁行不到一年，唐宪宗便撒手人寰。

即位的唐穆宗虽然在初期也想继续推行唐宪宗的政策，但因其个人年幼无知、昏庸不堪，导致宦官专权、奸佞当道，朝政日趋陷入混乱。藩镇势力趁机死灰复燃，唐朝中兴大业中断，此后再也没有机会重新崛起，国势江河日下，最终被藩镇所灭。藩镇军阀纷纷趁时自立，历史滑入五代十国的混乱时代。

造成这一悲剧的就是唐宪宗本人。

作为皇帝，最好的执政状态是依靠文人精英组成的自上而下、自内而外的政府治国理政，但唐宪宗所处的时代，却没有这样优越的政治条件。自中唐以后，朝廷陷入宦官专权、朋党之争、藩镇割据三大泥潭之中。宦官、朝臣、藩镇，是皇帝所依靠的力量，也是皇帝必须时刻提防的势力。唐宪宗须在三者间寻找平衡，使其相互制约，最终达到削平藩镇、遏制宦官、消除朋党的大治政局。

在唐宪宗眼中，藩镇的危害是显而易见的，他执政后的主要精力也倾注在对付藩镇上面。至于朋党，党同伐异者历代有之。早在唐代宗、唐德宗时期就已经出现了“宰相朋党，上负朝廷，杨炎为元载复仇，卢杞为刘晏报怨”的恶劣情况。两位著名的理财家刘晏与杨炎皆死于朋党之间的倾轧。

唐宪宗即位后对朝臣的动态时刻留意，担心出现朋党。非常不幸的是，中国历史上最严重的朋党问题“牛李党争”就在唐宪宗时期萌发了。

“牛”指牛僧孺，“李”指李德裕。二党之争源于唐宪宗元和三年（808年）的一次科举考试。当时，唐宪宗开贤良方正、直言极谏制科，希望应试者能直言朝政。时任伊阙尉的牛僧孺与进士李宗闵等人“皆指陈时政之失，无所避”，矛头指向了宰相李吉甫。

此事引起了李吉甫的嫉恨，他在唐宪宗面前泣诉考官与牛僧孺等人串通，唐宪宗信以为真，最终考官被贬，牛僧孺等人也久久不能升迁。此事引起众多朝臣的不满，如白居易就上疏：“牛僧孺等直言时事，恩奖登科，而更遭斥逐。”李吉甫也因此事难以在朝中立足，离开长安到淮南去做了节度使。李德裕是李吉甫之子，从此他与牛僧孺、李宗闵、白居易等人结怨，二党自此时起相恶相杀，缠斗了四五十年。

唐宪宗对于朋党之争的萌发有所了解，曾经警惕地问宰相李绛："人言外间朋党大盛，何也？"

李绛却不承认朝中有朋党存在，认为所谓朋党云云只不过是"小人"的中伤："自古人君所甚恶者，莫若人臣为朋党，故小人谮君子者必曰朋党。何则？朋党言之则可恶，寻之则无迹故也。东汉之末，凡天下贤人君子，宦官皆谓之党人而禁锢之，遂以亡国，此皆小人欲害善人之言，愿陛下深察之！"

李绛所讲的污蔑朝臣中存在朋党的"小人"是指宦官群体。很明显，李绛对朝廷即将燃起朋党之争的苗头估计不足。他根据东汉末年的历史经验，将此时已实实在在萌发的朋党，比作汉末党锢之祸时宦官所污蔑的实际上并不存在的朋党。这是李绛站在朝臣的立场上，戴着有色眼镜得出的偏颇的结论。

唐宪宗当初是借助宦官的力量打击革新派朝臣而上位的，即位后虽然要利用朝臣为自己的政治抱负服务，但始终与朝臣有所隔阂，与宦官有着特殊亲近的关系，甚至很多重大任务都委派宦官去做，"不使耆臣宿将而专付中臣"。

这种做法使得宦官权势膨胀，引起了朝臣的极度不满，加深了宦官主导的"北司"与朝臣主导的"南衙"之间的对立。这种对立，最终演化成唐文宗时期震惊朝野的"甘露之变"。

李绛站在朝臣的立场上曾经多次上疏，指出宦官干预政事的危害，认为宦官群体是刑余之人，又非儒生士人，只懂得贪恋权利，不知家国大义，"此属大抵不知仁义，不分枉直，惟利是嗜"，因而自古宦官败国者不胜枚举。

但唐宪宗对此却不以为意，他极度自信，认为宦官不过是自己豢养的一群奴才，自己对他们完全可以掌控："此家奴耳，向以其驱使之久，故假以恩私。若有违犯，朕去之轻如一毛耳。"对于李绛提出的宦官进谗言的问题，唐宪宗更是认为，即使有宦官敢于进谗言，自己也有明辨是非的能力："此属安敢为谗，就使为之，朕亦不听。"

但是，唐宪宗最终就是死在了这群家奴的手里。

第十二章 衰也忽焉

迎佛骨 食仙丹

随着中兴事业取得巨大的成功和自己年龄的增长，唐宪宗将关注点更多地转向自己的身体，希望能够延年益寿乃至长生不老。希冀长生是历代帝王的通病，或者说并非只是帝王的通病，绝大多数人都有延年益寿甚至长生不老的幻想，只不过帝王有能力大张旗鼓地去探寻方式方法罢了。唐宪宗同那些著名的先辈秦始皇、汉武帝、唐太宗一样，也幻想能够成为真正的“万岁”，他将自己长生的梦想寄托于佛教与道教上。

元和十三年（818 年）二月，专门负责佛教事务的官员向唐宪宗上言称，京西凤翔法门寺的宝塔地宫内有一节佛陀指骨舍利，迎奉佛骨可祈福增祥。地宫每三十年开启一次，上一次地宫开启的时间是唐德宗贞元六年（790 年），至明年元和十四年（819 年），将满三十年之期，恳请皇帝迎接法门寺佛陀指骨舍利供奉。

唐宪宗准奏，决定于元和十三年（818 年）十二月底，派使者率禁军赴凤翔法门寺迎接、护送佛骨入京。佛骨在皇宫供养三天，然后护送至长安各佛寺供僧俗信徒供养礼拜。

就在朝廷上下一派喜气洋洋，筹备迎请佛骨之时，“不和谐”的声音出现了。韩愈上疏坚决反对迎奉佛骨入京，他认为：“佛本夷狄之人，与中国言语不通，衣服殊制；口不言先王之法言，身不服先王之法服；不知君臣之义，父子之情……其身死已久，枯朽之骨，凶秽之馀，岂宜令入宫禁？”并建议：“乞以此骨付之有司，投诸水火，永绝根本，断天下之疑，绝后代之惑。”文中还列举了大量事实表明信奉佛陀并不能祈福增祥，“事佛求福，乃更得祸。由此观之，佛不足事”。并且以大无畏的精神向佛陀发起挑战：“佛如有灵，能作祸祟，凡有殃咎，宜加臣身。”

这篇表章即著名的《谏迎佛骨表》。唐宪宗览表大怒，将《谏迎佛骨表》出示群臣，表示要将韩愈斩首。唐宪宗本是个乐于纳谏的皇帝，即使不接受大臣的谏言，一般也不会加罪于大臣。即使有时动怒要责罚大臣，也不过是贬官而已。这一次面对《谏迎佛骨表》，唐宪宗居然要对韩愈处以极刑，是韩愈对佛教的坚决反对和对佛陀的轻蔑态度触怒了皇帝吗？

并非如此。唐宪宗直言：“韩愈言我奉佛太过，我犹为容之。至谓东汉奉佛之后，帝王咸致夭促，何言之乖剌也！愈为人臣，敢尔狂妄，固不可赦。”韩愈认为皇帝奉佛会导致“夭促”也就是短寿，触怒了唐宪宗。

后经裴度等大臣多方营救，冷静下来的唐宪宗也觉得因言而杀人，有失自己虚心纳谏的明君风范，遂免韩愈死罪，改贬为潮州（治所在今广东潮州）刺史。当时，潮州偏远溽热多瘴疠，全州户口数只有一千九百五十，还不及中原一小邑。韩愈到了这里叫苦不迭，马上上表认错，“臣以狂妄戆愚，不识礼度，上表陈佛骨事，言涉不敬，正名定罪，万死犹轻”，但“臣言虽可罪，心亦无他”。言下之意，自己并没有诅咒皇帝短寿的意思，希望皇帝能够赦免自己。

唐宪宗接表，对群臣说：“昨得韩愈到潮州表，因思其所谏佛骨事，大是爱我，我岂不知？然愈为人臣，不当言人主事佛乃年促也。”

唐宪宗仍然对韩愈表章中影射自己有可能“年促”的事耿耿于怀。最终，唐宪宗也没有将韩愈召回朝廷，而是改授其为袁州（治所在今江西宜春袁州区）刺史，算是给了韩愈一些面子。

韩愈是古代重要的思想家。在宋明理学大儒眼中，孔孟之下，便是韩愈，呼其为“韩子”。他的思想历来受到重视。因《谏迎佛骨表》振聋发聩的言论，今人多认为韩愈是古代为数不多的具有朴素无神论思想的士大夫之一，不过这样的论断值得商榷。

韩愈虽然反对崇佛佞佛，但并不认为世上无神。他反对佛教的主要原因有两点：一是佛教并非中国本土宗教即“夫佛本夷狄之人”，“伏以佛者，夷狄之法耳”，信奉夷狄的宗教只能“伤风败俗，传笑四方”。由此来看，韩愈的思想并非进步，反而是一种保守。二是佛教并无验证。汉代王充说：“言之有头足，故人信其说；明事以验证，故人然其文。”韩愈不信佛教也是这个意思。他说：“汉明帝时，始有佛法，明帝在位，总十八年耳，其后乱亡相继、运祚不长。宋、齐、梁、陈、元魏以下，事佛渐谨，年代尤促。”佛教并不能保佑信奉它的人。韩愈甚至举出梁武帝的例子。梁武帝在位期间三次舍身同泰寺，自己平时“昼日一食，止于菜果”，祭祀祖先时“不用牲牢”，如此虔诚却落得国破家亡，这如何解释？因此“佛不足事”。

韩愈不信佛，但他却相信中国固有的鬼神。韩愈被贬到潮州后，潮州“淫雨将为人灾”，阴雨不断，发展为涝灾。韩愈“奔走公告，乞晴于尔神明”，他祈天祭雨，希望天能转晴，并一连写了五首《祭神文》。在文中，韩愈哀求“神其降鉴”“神其尚飨”“神其享之”，希望神能够体察他的一片赤诚，享用他的供奉，并声明“惟神之恩，夙夜不敢忘怠”。

韩愈不但信神祭神，自己也服用“仙药”，并因此丧命。韩愈去世后，白居易在一个闲暇之日思念已经“零落归下泉”的老友，最先想到了韩愈，作《思旧》诗云：“退之服硫黄，一病讫不痊。”“退之”是韩愈的字。一面“谏佛”，一面“祭神”，一面高呼“佛如有灵，能作祸祟，凡有殃咎，宜加臣身”，一面服用“仙药”以求长生，这才是真实的韩愈吧。

中国人多务实，佛教打坐念经，言可祈福增祥，但毕竟看不见摸不着，不如道教画符、炼丹来得实在。唐宪宗为求长生，除了迎奉佛骨，也少不了祭神、服药这一套。

元和五年（810年）八月，唐宪宗曾经问群臣："神仙之事信乎？"宰相李藩对曰："神仙之说，出于道家；所宗《老子》五千文为本。《老子》指归，与经无异。后代好怪之流，假托老子神仙之说。故秦始皇遣方士载男女入海求仙，汉武帝嫁女与方士求不死药，二主受惑，卒无所得。"

所谓"丹药"，多含汞、铅、硫、砷等剧毒物质，人食用后非但不能延年益寿或长生不老，反而会使人速死。李藩甚至还引用唐太宗服药暴毙的例子告诫唐宪宗，千万不要服饵丹药：

贞观末年，有胡僧自天竺至中国，自言能治长生之药。文皇帝颇信待之。数年药成，文皇帝因试服之，遂致暴疾。及大渐之际，群臣知之，遂欲戮胡僧，虑为外夷所笑而止。载在国史，实为至诫。古人云"服食求神仙，多为药所误。"诚哉是言也。

李藩鼓励唐宪宗将心思用在治国理政上，天道酬勤，只要积累功德，自然可以长寿："君人者，但务求理，四海乐推，社稷延永，自然长年也。"唐宪宗深以为然。

此后数年，削藩战事吃紧，唐宪宗无暇顾及养生求仙。直到淮西之役结束，削藩战争中最难啃的骨头被啃掉了，唐宪宗才又注意起了"神仙之事"，诏天下访求方士。奸佞之人趁机而入，魅惑唐宪宗沉溺于方术。

原淮鄂岳观察使、淮西之役官军的南线总指挥李道古在任上以贪暴闻名，攻打申州时损兵折将。入朝后，唐宪宗任其为宗正卿。李道古惧怕获罪，日夜思忖如何讨取皇帝的欢心。得知皇帝正在遍访方士，他通过宰相皇甫镈，向唐宪宗推荐了方士柳泌、僧人大通、凤翔人田佐元、韦山甫等骗子。

"一粒硫黄入贵门，寝堂深处问玄言。"这些人凭着丹药骗术居然都进了翰林院，成了翰林供奉。比如柳泌，原名杨仁昼，是个江湖郎中，懂得些道术和医术，便妄称能合成长生之药。唐宪宗诏柳泌居住在兴唐观中炼药。柳泌自然是炼不出来长生之药的，于是他又谎称是因为没有灵草才不能炼出仙丹。

唐宪宗问他哪里才有灵草，柳泌对唐宪宗说：“天台山神仙所聚，多灵草，臣虽知之，力不能致，诚得为彼长吏，庶几可求。”唐宪宗被这样的鬼话所蒙蔽，居然任柳泌为台州（治所在今浙江天台）刺史，并赏赐他穿着金紫朝服，命他到台州的天台山采集灵草。

台州是东南大州，人口数十万，哪能将一方百姓交给一个来路不明的方士，有谏官实在看不过去，上奏制止：“人主喜方士，未有使之临民赋政者。”唐宪宗却不高兴了，说：“烦一州之力而能为人主致长生，臣子亦何爱焉！”由是群臣莫敢言。柳泌至台州后，驱使吏民上山采药，用了一年多的时间，终无所获。

柳泌畏罪，率家人逃往深山避祸。浙东观察使将柳泌拘捕，解往京师。李道古、皇甫镈却为柳泌辩解开脱。唐宪宗竟将其释放，仍然鼓励他炼丹合药。真是一误再误。柳泌终于炼成了所谓的灵丹妙药。唐宪宗服了仙药，却愈加躁渴，已经有了中毒的症状。

见到这种情况，起居舍人裴潾斗胆进言：“如果天下真的有神仙，必然隐居在深山之中，不愿与世俗人见面，凡是进出权贵之门，以奇技淫巧惊众取宠者，不过都是一些追名逐利的小人罢了，怎么可能有真的神仙呢？又怎么能听信他们的歪理邪说而随便服用丹药呢？丹药酷烈有毒，经常食用，人的五脏必不能承受，一定会损害身体。古代君王服用药物，做臣子的必要先尝，请陛下让那些献药的方士自己先服用所献之药一年，则真伪自辨。”

什么是真正的良药？这样的逆耳之言才是良药。但是，唐宪宗仍然执迷不悟，居然将裴潾贬为江陵令。此事发生在元和十四年（819 年）十一月。约过了两个月，元和十五年（820 年）正月二十七日，唐宪宗便突然驾崩了。此时唐宪宗还不满四十三岁，春秋鼎盛，之前从未传出过身患重症的消息。皇帝的暴崩使举国震惊。唐宪宗的真正死因是什么，也成为中晚唐最大的政治疑案。

唐宪宗的死因最初官方给出的统一口径是“药发”，也就是吃了柳泌等术士合炼的丹药之后中毒身亡。

在元和十四年（819 年）十一月之后，唐宪宗确实出现了重金属中毒的症状，以至于一病不起，甚至取消了元和十五年（820 年）正月初一的新春朝贺庆典。

几天后，义成军节度使刘悟入朝觐见。因刘悟在平定淄青镇的战争中立有不世之功，唐宪宗勉强支撑病体，亲自召见了他。在这段时间里，唐宪宗多次因身体原因停止朝议活动，京师已知皇帝近来身体抱恙，却从没想到会病至一命呜呼的地步。

唐宪宗暴崩后，时年二十六岁的太子李恒即位，是为唐穆宗。唐穆宗下诏："山人柳泌轻怀左道，上惑先朝"，"僧大通医方不精，药术皆妄"。这些人"俱是奸邪"，"人神所宜共弃，付京兆府决杖处死"。唐穆宗将方士柳泌和僧人大通杖杀，其余方士全部流放。而给唐宪宗介绍方士的宰相皇甫镈被贬为崖州司户，宗正卿李道古被贬为循州（今广东惠州）司马。

这些做法更使人认为唐宪宗是死于丹药中毒。但紧接着两位重量级人物之死，却不免让人心生狐疑……

门族华盛

唐穆宗命神策军右军中尉宦官梁守谦诛杀了唐宪宗次子、自己的哥哥澧王李恽和神策军左军中尉吐突承璀。这两个人同唐宪宗服饵丹药毫无关系，为什么也会身遭劫难呢？

关于这个问题的答案，司马光在《资治通鉴》中写道：

左军中尉吐突承璀谋立澧王恽为太子，上不许。及上寝疾，承璀谋尚未息。太子闻而忧之，密遣人问计于司农卿郭钊。钊曰："殿下但尽孝谨以俟之，勿恤其他。"钊，太子之舅也。上服金丹，多躁怒，左右宦官往往获罪，有死者，人人自危。庚子，暴崩于中和殿。时人皆言内常侍陈弘志弑逆，其党类讳之，不敢讨贼，但云药发，外人莫能明也。

原来是吐突承璀谋立澧王李恽为太子，太子李恒惧怕失位，问计于司农卿郭钊。郭钊让太子隐忍不发，但尽孝道。唐宪宗因服用丹药，时常躁怒，左右宦官动辄得咎，人人自危。宦官陈弘志铤而走险，弑杀唐宪宗。

吐突承璀为什么要谋立澧王李恽为太子？太子李恒与郭钊是否真的毫无所为，只是等待而已？陈弘志弑君是为自保而自发的反抗行为还是有人唆使？既然当时都“外人莫能明也”，那二百年后的司马光又是如何知道详情的？

一切还要从二十七年前，唐宪宗李纯（当时名李淳）十六岁时说起。当时是唐德宗贞元九年（793 年），李纯还只是皇长孙，爵位为广陵郡王。这一年，一个纪姓宫女为尚未结婚的广陵郡王李纯诞下一子，取名李宁。母亲地位低微，李宁虽然是广陵郡王长子，当时皇帝唐德宗的长重孙，却只是庶出。李宁的出生也提醒着唐德宗，自己的孙子李纯已经成人，需要正式娶一位王妃了。那个纪姓宫女自然没有资格，皇长孙的王妃必须是高门世家的千金。

也就在同一年的十二月，唐德宗为李纯选中了驸马都尉郭暧之女郭氏为王妃。郭暧是郭子仪之子。郭暧之妻是唐代宗的女儿升平公主。这位郭氏王妃正是郭暧与升平公主所生，身兼皇家与名臣血统，地位不可谓不高贵。当然，在辈分上郭氏是唐代宗的外孙女，比李纯长一辈，李纯应称妻子一声表姑。

不久，李纯又与另一位没有记载姓氏的宫女生下了次子李恽。贞元十一年（795 年），李纯与正妃郭氏生下第三子李恒（当时名为李宥，后改名李恒）。在此后的多年中，李纯又与多名宫女、嫔妃生有十七子。

李纯即位为唐宪宗后，册封长子李宁为邓王、次子李恽为澧王、三子李宥为遂王。郭妃却出人意料地没有被立为皇后，而仅仅被册封为贵妃。六宫之主的宝座虚位无人。唐宪宗为什么不立皇后呢？《新唐书》给出的理由是：“群臣三请立为后，帝以岁子午忌，又是时后廷多嬖艳，恐后（指郭贵妃）得尊位，钳掣不得肆，故章报闻罢。”唐宪宗在后宫多有宠爱的嫔妃，不愿受皇后的钳制，索性不立皇后。

后宫宠妃多的情况在历史上并不新鲜，难道因为宠妃多就不立皇后吗？《旧唐书》给出的理由大体相似："帝后庭多私爱，以后（指郭贵妃）门族华盛，虑正位之后，不容嬖幸。"这里多了一句话，"后门族华盛"。

这句话很重要，唐宪宗担心的是郭氏娘家势力太大。但唐宪宗担心的是郭氏娘家势力太大，郭氏做了皇后之后"不容嬖幸"吗？用这样的理由来解释唐宪宗这样一位有作为的皇帝的政治抉择，恐怕有些小气了。唐宪宗真正担心的是郭氏"门族华盛"，如果再有皇后身份的加持，恐怕会引起外戚专权。

说到这里，就要聊聊郭家了。在藩镇割据、武人称雄的大背景下，作为中兴第一功臣的名将郭子仪及其家族在政界、军界影响巨大，关系网盘根错节。郭子仪门生故吏遍天下，数十名有名的将军出自他的朔方军，都是他亲手栽培起来的。对待这些名将，郭子仪"颐指进退，如仆隶焉。幕府之盛，近代无比"。

郭子仪家族本身来讲也是人丁兴旺。《新唐书》称郭子仪"八子七婿，皆贵显朝廷"，郭暧只是郭子仪的第六子。郭暧又有四子二女，他的其他兄弟也有很多子孙，他们共同组成了显赫的郭氏家族。郭氏家族"岁入官俸二十四万贯，私利不在焉"，即每年的俸禄就有二十四万贯，还不算拥有的田庄土地等资产所获得的利润。

二十四万贯是什么概念呢？前文讲过刘晏改革榷盐法之后，全国的税赋收入大约一千二百万缗。古时将一千文钱穿成一串，称一贯或一缗。也就是说，当时国家要拿出全年税收的五十分之一为郭氏家族发工资。

还不要说郭氏家族的子弟姻亲有多少吃国家俸禄的官员，连郭家的马都有"编制"，数量竟达五百匹。郭子仪自己曾说："吾马食官粟者五百匹，官饩者一千人。"可见这是一个怎样的家族。

著名的传统戏曲《打金枝》讲的就是唐代宗、郭子仪、郭暧、升平公主这一家子的故事。剧情梗概是郭子仪六十大寿时，七子八婿皆来祝寿。众子女携眷属依次拜寿。郭暧之妻升平公主仗着自己公主的身份不去拜寿。郭暧自觉汗颜，恼羞成怒，打了金枝玉叶的公主。公主进宫向父皇哭诉，郭子仪绑着郭暧上殿请罪。唐代宗认为事情的起因是自己的女儿娇生惯养有失孝道，非但没责罚郭暧，反而重重封赏了女婿。

百姓看戏，看的是家长里短，得到的启发是女人要嫁鸡随鸡，嫁狗随狗，即使你是帝王家的公主，也要孝敬公婆，而不关心故事背后隐藏着的凶险残酷的政治角逐。

《打金枝》有史实可依，《资治通鉴》载：

郭暧尝与升平公主争言，暧曰："汝倚乃父为天子邪？我父薄天子不为！"公主恚，奔车奏之。上曰："此非汝所知。彼诚如是，使彼欲为天子，天下岂汝家所有邪？"慰谕令归。子仪闻之，囚暧，入待罪。上曰："鄙谚有之：'不痴不聋，不作家翁。'儿女子闺房之言，何足听也！"子仪归，杖暧数十。

郭暧并没有家暴公主，仅是"与升平公主争言"，说了几句气话。但这几句气话说得可不得了。郭暧说天子有什么了不起，我父亲都不屑于做天子。升平公主到父亲面前打了小报告。唐代宗却说：女儿你有所不知，郭子仪他要想当天子，天下就不是咱们家的了。

唐代宗还以谚语"不痴不聋，不作家翁"自我安慰。就唐代宗来讲，岂止"不痴不聋，不作家翁"，甚至要"不痴不聋，不作皇帝"。对待郭子仪这样的臣子，唐代宗只能睁一只眼闭一只眼。他的儿子唐德宗不是一认真就险些丢了江山嘛。

将公主下嫁功臣名将子弟，是中唐以后唐王室维持政权稳固的一个重要手段。其实从某种意义上来说，已经有了"和亲"的味道。前文在讲田承嗣割据时曾经提到，唐代宗将永乐公主嫁给了田承嗣之子田华，"冀以结固其心，庶其悛革"。而田承嗣"生于朔野，志性凶逆，每王人慰安，言词不逊"，根本不把皇帝放在眼里。后来，永乐公主去世，唐代宗又将新都公主嫁给田华，以维持对田家的笼络。

就是这样一个“王人慰安，言词不逊”的军阀，对待郭子仪的态度又是怎么样的呢？《新唐书》载：

田承嗣傲狠不轨，子仪尝遣使至魏，承嗣西望拜，指其膝谓使者曰：“兹膝不屈于人久矣，今为公拜。”

见到郭子仪的使者，田承嗣收起了他的傲慢，屈膝下拜。这就是郭子仪的影响力，也是郭暧敢于说“我父薄天子不为”的原因。《打金枝》又名《满床笏》，因郭子仪的七子八婿都是高官，手中皆持笏板。众人来拜寿时笏板摆满了一床，故有此名，借言郭家满门的显贵。

唐宪宗毕生致力于重拾皇权，他不得不考虑郭氏家族本来就已经“皆贵显朝廷”，一旦再有了皇后家族的身份，对皇权的潜在威胁有多大。“天下岂汝家所有邪？”这样的警问始终回荡在唐宪宗的脑海，因而他不愿立郭氏为后。当然，唐宪宗也不敢立其他女人为后，只能终生不立皇后。

皇后可以不立，太子却不能不立。可以想见，为杜绝母以子贵，唐宪宗绝不想立郭氏所生之子为太子。在唐宪宗诸子中，邓王李宁居长，只有他才有些许资格同嫡子遂王李恒抗衡。况且李宁的母亲纪美人毫无家族背景，这是唐宪宗颇为满意的地方。

当然，在立嫡不立庶的原则下，唐宪宗要想立李宁也是非常困难的。经过一番激烈的斗争，元和四年（809 年）十二月，唐宪宗正式立长子李宁为太子。按正常情况来讲，皇帝即位之后不久就要册立太子，而唐宪宗却在即位五年之后才立太子，其中的曲折是显而易见的。

但是，两年之后，唐宪宗的努力却付之东流。元和六年（811 年）十二月，十九岁的李宁因病去世。唐宪宗备受打击，一连辍朝十三天。唐宪宗所受的打击，并非完全在于丧子之痛。更重要的是，原本尘埃落定的储位之争又要甚嚣尘上了。长子已死，这一次，唐宪宗还有什么理由不立遂王李恒为太子呢？

“宪宗以澧王居长，又多内助，将建储贰。”唐宪宗认为长子去世以后，次子便是长子，因而执意要立澧王李恽为太子。这里所讲的澧王“多内助”，主要是指大宦官吐突承璀对澧王的支持。“承璀独排群议，属澧王，欲以威权自树。”吐突承璀懂得唐宪宗的心思，又想在没有背景的澧王那里取得拥立之功，因而大力支持澧王。

这下子朝官们不干了。李绛、白居易、崔群等人坚决反对皇帝听从宦官的主张立庶子为太子。最终，唐宪宗败下阵来，只能屈从于礼法和朝官，于元和七年（812 年）七月立遂王李恒为太子。

这时我们再回头来看《资治通鉴》上关于唐宪宗暴崩的记述就很清晰了。在唐宪宗服丹药致病的时候，吐突承璀仍然想废掉太子李恒，另立澧王李恽。太子李恒得到这一消息，密遣人问计于舅父郭钊。

在《旧唐书·郭子仪传》后，附有郭暧及其子郭钊的传记，证明郭钊是郭家第三代的代表人物，是太子李恒的主心骨。郭钊嘱咐太子什么都不要参与，只要尽孝就可以了。随后就发生了陈弘志弑君之事。

那么是不是郭贵妃、郭钊甚至太子李恒在幕后指使陈弘志杀害了唐宪宗呢？因为这起大案在会昌六年（846 年）唐宣宗即位之后又引起了轩然大波，对于这个问题的答案要等到讲唐宣宗时才能再做讨论。

“长庆销兵”

从元和十五年（820 年）唐宪宗去世到会昌六年（846 年）唐宣宗即位，短短二十六年间，唐朝先后经历了唐穆宗、唐敬宗、唐文宗、唐武宗四位皇帝。由于种种原因，唐宪宗的中兴大业没能继续下去，唐朝的国势每况愈下。唐宣宗即位之后虽试图挽回局面，亦是无力回天。唐宣宗之后，唐朝又经历了唐懿宗、唐僖宗的“昏庸相继”，最终在唐僖宗时期爆发了席卷全国的大起义，令唐朝滑向了覆亡的泥潭。

唐穆宗即位之初，唐宪宗的中兴大业仍在靠着惯性继续进展。宰相萧俛、段文昌等人认为此时“两河廓定，四鄙无虞”，“时已治矣，不宜黩武，劝穆宗休兵偃武”。当时四海承平，国家不需要那么多军队，应该裁汰冗员。

“上方荒宴，不以国事为意，遂可其奏。”唐穆宗宴游无度，对国事根本不上心，胡乱地听从他们的主张，开展了一场“销兵”运动。

所谓“销兵”其实就是裁军，具体操作方法是“天下军镇有兵处，每年百人之中，限八人逃死”。也就是说，每处军镇每年减少百分之八的士兵，准许他们复员回家从事农业生产。“销兵”的好处：一是可以逐步减少军镇的兵员，削弱藩镇的军事实力，有利于国家对其的控制；二是可以减少政府的军费开支。

“销兵”的愿望当然是好的，但裁汰下来的士兵如何安置，朝廷却没有进一步的措施。当时土地兼并严重，国家已经没有闲置的土地可供分配。这些“坐仰衣食”的职业雇佣兵也早已适应了世代从军的生活，对参加农业生产不感兴趣。

其结果是“藩籍之卒，合而为盗，伏于山林”。那些被裁汰下来的士兵无处可去，更无生计可寻，于是纷纷占山为王，落草为寇，由士兵变成了土匪。

一方面，藩镇将帅因朝廷削弱自己的军事实力而不满；另一方面，藩镇士兵因自己被裁或有可能被裁而不满。加之长安易主，由具有崇高威望的唐宪宗换成了不谙政事的唐穆宗，而唐穆宗对于藩镇的人事调整往往想当然。几者相叠加，藩镇又开始躁动不安。

最先开始骚动的地方仍然是安史之乱的策源地，胡汉相接的幽州镇。幽州节度使刘总出家之前，奏请分幽州为三道：以幽州、涿州、营州为一道，建议以张弘靖为节度使；以平州、蓟州、妫州、檀州为一道，建议以薛平为节度使；以瀛州、莫州为一道，建议以卢士玫为观察使。

张弘靖原为河东节度使，以宽简得众，刘总颇闻其风望。幽州将士桀骜日久，刘总觉得张弘靖可以安抚。薛平是原昭义节度使薛嵩之子，如今已经七十余岁，是河朔耆宿，熟知河朔风俗，且忠于朝廷，也可为帅。至于卢士玫，他是刘总的姻亲，范阳卢氏出身，家族历来为山东望族，在幽州很有影响力。

刘总又尽遣麾下有功且难管制的宿将离开幽州，推荐他们到长安任职，希望他们能安于朝廷禄位，打消异志。这批悍将中就有前任幽州节度使朱滔的孙子、幽州都知兵马使朱克融。

最后，刘总又向朝廷献上战马一万五千匹，然后削发归隐。可以说，刘总的安排处处为朝廷的长治、幽州的久安着想。刘总虽原为恶人，但最终不管是出于什么考虑，总算放下屠刀立地成佛了。

但朝廷随后的安排却引出了乱子。唐穆宗是个游乐天子，终日不是宴饮就是打马球，要不就在长安周边游猎。幽州那么远的地方，如何安排处置，就不是他所关心的了。张弘靖是个儒臣，在河东颇有政绩，名声很大。唐穆宗居然因此而没有将幽州镇一分为三，而是将幽州、涿州、营州、平州、蓟州、妫州、檀州七州之地悉数交给张弘靖治理。只将瀛州、莫州从幽州划出，以卢士玫为观察使。

唐宪宗削藩，做梦都想拆解藩镇，而唐穆宗面对送上门的机会，居然不加以利用，反而又将幽州镇整合了。昏招还在后面。刘总推荐到长安的那批悍将，每日到朝廷求官，朝廷却根本不做安置，最多是给一些衣食而已。悍将们皆愤怨不满。待到张弘靖主政幽州时，朝廷居然纵虎归山，勒令悍将们回去幽州任职。

再来看张弘靖是怎样治理幽州的。“弘靖之入幽州也，蓟人无老幼男女，皆夹道而观焉。”自安禄山之后，幽州已经七十年没有朝廷任命的封疆大吏到来了。幽州父老夹道迎接张弘靖的到来，实际上也是在瞻望朝廷到底给自己派来了一个什么样的父母官。结果却令他们感到颇为失望：“河朔军帅冒寒暑，多与士卒同，无张盖安舆之别。张弘靖久富贵，又不知风土，入燕之时，肩舆于三军之中，蓟人颇骇之。”

河朔诸节度使之所以在自己的军镇中有着强大的号召力，使将士皆愿为其效死命，是因为他们冒寒暑，能与将士同甘共苦。但张弘靖却是儒臣出身，雍容骄贵，不懂得同将士打成一片，他入城时乘坐肩舆招摇过市，俨然一个作威作福的官老爷。幽州人性子直，尊卑观念淡薄，看不惯这种做派，对张弘靖的第一印象很糟。

入衙后，张弘靖更是摆出一副自命清高、庄严沉默的姿态。他每隔十天左右才升堂处理一次政事军务，其余时间里将士们想见他一面，听他说一句话都难。张弘靖将日常事务悉数委派给他带来的亲信幕僚韦雍、张宗厚等人处理。而韦雍、张宗厚这些人皆是一些年少轻薄之徒。他们嗜酒豪纵，常夜饮醉归，烛火满街，前后呵叱，将士父老极为反感。

再者，张弘靖一伙入幽州后还捣毁了安禄山墓，加剧了将士的不满情绪。张弘靖认为安史之乱“始自幽州，欲于事初尽革其俗，乃发禄山墓，毁其棺柩，人尤失望”。安禄山虽是祸国殃民的叛贼不假，但他在幽州人心中威望极高，已经具有了一定的神秘色彩。张弘靖即使要变革民俗，也应先入乡随俗循序渐进，“欲于事初尽革其俗”无疑是莽撞的。

此时，朝廷赏赐幽州将士的一百万缗钱运抵幽州。张弘靖竟然截留二十万缗充作军府杂用，韦雍、张宗厚等辈又层层克扣，将士更是怨声载道。韦雍、张宗厚等辈却辱骂将士为“反虏”，并以一副小人的嘴脸说道：“今天下太平，汝曹能挽两石弓，不若识一‘丁’字！”

“由是军中人人怨怒。”而张弘靖深居衙内，对军情人情一无所知，丝毫没有作出任何补救或调整。将士对这些外来官僚忍无可忍，终于，兵变爆发了，“蓟人不胜其愤，遂相率以叛”。幽州将士囚禁了张弘靖，杀掉了韦雍、张宗厚等人，请出原节度使朱滔之子朱洄主持大局。朱洄以自己年迈固辞，大家又共推朱洄之子朱克融为幽州节度使。

此时，朱克融刚刚从长安返回幽州。在长安，他看到朝廷机构臃肿、繁文缛节，官员之间相互推诿扯皮，死气沉沉。他认为朝廷对幽州鞭长莫及，正是兴风作浪的好时机，果断地接管了幽州军政大权。而唐穆宗终日耽于游猎宴饮，根本无心理睬幽州形势的变化。只要幽州不造反，谁做节度使不一样，索性正式任命朱克融为幽州节度使。就这样，刚刚归附朝廷不到一年的幽州镇，再次陷入割据状态。

如果说任命张弘靖做幽州节度使，还是刘总荐举在先，不能完全算是唐穆宗的过失的话，那么成德节度使的人选问题则体现了唐穆宗治国毫无政治智慧可言，决策完全是拍脑袋一想，凭主观意识出发。

元和十五年（820年）十月，成德节度使王承宗病逝。诸将欲取帅于属内诸州，遂秘不发丧。王承宗之子王知感、王知信皆在长安，诸将只好立王承宗之弟王承元为节度使。当时唐宪宗余威尚在，王承元不敢接受。王承元认为成德镇已经归附朝廷，当然要由朝廷任命节度使，哪能自立。他说服了诸将，将王承宗的死讯报告给朝廷，等待新任节度使的到来。令王承元和成德镇将士做梦都没想到的是，他们等来的新任节度使居然是魏博节度使田弘正。

田弘正与王承宗是一对老冤家。自田弘正归顺朝廷以来，积极遏制、讨伐王承宗，与王承宗相互攻伐多次。成德镇将士的父兄子弟多有死于其手者。唐穆宗怎能调任田弘正为成德节度使呢？田弘正深知这一点，上任时带着两千魏博牙兵作为卫队。田弘正上疏说明情况，请朝廷发放两千卫队的粮饷。而度支使崔倰居然不将田弘正的本章上报，"凡四上表不报"。

唐穆宗下诏以一百万缗钱赏赐成德将士，但因度支部门转运不及时，迟迟没有送达。成德都知兵马使王庭凑果悍阴狡，潜谋作乱。他经常挑唆军士，将仇恨和怨气引向朝廷和田弘正。钱不到位，加之王庭凑的鼓动，军士对田弘正更加不满。

长庆元年（821年）七月，田弘正无法再供应两千魏博牙兵的粮饷，只能冒险让他们返回魏博。王庭凑趁机发难，率军攻入府署，杀死田弘正及其从魏博镇带来的幕僚、将佐、家属等三百余人。王庭凑自称留后，控制了成德镇。王庭凑居然上表请求朝廷正式任命。朝廷震骇，却无可奈何。成德镇再次陷入割据状态。

唐穆宗为了弥补对田家的亏欠，任命田弘正之子田布为魏博节度使，让他带兵讨伐王庭凑以报家仇。不想这个任命又害死了田布，搅乱了魏博镇。

像魏博镇这样的老牌割据藩镇，必须要以既忠于朝廷又擅于统兵、威望卓著的高功宿将镇抚，骄横的将士才不敢造次。比如田弘正调任成德镇后，朝廷曾以名将李愬为魏博节度使，这样的决定就是正确的。

李愬闻田弘正遇害，身着素服对将士说："魏人所以得通圣化，至今安宁富乐者，田公之力也。今镇人不道，辄敢害之，是轻魏以为无人也。诸君受田公恩，宜如何报之？”众皆恸哭。李愬很能调动军心，大家也信服他。

李愬还将自己的宝剑赠给深州刺史牛元翼，对其说：“昔吾先人以此剑创立大勋，吾又以之平蔡州，今以授公，努力翦庭凑！”这把宝剑是李晟的遗物，又是李愬雪夜下蔡州时所佩。牛元翼得剑，报曰：“愿尽死！”这就是李家的威望所致。可惜，李愬将出兵时身染重症，突然病逝。

李愬出师未捷身先死，唐穆宗又“以魏军田氏旧旅，乃急诏（田）布至，起复为魏博节度使”，这个任命就欠妥了。朝廷贸然将田家子弟派往魏博镇，势必会唤起魏博镇将士继续割据的情思。田布若忠于朝廷，便无法控制魏博；田布若不忠于朝廷，魏博将复归田氏割据。总之，此项任命有百害而无一利。

田布到任后，任命牙将史宪诚为先锋兵马使，令其统领魏博精锐三万七千人进军讨伐王庭凑。王庭凑与朱克融联合对抗，他们“一呼而遗卒皆至”，那些因“销兵”而被裁汰，“合而为盗，伏于山林”的士卒们再次被招募回来，成为军阀的武装力量。

而魏博将士却不愿为朝廷拼命卖力，“魏军骄侈，怯于格战，又属雪寒，粮饷不给，以此愈无斗志”。魏博军向来强悍，之所以不愿作战，并非真的“怯于格战”，而是认为这场战争是朝廷让河朔藩镇自相残杀，坐收渔人之利的诡计。他们希望河朔藩镇能够像以前一样联合起来共同割据，不要事事仰朝廷鼻息，任由朝廷驱使宰割。

史宪诚带领众将对田布说：“尚书能行河朔旧事，则死生以之；若使复战，皆不能也。”意思是说，田布若能继续割据，大家则愿效死命，若还想继续与成德、幽州作战，被朝廷当枪使，“皆不能也”。

田布自幼受父亲田弘正忠君爱国思想的熏陶，绝不肯做割据军阀。他长叹道：“功无成矣！”当日，田布给朝廷秘密上了一份遗表，陈述魏博军情，并称：“臣观众意，终负国恩，臣既无功，不敢忘死。”田布将表章交给从事李石，命其速报长安，自己则到父亲灵位前号哭。哭罢，抽刀自刺，曰：“上以谢君父，下以示三军。”言讫气绝。魏博镇大权被史宪诚掌握。

史宪诚与王庭凑、朱克融罢兵联合，至此河朔三镇复归割据。“由是再失河朔，讫于唐亡，不能复取。”一直到唐朝灭亡，河朔三镇再也没有回到朝廷的掌控之中。

河朔三镇是天下藩镇的晴雨表，其他藩镇看到河朔三镇相继叛乱，也纷纷效法。比如昭义军节度使刘悟，本是袭杀李师道的功臣，见朝廷威势日下，也开始对朝廷阳奉阴违。刘悟死后，其子刘从谏继任节度使，昭义军俨然也进入了割据状态。

唐宪宗兢兢业业十几年，而唐穆宗却一夜回到“元和”前。“元和中兴”，终付之东流。

荒于嬉

“长庆销兵”，河朔分崩。而唐穆宗却不以为意，继续着他荒诞不经的昏君生活。

长庆二年（822 年）十一月，唐穆宗与一群宦官在宫中打马球。马球在唐代极为兴盛，不仅在民间蔚然成风，也是宫廷体育的主要项目。但是作为皇帝，参与对抗激烈的马球运动是不妥当的。唐太宗曾经对侍臣说：“昨升仙楼有群蕃街里打球，欲令朕见，此蕃疑朕爱此，骋为之。以此思量，帝王举动岂宜容易。朕已焚此毬以自诫。”帝王不可轻易“举动”，唐太宗尚能焚毬自诫，但很可惜，他的后辈没有引以为鉴。自唐玄宗之后，历代唐皇都喜爱马球，甚至有嗜球成癖者，如唐穆宗。

唐穆宗与众人正在激烈争球时，一名宦官忽地坠马摔得很惨。事发突然，唐穆宗丝毫没有心理准备，被眼前的惨状吓了一跳，立时感到一阵眩晕，也险些落马。因受惊吓过度，唐穆宗患上了风疾，病情越来越重，没有几天工夫，居然卧床不起了。宰相们屡次求见，都没有得到唐穆宗的回复。

到了十二月，唐穆宗强打精神，被宦官用大绳床抬着到紫宸殿接见群臣。看见唐穆宗还活着，人心稍安。宰相裴度、李逢吉等人进言："景王已长，请立为太子。"唐穆宗下诏，立景王李湛为太子。景王李湛是唐穆宗长子。虽然群臣称"景王已长"，但他当时不过十四岁。

唐穆宗拖着病体挨过了一年，病情却一直不见好转。长庆四年（824年）正月，唐穆宗开始寄希望于丹药，走上了他祖辈、父辈的老路。唐宪宗轻信方士妄言，饵药致疾。唐穆宗又重蹈覆辙，朝野之人窃议纷纭，但莫敢进言。

过了没几天，唐穆宗病入膏肓，奄奄一息，无奈传命太子监国。宦官们草拟了一份制书，欲请郭太后临朝称制。郭太后却不愿做武则天第二，她哭着说："昔武后称制，几倾社稷。我家世守忠义，非武氏之比也。太子虽少，但得贤宰相辅之，卿辈勿预朝政，何患国家不安！自古岂有女子为天下主，而能致唐、虞之理乎！"说着将制书撕碎。

郭太后此番话可谓深明大义，第一，她不愿揽权，也不愿外戚专权；第二，她对宦官说"卿辈勿预朝政"，也就是不愿宦官专权。她所希望的，是朝廷能够走在正常的轨道上，也就是由良臣辅佐君主治国。郭太后之兄太常卿郭钊得知此事，也向郭太后表态："臣请先帅诸子纳官爵归田里。"作为郭家第三代代表人物、外戚领袖的郭钊，同样表示不愿干政。可以说，正是由于郭家人的自愿放弃，使唐后期国家身患藩镇割据、朋党纷争、宦官专权三大顽疾的情况下，没有再加上一条——外戚干政。

就在郭太后与宦官、郭钊对话的当天夜里，唐穆宗病逝。十六岁的太子李湛即位，是为唐敬宗。

在玩乐方面，唐敬宗比其父唐穆宗有过之而无不及。唐穆宗的灵柩尚停在宫中，未及出殡，唐敬宗就"幸中和殿击毬，自是数游宴、击毬、奏乐，赏赐宦官、乐人，不可悉纪"。只要他玩得高兴了，就赏赐宦官、乐人甚众，"今日赐绿，明日赐绯"，丝毫不知念惜物力维艰。

唐敬宗经常在夜间宴乐，以至于早朝时经常迟到。百官在紫宸门外矗立很久，老病者坚持不住，几至跌倒，却还不见皇帝上朝。一日朝议结束后，左拾遗刘栖楚看不过去，冒死进言：“陛下富于春秋，嗣位之初，当宵衣求理。而嗜寝乐色，日晏方起，梓宫在殡，鼓吹日喧，令闻未彰，恶声遐布。臣恐福祚之不长，请碎首王阶以谢谏职之旷。”说着“以额叩龙墀，见血不已，响闻阁外”。

唐敬宗说到底只是个十六岁的少年，并非什么凶恶残虐的暴君，其种种荒诞的行为，更多地应归结为孩子贪玩。唐敬宗看着眼前发生的一幕也很动容，明白刘栖楚是忠臣，随后派人宣慰刘栖楚，并擢升刘栖楚为起居舍人，赐穿绯色的官服。

虽然唐敬宗表面上接受了刘栖楚的死谏，但是一个少年的自控力很差。周围又有一群宦官、乐人撺掇，唐敬宗还是禁不住游宴、玩乐的诱惑，仍然我行我素。大臣们不是不愿意朕上朝迟到吗？大臣们等候朕上朝不是很辛苦吗？那朕索性就不上朝了。此后的唐敬宗上朝的次数越来越少，以至于一个月也就上朝议事两三次。

皇帝如此荒于政事，一些图谋不轨的小人就开始蠢蠢欲动了。

有一个叫苏玄明的算命先生和宫中染坊的役夫张韶关系友善。苏玄明为张韶占卜了一卦，卦象显示出了“惊天秘密”，他对张韶说：“我为子卜，当升殿坐，与我共食。今主上昼夜球、猎，多不在宫中，大事可图也。”

张韶听了苏玄明的鬼话也头脑发热，以为自己是能干成一番大事的人。他与苏玄明谋划，串联染工中的混混、无赖一百余人，准备发动一场宫廷政变。

当时经常有车辆向宫廷中的染坊运送染料，张韶、苏玄明就将许多兵器偷偷地夹杂在染料紫草之中运进皇宫。刚一进宫门，有守卫发现今天的染料车特别重，就询问里面装了什么东西。张韶见阴谋即将败露，马上抽出兵器杀了守卫。一百多个混混、无赖一呼而至，他们挥舞着兵刃，大呼小叫着杀向内宫禁廷。唐敬宗正在清思殿前击毬，听到喊杀声，不知出了什么事，赶紧随着宦官逃跑，躲入左神策军军营。

张韶一伙轻易地攻占了清思殿，他与苏玄明登上清思殿。殿中有许多珍馐美味，两人坐在御榻上，对面而食。张韶得意地对苏玄明说：“果如子言！”接下来如何行动呢？苏玄明却说：“事止此邪！”苏玄明占卜的结果也就到“升殿共食”了。接下来，他也不知道该怎么办了。

张韶大惧，事到如今他才想起来在起事前忘了问苏玄明，吃完这顿饭自己会落一个什么下场。张韶扔了筷子跳下御榻就往外跑。这时禁军蜂拥而至。张韶、苏玄明及部分党羽死在乱军之中。清思殿前，尸体狼藉遍地。其余党羽逃匿到禁苑之中。禁军关闭宫门，连夜搜捕。是夜，唐敬宗宿于左神策军中，直到早上才还宫。

经过这场虚惊，唐敬宗丝毫没有吸取教训改过自新的意思，“上游幸无常，昵比群小，视朝月不再三，大臣罕得进见”。朝中正直的大臣都忧心忡忡，却无可奈何。浙西观察使李德裕闻知长安的情况，于宝历元年（825 年）二月亲作一篇《丹扆六箴》呈给朝廷，讽谏唐敬宗。

“扆”又称“依”，是庙堂门窗之间的绛色屏风，“天子当依而立，诸侯北面而见天子”。后引申为天子临朝听政的场所。“箴”是一种告诫规劝的文体。《丹扆六箴》共分六部分：一曰《宵衣》，以讽视朝稀晚；二曰《正服》，以讽服御乖异；三曰《罢献》，以讽征求玩好；四曰《纳诲》，以讽侮弃谠言；五曰《辨邪》，以讽信任群小；六曰《防微》，以讽轻出游幸。

唐敬宗读了《丹扆六箴》，十分感动，并作诏书回复李德裕，高度评价《丹扆六箴》中的规谏，声称要“置之座隅，用比韦弦之益；铭诸心腑，何啻药石之功”？并希望此后李德裕能经常进谏：“卿既以投诚，朕每怀开谏。苟有过举，无忘密陈。”

皇帝对于谏言一般有三种态度：要么虚心纳谏，要么置之不理，要么斥责报复。唐敬宗也算皇帝中的异类，他是听谏却从不纳谏。每有大臣进谏，他都表现出一副虚心接受的样子，还会勉励、表彰进谏的大臣，却从不真的接受意见。一转脸，依然故我、自行其是。他就像一个常见的叛逆少年，不在乎承认错误，也绝不改正错误。

到了宝历元年（825 年）冬天，唐敬宗欲到骊山去泡温泉。大臣们又来规劝，告诉唐敬宗，骊山是不吉利的地方：“昔周幽王幸骊山，为犬戎所杀；秦始皇葬骊山，国亡；玄宗宫骊山而禄山乱；先帝幸骊山，而享年不长。”一番话倒是勾起了唐敬宗的兴趣：“骊山若此之凶邪？我宜一往以验彼言。”

唐敬宗执意去了骊山，却在当天又返回长安。这明显就是和大臣们斗气。还宫后，唐敬宗对左右宦官说：“彼叩头者之言，安足信哉！”那些谏官们的话真是不足信啊。看朕，去了一趟骊山，不是好好地回来了吗？

唐敬宗越来越玩世不恭，随着年龄的增长，渐渐地滑向荒淫和残暴。据说他造了一种纸箭，是用竹皮弓纸做箭杆，箭头密贮龙麝末香，每与宫嫔群聚时，便将纸箭射向人群，被射中的宫嫔了无痛楚，却体带浓香。这名宫嫔就能得到皇帝的临幸。宫嫔们争着抢着被射中，美其名曰“风流箭”。

唐敬宗游戏无度，狎昵群小，他除了喜欢击毬，还喜欢搏击，因此招募选拔了很多力士。搏击比赛中，这些力士有的碎首、有的断臂，唐敬宗却以此为乐。唐敬宗还有一个独特的爱好：深夜出城捕捉狐狸，称之为“打夜狐”。

皇帝的行为臣下约束不了，按理说此时作为唐敬宗祖母的太皇太后郭氏，理应站出来规劝甚至训斥皇帝。但是，也许郭太后在宪宗朝受到的约束和刺激过深，她绝不愿落下干政的名声。无论是对于当年儿子唐穆宗的荒唐行为，还是对如今孙子唐敬宗的荒唐行为，郭太后从来没有说过一句话，任凭他们胡闹下去。

唐敬宗对身边的“群小”，如宦官、力士、球手、乐人等辈出手阔绰，经常“厚赐之”。但唐敬宗性格刚愎褊急，这些人稍有不对唐敬宗的心思就会遭到捶挞，甚至配流、籍没。因而他们对唐敬宗既怨恨又畏惧。

宝历二年（826 年）十二月的一个夜里，唐敬宗“打夜狐”还宫，与宦官刘克明、田务澄、许文端及击毬军将苏佐明、王嘉宪、石从宽、阎惟直等二十八人饮酒。唐敬宗酒酣，入室如厕，大殿上烛火忽灭。苏佐明等人弑唐敬宗于室内。死时，唐敬宗还不到十八岁。刘克明等人矫旨，命唐宪宗第六子绛王李悟继承皇位。

刘克明本是宫廷中一个并不起眼的宦官，因经常陪着唐敬宗玩乐，善于取悦唐敬宗，得到唐敬宗的宠幸。他所发动的这场宫廷政变很是仓促，究竟是提前早有预谋，还是临时起意，为何要立绛王李悟为帝，这场政变绛王李悟是否参与其中，后人皆不得而知。

第二天，绛王李悟于紫宸外庑接见百官，得到百官的认可。刘克明认为政变已经成功，准备将宦官中的重要职位替换为自己的党羽。这一做法引起手握禁军军权的宦官王守澄、梁守谦、杨承和、魏从简等人的不满。他们共同迎接唐穆宗次子、唐敬宗之弟江王李昂入宫即位，是为唐文宗。王守澄等人派出神策军与飞龙厩骑兵进讨贼党。刘克明本无实权，手下尽是一些宦官、力士、球手、乐人等乌合之众，哪里抵抗得了。刘克明走投无路，投井而死，其余党羽悉数被斩。绛王李悟也被乱兵所害。

元和八年（813 年），做了国子博士的韩愈作散文《进学解》一篇，以国子先生教训学生的口吻对朝廷隐含讥刺：

国子先生晨入太学，招诸生立馆下，诲之曰：业精于勤，荒于嬉；行成于思，毁于随……

也正是从那时起，唐宪宗勤勉理政，七年之内扫平诸藩，取得“元和中兴”的成就，诠释了什么是“精于勤”“成于思”。从唐宪宗被弑，到唐敬宗被杀，同样是短短七年的时间，三位皇帝先后离奇死亡，同时又诠释了什么是“荒于嬉”“毁于随”。

韩夫子寥寥数言，却好似唐朝十几年政治的谶语。事态的发生、发展看似是偶然，但其中蕴含的哲理感悟却是必然。

第十二章 甘露之祸

河北贼与朋党

唐文宗刚一即位就展现出与唐穆宗、唐敬宗两朝截然不同的气象。他在即位的第二天举行了为兄长唐敬宗穿丧服的仪式；即位的第三天就开始听政于宰臣百僚；即位的第五天便将原先凤翔、淮南两地进奉来的女乐二十四人放归本地。

此后，唐文宗更是实行了一系列措施，以示自己要“励精求治，去奢从俭”。比如他释放宫女三千余人出宫回家；将五坊中那些供皇帝玩乐的鹰犬也全部放归山野，表示自己不会沉溺于宴乐游猎；裁汰冗员，厉行节约；等等。唐敬宗常常“昵比群小，视朝月不再三，大臣罕得进见”，每月视朝不超过三次。而唐文宗则“每奇日未尝不视朝，对宰相群臣延访政事，久之方罢”，即每逢单日就上朝与大臣议政。

经过唐文宗的一番打理，朝廷确实显现了唐宪宗去世后难得的一派生机，“士民相庆，喜理道之复兴矣”，“中外翕然相贺，以为太平可冀”。但唐文宗所能做的仅仅是隔靴搔痒，改变些许面貌而已，国势日下、朝政日非的根本性问题并没有得到解决。宦官当权、朋党之争、藩镇割据，时政的三大顽疾一样也没有治愈，甚至一样也没有缓解。

唐文宗即位数月之前的宝历二年（826 年）三月，横海节度使李全略去世，其子李同捷自立为节度留后，欲效法河朔三镇，继承父亲的职务。横海镇治所在沧州，下辖沧州、景州（治所在今河北东光西北）、德州（治所在今山东德州陵城区）、棣州（治所在今山东惠民东南）四州之地。横海节度使虽然没有幽州、成德、魏博强悍，但是也属于河朔藩镇系统。横海节度使原为程执恭。唐宪宗“元和削藩”成功后，程执恭忧惧，举家入朝。横海镇从此听命于朝廷，朝廷先后以郑权、乌重胤、杜叔良为横海节度使。

唐穆宗长庆二年（822 年），朝廷以德州刺史李全略为横海节度使。李全略原名王日简，本是成德节度使王武俊手下一小将，后归顺了朝廷。横海镇的性质以及李全略的出身都使李同捷有了世袭割据的野心。

对于李同捷的问题，朝廷还没等到作出对策，就赶上唐敬宗去世，唐文宗即位。朝廷忙于内务，无暇顾及边远的横海镇局势。李同捷也想浑水摸鱼，趁着朝廷多事，将横海节度使的官位坐实。

太和元年（827 年）三月，在李全略去世一年之际，李同捷派人赴长安运作。唐文宗不愿见到世袭节度使的现象，但他刚刚即位，也不愿得罪李同捷。权衡之下，唐文宗任用李同捷为兖海节度使，命天平节度使乌重胤转任为横海节度使。这样既让李同捷得到了节度使的职位，又不算是世袭节度使，给朝廷留下了颜面。乌重胤是藩镇宿将，又曾担任过横海节度使，任他为横海节度使也是得当的。

没想到李同捷对朝廷的妥协并不领情，他以将士挽留为借口，赖在沧州不走，公开和朝廷叫板。这次唐文宗不再让步，传旨削去李同捷一切官爵，命乌重胤会同横海镇周边的藩镇共同讨伐李同捷。

乌重胤连战连捷，但不幸于太和元年（827 年）十一月突然病逝于军中。乌重胤一生对朝廷忠心耿耿，努力维护统一，是中唐藩镇割据时期朝廷难得的军事将领，柳宗元称他“隐然长城，朝野倚赖”。他不但“忠于事上”，而且“仁于抚下”，他去世后，麾下有二十多名将佐“刲股以祭”，即割下大腿肉祭祀他。

乌重胤之殁使朝廷折一栋梁。唐文宗以李寰（后改名为李祐）为横海节度使，继续讨伐李同捷。李同捷派遣使者带着大量的金帛、珍玩、美女贿赂河朔三镇节度使，希望他们能与横海联合对抗朝廷。幽州节度使李载义、魏博节度使史宪诚不但拒绝了李同捷的请求，反而站在了朝廷一方，出兵攻击李同捷。只有成德节度使王庭凑发兵、送粮、送盐支持李同捷。

李同捷与王庭凑毕竟势孤，无法抵抗四方围剿。隶属横海镇的棣州、平原、无棣等地皆被官军攻克。眼看李同捷渐渐难以支持，王庭凑却策反了在前线指挥作战的魏博镇大将亓志绍。王庭凑怂恿亓志绍倒戈回师攻取魏博镇，还答应保举亓志绍做魏博节度使。亓志绍被说动，率所部两万人攻打魏州。史宪诚措手不及，连忙向朝廷求救。

唐文宗派遣义成、河阳两镇军队截击亓志绍叛军，并派遣谏议大夫柏耆宣慰河北。义成节度使李听与史宪诚之子史唐合兵，击败亓志绍叛军。叛军中的大部分人不愿意跟随亓志绍叛乱。亓志绍所部两万人中有一万五千人倒戈，投降了史唐。亓志绍见大势已去，只好带着五千人马进入成德镇境内，投靠了王庭凑。

李听、史唐等军继续与成德镇军队作战，王庭凑无力再救援李同捷。李祐趁此机会，一举拿下德州，并与幽州节度使李载义会合，共同围攻横海节度使治所沧州。官军很快攻破沧州罗城。困在城中的李同捷已是穷途末路，只得向李祐投降。李祐派麾下将领万洪入沧州接管城防。

此时，谏议大夫柏耆宣慰河北来到沧州。柏耆贪功心切，仗着自己是朝廷委派的使者，擅自进入沧州，借故处死了万洪，准备带着李同捷及其家眷到长安请赏。刚出了沧州，又得到情报称王庭凑将派兵劫夺李同捷，为避免出现差池，柏耆擅自将李同捷斩首。

横海节度使李祐等人不服，上表揭露柏耆的罪行。为平息众怒，唐文宗将柏耆赐死。见李同捷覆亡，王庭凑心中恐慌，上表表示臣服朝廷。唐文宗无力征讨成德镇，也就只能赦免了王庭凑之罪。

经此一役，魏博节度使史宪诚也表示听命于朝廷。唐文宗借机调任史宪诚为河中节度使，以李听兼任魏博节度使。唐文宗本以为此后河朔三镇将消停一段时间，不想史宪诚临行时想将府库中的钱粮全部带走，此事激起了兵变。牙将何进滔鼓动牙兵杀死史宪诚，自立为留后，并击败率军前来任职的李听。

唐文宗已经不想在河朔藩镇问题上再耗费人力物力，索性正式任命何进滔为魏博节度使，以维持河朔藩镇表面听命于朝廷的现状。

唐文宗为何对李同捷决不让步，却对何进滔如此姑息？唐文宗即位之后一直在考虑如何继承元和时代的遗产，恢复“元和中兴”的局面。李同捷率先发难，自然受到严厉打击。但几年的努力下来，唐文宗发现，打倒一个李同捷，又冒出一个何进滔。这是一个十分令人泄气的结果。这个结果令唐文宗不得不考虑，同割据军阀死磕是不是一个正确的方向。宦官当权、朋党之争、藩镇割据，时政的三大顽疾到底应从哪一方面开始下手。

藩镇割据看似剧烈，刀光剑影很是吓人，但那喊杀声却远在千里之外。河朔三镇虽然不听朝廷号令，但是他们既没有胆量也没有实力公然反叛，更不可能对长安构成威胁。与之相比，朝廷内的朋党之争则更是需要谨慎提防的问题。

自从唐宪宗时期“牛李党争”出现萌芽后，二十年来愈演愈烈。这一期间，李绛、李逢吉等人出于种种原因，在朝廷各种政策的制定和施行中反对李吉甫。李绛、李逢吉等人的地位要比牛僧孺、李宗闵等人高得多，不能称作“牛党”的人，但他们无形中成了支持“牛党”的人。比如长庆三年（823 年），李逢吉推荐时任户部侍郎的牛僧孺为宰相。

李吉甫死后，其子李德裕继续与“牛党”作对。此时，牛僧孺、李宗闵在政治上也已经历练成熟。李德裕、牛僧孺、李宗闵三人或同时，或交替为宰相，相互掣肘攻伐。一党得势，必要将另一党的要员贬出朝廷，到地方上任职。待到另一党抓住某个机遇复起，也会如法炮制，寻衅将对手贬出朝廷。一时间，朝廷官员要想升迁必须选择站队，与同党一损俱损，一荣俱荣。甚至如元稹、白居易、杜牧、李商隐等著名人物也莫不如此。

“牛李党争”原本肇祸于私人恩怨，而随着党争的深入，为了相互掣肘攻击，牛李两党在政见上的分歧也越来越大。比如在选官上，牛党重科举，李党重门荫。李德裕出身赵郡李氏，老派贵族习气严重，如他终生不肯接见姓周的后进或属下，原因仅仅是“周”字中有一“吉”字，冲撞了他父亲李吉甫的名讳。其父李吉甫是御史大夫李栖筠之子，李吉甫同样是靠父亲的门荫入仕。因此，李德裕更加看重门荫入仕的官员。李德裕文才高妙，本可以参加科举考试博取功名。李吉甫也劝其参试，但李德裕却认为“好骡马不入行”，不屑与寒门士子同场竞技。

就这点上来讲，李德裕的思想是颇有局限的。隋唐二百年的科举经验已经证明，科举是比门荫更合理的选官制度，更利于将具有治国行政才能的人集中到统治阶层。李德裕的祖父李栖筠“幼孤”，没有门荫庇护，就是靠着天宝七年（748 年）进士及第才步入仕途。很想问李德裕一句，他的祖父算不算“好骡马”？

反观牛党，其主要成员牛僧孺、李宗闵都是科举进士出身。特别是李宗闵，他是唐高祖李渊第十三子郑王李元懿的后代，虽是皇室但也是科举进士出身。

在关乎宦官专权、藩镇割据、外敌入侵等重要政见上，牛李二党也奉行截然不同的主张。总体来讲，李党趋于进取，可称之为“鹰派”；牛党趋于保守，可称之为“鸽派”。比如牛党与宦官的关系较为亲近，李党与宦官的关系较为疏远；牛党姑息纵容藩镇割据，李党则强势回应藩镇割据；牛党主张对少数民族政权采取防守的姿态，李党则主张对少数民族政权采取强硬的态度等，不一而足。

比如太和五年（831 年）正月，幽州副兵马使杨志诚举兵作乱。唐文宗召诸宰相商议幽州形势，牛僧孺时为宰相，认为：“范阳自安、史以来，非国所有，刘总暂献其地，朝廷费钱八十万缗而无丝毫所获。今日（杨）志诚得之，犹前日（李）载义得之也，因而抚之，使捍北狄，不必计其逆顺。”也就是说，朝廷只要安抚幽州，使其能守卫北疆就可以了，不必考虑幽州是否归顺。

再如太和五年（831 年）九月，吐蕃维州（治所在今四川理县东北薛城镇西南）守将悉怛谋率部投降唐朝。维州原为唐朝领土，是一座易守难攻的坚城。据说吐蕃为得到维州，曾将一位吐蕃女子嫁给维州的守门人。二十年后，吐蕃女子之子长大成人。吐蕃军队再来攻城，吐蕃女子之子开城献降，维州才陷落。

唐德宗贞元十七年（801 年）八月，西川节度使韦皋曾联合南诏在维州附近同吐蕃展开一场大战，试图收复维州。此战历时半年，唐与南诏联军击溃吐蕃军二十余万人，取得大胜。甚至吐蕃援军统帅论莽热都被擒获。但因维州城防太过于坚固，唐军未能收复其地。

到唐文宗时，维州已被吐蕃占据六十年之久。维州守将悉怛谋居然不战而降，时任西川节度使的李德裕喜出望外，马上派兵接管维州，并向朝廷报告这一喜讯。西川号称“宰相回翔之地”，李德裕有此大功，很可能再度入朝拜相。而牛僧孺却因嫉妒李德裕立功，以“中国御戎，守信为上，应敌次之”为由，说服唐文宗命令李德裕退出维州，并将投降的悉怛谋和一众吐蕃人送还吐蕃。

悉怛谋等人哀号满路，西川将士闻之无不流泪。维州再次被吐蕃占据，而悉怛谋等人被吐蕃“尽诛之于境上，极其惨酷”。西川监军王践言回朝，言及维州送降一事痛惜道：“缚送悉怛谋以快虏心，绝后来降者，非计也。”唐文宗这才懊悔自己失策。

唐文宗曾与众宰相讨论：“天下何由太平，卿等有意于此乎？”牛僧孺却上奏说，当今天下即是太平景象，“虽未及至理，亦谓小康。陛下若别求太平，非臣等所及”。对于当时朝野充斥的各种矛盾视而不见。对于这种漠视消极的态度，司马光曾经批评：“如僧孺之言，姑息偷安之术耳，岂宰相佐天子御天下之道哉！”

当然，由于政治斗争的复杂性，李党趋于进取，牛党趋于保守的结论只是概而论之。在很多问题上，因当时的主客观条件，也并非一成不变。比如牛党同宦官较为亲近，但当大宦官王守澄要谋害宰相宋申锡时，牛僧孺却为后者申辩说：“人臣不过宰相，今申锡已为宰相，假使如所谋，复欲何求！申锡殆不至此。”并没有同宦官站在一起。李党虽同宦官较为疏远，但李德裕在开成五年（840 年）再次入相，却是由大宦官仇士良举荐的。

再如李德裕轻视科举，但他也爱才惜才，奖拔孤立无援的寒素士子。他鼓励公卿子弟以门荫入仕，也鼓励寒素俊才以科举入仕，进而提拔了一批科举出身的寒门人才。以至于李德裕在唐宣宗时期被贬为崖州司户后，有“八百孤寒齐下泪，一时南望李崖州”之说。

另外，无论是牛僧孺还是李德裕，都非佞臣贪官，他们虽然政治主张各异，宦海沉浮不定，但是基本都能做到清正廉明。比如宣武节度使韩弘去世后，其家奴向御史台状告韩弘行贿朝臣。唐穆宗调阅韩弘家中的账本，发现大量朝臣受贿，但账本上却有一处红笔小字：“某年某月某日，送户部牛侍郎钱一千万，拒而不收。”

当然，还有一点必须说明的是，“党”这个字在古代并非褒义。“党”的繁体字是上“尚”下“黑”，“尚黑”有“非公开、暗地里、私下”之意。皇帝最厌恶朝中出现朋党，大臣也最惧怕自己被视为朋党。我们今天所说的“牛李党争”只是后人的分析总结，在当时无论是“牛”还是“李”都不承认自己参与了朋党之争。

比如李德裕，“性孤峭，疾朋党如仇雠”。后来的唐武宗曾与李德裕论及朋党，李德裕争辩说“同心图国，不为党也”。认为一群志同道合的人齐心为国不算朋党。他认为朋党应符合以下几条特征：“今所谓党者，诬善蔽忠，附下罔上，车马驰驱，以趋权势，昼夜合谋，美官要选，悉引其党为之，否则抑压以退。”但是，无论他们承认与否，即使以李德裕所言的几条朋党特征来看，无论是“牛”还是“李”，皆难脱朋党的指责。

宋人朱熹曾评价维州送降事件中牛李二人的功过：“德裕所言虽以利害言，然意却全在为国；僧孺所言虽义，然意却全济其己私。”李德裕虽然看似功利，却全然为国；牛僧孺看似仁义，却全然为私。此话也并不完全正确。比如宋人范祖禹在《唐鉴》中说：“自今观之，牛僧孺、李宗闵之党多小人，德裕之党多君子。然因私以害公，挟势以报怨，则一也。”李德裕接受维州投降在很大程度上也是为了自己的政绩考虑，一旦他回到中枢，同样会排挤牛僧孺一党。这一点在此后的史实中会有所证明。

朝堂上政治派系的相互倾轧会导致政治中枢的糜烂，但是若将朋党悉数贬谪，朝廷又会面临无人可用的尴尬局面。正是基于这种考虑，唐文宗曾经感叹：“去河北贼易，去朝中朋党难。”

郑注李训

如果说有什么问题比朋党之争还要紧要，那就非宦官当权莫属了。

藩镇在潼关以东，朋党在宫门以外，而宦官就在皇帝身边。从唐文宗的曾祖父唐顺宗开始，到唐文宗的祖父唐宪宗、父亲唐穆宗、兄长唐敬宗，连续四朝的更迭，甚至四位皇帝的死因都与宦官有着密切的关系。史称“自元和之末，宦官益横，建置天子，在其掌握，威权出人主之右，人莫敢言”。

藩镇想要的是一块地盘，朋党想要的是行政权力，宦官想要的也许是皇帝的性命。而宦官当权似乎又是最容易解决的问题。想要消灭藩镇割据，非有千军万马不可；想要去除朋党之争，就要同那群或背景深厚或饱读诗书的精英们斗智斗勇。宦官却不过是一群六根不全的奴仆，正如唐宪宗曾经所说：“此家奴耳……朕去之轻如一毛耳。”

至关重要与相对容易叠加在一起，最终唐文宗将着眼点放在了宦官身上，促成了他率先向宦官开刀。但剪除宦官，又没有想象的那么容易。认为去宦官轻如一毛的唐宪宗不就是被宦官轻如一毛地除掉了吗？故而剪除宦官之事还要从长计议，不能过于草率。

就在此时，发生了山南西道监军、宦官杨叔元谋杀名臣李绛的严重事件。李绛是唐宪宗的谋主之一，为“元和削藩”作出了卓越功绩，后因足疾辞去相职。自唐宪宗晚期至唐文宗时期，李绛数度沉浮。因刚正不阿的性格，李绛得罪了朝中权贵宰相李逢吉、宦官王守澄等人，先是被排挤到东都任职，后又任为山南西道节度使。

太和三年（829 年），云南一带的少数民族政权南诏进攻西川，占领了成都。唐文宗命令临近的山南西道出兵救援。因山南西道常备兵力不足，李绛临时招募了一千余人的新军与山南西道原有军队共同赶往西川。

第二年（830年），南诏撤兵，成都光复。但因每镇节度使拥兵的数量都有明文规定，李绛临时招募的新军必然要面临被裁汰的命运。唐文宗下诏："新募兵悉罢之。"李绛奉旨行事，却引起新军士卒的不满。

山南西道节度使监军杨叔元平日贪赃枉法、骄横跋扈。以李绛的为人对此很看不过去，二人的矛盾很深。杨叔元趁机煽动新军士卒的不满情绪，怂恿他们作乱。见有人撑腰，新军士卒群情激愤，抢劫了武器库，攻入节度使府衙。李绛与众多属官、幕僚登北城避难。大家劝李绛缒城撤退。李绛却拒绝抛弃下属而自己单独逃走。乱兵攻上城，李绛与下属皆遇害。叛兵又尽屠李绛全家。

事后，杨叔元上表报告，颠倒是非，说李绛私吞皇帝赏赐士卒的财物，这才激起了兵变。唐文宗委任尚书右丞温造为新任山南西道节度使，赴梁州调查此事。

温造到任后，很快查明了事情原委。他将一千余名参与叛乱的新军士卒全部杀死，并逮捕了杨叔元。杨叔元惊恐万状，跪趴着抱住温造的靴子，声泪俱下地恳求饶命。对于宦官，温造不敢擅自处置，只能请示唐文宗。唐文宗虽然极为愤怒，但是此时他也不敢公然得罪宦官，最后仅仅将杨叔元流放了事。

今日一个监军敢杀节度使，难保明日宫中的宦官不敢杀皇帝。宦官嚣张至此，加剧了唐文宗的隐忧。要想既平息党争又剪除宦官，就要提拔重用既非牛李两党成员，又不趋附宦官，还有很强能力的朝官，这样的人并不容易寻到。

唐文宗最先选中的是中书舍人、翰林学士宋申锡。宋申锡出身贫寒，科举入仕却不肯结党，和宦官的关系也很疏远，是合适的人选。唐文宗委任其为尚书左丞、同平章事，成为宰相。太和五年（831年），唐文宗曾做过一次试探行动。他与宋申锡谋划对付宦官，但这件事很快被大宦官王守澄身边的幕僚兼医生郑注得知。王守澄与郑注定计，诬陷宋申锡勾结唐文宗之弟漳王李凑谋反。在牛僧孺的救助下，唐文宗免宋申锡不死，宋申锡被贬出朝廷。

但连唐文宗都没有想到，正是那个帮助王守澄陷害宋申锡的郑注，才是自己苦苦寻觅的那个对的人。政治的翻云覆雨真是令人咋舌。

太和七年（833 年）十二月，唐文宗在急切焦躁之下，患上了李唐皇室的老毛病：风疾。王守澄将精于医道的郑注推荐给唐文宗。郑注药到病除，治愈了唐文宗的风疾，唐文宗从此对郑注另眼相看。

郑注出身微贱，原本姓鱼，后冒姓郑氏，时号“鱼郑”。郑注相貌丑陋、身材短小，双眼下视，不能远望，是个重度近视患者。又因其原本姓“鱼”，人们私下里讥笑他为“水族”。但郑注“敏悟过人，博通典艺，棋弈医卜，尤臻于妙”，原本凭着一身医术游历四方，算是个江湖郎中。一次，郑注云游到名将李愬的防区，李愬患有痿病，正在急寻医生。郑注用了一种偏方治好了李愬的病。李愬感其恩，委任其为属官，将其留在了身边。

当时王守澄正在做李愬的监军，对李愬凡军政大事都与郑注筹谋很不以为然，向李愬当面提出意见。李愬却说郑注“实奇才也”。王守澄不信，将郑注唤来一谈。要说郑注医术高超，那还不是他最大的本事。郑注的情商极高，他最厉害的地方是“人见之者，无不欢然”。王守澄和郑注一交谈，顿觉神清气爽，有相见恨晚之感。从此，郑注又成了王守澄眼前的红人。后来，王守澄回京任职，郑注也跟随着一同来到长安，俨然成为王守澄的心腹门客。

此次王守澄推荐郑注为唐文宗医治风疾，也是为了给郑注谋取进身。但令王守澄意想不到的是，郑注早已为自己的进身做了打算。成一个宦官的心腹算什么？若是成为皇帝的心腹，那前途岂可限量。郑注利用这次接触唐文宗的机会，发挥自己“人见之者，无不欢然”的本事，使唐文宗龙心大悦。经过几次接触，唐文宗认为郑注真属奇才，便提拔郑注为太仆卿，兼御史大夫。

通过先前的宋申锡事件，郑注知道唐文宗在谋求剪除宦官。当时的郑注是宦官一党，宦官若是倒台，自己肯定没有好下场，因此他选择站在宦官一边，陷害宋申锡。但是时过境迁，此时的郑注已经攀附上了皇帝，若是能够协助皇帝剪除宦官，往近了说会飞黄腾达，往远了说将彪炳史册，是一场值得用脑袋下注的赌局。郑注暗暗地将身家性命下在了皇帝一方。此时，王守澄等宦官当然还被蒙在鼓里，不知道郑注已经“叛变”。

若想剪除宦官，最需要的是有胆有识且同唐文宗一心的官员。郑注算一个，但一个郑注又怎么够。唐文宗一直在注意物色值得信赖的官员，但无奈朝官谁也不敢得罪宦官。比如一次唐文宗读《春秋》读到“阍弑吴子余祭”，故意试探身边的翰林学士许康佐：“阍何人耶？”许康佐说自己“穷究未精”，并不清楚。

“阍”字的“门”指宫廷的门，“昏”指黄昏，本意是指黄昏时关闭宫门。那么由谁来负责这事呢？自然就是宦官。因此“阍”引申为宦官。“吴子余祭”指春秋时吴国的国君余祭。“吴人伐越，获俘焉，以为阍，使守舟。吴子余祭观舟，阍以刀弑之。”吴国人讨伐越国，将抓到的战俘阉割后充作宦官看守舟船。余祭在参观舟船时，被已经成为宦官的越国战俘杀死。这就是“阍弑吴子余祭”。

唐文宗故意问“阍”的含义，就是看看许康佐敢不敢触碰宦官弑君的敏感话题。结果许康佐让唐文宗失望了。

这时，郑注为唐文宗推荐了一个叫作李训的人。李训的来头要比郑注大得多，他是原宰相李逢吉的侄子，因为跟随叔父卷入党争，诬告另一位宰相李程，被流放于象州（今广西象州）。

唐文宗即位，大赦天下。李训北还，寓居洛阳静观时变，他观察到，朝中党争不断，宰相们你方唱罢我登场。李训有了上次的教训，不敢贸然介入。而宦官群体的权势却相对稳定。太和元年（827年），大宦官梁守谦病死，王守澄成了炙手可热的宦官首领。当时，郑注得到大宦官王守澄的宠遇，李训认为“（郑）注好士，有中助，可与共事”。巴结郑注或许能东山再起，于是李训准备了一份厚礼，西入长安结交郑注。郑注此时正在网罗党羽，与李训促膝一谈，深感投机，两人遂结为好友。

郑注先将李训引荐给王守澄，又将李训引荐给唐文宗。唐文宗同李训接触了两次。李训“仪状秀伟，倜傥尚气”，“工文辞，有口辩，多权数”，与唐文宗对话时机辩纵横、对答如流，唐文宗“以为奇士，待遇日隆”。

但李训对宦官的态度又是怎样的呢？唐文宗故技重施，要考验一下李训。一次，唐文宗在蓬莱殿读书，特意召来李训，问他“阍弑吴子余祭”是何意。

李训凛然答道：“吴人伐越获俘，俘即罪人，如今之所谓生口也。不杀下蚕室肉刑，古谓阍寺，即今之中使也。吴子是吴国君长。余祭，名也。使中使主守舟楫，余祭往观之，为中使所杀。”

李训不但对宦官弑君直言不讳，还居然说“古谓阍寺，即今之中使也”，矛头直指宦官。唐文宗对李训的回答非常满意。原来，郑注早就将皇帝的心思告诉了李训，李训当然知道皇帝想要听什么。

李训继续提醒唐文宗以史为鉴：“君不近刑臣，近刑臣即轻死之道也。吴子远贤良，亲刑臣，而有斯祸。鲁史书之，以垂鉴戒。”皇帝接近宦官就是“轻死之道”。唐文宗怎能不知，祖父唐宪宗、兄长唐敬宗就是死于宦官之手，他忧虑地问道：“左右密近刑臣多矣，余祭之祸，安得不虑？”

李训知道表忠心的时候到了，他激情地说道：“陛下睿圣，留意于未萌。若欲去泰去甚，臣愿遵圣算。累圣知之而不能远，恶之而不能去，睿旨如此，天下幸甚！”一句话：凡事有我呢。唐文宗大悦。时值盛夏，唐文宗当即赏赐李训水玉腰带一条、避暑犀如意一柄。

李训和郑注还为唐文宗谋划了中兴唐室的“太平之策”，“以为当先除宦官，次复河、湟，次清河北，开陈方略，如指诸掌”。也就是先剪除宦官群体，再收复被吐蕃攻占的河湟失地，稳定长安以西的大后方，最后扫清河北的割据藩镇。

这种策略是科学且合乎实际的。如能按部就班地实行，李训与郑注画的这张大饼，唐文宗或许真的能够吃到，“太平可冀”或许并非奢望。但天下事恐皆如此：知之非难，行之不易。

元和逆党略尽矣

此后一年多，唐文宗累迁李训的官职，到了太和九年（835 年），李训已经身兼礼部侍郎、同平章事、侍讲学士等职，既是宰相，又可入宫借讲书的机会接近唐文宗。唐文宗对李训非常信任，“天子倾意任之。训或在中书，或在翰林，天下事皆决于训”。郑注则被擢升为工部尚书兼翰林学士。

这二人“遂以诛宦官为己任，两人相挟，朝夕计议，所言于上无不从，声势烜赫”。由于他俩都是王守澄举荐，因此也没有遭到宦官的怀疑。至于其他朝臣，皆知郑注与李训“倚宦官擅作威福，不知其与上有密谋也”。

因为李训、郑注不属于牛李两党，两党对李训得到进用都很不满。比如李德裕于太和七年（833 年）回朝，再次做了宰相。他认为李训、郑注是攀附权阉的小人，反对唐文宗对其提拔重用：“李训小人，不可在陛下左右，顷年恶积，天下皆知，无故用之，必骇视听。”

唐文宗非但不听取李德裕的意见，反而再次将李德裕外调出京，甚至由山南西道节度使接连贬为袁州长史。李德裕的对手李宗闵也受到李训、郑注等的打压，被贬到岭南，做了潮州司户参军。

两党的其他重要成员也遭到贬逐。而牛僧孺早已在太和六年（832 年）上表辞去相位，外放出任淮南节度使。牛李二党的朝廷之争暂时得到了压制。但李训、郑注也借此打击异己，“时注与李训所恶朝士，皆指目为二李（李德裕、李宗闵）之党，贬逐无虚日，班列殆空”。

为了填补两党朝臣留下的空缺，唐文宗和李训发掘任用了一批“新进孤立无党之士”，如王涯、舒元舆、贾悚等人。这些人不属于党争各派系，也并非宦官党羽，任用他们是为了平息党争和消灭宦官。但这样一来却使得李训、郑注成为在牛李二党和宦官群体之外的一股强大势力。这是唐文宗始料不及的。当然，此时的唐文宗还要依靠这股势力消灭宦官。

唐文宗之所以一心要消灭宦官，原因有二：一是“患中人权柄太盛”，这一点已经说得很详细；二是“疾元和逆罪久不讨”，也就是说唐文宗要为祖父唐宪宗报仇。唐宪宗死于宦官之手，此事当时外人不知，对外但云皇帝药发暴崩。但作为皇孙的唐文宗在这十几年中早已听到了风声，特别是即位之后，更是注意追查“元和逆贼”。

元和十五年（820 年）正月，唐宪宗突然驾崩，带走了唐朝在九世纪最辉煌的元和时代。当初杀害唐宪宗的只是陈弘志一个人吗？不是。陈弘志只是当晚的“推刃之贼”，即亲自动手的人。《新唐书·宪宗本纪》载为：“宦官陈弘志等反。庚子，皇帝崩，年四十三。”《旧唐书·本纪·卷十五》载：“时以暴崩，皆言内官陈弘志等弑逆。”

既然是“等”就不是一个人。具体都有谁？《新唐书·王守澄传》载：“是夜，守澄与内常侍陈弘志弑帝于中和殿，缘所饵，以暴崩告天下，乃与梁守谦、韦元素等定册立穆宗，俄知枢密事。”“元和逆贼”名单中至少还有王守澄、梁守谦、韦元素，或许还有更多。

但是，“元和逆贼”在弑君后又“定册立穆宗”。唐文宗的父亲唐穆宗是那场政变的既得利益者，甚至还有可能预先知道甚至参与此事。况且，当时朝野皆知唐宪宗死于服饵丹药，一旦突然改变口径，公布政变真相，恐怕会引起轩然大波甚至政治动荡。唐文宗无法大张旗鼓地问罪于诸宦官，只能以其他理由较为婉转地惩治“元和逆贼”。

太和九年（835 年），在李训与郑注的谋划下，唐文宗开始对宦官群体下手。此时，“元和逆贼”中的梁守谦已经死去，无法再做追究。陈弘志此时未在朝廷，出任山南东道节度使监军，孤立在外，很好对付。唐文宗没有打草惊蛇，暂时不去制裁陈弘志，而是集中主要精力对付王守澄与韦元素。

王守澄任右神策军中尉，韦元素任左神策军中尉，二人共同统领禁军，实力不容小觑。但宦官群体并不是铁板一块，王守澄与韦元素也相互争权夺利、貌合神离。韦元素与另外两个宦官杨承和、王践言联合，“居中用事，与王守澄争权不叶”。唐文宗利用他们的矛盾，倒向王守澄一侧，免去了韦元素左神策军中尉的职务。

太和九年（835 年）五月，唐文宗任命宦官仇士良为左神策军中尉，以接替韦元素。仇士良早在唐顺宗时期就在东宫侍候太子李纯。李纯即位为唐宪宗，仇士良相当得势。他对唐宪宗较为忠诚，没有参与弑杀李纯的行动，不属于“元和逆贼”。

唐敬宗死后，仇士良对唐文宗有拥戴之功，但受到王守澄压制，没有得到重用。仇士良因此怀恨在心。也正因如此，唐文宗才提拔仇士良，准备用他来对王守澄形成反制，即“文宗与李训欲杀王守澄，以士良素与王守澄隙，故擢左神策军中尉兼左街功德使，使相糜肉”。

完成布局后，唐文宗开始正式行动。太和九年（835 年）六月，唐文宗将韦元素、杨承和、王践言贬出京城。三人分别出任淮南节度使监军、西川节度使监军和河东节度使监军。八月，唐文宗又以勾结朝官的罪名将三人贬往偏远之地，并让当地官员将三人禁锢，三人俨然囚徒。随后，唐文宗又一纸诏书，将三人赐死。九月，唐文宗将陈弘志召至青泥驿（今陕西蓝田）杖杀。

王守澄对唐文宗制裁王元素、杨承和、王践言颇为满意，但对唐文宗提拔仇士良有所警惕，特别是陈弘志被杖杀使他预感到大事不妙。为了稳住王守澄，唐文宗任命其为左右神策观军容使，兼十二卫统军。王守澄的右神策军中尉一职由宦官鱼弘志（又作鱼志弘）继任。

“左右神策观军容使”是北衙禁军神策军的最高职务，“十二卫统军”则是南衙诸卫军的统领。王守澄看似掌握了北衙南衙的全部军权，而这只是“虚名尊守澄，实夺之权也”。左右神策军又有左右中尉仇士良、鱼弘志统领，王守澄实际上已经失去了军权。

太和九年（835 年）十月，唐文宗遣使到王守澄的私第，赐给他一杯鸩酒。王守澄一命呜呼。至此，“元和之逆党略尽矣”。唐文宗算是为祖父报了仇。

几位大宦官接连被杀，使李训、郑注的威势骤增，李训每次入宫，“自中尉、枢密、禁卫诸将，见训皆震慑，迎拜叩首”，表现得服服帖帖。

打击宦官势力的成功使李训、郑注非常得意。他们准备进行下一步的计划，将宦官一网打尽。

此时，朝廷并没有公布王守澄的罪行。王守澄虽死，但地位、名誉尚在，其灵柩将于十一月二十七日下葬于浐水之滨。

李训、郑注利用这一点，做了一个周密计划：首先让郑注出任离长安最近的凤翔节度使，这样郑注就可掌握一方兵权。李训奏请大小宦官于十一月二十七日全部到浐水为王守澄送葬，郑注则奏请自己率凤翔的士兵为王守澄护葬。因王守澄是宦官的最高首领，郑注又是王守澄的亲信，所以无论大小宦官为王守澄送葬还是郑注为王守澄护葬，都是人之常情、理所当然，不会遭到怀疑。待到十一月二十七日当天，郑注率士兵赶赴王守澄的下葬地点。届时士兵都会怀揣利斧，随着郑注一声令下，士兵会将送葬的宦官全部砍杀。

计划做好后，二人分头行动。郑注走马上任为外援，李训则留在朝廷为内应。但是，此时李训的目的已不只为天子剪除宦官这么单纯了。随着剪除宦官的节节胜利，李训的私心、野心逐渐膨胀，他已经另有打算："训虽为郑注引用，及禄位俱大，势不两立，托以中外应赴之谋，出注为凤翔节度使，俟诛内竖，即兼图注。"除去宦官之后，李训准备再除去郑注，将大权揽于一手。

李训开始布局人事，刻意培养自己的势力。他"擢所厚善分总兵柄"，将与自己关系亲近的王璠任用为太原节度使，郭行余任用为邠宁节度使，罗立言任用为京兆尹，韩约任用为左金吾卫大将军，李孝本任用为御史中丞，并密令王璠、郭行余等人暗中招募勇士作为部曲，以备不时之需。正是李训的私心、野心，最终使得除宦计划满盘皆输。

郑注赴任凤翔节度使后，李训居然认为若按计划行事，剪除宦官的功劳将归郑注所有，不如自己率先动手，将功劳尽归己有。此时，李训的心腹王璠、郭行余都在长安。李训手中掌握的兵力有王璠、郭行余私募的勇士数百名，左金吾卫大将军韩约麾下的部分金吾卫军，京兆尹罗立言属下的部分吏卒，御史中丞李孝本手下的一些从人。

李训的计划是，在十一月二十一日唐文宗上朝时提前动手，利用手中掌握的兵力在大明宫发动政变，诛杀宦官。

但是，李训所掌握的兵力中只有韩约的金吾卫军可以有正当理由进入大明宫的前朝，这点兵力并不稳妥。因此，李训命王璠、郭行余带领数百名部曲勇士于十一月二十一日清晨在大明宫丹凤门外等候，罗立言与李孝本的吏卒、从人也做好准备，随时接应。

当然，发动政变的主攻任务还是要交给韩约和他的金吾卫军。讲到这里，有必要将大明宫的宫殿布局和卫戍情况简单地介绍一下。大明宫的宫殿布局依照《周礼》中的三朝五门制度。汉代郑玄在注释《周礼》时讲："天子诸侯皆有三朝：外朝一、内朝二。"大明宫由南向北依次也设立了一个外朝大殿含元殿和两个内朝大殿宣政殿（也称中朝）、紫宸殿。此为大明宫的三大殿。

大明宫含元殿与宣政殿之间有宣政门相连接。宣政门以南是外朝范围，由金吾卫军负责戍卫；宣政门以北是内朝范围，由神策军负责戍卫。

含元殿以南的东西两侧分别为东朝房和西朝房，再往南的东西两侧分别为左金吾仗院和右金吾仗院。金吾卫军平常在金吾仗院值守，并在前朝各处巡逻警卫。皇帝驾临含元殿时，金吾卫军还要在含元殿进行保卫。

金吾卫军在前朝的兵力约四百人。神策军在大明宫及其两侧的左右神策军军营的兵力约三千人。真动起手来，金吾卫军是明显会吃亏的。李训若想在大明宫中除掉宦官，就必须趁着神策军听到风声赶来之前，迅速在前朝解决战斗。但是，又有两个棘手的问题很难解决：

第一，必须让唐文宗和诸多宦官来到前朝，才能到达金吾卫军的控制范围。但是，日常朝议基本都在后朝紫宸殿进行，非遇到重大事件，唐文宗不会驾临含元殿。第二，即使唐文宗驾临含元殿，诸多宦官也集中在含元殿侍奉，而含元殿却不是最理想的动手场所。

在含元殿动手，唐文宗也在场，金吾卫军投鼠忌器，局面极难控制。且含元殿距离宣政门太近，一旦宦官劫持唐文宗退入宣政门，金吾卫军就只能望门兴叹了。

韩约作为左金吾卫大将军，在整个大明宫中，最容易掌控的地方就是左金吾仗院。左金吾仗院中全是韩约麾下的金吾卫军，皇帝又不会去那里，所以那里才是最理想的动手地点。但宦官凭什么会悉数去左金吾仗院呢？只能诱骗宦官到左金吾仗院去。李训想到了一个主意……

天降甘露

太和九年（835 年）十一月二十一日清晨，唐文宗像往常一样乘坐软舆到紫宸殿上朝议事。百官按品秩站定，韩约出班奏称，昨夜有甘露降在左金吾仗院中的石榴树上。说着，韩约蹈舞再拜，表示庆贺。李训、王涯、舒元舆、贾悚等宰相也率百官向皇帝称贺。

“甘露”是一种难得的祥瑞。唐朝皇帝自认的老祖宗老子在《道德经》中说：“天地相合，以降甘露。”甘露降临是阴阳和谐、天下太平之兆。本书前两卷中曾提到一种祥瑞“庆云”，隋文帝登基时，武则天称帝时，庆云都曾经出现过。《列子》中说：“庆云浮，甘露降。”甘露是与庆云同等级的祥瑞。甘露忽然降临在大明宫中，当然是可喜可贺之事。

李训、舒元舆劝说唐文宗亲往观之：“甘露降祥，俯在宫禁，陛下宜亲幸左仗观之。”唐文宗表示同意，兴致勃勃地乘坐软舆出紫宸门，过宣政殿，再出宣政门，来到前朝，并由含元殿东阶升殿。此时，宰相百官已经分文武两班，在含元殿列班等候。大小宦官也侍奉在唐文宗左右。

唐文宗命李训等宰相带领中书、门下两省官员先去观看甘露。李训等人良久而还。石榴树上哪有什么甘露，不过是一些普通的露水而已。李训奏称：“臣与众人验之，殆非真甘露。”唐文宗惊讶地说：“岂有是邪！”马上命令神策军左右中尉仇士良与鱼弘志率领诸宦官前往左金吾仗院二次验证。

就这样，李训成功地将诸宦官诱至左金吾仗院。

宦官们走后，李训突然色变，对郭行余、王璠道：“两镇军入受诏旨！”命令他们马上率丹凤门外的部曲入宫护驾。王璠吓得股栗不敢前，只有郭行余拜于殿下。

仇士良等人进了左金吾仗院，韩约正在等候。见宦官们果然来了，韩约居然临场怯阵，吓得变色流汗。当时是十一月底，天气寒冷，站在室外怎么会流汗呢？仇士良觉得奇怪，问道："将军何为如是？"一句话问得韩约更是手足无措、变颜变色。

仇士良马上觉得不妙，不免向四周张望。忽有一阵寒风吹开房舍的幕布，仇士良隐约见幕后皆是手执兵刃的武士。仇士良大骇，转头就跑。其他宦官也就明白了是怎么回事，跟着仇士良一同向外跑。当时，院门尚未关闭，仇士良呵斥着冲出左金吾仗院，向含元殿方向疾奔。

韩约率领金吾卫军在后追赶，随着一声声惨叫，跑得慢的宦官做了刀下之鬼。李训听到含元殿外一阵大乱，便向殿下望去，只见仇士良等宦官正向殿上跑来。李训知道韩约失手了。

之前为了保密，保卫含元殿的金吾卫军并不知道李训、韩约的密谋，他们紧张得无所适从。李训突然对这些金吾卫军大呼："来上殿卫乘舆者，人赏钱百缗！"但是，这批金吾卫军在情况不明之下不可能齐心协力地为李训卖死命。他们仍然瞠目结舌，望着眼前的一切。

仇士良等宦官已经登殿，他们对唐文宗大吼："事急矣，请陛下还宫！"小宦官抬起软舆，仇士良、鱼弘志扶着唐文宗上了软舆，就向殿后疾奔。

李训拽着舆杆疾呼："臣奏事未竟，陛下不可入宫！"

仇士良大呼："李训反！"

唐文宗针锋相对说："训不反。"

生死关头，李训与仇士良都急红了眼，开始贴身肉搏：

士良手搏训而蹶，训压之，将引刀靴中，救至，士良免。

李训居然在见君面圣时在靴中藏刀，足见他孤注一掷，做了充分的准备。但这也给宦官留下了口实，成了他实打实谋反的证据。

李训想一刀结果仇士良，却因宦官太多，仇士良被救起。此时，追赶的金吾卫军也已经登殿。罗立言率领巡逻士卒三百余人，李孝本率领御史台从人二百人也登上大殿。

含元殿上一片狼藉，宦官鬼哭狼嚎，眨眼间死伤者已有十余人。但是，谁也不敢拦阻抬着唐文宗的软舆。软舆将要进入宣政门。只有李训阻拦软舆入宫，呼之益急，唐文宗也大声呵斥。一个叫郗志荣的宦官将李训击倒，软舆顺利进入宣政门，随后大门紧闭。

李训见回天乏术，脱下绯红的宰相朝服，换上绿色的从吏衫衣，策马出宫，直奔终南山方向逃去。王涯、贾悚、舒元舆等宰相诚惶诚恐地回到中书省。两省官员纷纷询问宰相发生了什么事。王涯等人皆说："不知何事，诸公各自便！"

仇士良和鱼弘志侥幸脱险，惊魂未定，马上组织反扑，命左右神策军副使刘泰伦、魏仲卿等各率兵五百人，杀出内朝讨"贼"。有吏飞报百官："有兵自内出，逢人辄杀！"王涯、贾悚、舒元舆等宰相正要吃午饭，听到这个消息，带着百官和金吾卫军卒狼狈逃窜。大家蜂拥逃出宫门，有未及逃出者六百余人皆被神策军杀死。

神策军杀出宫去，长安吏卒、商贩、民众死者又千余人，横尸流血，狼藉涂地。神策军趁乱抢劫，很多公卿大家都被扣上李训一党的罪名，家中被洗劫一空。长安的市井无赖、里坊恶少也趁乱杀人越货，剽掠百姓。无赖恶少之间又互相攻劫，长安城乱作一团，尘埃蔽天。

神策军除了大索城中，又遣骑兵出城追捕。王涯徒步逃至永昌里的一家茶肆，被神策军抓获。舒元舆易服单骑出安化门，被神策军追擒。贾悚、王璠、李孝本、罗立言、郭行余等李训一党的重要人物也全部被抓获。

仇士良下令对他们严刑拷问。王涯年已七十余，挺刑不过，居然"自诬与训同谋"，胡乱招认自己与李训谋行大逆，并准备尊立郑注为皇帝。于是，仇士良将"甘露之变"定为谋反案。

唐文宗每逢单日上朝，十一月二十三日清晨，百官在大明宫建福门外等候入朝。当宫门缓缓打开时，百官见神策军如凶神恶煞一样，个个手持利刃，组成一条狭长的通道。百官战战兢兢地鱼贯而入。

唐文宗端坐在紫宸殿上，在阶下寻不见李训、王涯等宰相，问道：“宰相何为不来？”仇士良答：“王涯等谋反系狱。”说着将王涯的手书供状呈上。

唐文宗悲愤不自胜，问道：“是涯手书乎？”

左仆射令狐楚、右仆射郑覃等对曰：“是也！”

“诚如此，罪不容诛。”唐文宗知道李训、王涯等人并不是反叛，但此时为了自保，也只能违心地如此说。

此时，李训已经逃到终南山上。他素日里与终南山上一个叫宗密的僧人过从甚密。宗密欲为李训剃度，将其藏在寺中。但是，寺内的其他僧人担心引火烧身，执意赶走李训。李训只好下山，奔凤翔投奔郑注，走到盩厔（今陕西周至）时被擒，解送京师。

李训恐落到宦官手中遭受羞辱和酷刑，就对押解的人说：“得我者则富贵矣！闻禁兵所在搜捕，汝必为所夺，不若取我首送之！”解差觉得有道理，遂将李训斩首。

宦官命神策军挑着李训的人头开道，后面押解着王涯、贾𫗧、舒元舆、王璠、罗立言、郭行余、李孝本等人在长安两市游街示众。除了老百姓要沿街观看，宦官还杀鸡儆猴，强迫百官临街观看。最后，王涯等人被腰斩于独柳树下，腰斩后又被枭首，人头被挂在兴安门外示众。其男性亲属无问亲疏长幼皆死，妻女没为官婢。

太和九年（835 年）十一月二十八日，躲避在长安城内的韩约也被神策军捕获杀害。

身在凤翔的郑注本来在准备十一月二十七日的行动，忽然得知长安有变，李训提前开始了行动。他虽然不知其中的来龙去脉，但还是亲率五百名士兵驰援李训。走到半路，得知李训已败，郑注只好退回凤翔。

仇士良密令凤翔监军张仲清擒杀郑注。郑注刚刚做了凤翔节度使，在凤翔没有根基，身边虽然有他带来的一批幕僚，但张仲清想杀郑注也并不困难。张仲清假意请郑注来议事，趁着郑注举瓯饮茶之际，押衙李叔和抽刀将郑注刺死。郑注在凤翔的全家老幼和他带来的幕僚亲随也全部被杀。

到此时，致力于诛灭宦官的李训、郑注一党或被杀或被擒，全军覆没。

需要说明的是，三位被害的宰相王涯、贾倲、舒元舆之中，只有舒元舆有可能同李训有过谋划。至于王涯、贾倲，虽然他们是经李训举荐提携方为宰相，平日里他们对待李训也确实是“顺其风指，惟恐不逮”，唯李训之命是从，但至于政变这样的绝密大事，李训并没有和他们谋划。王涯等人确实并未参与“甘露之变”。所以事变当天，王涯等人还对诸官员说：“不知何事，诸公各自便！”甚至还若无其事地准备与同僚们一起吃午饭。王涯被捕之后，“仇士良鞫涯反状，涯实不知其故”。贾倲也是如此，“倲虽中立……与王涯实不知谋，人冤之”。

之所以说舒元舆有可能同李训有过谋划，是因为《资治通鉴》中说李训“独与是数人及舒元舆谋之，他人皆莫之知也”，看来舒元舆是参与“甘露之变”的谋划了。但《旧唐书》《新唐书》中都没有相关的记载。在先出的史料没有相关记载的情况下，后出的《资治通鉴》又是怎么了解此事的，这里需要画一个问号。再者，事变发生后，舒元舆没有如李训、韩约等人那样急着逃走，而是准备同王涯、贾倲一起吃午饭，好像此事同自己并无关系，这也从侧面反映出他并不知内情。

仇士良等宦官利用抓捕李训、郑注一党的机会将诸宰相一勺烩，就是要借此打击朝臣势力，使朝政悉数归于他们掌握，自此“天下事皆决于北司，宰相行文书而已。宦官气益盛，迫胁天子，下视宰相，陵暴朝士如草芥”。

讲到这里，还要讨论一个重大问题——唐文宗在“甘露之变”中充当了什么样的角色？他对李训、郑注浐水之滨的除阉计划以及后来李训一意孤行的“甘露之变”计划是否知情？

灾难

大量史料明确记载唐文宗参与了铲除王守澄之前的除阉行动，因此很多人认为他对李训、郑注的计划也是知情的，甚至认为是在他的授意之下才发生了“甘露之变”，这一论断实际上是没有史料依据的。

《资治通鉴》记载，事发后“士良等知上豫其谋，怨愤，出不逊语，上惭惧不复言”。这条史料似乎表明唐文宗参与了“甘露之变”的预谋。但这条史料只表明仇士良等宦官认为唐文宗参与了“甘露之变”的预谋。

宦官们如此认为，一来可能是想当然耳，二来可能是想以此控制唐文宗，并不一定唐文宗就真的“豫其谋”。唐文宗“不复言”，并没有对此进行辩解，但不辩解并不代表他参与了“甘露之变”的预谋。唐文宗不辩解的原因是“惭惧”，既惭愧于自己对李训的纵容，居然让李训惹出来这样的祸端，又惧怕于宦官对自己不利。

事实上，《旧唐书》《新唐书》乃至《资治通鉴》，都没有唐文宗参与李训、郑注之谋乃至策划“甘露之变”的记载。所有关于谋划浐滨计划和甘露计划的记载都是诸如“郑注与李训谋”“训与其党谋”这样的文字，没有谈及唐文宗牵扯其中。而在谋划鸩杀王守澄时，则记载为“李训、郑注密言于上，请除王守澄”，明确说明唐文宗参与其事。如果唐文宗也参与了浐滨计划和甘露计划，这么重要的信息没有道理不做记载。

前文说过，唐文宗之疾恶宦官，一是“患中人权柄太盛”，二是“疾元和逆罪久不讨”。当王守澄鸩死后，“元和之逆党略尽”，宦官头目仇士良、鱼弘志又是自己所提拔，可以说到了此时，唐文宗剪除宦官的目的已经基本达到了。唐文宗还有什么理由要将宦官群体一网打尽呢？

宦官是皇权的伴生品，是皇帝的家奴。皇帝离不开宦官，许多事情都要委派宦官去做，还需要利用宦官来制约朝臣和藩镇。甚至，即使是在剪除某些宦官时，其他宦官也是唐文宗的得力干将。比如当唐文宗诛杀“元和逆贼”王守澄、韦元素、陈弘志时，直接执行人都是宦官，赐死韦元素的命令是宦官刘忠谅传达的，杖杀陈弘志是由宦官齐抱真执行的，给王守澄送毒酒的人是宦官李好古。

据相关史料统计，唐宪宗元和末年内侍省的宦官数量为四千六百一十八人，其中有官职者一千六百九十六人。唐文宗太和年间的宦官数量没有记载，但也应在四千人上下，这可不是一个小数目。如果按照李训、郑注的计划行事，长安的宦官将会全部被杀，唐文宗只能将洛阳的宦官以及在各藩镇做监军的宦官调入长安侍奉自己，若是不够，还需再阉割一批人充作宦官。这些人对宫廷事务、行政事务不熟悉，需要重新发掘、培养、调教，这样做对唐文宗又有什么好处呢？

简言之，站在唐文宗的角度来讲，他不会希望将宦官全部剿杀。当然，唐文宗有可能在王守澄死后进一步除掉仇士良和鱼弘志，将两军中尉的位置换上其他资历更浅、更易控制的宦官。但即使如此，唐文宗也没有必要以发动政变的形式来处理。王守澄执掌神策军那么多年，唐文宗拿下他也没费多大的力气，为什么要对刚刚提拔的仇士良和鱼弘志如此重视？他们有什么能力能够逼得皇帝要靠发动政变的手段来除掉自己？

因此，大概率讲，李训、郑注的浐滨计划以及李训的甘露计划，唐文宗是不知情的。这场政变是以李训为首的一小撮人擅自策划的，李训一党之所以这样做，主要目的是夺权。

李训排挤走了牛李两党，控制了外朝权力，又身兼翰林学士，对于内朝翰林院的权力也有一定的控制。但是，禁军军权在唐德宗之后向来为宦官所掌握，且已成定制，李训无法染指。故而李训才准备将宦官全部消灭。

一旦这一计划得逞，禁军军权或是重归武将执掌，或是以新充实的宦官把持，无论哪种情况，李训都将选拔心腹人为禁军统帅，进而达到外朝、内朝权力一手抓的目的。李训清楚唐文宗绝不愿看到某一朝臣集权的情况发生，因此他背着唐文宗策划、发动了政变。

“甘露之变”发生之前，因唐穆宗、唐敬宗荒嬉统治而衰颓的政治局面已经趋向好转。在唐文宗、李训、郑注等人的努力之下，牛李二党的主要人物全部离开决策中枢，党争日渐平息。曾经杀害唐宪宗并盘踞内廷中枢数十年的权宦恶阉们，先后以各种形式死于非命，新近被提拔的宦官的权力亦在皇权可控之内，唐文宗正踌躇满志，准备继续“太平之策”的下一步行动。然而，在这样的关键时刻，李训却权力欲膨胀，铤而走险地发动了一场完全没有必要、完全不应该发生的政变。

历来有不少为李训、郑注平反者，如清人尚宛甫说："训、注虽谲进，然乱贼人人得诛；举世畏宦官，训、注独舍生诛之。"将李训、郑注视为舍生取义的君子。同样是清人的王鸣盛说："俾王叔文一不成，训、注再不成，以至不可救，训、注固未可深责。"王叔文也好，李训、郑注也罢，都是急功近利之徒，欲凭借皇帝的一时宠幸而一改政局，目的却是借此总揽大权。只是因当时政局不佳，才使得他们的行为看起来似乎正义。但越是这样的人越要提防，他们为一己私利而挟持着君主孤注一掷地走向险途。若他们侥幸成功，国家并不一定会好到哪里去；若他们赌输了，国家将会更糟。不深责他们，又深责谁呢？

"甘露之变"的发生是一场灾难，无论结果如何都会是一场灾难。即使李训在"甘露之变"中取胜，那也只是造就了一个权臣而已。依李训已经暴露出来的权力欲望和狭隘心胸，他不会将政治引向清明。而李训的失败，更是引起了宦官群体的疯狂反扑，并以血腥恐怖的杀戮作为报复和恐吓的手段。众多朝臣稀里糊涂地成了政治冒险家、阴谋家角逐的牺牲品和替罪羊。

长安满地狼藉，政治一片灰暗。原本心气高昂的唐文宗像是泄了气的皮球，对中兴灰心绝望，从此成了宦官手中的提线木偶。唐文宗渐渐神情恍惚，失去了快乐的能力，"居常忽忽不怿"，"或登临游幸，虽百戏列于前"，"未尝欢，颜惨不展，往往瞑目独语，或裴回眺望，赋诗以见情"。《唐语林》中倒是保存了一首唐文宗作的诗：

辇路生春草，上林花发时。

凭高何限意，无复侍臣知。

"甘露之变"中，李训、郑注提拔的一众宰相皆被杀。户部侍郎、判度支李石与右仆射郑覃共同被授予"同平章事"，成为宰相，在艰难之秋辅佐朝政。郑覃是李党的领袖之一，李党与宦官较为疏远。李石为人刚正，史称其"器度豁如，当官不挠"，以上二人都敢于在朝议时面折宦官。

时宦官气盛，议事时张口闭口谈及李训、郑注，以此折压朝臣。李石与郑覃则反唇相讥："京师之乱，始自训、注；而训、注之起，始自何人？"仇士良等人不能对，由是憎恨起了李石与郑覃。

仇士良决定拿李石开刀。开成三年（838 年）正月初，李石在上朝途中遇刺，一支冷箭射伤了他。李石纵马向宅邸亲仁里方向跑去。他刚到坊门，不想这里也有刺客。刺客挥刀砍向李石，幸亏马跑得快，利刃仅仅斩断了马尾，没有伤到李石。李石大恐，上表请求辞去相位，出为荆南节度使以避灾祸。

朝臣们也害了怕，据说李石被刺后，唐文宗再进行朝仪，仅有九人敢来上朝。朝臣们对国家的前途命运失去了信心，不会再相信什么"太平可冀"的鬼话，只有终日唯唯诺诺、明哲保身——"汉皇无奈老，何况本书生！"既然皇帝都成了提线木偶，自己尸位素餐又有何不妥？

牛党领袖牛僧孺，当时在淮南任职。"甘露之变"后，他本来就保守的思想变得更加保守，对政治心灰意懒。开成二年（837 年）五月，他调任东都留守，到洛阳后无所作为，反而将在淮南搜集的怪石充实到宅邸之中，置之阶庭，使"馆宇清华，竹木幽邃"。牛僧孺与这些石头朝夕相对，"待之如宾友，视之如贤哲，重之如宝玉，爱之如儿孙"，并与同在洛阳的好友白居易"吟咏其间，无复进取之怀"。白居易还为这些石头写了著名的《太湖石记》。

白居易早年以针砭时弊的新乐府诗歌著名。进入中枢后，白居易频频进谏，甚至曾经对唐宪宗据理直言"陛下错"。白居易历宪、穆、敬、文数朝，不乏谏言建议。"甘露之变"发生时，白居易身在洛阳，侥幸逃过了宦官对朝臣的清洗。事变之后，白居易往日议政热情顿失，诗文中出现了大量所谓的"闲适之作"。这些作品并非真的"闲适"，而是表现出庆幸、冷漠和退避。比如以"甘露之变"发生日期命名的《九年十一月二十一日感事而作》：

祸福茫茫不可期，大都早退似先知。

当君白首同归日，是我青山独往时。

顾索素琴应不暇，忆牵黄犬定难追。

麒麟作脯龙为醢，何似泥中曳尾龟。

无意中的退居东都，被白居易说成“大都早退似先知”；身在长安的朝臣“白首同归”（指被害），而自己却悠游青山；他庆幸自己既没有像嵇康那样临死时“顾索素琴”，也没有像李斯那样被杀前“忆牵黄犬”；麒麟做了肉脯，蛟龙成了肉酱，还不如泥塘中一只苟活的乌龟。白居易思维的转变是许多曾经积极用世的朝臣都有的，只是白居易以大诗人的手笔将其艺术化地表现出来了。

再如《即事重题》：

重裘暖帽宽毡履，小阁低窗深地炉。

身稳心安眠未起，西京朝士得知无。

自己享受着优厚的待遇和闲适的生活，却还要得便宜卖乖，讥讽“西京朝士”。人人若如此，国事将如何？即使朝臣群体锐气尽丧，落魄到这般田地，而朋党之间的攻击倾轧也仍然不歇。

牛僧孺到了洛阳后，在一次宴会上偶遇刘禹锡。牛僧孺早年赴京赶考时，曾经将文章投谒于当时已经负有大名的刘禹锡。刘禹锡“对客展卷，飞笔涂窜其文”，丝毫不给牛僧孺留情面。牛僧孺一直衔怨在心。刘禹锡又与李德裕交往密切，二人飞鸿不断、诗文唱和。牛僧孺更是嫉恨。

此次洛阳相会，牛僧孺早已是出将入相的名臣，而刘禹锡“二十三年弃置身”，是郁郁不得势的贬官。牛僧孺借机赋诗讥笑刘禹锡：“莫嫌恃酒轻言语，曾把文章谒后尘。”

牛僧孺投谒给刘禹锡的文章，后人虽无缘得见，但以刘禹锡和牛僧孺在文学史上天地之别的地位来讲，刘禹锡对牛僧孺文章的修改并不见得就是故意刁难，更多的可能是对后辈的指点。牛僧孺却心胸狭窄，记恨了几十年。以小见大，可知朋党选才用人的态度。

刘禹锡当然也不是好惹的。待到牛僧孺在洛阳大兴土木置南庄别墅时，刘禹锡同样作诗讽刺："丞相新家伊水头，智囊心匠日增修。"

国事艰难至此，政治精英们却仍在拉帮结派地耍脾气斗嘴。

开成四年（839 年），唐文宗风疾复发，身体每况愈下，十一月病情略有好转。一日，唐文宗坐在思政殿上闷闷不乐。他召来当天的翰林学士周墀，问道："朕可方前代何主？"对于这样的问题，周墀当然知道应该怎样回答才能讨皇帝的欢心："陛下，尧、舜之主也。"

没想到唐文宗却满面愁容："朕岂敢比尧、舜，所以问卿者，何如周赧、汉献耳？"我怎么敢比尧舜那样的明主呢，我是问我比周赧王、汉献帝怎么样？

周墀吃惊地说："彼亡国之主，岂可比圣德。"唐文宗的一句话却说得周墀泣下沾襟："赧、献受制于强诸侯，今朕受制于家奴，以此言之，朕殆不如！"唐文宗说罢"龙姿掩抑，泪落衣襟"。周墀"俯伏流涕，再拜而退"。君臣二人都已无话可说。

周赧王时七雄争霸，汉献帝时三国鼎立，他们都受制于诸侯，可唐文宗却受制于一群宦官，实在是"殆不如"也。

心灰意懒的唐文宗从此拒绝上朝，不再见大臣。仅仅一个多月后，开成五年（840 年）正月初四，唐文宗抑郁而终。

就在唐文宗去世的这一天，一场政变又上演了。

第十三章 斜阳只与黄昏近

“会昌中兴”

唐文宗临终前传诏：太子监国。这个太子指的是唐文宗的侄子，唐敬宗的幼子李成美。

唐文宗继承的是兄长唐敬宗的皇位，他认为应在自己去世后将皇位还给唐敬宗的子孙，因此在即位之初，就有意立唐敬宗的长子李普为太子。但因李普不幸夭折，唐文宗才立了自己的长子李永为太子。不过，李永荒怠放纵，逐渐失宠，被父皇幽禁在大明宫少阳院中，不久便莫名奇妙地死在了那里。

唐文宗宠爱的杨贤妃又建议立唐文宗的弟弟安王李溶为皇太弟，这一提议却遭到宰相李珏等人的反对。最终，唐文宗决定立唐敬宗的幼子李成美为太子，但没等正式举行册礼，他就一病不起了。

“文宗暴疾，宰相李珏、知枢密刘弘逸奉密旨，以皇太子监国。”两军中尉仇士良与鱼弘志认为李成美是唐文宗钦定的太子，又是朝臣奉旨迎来监国，若其即位，宦官就没有了拥立之功，不如废掉太子另立新君。

仇士良不愿立唐敬宗诸子，也不愿立唐文宗诸子，而是立原本没有即位可能的唐穆宗第五子颍王李瀍为皇太弟。“是夜，士良统兵士于十六宅迎太弟赴少阳院，百官谒见于东宫思贤殿。”

唐人笔记《唐阙史》中有一则传说。仇士良本想立安王李溶为帝。是夜，仇士良派遣神策军到十六宅迎接安王李溶。安王李溶与颍王李瀍比邻而居，仇士良向神策军下达的指令是“迎大者！”李溶比李瀍年长，“迎大者”应是指迎立李溶。

到了十六宅，神策军将士不知该迎接谁，相互议论道：“奉命迎大者，不知安、颍孰为大者？”李瀍身边有一王美人，本是邯郸歌妓，聪慧机智有权谋，她拥髻褰裙走出，信誓旦旦地对神策军将士说：“大者颍王也。大家左右以王魁梧颀长，皆呼为大王，且与中尉有死生之契，汝曹或误，必赤族矣！”颍王高大魁梧，才是“大者”，又说颍王与仇士良素来交好，迎接错了可是灭门之罪。说着，王美人将李瀍拽了出来。而一旁宅子里的安王李溶“志少疑懦，惧未敢出”，也就错失了争辩的机会。

神策军将士不明就里，胡乱地将李瀍扶上了马。等到了宫中，仇士良见迎接错了，也不好送回，只好将错就错，带领众宦官“罗拜马前，连呼万岁”。李瀍就这样稀里糊涂地成了天子。

这则传说当然不可信。仇士良派遣神策军去执行这么重要的任务，不可能不言明要迎立的人具体是谁。《唐阙史》是唐末高彦休编撰，他生活的年代晚于唐武宗约半个世纪。这则传说在晚唐的民间流传久远，其史实虽然不可信，但是从侧面反映出，在晚唐的人们看来，宦官操有废立大权，皇位的传承如同儿戏，皇位的合法性也就大打折扣了。

唐文宗得知李瀍进宫，虽心有不满，却也无可奈何。唐文宗去世后，李瀍即位，是为唐武宗。而太子李成美、杨贤妃、安王李溶竟然在仇士良的操弄下被赐死。

唐武宗时年二十七岁，几乎与唐太宗、唐玄宗、唐宪宗即位时的年龄相同，正是干事业的黄金年龄。但唐武宗本没有即位的可能，在心理上、能力上都没有做过执政的准备，忽然得了帝位，有些忘乎所以。加之宦官掣肘，唐武宗便得过且过，终日游猎无度。在唐文宗时代被罢黜的那些五坊小儿又得以出入禁中。

唐武宗的荒唐行为倒是使仇士良等人非常满意。仇士良曾经向他的徒子徒孙传授惑君愚君之术：

> 天子不可令闲暇，暇必观书，见儒臣，则又纳谏，智深虑远，减玩好，省游幸，吾属恩且薄而权轻矣。为诸君计，莫若殖财货，盛鹰马，日以球猎声色蛊其心，极侈靡，使悦不知息，则必斥经术，阇外事，万机在我，恩泽权力欲焉往哉？

宦官们这套惑君愚君的把戏自古有之，并不限于宦官，凡是佞臣，莫不如此行事。当然，能成功与否，要看君是什么样的君。遇到唐穆宗、唐敬宗那样的君，这套把戏相当灵验；而遇到唐太宗、唐宪宗那样的君，这套把戏恐怕就会失效。

就唐武宗来讲，虽然以藩王身份初登大宝之后略显放纵，但其年龄已长，又长年在宫外生活，并非不谙事理的纨绔膏粱，在多人的屡次提醒之下，他很快意识到自己行为的错误。

一次，唐武宗去给奶奶郭太后请安，向这位母仪四朝的皇室耆宿请教政治经验："如何可为盛天子？"郭太后回答："谏臣章疏宜审览，度可用用之，有不可，以询宰相。毋拒直言，勿纳偏言，以忠良为腹心，此盛天子也。"唐武宗深受启发，"悉取谏疏阅之，多谏游猎"。发现谏臣的上疏多是谏止游猎的内容，这引起了唐武宗的重视。

"甘露之变"中李训、郑注一党被清洗后，朝廷官员急需补充，以致牛李二党复起，"凡李训指为李德裕、宗闵党者，稍收复之"，二党成员再次把持了前朝。唐武宗即位后，主要依靠较为激进的李党，再次将李德裕擢升为宰相。唐武宗经常出城游猎，至深夜才回宫。李德裕劝谏说："人君动法于日，故出而视朝，入而燕息。……愿节田游，承天意。"谏议大夫高少逸、郑朗也进谏说："陛下比来游猎稍频，出城太远，侵星夜归，万机旷废。"经过多人的规劝，唐武宗逐渐认识到自己的过失，开始有意识地减少游猎，将更多的心思放在国事上。

在唐武宗即位之初，回鹘与西北方的黠戛斯已经相互攻伐二十余年。开成四年（839 年），回鹘境内遭遇罕见大雪，羊马大多冻饿而死。回鹘人无力抵挡黠戛斯的进攻，牙帐被黠戛斯人焚毁，诸部落四散流离，回鹘汗国解体。

回鹘的嗢没斯部率二千余人投奔唐朝，请求内附在天德军（治所在今内蒙古乌梁素海一带）附近。天德军节度使田牟贪功心切，向朝廷请命剿杀嗢没斯部。唐武宗非但没有批准这一冒险且无礼的军事行为，反而加封其部首领为右金吾卫大将军、怀化郡王，并赐姓李氏。朝廷还运送粮食两万斛接济嗢没斯部。

回鹘牙帐附近的十三个部落拥立老可汗的一个儿子乌希特勒为乌介可汗，乌介可汗率大军骚扰劫掠唐朝边境，要求唐朝遣送嗢没斯部回草原。

唐武宗命令边将不要率先挑起事端，但拒绝遣送嗢没斯部。乌介可汗却自恃有众十万，“睥睨边城，桀骜自若”，深入唐朝边境。此外，乌介可汗袭击了唐朝护送太和公主南归的队伍，将公主劫持为人质，还提出“借”振武军（治所在今陕西朔州）一城居住的无理要求。

唐武宗遣使慰问回鹘军，但拒绝其借城的要求。乌介可汗却赖着不走，还派兵劫掠杂居在云州（今山西大同）附近的各族民众的牛马数万头，并且有意攻打云州。

面对回鹘咄咄逼人的态势，朝廷中的牛李二党分为主战与主和两派。牛僧孺主和，认为应“固守关防，伺其可击则用兵”；李德裕主战，认为“守险示弱，虏无由退。击之为便”。

唐武宗赞同李德裕的主张，以刘沔、张仲武、李思忠等人为回鹘招讨使，调集中原诸镇兵马会师太原，讨伐回鹘。唐军出其不意地袭击了回鹘人的牙帐。乌介可汗大惊，弃辎重逃走。唐军迎回了被劫持的太和公主。唐军乘胜追击，又在杀胡山（今内蒙古巴林右旗子罕山）大破回鹘主力，斩首万人，降其部落二万余人。乌介可汗负伤，率数百骑遁去。

回鹘在安史之乱时曾经帮助朝廷平叛，此后又屡次与唐朝合作共同对付吐蕃，可以说对唐有功。正因如此，回鹘人向来骄横自傲，轻视唐朝。此战使回鹘人见识了唐军的厉害，之后再也没有发生回鹘人骚扰边境的严重事件。而随乌介可汗南下的十三部回鹘大部分被唐朝招抚，逐渐融入山西、河北一带的汉人之中。

对回鹘之战的胜利，也使唐武宗的威望得到了一定程度的提升。面对唐武宗的振作，以仇士良为首的宦官渐渐有些不安。因仇士良有援立之功，唐武宗对其“阳示尊宠”，可“内实嫌之”。仇士良感到不妙，准备设计赶走对宦官态度较为强硬的李德裕，以剪除唐武宗的羽翼。

仇士良向神策军散布谣言，谎称李德裕要降低神策军的待遇：“宰相作赦书，减禁军缣粮刍菽。”神策军将士纷纷要去争辩。唐武宗闻讯，命使者晓谕神策军将士：“赦令自朕意，宰相何豫？尔渠敢是！”即使有赦令，也是皇帝的意思，和宰相无关。唐武宗态度强硬，一句话镇住了神策军。

可以看出，此时的大唐皇帝对于宦官和神策军还是有很强的威慑力的。为什么“甘露之变”后，唐文宗却变得嗫嚅退缩，成为宦官手中的工具，而刚刚登基且是仇士良所拥立的唐武宗就敢于为了保护朝臣而呵斥仇士良和神策军将士呢？这恐怕就是个人性格和能力的原因了。

此事过后，仇士良更是惶惑不安。但唐武宗仍然对仇士良隐忍不发，反而还升任仇士良为左右神策观军容使。唐武宗用的是和数年前唐文宗释夺王守澄兵权一样的方法。仇士良见唐武宗英武果敢，非唐文宗所能比，索性称疾告老，请求辞去职务。唐武宗也不挽留，很快诏准。

仇士良致仕退休后，很快就死去了。会昌四年（844年），有人发现其家中私藏兵器数千件，唐武宗下诏削夺其官爵，籍没其家。仇士良是否是自然死亡，他家中的兵器又是否是有人栽赃，史书全无记载。

仇士良贪酷二十余年，杀二王、一妃、四宰相以及朝臣无算，而这样一个权焰冲天的恶阉却被初出茅庐的唐武宗轻而易举地扳倒。唐武宗所处的政治环境与唐文宗末年无异，唐文宗却只能受制于家奴，自叹不如周赧王与汉献帝。重要人物的个人能力对于历史进程的影响着实不容小觑。

当然，唐武宗仅仅是扳倒了仇士良，对宦官群体并没有轻举妄动。当时，政治上的主要矛盾并不是皇权与宦官权力的矛盾，而是突然爆发的朝廷与藩镇割据势力之间的矛盾。就在仇士良被迫致仕以及去世的会昌三年、四年间（843—844 年），唐武宗主持了一场重要的削藩战争，针对的目标是昭义镇第三代刘氏军阀刘稹。

昭义之战

昭义镇第一代刘氏军阀是唐宪宗时期削藩战争中的功臣刘悟。刘悟发动郓州兵变杀死李师道后，被唐宪宗委任为义成节度使。第二年，唐宪宗去世，唐穆宗即位。唐穆宗将刘悟调任为昭义节度使。这次调动对刘悟至关重要。

义成镇仅辖滑州、郑州两州，且处于中原四战之地。而昭义镇则不然。昭义镇又称泽潞镇，领有泽州、潞州、邢州、洺州、磁州五州之地，战略地位十分重要。泽州、潞州大体在今天的山西晋城、长治一带。邢州、洺州、磁州大体在今天的河北邢台、邯郸一带。太行山将昭义镇分为两部分，泽州、潞州在太行山以西，邢州、洺州、磁州在太行山以东。太行山自古就是省级行政区分界线，昭义镇为什么会地跨太行，还要从安史之乱平定后的藩镇割据说起。

当年叛军降将薛嵩为卫相节度使，后改昭义节度使，统领相州、卫州、洺州、贝州、邢州、磁州六州之地。薛氏昭义节度使灭亡后，朝廷逐渐夺回了邢州、洺州、磁州的控制权。唐德宗建中三年（782 年），正值四镇之乱，朝廷设立了新的昭义镇，统领泽州、潞州、邢州、洺州、磁州五州。朝廷这样做为的就是向太行山以东伸出一把利剑，时刻震慑河朔藩镇。李绛曾经对唐宪宗说："昭义五州据山东要害，魏博、恒、幽诸镇蟠结，朝廷惟恃此以制之，邢、铭、磁入其腹内，诚国之宝地，安危所系也。"作为朝廷跨越太行山、面向东方的桥头堡，昭义镇的重要性自不必说。刘悟从义成节度使调任昭义节度使，看似平调，实际上使他在朝廷里和藩镇中的地位都提高了。

此外，昭义镇的治所潞州还具有特殊的政治意义。唐玄宗在发迹之前曾经做过三年的潞州别驾。潞州便成了唐玄宗的龙兴之地。开元年间，潞州升格为大都督府，与并州、益州、荆州、扬州并列为五大都督府。

刘悟常年在太行山以东生活，他半生所处的淄青镇又属于河朔藩镇系统，这使得他天然地与太行山以东的河北地区比较亲近。刘悟入主昭义镇时，带来了大量幕僚、将佐、随从和两千亲兵。这批人都是原淄青镇的精锐，他们和刘悟一样，一身河朔习气。因此，刘悟将昭义镇治所从太行山以西的潞州搬迁到了太行山以东的邢州。

治所的搬迁代表了藩镇政治、经济、军事、文化等诸多方面重心的转移。刘悟治下的昭义镇已经在向河朔藩镇靠拢了。但是，朝廷却仍然觉得昭义镇属于必须听命于自己的内地藩镇，与可以置之不理的河朔藩镇有着本质不同。这种认知的矛盾或者说利益的矛盾为后来的泽潞之战埋下了伏笔。

唐敬宗宝历元年（825年），刘悟病卒。刘悟去世前上表请求朝廷立其子刘从谏为留后，可见刘悟已经将昭义镇看作自己的私产，这是河朔藩镇节度使世袭的惯例。

刘悟死后，刘从谏秘不发丧，以等待朝廷的回复。幕僚贾直言是自淄青跟随刘悟来到昭义的元老，他在淄青时就反对李师道割据。如今见刘从谏将重蹈覆辙，贾直言责备说："尔孺子，何敢如此！父死不哭，何以为人？"刘从谏恐惧，乃发丧。但是，刘从谏并没有放弃谋求代父继任，并派人携带重金到长安运作。此时，刘悟的表章已经到达朝廷。朝臣们多认为："上党（指昭义）内镇，与河朔异，不可许。"不同意刘从谏继任昭义节度使。

但刘从谏的黄金、珍宝也很快到达长安。大宦官王守澄、宰相李逢吉都接受了刘从谏的贿赂，转而支持刘从谏。"时宰相李逢吉、王守澄已受从谏赂，俱请以从谏留后。"唐敬宗整天击毬打猎，哪有工夫操心谁做昭义节度使，也就胡乱地答应了。就这样，刘从谏顺利继任了父亲的职位。

后来的事实表明，刘从谏是一位合格的甚至优秀的节度使，但就其成为节度使的过程来讲，却是不光彩的。刘从谏能够继任父职，使他看到了将来由自己的子侄继任自己职位的可能性，这也为后来刘氏一族的悲剧埋下了祸根。

刘从谏袭位几个月，就赶上横海镇李同捷反叛。应该说与刘从谏相比，李同捷实在是太不走运了。刘从谏趁着糊涂的唐敬宗在位，混上了节度使。李同捷的父亲李全略仅仅比刘从谏的父亲刘悟晚死了一年，长安就换了主人。新即位的唐文宗远非唐敬宗可比，他决不允许李同捷袭位，于是调兵讨伐李同捷。刘从谏也在被调派之列。

此战中，刘从谏取得了不小的战绩。因邢州、洺州、磁州临近成德镇，刘从谏出兵阻击成德节度使王庭凑，使其无暇东顾支持李同捷。何进滔杀死史宪诚掌控了魏博镇后，新任魏博节度使李听不知细情，到魏州赴任时丝毫没有防备，被何进滔偷袭。李听大败溃走。刘从谏率精骑支援李听，才使其稳住阵脚。

刘从谏之所以为朝廷如此出力，道理也很简单。他用不光彩的手段承袭父职仅仅数个月就赶上长安换了皇帝，自然要在新君面前表现一番，以稳固自己的节度使职位。

刘从谏表现出的忠诚和取得的战绩得到了唐文宗的认可，朝廷为其加官晋爵：进位检校尚书左仆射，拜司空，封沛国公。但刘从谏也因此得罪了成德镇王庭凑和魏博镇何进滔，刚刚要融入河朔藩镇系统的昭义镇又成了河朔军阀眼中的“外人”。

这样一来，昭义镇的治所再设在王庭凑和何进滔眼皮底下的邢州就有些不安全了。当年主张将治所设在邢州的主要是刘悟和两千郓州亲兵，而大多数昭义镇旧将士都“人思上党”。“上党”也就是潞州，因此刘从谏决定将治所迁回潞州。这一举措赢得了大多数昭义将士的拥护，刘从谏在军中的威望陡然提升。

太和六年（832 年）十二月，刘从谏入朝觐见。此次入朝，刘从谏请求移镇他处。刘氏两代经营昭义镇十余年，刘从谏为什么会有此请求，史书没有细言。或许这仅是刘从谏的一种姿态而已。唐文宗没有答应刘从谏的请求，反而给刘从谏加同平章事的宰相衔，仍然放其归昭义镇。这表明：其一，唐文宗此时的经营重点不在藩镇；其二，唐文宗此时对昭义镇还是比较信任的。

如刘从谏这种节度使加宰相衔的被称作“使相”，唐文宗时期有“使相”五人：乌重胤、史宪诚、王智兴、李载义、刘从谏。时乌重胤、史宪诚已死，足见刘从谏在藩镇中的地位。刘从谏在京期间看到了朝廷的许多积弊，如朋党纷争、宦官当权等。他“见朝廷事柄不一，又士大夫多请托，心轻朝廷，故归而益骄”，开始有了轻慢朝廷之心。

此后，郑注、李训在政坛迅速崛起。刘从谏同二人交往较为密切。王守澄曾举荐郑注去昭义镇任行军司马。刘从谏则将郑注“辟为节度副使”，让郑注做自己的副手。郑注是一个社交奇才，又怀抱野心，不可能不利用这样的机会结交刘从谏为外援。至于李训，刘从谏是托了宰相李逢吉的关系才做了节度使，李训又是李逢吉的侄子，且关系亲密。李训在朝中扶摇直上，刘从谏不可能不利用这样的关系将李训引为内应。

李训曾至昭义镇看望过郑注，名义上是看望郑注，暗中很可能就是去联络刘从谏。李训与刘从谏的关系甚至比同郑注的关系还要亲密。《新唐书·刘从谏传》记载：“李训约从谏诛郑注。”至于郑注、李训一党的其他成员，也和刘从谏有着较为密切的交往。但郑注、李训的除宦密谋，刘从谏事先应是不知情的。

随着“甘露之变”爆发，郑注、李训一党覆没，两人一党的很多幸存人员都选择逃到昭义镇避难，如李训之从兄李仲京，王涯之从孙王羽，贾餗之子贾庠，郭行余之子郭台，韩约之子韩茂章、韩茂实，王璠之子王渥等。刘从谏将他们全部保护了起来。这也反映出刘从谏与郑注、李训一党的关系绝非一般。

“甘露之变”仅仅过了一个多月，朝廷就接到了刘从谏的恐吓信：

涯等儒生，荷国荣宠，咸欲保身全族，安肯构逆！训等实欲讨除内臣，两中尉自为救死之谋，遂致相杀，诬以反逆，诚恐非辜。设若宰相实有异图，当委之有司，正其刑典，岂有内臣擅领甲兵，恣行剽劫，延及士庶，横被杀伤！流血千门，僵尸万计，搜罗枝蔓，中外恫疑。臣欲身诣阙庭，面陈臧否，恐并陷孥戮，事亦无成。谨当修饰封疆，训练士卒，内为陛下心腹，外为陛下藩垣。如奸臣难制，誓以死清君侧！

刘从谏直言王涯等人不可能谋反，李训也是为了诛杀宦官，并非谋反。即使李训、王涯等人谋反，也应交有司法办，而不应由宦官擅领甲兵在长安血腥屠杀。刘从谏甚至扬言“如奸臣难制，誓以死清君侧”，威胁要带兵入朝剿灭宦官，以“清君侧”。

自安史之乱以来，藩镇节度使难治者有之，但大多是为了自己在藩镇的利益才和朝廷公开叫板，像刘从谏这种公然表示要带兵入朝“清君侧”的，恐怕还要上溯到当年的安禄山。刘从谏虽然没有做安禄山第二的勇气与实力，但“甘露之变”后的朝廷也绝非天宝年间那样“抗揍”。昭义镇打开南门就可望见东都，向西渡过黄河就可威胁关中，刘从谏真要使起性子，也真能搞一场动乱。

这封恐吓信着实将仇士良等宦官吓得不轻。仇士良赶紧以唐文宗的名义加刘从谏为检校司徒，以安抚其心。刘从谏却根本不买账，先后四次上表逼问王涯到底犯了什么罪。

刘从谏在上表中还拒绝检校司徒的头衔：“臣之所陈，系国大体。可听则涯等宜蒙湔洗，不可听则赏典不宜妄加！安有死冤不申而生者荷禄！”如果陛下您认为我先前的表章说得对，就应该为王涯等人昭雪；如果您认为我说得不对，为什么要给我加官？这话看似是质问唐文宗的，实际上是说给宦官们听的。

“时士良等恣横，朝臣日忧破家。及从谏表至，士良等惮之。由是郑覃、李石粗能秉政，天子倚之亦差以自强。”正是在刘从谏施加的压力之下，仇士良等宦官才稍作收敛，使唐文宗有了一些执政的自主权，宰相们也能较为正常地施政。

可以说在“甘露之变”之后，作为郑注、李训一党的坚定支持者兼拥兵一方的实力派，刘从谏对混乱的政局施加影响，使朝政勉强得以回归正轨，发挥的作用是积极的。但他所用的手段却是激进的。不管怎么说，扬言将兵入朝“清君侧”，都会让人同谋反联系在一起。刘从谏公然发表这样的言论，也使其一时成了悍帅的代表，并彻底得罪了宦官群体。

唐文宗去世后，在宦官的拥立之下，唐武宗即位。这时，刘从谏的地位就变得尴尬了。他曾试探性地送给唐武宗一匹良马，“从谏畜马高九尺，献之帝，帝不纳，疑士良所沮，怒杀马，益不平”。说书人常言，古代宝马是“蹄至背高八尺”，而刘从谏献给唐武宗的马高九尺，可见是一匹上好的骏马，但唐武宗却没有接受。刘从谏认为是仇士良从中作梗。他怒而杀马，心中想杀的恐怕是仇士良。当然，他怨恨的还有不明自己忠直之心的唐武宗。

会昌三年（843 年）初，刘从谏忧愤成疾，一病不起。他对妻子裴氏说:“吾以忠直事朝廷，而朝廷不明我志，诸道皆不我与。我死，他人主此军，则吾家无炊火矣。”

刘从谏得罪了宦官，所以“朝廷不明我志”；刘从谏也得罪了魏博镇和成德镇，所以“诸道皆不我与”。在四面树敌的情况下，刘从谏想到的保全之策是将职位传给自己人。最终，他选中了自己的兄长刘从素之子刘稹做继承人。

刘从谏去世后，刘稹接管了昭义镇的军务。昭义镇地跨太行，本是朝廷向太行山以东伸出的一把利剑。如果昭义镇学着河朔藩镇搞世袭罔替，同河朔藩镇沆瀣一气，那它反而成了藩镇割据势力伸向太行山以西的一把利剑。对此，唐武宗当然不允，他命刘稹入朝，并许诺必厚加官爵。刘稹却抗旨不遵，“大出军，至龙泉驿迎候敕使，请用河朔事体”，公然要求朝廷以河朔藩镇的惯例对待昭义镇。

刘稹不受敕命，使者回朝复命。唐武宗大怒，却还想挽回局面。他为刘从谏辍朝，并赠其为太傅，同时再次下诏，命“刘稹护丧归东都”。其时，刘从素尚在长安。唐武宗召见刘从素，命他写一封私信，劝刘稹不要与朝廷为敌。但刘稹却始终秉承其叔刘从谏的意志，认为只要丧失军权离开昭义，将阖门难以保全。因而尽管有皇帝的诏令，有父亲的家书，刘稹依然据镇自守，丝毫没有悔改的意思。

面对这一局面，唐武宗与众宰辅紧急商讨对策。此时，朝廷刚刚经历了与回鹘人之战，回鹘游骑尚在距离昭义镇不远的北疆巡弋，众宰辅多认为："回鹘余烬未灭，边鄙犹须警备，复讨泽潞，国力不支，请以刘稹权知军事。"希望唐武宗答应刘稹的要求，以平息事端。

李德裕却有不同的看法："泽潞事体与河朔三镇不同。河朔习乱已久，人心难化，是故累朝以来，置之度外。"但是，昭义镇近处心腹，一军素称忠义，多用儒臣为帅，向来听从朝廷的命令，当年李抱真成立此军，德宗皇帝犹不许承袭。后因敬宗皇帝不恤国务，宰相又无远略，以至于刘悟死后，才将节度使职位授予刘从谏。刘从谏"跋扈难制，累上表迫胁朝廷，今垂死之际，复以兵权擅付竖子。朝廷若又因而授之，则四方诸镇谁不思效其所为，天子威令不复行矣"！如果姑息刘稹，则朝廷将会威严扫地。

这番道理唐武宗哪能不懂，但他的顾虑是如果朝廷贸然征讨昭义，是否有把握取胜。因而唐武宗问道："卿以何术制之？果可克否？"

李德裕对曰："稹所恃者河朔三镇。但得镇、魏不与之同，则稹无能为也。若遣重臣往谕王元逵、何弘敬，以河朔自艰难以来，列圣许其传袭，已成故事，与泽潞不同。今朝廷将加兵泽潞，不欲更出禁军至山东。其山东三州隶昭义者，委两镇攻之。兼令遍谕将士，以贼平之日厚加官赏。苟两镇听命，不从旁沮桡官军，则稹必成擒矣！"

李德裕认为，成德镇与魏博镇若不与刘稹联合，刘稹孤军奋战，一定会被剿灭。当时，成德镇王庭凑已死，其子王元逵袭位；魏博镇何进滔已死，其子何弘敬袭位。朝廷应派重臣晓谕王元逵与何弘敬，不要因为自己是承袭父位就同情帮助想要袭位的刘稹。同时利用成德、魏博二镇与昭义镇的矛盾，命二镇攻取隶属昭义镇的太行山以东之三州。如此，官军必破刘稹。

李德裕联合二镇孤立刘稹的战略给予了唐武宗信心，他遂决意征讨刘稹。唐武宗派使者到河朔，委任王元逵为北面招讨使，何弘敬为南面招讨使，令他们共同攻取邢州、洺州、磁州，并开诚布公地告诫二人：“泽潞一镇，与卿事体不同，勿为子孙之谋，欲存辅车之势。但能显立功效，自然福及后昆。”说得如此明白，又有三州为诱饵，二人自然听命于朝廷。

有了成德、魏博二镇对付邢州、洺州、磁州三州，朝廷就可以放手攻取昭义镇位于太行山以西的泽州与潞州。泽州南与河阳镇接壤，唐武宗便命河阳节度使王茂元北攻泽州；潞州北与河东镇接壤，唐武宗就命河东节度使刘沔向南攻取潞州。

除此之外，唐武宗还命地处昭义镇以西的河中节度使陈夷行率兵向东攻掠隶属昭义镇的翼城、冀氏等地。五路兵马合围昭义镇，唐武宗志在必得，但败讯很快从前线传来，给了他当头一棒。

会昌三年（843 年）六月，河阳节度使王茂元遣将马继率兵两千余人北上太行山，准备从天井关（今山西晋城西南）攻入昭义镇境内。不想在天井关以南的科斗店被刘稹大将薛茂卿击溃。

薛茂卿擒获马继，接连焚毁官军十七座营寨，兵锋直插怀州。因刘稹只想自保，并不想激怒朝廷，薛茂卿在率军行至距怀州十余里处被紧急叫停。

消息传到长安，主和言论再起，唐武宗也有些灰心。李德裕却鼓励说：“小小进退，兵家之常”，再次坚定了唐武宗的信心。王茂元不善战而致兵败，朝廷以善战的忠武节度使王宰为河阳行营攻讨使，接替河阳防务，对付薛茂卿。

河阳换将之时，太行山上的薛茂卿却临阵倒戈，归顺了朝廷。原来刘稹制止薛茂卿攻取怀州使薛茂卿看到刘稹难成大事，不足与谋，便暗中投降了王宰，并将天井关拱手让给官军，退入泽州，准备待官军攻打泽州时再献城投降。王宰却害怕这是薛茂卿的诱敌之计，不敢进兵泽州。

战机稍纵即逝，刘稹已经看出薛茂卿的异常，前几日连战连捷的勇将怎么会突然节节败退，他将薛茂卿诱至潞州杀害，另派大将刘公直到泽州前线御敌。待王宰再攻泽州，城头上的守将已经换作刘公直了。王宰大败，刘公直乘胜再陷天井关。双方在太行山间对峙，都难以再有战绩。

北线战场上，河东镇的官军攻下太原通往潞州的要隘石会关（今山西榆社西），潞州门户洞开。但就在此时，太原却发生了兵变，形势骤转。

河东节度使原为刘沔，战争打响后，因原宰相、荆南节度使李石曾任河东节度副使，熟悉河东军务，唐武宗调任其为太原尹、北都留守、河东节度使，负责北线作战。会昌三年（843 年）十二月，屯驻榆社的河东行营都知兵马使王逢向李石请求增兵。太原无兵，李石只得调北疆防御回鹘的官军一千五百人回防，由别将杨弁率领支援王逢。

十二月二十八日，这支官军行至太原。按惯例，每人应赏赐绢帛二匹。但太原府库不足，李石就以私产赏赐，而每人也仅得一匹，惹得士兵不满。此时已近新春，士兵欲过年后再出征，但监军吕义忠却不顾军情，催促进兵。士兵更加不满。杨弁知太原空虚，趁机蛊惑士兵起事，挑起了兵变。杨弁率乱兵占领了太原，驱赶了李石，派使者到潞州与刘稹联合，两家约为兄弟。

河东局势急转直下，朝廷主和声音又起。唐武宗派宦官马元实为使者入太原劝降。马元实接受了杨弁的贿赂，回朝廷后甚至主张任命杨弁为河东节度使。又是李德裕力主平叛："杨弁微贼，决不可恕。如国力不及，宁舍刘稹。"意思是，朝廷宁愿暂时不讨伐刘稹，也决不能纵容杨弁。此话再次坚定了唐武宗的信心。

此时，在榆社同刘稹作战的官军紧急回师太原平叛。这些官军本是河东军队，许多人的家宅资产都在太原，他们攻打太原既是为国，更是为家，因此异常勇猛。杨弁毕竟只有一千五百人马，捉襟见肘，根本守不住偌大的太原。会昌四年（844 年）正月二十八日，官军攻克太原，杨弁被俘，叛军尽被诛杀。太原兵变前后仅仅一个月即宣告平定，战局再次转向对朝廷有利的一侧。

刘稹贪婪吝啬，专聚货财，府库充溢，却不赏赐有功将士，由此将士离心离德，更加速了他的灭亡。在官军多路进攻的高压之下，昭义镇内部迅速发生分化。昭义镇大将高文端投降朝廷，并告知朝廷昭义镇在太行山中的固镇寨、青龙寨等军寨虽居高设险而建，但缺少水源，可围而不攻，其寨必破。官军依计而行，果然取得许多战果。昭义镇在太行山以东的邢州、洺州、磁州三州守将见朝廷平灭叛乱的决心已下，料想刘稹不可能支撑太久，纷纷向成德镇、魏博镇投降。

三州投降的消息传到潞州，刘稹全军大骇，众将纷纷为自己寻找退身之路。刘稹也失去了继续抵抗的信心。部将郭谊、王协见刘稹动摇，密谋先引诱刘稹投降，再杀刘稹取功。他们派遣颇受刘稹信任的董可武劝说刘稹投降朝廷，将昭义节度使留后的位置让给郭谊，自己“奉太夫人及室家金帛归之东都”。

事到如今，刘稹觉得这是一条可行的退身之策，遂将兵权交给了郭谊。郭谊、王协宴请刘稹，酒至酣处，呼人在席前将刘稹斩首。刘稹全家老幼全部被斩杀，在昭义镇避难的李训、郑注一党的家属族人也悉数遇难。郭谊、王协向朝廷投降，将刘稹的首级装到木函中献于王宰。泽州守将刘公直见主帅已死，也开城向王宰投降。昭义镇遂告平定。

平定昭义之战看似是一场简单的平叛战争，同先前唐宪宗时期的平叛战争并没有什么不同，甚至还没有那几场战争来得激烈曲折，实则不然。昭义之战是唐武宗一朝政局中多种矛盾的总爆发，是皇帝、宦官、朋党、藩镇多种政治力量在昭义节度使继承权问题上展开激烈角逐的结果。

唐武宗即位后重用李党势力，击败了回鹘人的内侵，干掉了宦官头子仇士良，想要继续扩大自己权威，当然要对藩镇表现出强硬态度。昭义刘氏在“甘露之变”之后得罪了宦官群体，后者乐意看到昭义刘氏势力倒台，因而支持唐武宗对昭义用武。

而就朝堂上的朋党来讲，牛党对藩镇宽容妥协，征讨昭义正是得势的李党对牛党的反击。当初，刘从谏入朝时正是牛党得势，唐文宗为刘从谏加宰相头衔，放其归镇。这件事成了李党攻击牛党的口实。李德裕就曾对唐武宗说：“刘从谏据上党十年，太和中入朝。僧孺、宗闵执政，不留之，加宰相纵去，以成今日之患，竭天下力乃能取之，皆二人之罪也。”

讨平昭义之后，官军查抄出了李宗闵写给刘稹的书信。洛阳也传来消息，其地方官称，官军的捷报传到洛阳时，牛僧孺竟“出声叹恨”。牛僧孺、李宗闵终于被李德裕戴上了结交刘稹的帽子。牛僧孺被贬为循州长史，李宗闵被流放到封州（今广东封开县），牛党就此失势。

就藩镇来讲，河朔藩镇世袭已成传统，他们本不愿见到朝廷因藩镇世袭而对藩镇用武。但昭义刘氏与成德王氏、魏博何氏都有旧怨，加之昭义镇所辖太行山以东三州，对河朔藩镇构成了严重的现实威胁，使他们不愿见到一个长期由刘氏把持的强大的昭义镇存在。唐武宗此时许诺“泽潞一镇与卿事体不同……但能显立功效，自然福及后昆”，将昭义镇同河朔藩镇做了明确的区分，并以承诺河朔藩镇世袭的既定事实为代价，来换取河朔藩镇出兵对付昭义刘氏。成德王氏、魏博何氏自然就“忠心耿耿”地同皇帝趴在一个战壕里了。

唐武宗要立威，宦官要报复，李党要攻击牛党，河朔藩镇要地缘安全，各种政治力量对昭义刘氏的态度，达到了默契的统一，而昭义刘氏的悲剧也就不可避免地发生了。

灭　佛

唐武宗一朝的政事中对历史最具影响者，莫过于佛教史上称为“会昌法难”的灭佛事件。唐朝的绝大多数皇帝都虔诚地供奉佛教，为什么唐武宗会旗帜鲜明地反对佛教，甚至付诸了“灭佛”的实际行动呢？

中国人的民族性格中具有善良忠厚、和谐中庸、接纳包容等诸多优秀品质，因而对于外来的佛教，中央王朝与百姓一直持宽容的接受态度。但也有极少数几个时期，由于政治、经济、文化等多种因素，政府曾经对佛教进行打击。最著名者，即佛教所谓的“三武一宗之厄”。“三武”指北魏太武帝、北周武帝和唐武宗，“一宗”指后周世宗，“三武一宗之厄”即指上述四位皇帝统治时期的“灭佛”行动。

当然，这里必须说明的是，相比于古罗马帝国、中世纪欧洲以及古代伊斯兰教对异教徒的血腥屠戮，“三武一宗”对于佛教的打击要温和得多。

"三武一宗"中，除北魏太武帝拓跋焘因其嗜杀成性，在"灭佛"中有过激行为外，北周武帝、唐武宗、后周世宗的所谓"灭佛"都属于比较克制的、理性的限制宗教行为，并非真的"灭"。

北周武帝、唐武宗和后周世宗都不主张对佛教徒实行肉体消灭，而是希望佛教徒重新回到世俗世界，重新回到国家的管理控制体系中来。他们并非真的要消灭佛教，而是希望佛教势力不要过于膨胀，影响国家正常的政治、经济秩序。他们在限制佛教的过程中，都会在一定程度上保障佛教寺院与僧人的合法地位与合理空间。放眼全球古代世界，这也是极为难得的善意与宽容。

"三武一宗"的"灭佛"行动中，成效最明显、影响也最大者当属唐武宗的"灭佛"。这也很好理解，北魏太武帝、北周武帝和后周世宗都是分裂时期的皇帝，其政令难以通行全国。唐武宗则不然，作为大唐天子，他的政令可以在除了河朔割据藩镇之外的地方畅行无阻。

至于唐武宗为什么会选择"灭佛"，历来最主流的解释是唐朝后期寺院经济高度膨胀，与国家经济利益产生了矛盾冲突。唐武宗时期，国家经济困难，统治集团盯上了佛教掌握的巨额财产、大量土地和劳动力，要将佛教的财产和土地充归国有，将佛教控制的人口转化为国家控制的劳动力。

经济原因当然是有的，但仍很难解释为什么是唐武宗"灭佛"，而不是之前的唐宪宗、唐穆宗、唐敬宗、唐文宗灭佛，也不是之后的唐宣宗、唐懿宗、唐僖宗、唐昭宗"灭佛"。

唐宪宗时期，朝廷频繁地讨伐藩镇，国家经济也已经很困难了。但是，皇帝还是不顾韩愈等人的反对，虔诚地到法门寺迎接那段佛骨供养。唐文宗曾言:"古者三人共食一农人。今加兵佛，一农人乃为五人所食。其间吾民尤困于佛。"佛教的危害清清楚楚，怎么不去"灭佛"?

唐懿宗时期，天下将乱，国家经济比唐武宗时期还要困难，但朝廷还是到法门寺迎接佛骨供养——这也是古代法门寺地宫最后一次启闭。1987年，法门寺地宫在关闭一千一百年后再次被发现，当厚重的地宫大门被开启，里面的2000多件文物震惊了世界。笔者曾有幸在法门寺亲眼见过这批文物中的精品，其价值无法用文字来形容。当年的唐懿宗怎么就舍得用那么多的珍宝供奉佛指舍利？

为什么只有唐武宗选择了“灭佛”？困难只是当时国家经济的现状，可以算作“灭佛”的背景，可并不能称之为根本原因。唐武宗“灭佛”的真正原因是佛教与其信仰相冲突。

唐武宗笃信道教，在做藩王时就笃信道教，“帝在藩时，颇好道术修摄之事”。即位之后，唐武宗更是有了推崇道教的条件。在会昌元年（841年）六月的庆阳节法会上，僧人、道士共同讲法。刚刚即位不久的唐武宗却只赐给道士穿着紫衣，而僧人则没有这样的待遇。唐武宗还“召道士赵归真等八十一人入禁中，于三殿修金箓道场。帝幸三殿，于九天坛亲受法箓”。

一批道士先后聚集在唐武宗的身边，“时有郭天师，暨并州女巫，少攻符术，多行厌胜，监军使携至京国，因缘中贵，出入宫掖，遂赐天师号”。“会昌元年六月，以衡山道士刘玄靖为银青光禄大夫，充崇玄馆学士，赐号广成先生，令与道士（赵）归真于禁中修法箓。”

赵归真是唐武宗身边最重要的道士。唐武宗不但允许其出入宫掖，在禁中修法箓，还在南郊为其敕造了望仙台及廊舍五百三十九间，供其修符箓、炼丹药。唐武宗“每斋戒沐浴，召道士赵归真已下共探希夷之理”。终日和道士混在一起，引起了朝臣的担忧，以李德裕为首的朝臣屡屡进谏，希望唐武宗远离道士。唐武宗却说：“朕宫中无事，屏去声技，但要此人道话耳。”我已经不再声色享乐了，只愿同赵归真论道，这点自由还没有吗？

唐武宗同赵归真讨论的是什么“道”呢？

武宗志学神仙，以归真为师。归真乘宠，每对，排毁释氏。言非中国之教，蠹耗生灵，尽宜除去。帝颇信之。

道教与佛教作为当时最重要的两种宗教，存在着激烈的斗争。蛋糕就那么大，彼消才能此长，灭佛才能弘道。作为道教代言人的赵归真想趁机发展道教，就教唆唐武宗压制佛教。为了达到危言耸听的效果，赵归真等道士向唐武宗抛出了一条骇人听闻的言论：

道士奏云："孔子说云：'李氏十八子昌运方尽，便有黑衣天子理国。'臣等窃惟黑衣者，是僧人也。"皇帝受其言，因此憎嫌僧尼，意云李氏十八子，为今上当第十八代，恐李家运尽，便有黑衣夺位欤？

这条史料被保存在日本僧人圆仁所著《入唐求法巡礼行记》中，当时的道士假托孔子之言，向唐武宗兜售"李氏十八子昌运方尽，便有黑衣天子理国"之说。道士说，"李"字拆开写为"十八子"，唐武宗是唐朝的第十八代皇帝，李家运数将尽，将有黑衣人夺位。谁是黑衣人呢？当时，僧人穿着黑色僧服，即"缁衣"，所以黑衣人是指僧人。

道士假托孔子之言，不知是道士所编造，还是当时民间确有此说法。唐武宗并非唐朝的第十八位皇帝，而是第十五位皇帝，不知道士是如何向唐武宗解释这个问题的。总之，道士告诫唐武宗，僧人将夺取李唐的江山。唐武宗笃信道教，听了"真人""天师"这样一番话后反应如何可想而知。

早在即位之初，唐武宗就愤怒地说"穷吾天下，佛也"，认为使天下穷困的原因是佛教势力的膨胀。"始去其山台野邑四万所，冠其徒几至十万人。"唐宪宗下令将山野中民间私造的小寺庵拆毁，令其中的数万僧尼还俗。无论是道士讲的"蠹耗生灵"，还是唐武宗讲的"穷吾天下"，看似是指向经济原因，但其终归还是信仰原因——只有不信仰佛教的人才会这样思考，才会敢于这样作为。

会昌二年（842 年）、会昌三年（843 年），唐武宗的反佛教举措愈加严厉，强令僧尼中违反国家法律者和不能秉持佛教戒律者还俗，行咒术、妖术等者同禁，并没收其财产，"充入两税徭役"；严格控制寺院的僧尼数量，严禁私自剃度，限制僧尼蓄养奴婢。

会昌四年（844 年），唐武宗敕令拆毁天下房屋不满二百间、没有敕额的寺院、兰若、佛堂，其僧尼要全部还俗。“敕额”即皇帝赐给寺院的匾额。也就是说，不是历代唐朝皇帝敕建、敕封的寺院，都要拆毁。同时，禁止寺院供养“佛牙”“佛骨”。寺院若接受信徒供奉，每受一钱，供奉者和受施者都要被杖责二十。

到了会昌五年（845 年），唐武宗下达了一系列最为严厉的“灭佛”令。四月初一，唐武宗下诏，令年龄在四十岁以下的僧尼还俗，回归本乡，编入户籍，成为向国家纳税的农民。四月十六日，又诏令年五十岁以下的僧尼还俗，还乡入籍。七月，唐武宗诏令裁并天下佛寺，其他寺院全部拆毁，其财产、田地全部由官府接收，寺院的奴婢全部释放为民。

灭佛政策在全国推行后，据统计，全国“拆寺四千六百余所，还俗僧尼二十六万五百人，收充两税户，拆招提、兰若四万余所，收膏腴上田数千万顷，收奴婢为两税户十五万人”。这里的“膏腴上田数千万顷”并非指“数千万顷”，而是“数千、万顷”的意思。在经济鼎盛的天宝时期，整个唐朝境内也就只有一千多万顷耕地，更不要说会昌时期了。有学者推算，唐武宗没收寺院的田产在五十万顷左右，这已经是非常可观的数字了。

日本僧人圆仁于会昌五年（845 年）离开长安返回日本，沿途记述了“灭佛”所见。离开时，长安“城中僧尼还俗已尽”，圆仁一路向东，在胶东半岛的登州（今山东蓬莱）登船离唐，此时的登州“条流僧尼、毁拆寺舍、禁经毁像、收检寺物，共京城无异”。甚至“佛上剥金、打碎铜铁佛、称其斤两”。作为佛教徒，圆仁悲愤地说：“痛当奈何！天下铜铁佛、金佛有何限数，准敕尽毁灭化尘物。”

还是那句话，唐武宗的“灭佛”并非要消灭佛教甚至消灭僧人，在佛教信众广布的唐代，那样做也不现实，唐武宗只是要限制佛教的势力。在下令并省天下佛寺的同时，唐武宗也对一些寺院予以保留：“上都、东都两街各留二寺，每寺留僧三十人。天下节度、观察使治所及同、华、商、汝州各留一寺，分为三等。上等留僧二十人，中等留十人，下等五人。”

比如长安所留存的四所寺庙，即“左街留慈恩、荐福，右街留西明、庄严”。今天我们在西安还能看到的大雁塔又名“慈恩寺塔”，是长安城左街晋昌坊内大慈恩寺的遗存；小雁塔又称“荐福寺塔”，是长安城左街安仁坊内荐福寺的遗存。这两座存留至今的唐代佛塔是唐武宗“灭佛”的见证，同时也是唐武宗并非真“灭佛”的见证。

唐武宗“灭佛”也并非只“灭佛”，而是除道教以外的其他宗教也受到限制。其中，由波斯人传入的袄教、景教和摩尼教所谓的“三夷教”紧随佛教之后，也成为唐武宗重点“关照”的对象。

会昌三年（843 年），唐武宗“敕天下末尼寺并令废罢”；会昌五年（845 年），“勒大秦穆护、袄三千余人还俗，不杂中华之风”。“大秦穆护”指袄教传教士。“三夷教”势力不大，朝廷在他们身上榨不出什么油水，废罢他们也并非经济因素，而是为了“不杂中华之风”。那么，唐武宗提倡的“中华之风”是什么，当然就是中国的本土宗教道教。

与限制佛教、“三夷教”等形成鲜明对比的，是唐武宗对道教的大力扶植。比如唐武宗在宫中举行长达一百多日的道教道场；命神策军三千人连续施工五个月，为道士修筑仙台；赏赐金仙观、兴唐观等道观大量钱财；为金仙观修建金仙楼、为兴唐观铸造铜像；下诏令各地贡献道士所用的桃毛、龟毛、兔角等难以寻觅，甚至根本不存在的东西。

会昌四年（844 年），长安佛寺制作花蜡、花饼、花果树等供奉于佛殿之前。唐武宗得知，居然敕令将这些供品尽数搬到兴唐观中祭祀天尊。唐武宗还亲临兴唐观，并召百姓观看。信奉佛教的百姓当然不满，骂道：“夺佛供养祭鬼神，谁肯观看。”

佛教在中土兴盛了数百年，拥有深厚的群众基础，唐武宗的行为引起了长安百姓的不满。以小见大，唐武宗在短短数年之内大举限制佛教活动，虽然在短期内使国家掌握的土地、钱财、劳动力有所增加，也满足了其个人内心的信仰，但这种以至高无上的皇权为所欲为的做法是不尊重客观规律的，长期来看注定不可能成功。

王夫之在《读通鉴论》中曾经质问：“勒二十余万僧尼使之归俗，将奚归哉？”“灭佛”期间还俗的僧众以及释放的奴婢不只“二十余万”，而是大约五十万人，没收寺院的田产大约五十万顷，若每人可分得一顷，也就是一百亩。如果按照理想化方案执行，“将奚归哉”的问题并不是问题。

但事实并非如此，分配田地的政策并不能完美执行。僧尼在寺院中本来很少从事农业生产，奴婢是伺候僧尼的，他们也很少参加农业生产。寺院的土地平日里是租给失去土地的农民耕种的。国家收回之后，要么还继续租给这部分农民耕种，要么分给僧尼耕种，但总会有一部分人因此而没有土地耕种，这样必然会加剧社会矛盾。

僧尼平时只知诵经拜佛，四体不勤习以为常，不愿参加农业生产，因此逃亡的僧尼甚众。他们有的逃往“灭佛”政策执行不力的地区继续做僧尼，如“五台僧多亡奔幽州”，有的僧尼则隐于山林成为强盗。

李德裕就曾说：“自有还僧以来，江西劫杀，比常年尤甚。自上元至宣池地界，商旅绝行。”圆仁也记录了这一现象：“唐国僧尼本来贫，天下僧尼尽令还俗，乍作俗形，无衣可着，无物可吃，艰穷至甚，冻饿不彻，便入乡村，劫夺人物，触处甚多，州县捉获者，皆是还俗僧。”

僧尼因失去生计而沦落为盗寇，这自然是“灭佛”的负面影响。但是，从另一个角度来讲，原本吃斋念佛的僧尼一旦失去生计，就沦落为盗寇，去干劫杀抢夺的勾当，那他们的心中是否确有佛法存在？他们的慈悲善念又在哪里？

他们若在朝廷灭佛毁寺时，或是自焚殉法，或是反抗护法，都是令人敬佩的。但他们却偏偏不敢对自己的肉身有所作为，更不敢对加害他们的朝廷有所作为，而是去劫掠客商、村民，他们算得上真正的佛家弟子吗？他们不过就是一群指佛穿衣、赖佛吃饭的寄生虫罢了。说得严重点，他们在寺院里原本就是一群盗寇，盗佛家之名，寇信众之财。

讲到这里，我们可以继续“以小见大”。今天我国仅有两座唐代木结构建筑遗存。两座都是佛寺，且都在五台山。一座是位于山西省五台县城西南李家庄的南禅寺大殿。该殿始建年代不详，重建于唐建中三年（782

年），唐武宗“灭佛”时没有被拆毁。另一座是位于山西省五台县城东北豆村镇东北的佛光山中的佛光寺东大殿。该殿始建于北魏孝文帝时期，毁于唐武宗“灭佛”，唐宣宗大中十一年（857 年）重建。

“五台僧多亡奔幽州”，证明当时五台山一带执行了“灭佛”政策。但同样经历了“灭佛”洗礼，同样位于五台山，佛光寺东大殿被毁，而南禅寺大殿却幸存，证明即使在执行“灭佛”政策的地区，“灭佛”政策的贯彻也是不彻底的。佛光寺东大殿被毁十多年后就重新修复，证明唐武宗的“灭佛”政策不过是一阵风运动，随着他的去世，“灭佛”很快成为“过去式”。随着唐宣宗、唐懿宗政策的改变，佛教又再度兴盛起来。

这一灭一兴、一毁一建，又是多少人力物力财力的消耗。最终为朝廷的反复政策买单的，还是社会底层的老百姓。一旦老百姓再也负担不起皇帝的任性，那么社会的动荡就不是几个僧尼劫杀抢夺那么简单了。

皇太叔

明末王夫之曾经满怀憧憬地写道：“武宗不夭，德裕不窜，唐其可以复兴乎！”

唐武宗与李德裕是唐代最后一对政绩显著的君臣组合，二人相知相用、相辅相成，“君臣之分，千古一时”。两人联手开创了虽有过誉但毕竟可贵的“会昌中兴”局面，堪为晚唐绝响。

王夫之假设的历史终究没有成真，史实是唐武宗夭，李德裕窜，唐未能复兴。“会昌中兴”的局面太过于短暂，如流星划过九世纪的夜空，随着会昌六年（846 年）唐武宗的暴崩而倏然坠落。

那么，唐武宗因何夭，李德裕如何窜，唐又何以未能复兴？

会昌五年（845 年）下半年，唐武宗“灭佛”取得了巨大成功。加之先前击退回鹘、平定昭义等战争的胜利，唐武宗的政治生涯达到顶峰，一切看似局面大好。但一个隐秘的祸端却在悄悄蔓延，使得宰相李德裕忧心忡忡。十月，李德裕进谏道：“陛下威断不测，外人颇惊惧……今天下既平，愿陛下以宽理之。”唐武宗为何“威断不测”，使人们“颇惊惧”，原来此时他已经丹药中毒。“上饵方士金丹，性加躁急，喜怒不常。”唐武宗“自秋冬以来，觉有疾”，已经意识到了自己身体不适，但道士却说这是在“换骨”，让皇帝不要介意。

唐武宗信奉道教、信任道士，也就听信了那套歪理邪说，导致身体每况愈下，以致到了“宰相奏事者亦不敢久留。诏罢来年正旦朝会”的地步。就这样，唐武宗又挺了两三个月。会昌六年（846 年）三月，原本平稳的政治局面，随着唐武宗健康状况的突然恶化而风云骤变：

三月壬寅，上不豫，制改御名炎。帝重方士，颇服食修摄，亲受法箓。至是药躁，喜怒失常，疾既笃，旬日不能言。宰相李德裕等请见，不许。中外莫知安否，人情危惧。是月二十三日，宣遗诏，以皇太叔光王柩前即位。是日崩，时年三十三。

唐武宗病入膏肓，道士认为是皇帝的名字所致。唐武宗本名李瀍，“瀍”中有水。唐是土德，“土”能克“水”。因而改名李炎。“炎”为双“火”，火能生土，道士们说这样改可以“以君名生王气”。但改名并没有挽留住唐武宗年轻的生命，他于当月驾崩，年仅三十三岁。唐武宗留下的遗诏是：“以皇太叔光王柩前即位。”

“皇太叔”是一个罕见于史籍的称谓，“家天下”的皇位传承有两种正常的模式：一为父死子继，二为兄终弟及，因而“皇太子”“皇太弟”两种称谓不绝于史。但“皇太叔”实在是太罕见了。中国历史上仅有四位皇太叔，唐代一位，辽代三位。辽代晚于唐代，辽代的三位皇太叔最终都没有成为皇帝。也就是说，我们现在讨论的这位皇太叔，是中国历史上第一位，也是唯一一位成功即位的皇太叔。这样一位在中国几千年历史中具有唯一性的人物，难以不让人们好奇。

这位皇太叔即唐宪宗第十三子，唐穆宗的异母弟光王李怡。李怡的身世很具传奇色彩，他的生母郑氏是润州人，本姓尔朱，后改姓郑。唐宪宗早期，润州是镇海节度使李锜的地盘。据说有看面相的术士对李锜说，郑氏“有奇相，当生天子”。李锜便将郑氏纳为侍妾。后来，李锜谋反被诛，郑氏被没入掖庭，做了郭贵妃的侍女。唐宪宗在郭贵妃处偶遇郑氏并临幸了她，元和五年（810 年），郑氏生下李怡。

李怡“性严重寡言，宫中或以为不慧”。李怡在唐宪宗诸子中排名十三，加之生母卑贱，自己本身又不聪慧，宫中几乎没有人瞧得起这个“笨小孩”。元和十五年（820 年），唐宪宗病逝，唐穆宗登基。不久，李怡被封为光王。此后二十余年，李怡就在十六宅的府邸中奉养母亲郑氏，眼见着三哥唐穆宗，侄子唐敬宗、唐文宗、唐武宗你方唱罢我登场，轮流在政治舞台上进行着自己的表演。而光王李怡也坐在自己该坐的位置上，扮演着自己的角色——高贵的看客。他从来不肯多说一句话，哪怕是一句笑话，结果他自己却成了笑话。李怡“群居游处，未尝发言。文宗幸十六宅宴集，好诱其言以为戏笑，号曰‘光叔’。上（指唐武宗）性豪迈，尤所不礼”。

“光叔”成了侄子们取笑的对象。然而，这个笑柄却突然在唐武宗病笃之后，登上政治舞台，开始了自己的表演——当然，我们也可以这样认为，在台下时，他其实也一直在表演。唐武宗病危，口不能言，朝不保夕。以左神策军护军中尉马元贽为首的诸宦官秘密定策迎立李怡继承皇位，并以唐武宗的名义下诏称：“皇子冲幼，须选贤德，光王怡可立为皇太叔，更名忱，应军国政事令权勾当。”自此，中国历史上一个新的称谓“皇太叔”诞生了。皇太叔李怡也改名为李忱。

唐武宗在位五年，迟迟未立太子，及病危，最有资格入继大统的当然是其诸子。就现有的资料来看，唐武宗至少有五子，分别是杞王李峻、益王李岘、兖王李岐、德王李峄、昌王李嵯。这五位皇子皆生卒年月不详，但就唐武宗已经三十三岁来看，“皇子冲幼”的说辞似乎站不住脚。宋代的宋敏求曾补唐武宗以下六世《实录》，明确记载“会昌中，皇子益王、兖王已长”，怎么能说“皇子冲幼”呢？

即使“皇子冲幼”，或有其他原因不宜立为皇帝，但立光王李怡为储君也过于不当了。李怡并非唐穆宗一系，且是唐武宗的长辈。在礼法上，至少要立唐穆宗诸子或唐敬宗、唐文宗诸子才得当。

对于诸宦官为何要立光王李怡，大体有两种观点。其一是各种史书中的传统认知。宦官觉得李怡不慧，便于控制，故而立其为帝，以便继续掌握大权。其二是近年来学者通过考证提出的一种新看法。李怡与宦官以及唐武宗宠幸的王才人关系密切。李怡在其母郑太后的帮助下，在王才人与宦官的支持下，利用唐武宗病危的机会篡夺了皇位继承权。这一看法的主要根据是唐人笔记小说和新近发掘的相关人物墓志中的只言片语。但笔者通过分析这些史料，觉得尚不能充分支持这一观点。此说仅仅是一种推断而已，可为一家之言以备参考。

三月二十三日，唐武宗病逝。二十六日，皇太叔李忱即位，是为唐宣宗。即位典礼过后，唐宣宗对身边的宦官说："适行近我者，非太尉（指李德裕）邪？此人每顾我，使我毛发森竖。"唐宣宗对李德裕的印象极差。唐宣宗本是春风得意之时，为什么李德裕看一眼都能使其"毛发森竖"？这种心情可能来自唐宣宗对唐武宗的恐惧和厌恶，以及李德裕对唐宣宗即位的态度。

唐武宗活着的时候就对这个"光叔"颐指气使、"尤所不礼"。"光叔"虽沉默寡言，但心如明镜。如今一步登天，唐宣宗对唐武宗的态度可想而知。唐宣宗要对唐武宗打击报复，尽去唐武宗的势力和影响，尽黜唐武宗所施之政。李德裕作为唐武宗的近臣，一定会维护唐武宗的利益。

另外，唐宣宗与李德裕之间的矛盾还有一种合理的推测。迎立谁为皇帝的话语权虽然掌握在宦官手中，但是李德裕作为宰相，不会不发表意见。以李德裕平日对道统、礼法的重视，以及他与唐武宗的关系，他一定会支持唐武宗诸子即位，至少会支持唐穆宗一系即位，怎么可能支持宦官捣鼓出一个亘古未有的"皇太叔"来，只是他最终无法左右大局罢了。这样一来必然导致唐宣宗衔恨李德裕，即宋敏求《实录》所说的："议策立之际，德裕必当有语及之。故深忤宣宗意。"

李德裕首当其冲地成为被唐宣宗打击的对象。四月初一，唐宣宗正式开始处理政务，第二天就将李德裕罢免，改任其为荆南节度使。李党的其他成员也先后被贬黜出京。而牛党的重要成员则重新受到起用，他们纷纷离开贬谪之地，重新恢复了政治生命。当时，正在遥远的循州做长史的牛僧孺被召北还。正在封州（今广东封开县）过着流放生活的李宗闵也被赦免。

而李德裕则被一贬再贬，李党就此彻底一蹶不振。大中二年（848年），唐宣宗再贬李德裕为潮州司马。李德裕沿水路南行，刚到潮州，又得到皇帝贬其为崖州司户参军的诏书。大中四年（850年）正月，李德裕抵达崖州。崖州同大陆隔海相望，距离长安玄远。一日，李德裕心情烦闷，登上崖州城楼北望。绿水青山在他眼中已不是美景，不见长安使他愁上加愁，当即赋诗一首：

独上高楼望帝京，鸟飞犹是半年程。
青山似欲留人住，百匝千遭绕郡城。

同年十二月，李德裕郁郁而终。关于李德裕之死，《唐语林》中有一则传说。崖州有一古寺，李德裕游寺入一禅院，见壁上挂十余个葫芦，就指着葫芦问老僧里面装的是不是药物。老僧叹道："此非药也，皆人骼灰耳！此太尉当朝时，为私憾黜于此者，贫道悯之，因收其骸焚之，以贮其灰，俟其子孙来访耳。"原来里面装的都是人的骨灰。这些人都是因与李德裕党争，而被贬到崖州客死此地的。李德裕怅然若失，顿觉心痛，是夜卒。此事未必是真，但所反映的党争之酷又未必是假。

此前不久，李宗闵、牛僧孺已经先后病逝。随着牛李两党的主要领袖相继谢世，牛李党争也基本宣告结束。

李德裕同牛僧孺争斗了四十年，虽然最终以失败告终，但查阅史实不难看出，李德裕的政治能力要比牛僧孺强得多。牛僧孺是个比较清廉的官员，但清则清矣，却是一介庸官。他对于改革朝廷弊病既无主张也无勇气，执政只求维持现有局面，表现出保守的姿态。李德裕则是一位有进取心的能臣，有“修开元之故事”的壮志，勇于触及矛盾、革除时弊，无论在中枢还是在地方，都能发挥自己应有的作用。因此，李德裕在后世得到的美誉要远比牛僧孺多得多。比如李德裕被梁启超誉为中国古代的六大政治家之一，另外入选的五人是管仲、商鞅、诸葛亮、王安石、张居正。梁启超认为他们都能够“振衰起隳，富国强兵”。从这点上来讲，似乎李德裕才是最后胜利的那一个。

贬死李德裕是唐宣宗执政迈出的第一步，当然也是最为重要的一步。试想一个如此重要的前朝宰相屹立在朝堂上，唐宣宗想要做什么都会觉得碍手碍脚。如今他可以大胆放手地去做了。

宪宗之贼

不管是宦官因唐宣宗擅于韬光养晦而错立其为帝，还是唐宣宗与宦官有密谋，在唐武宗病危之际发动政变被立为帝，总之，唐宣宗得位不正这是可以肯定的。唐宣宗不属于唐穆宗一系，如果想坐稳帝位，就必须超迈唐穆宗、唐敬宗、唐文宗、唐武宗四朝，直接继承唐宪宗的法统。

那么如何才能达到这样的目的？要知道，唐穆宗是当年唐宪宗钦定的太子，他在礼法上的地位不容置疑。那就只能给唐穆宗扣上一顶大大的帽子，一顶谁也担待不起的帽子。弑君弑父无疑是众多帽子中最重的一顶。于是，原本尘埃落定的元和十五年（820 年）唐宪宗被弑一案再一次甚嚣尘上。

唐朝末年的裴庭裕所撰杂史《东观奏记》记载：“宪宗皇帝晏驾之夕，上（唐宣宗）虽幼，颇记其事，追恨光陵商臣之酷。即位后，诛除恶党无漏网者。”

“光陵”是唐穆宗的陵墓，这里指代唐穆宗。“商臣”指楚穆王。楚穆王本名商臣，是楚成王长子。楚成王立其为太子。公元前 626 年，楚成王考虑改立其他的王子为太子。商臣得知后，带兵包围王宫，逼楚成王自杀，商臣自立为楚王。

唐宣宗“追恨光陵商臣之酷”，显然是将唐穆宗放到了杀害君父的审判席上。唐宣宗开始了一系列“替父报仇”的行动。他废除唐穆宗的忌日祭祀，停止朝拜光陵的礼仪，甚至将光陵的守陵宫人悉数撤走。对于尚在人世的所谓唐穆宗的“恶党”加以打击，“治弑宪宗之党，宦官、外戚乃至东宫（指唐穆宗为太子时的东宫）官属，诛窜甚众”。

唐穆宗成了弑君弑父的乱臣贼子，唐穆宗一系的帝位也就非法了。如此，唐宣宗就达到了超迈四朝而直接承绪父皇的目的。他不但成为父皇唐宪宗的合法继承人，还成为替父报仇的英雄。

就在此时，兴庆宫里那位向来沉默的老太后不再沉默了。太皇太后郭氏“历位七朝，五居太母之尊”，一生经历了唐德宗、唐顺宗、唐宪宗、唐穆宗、唐敬宗、唐文宗、唐武宗、唐宣宗八位皇帝，是中晚唐政治的活化石，如今已经是一位七十岁的老人。她是唐穆宗的生母，按礼法来讲，也是唐宣宗的嫡母。就是这样一位地位尊崇的老太后，居然上演了自杀的一幕：

郭太后无恙，以上英察孝果，且怀惭惧。时居兴庆宫，一日，与二侍儿同升勤政楼，依衡而望，便欲殒于楼下，欲成上过。左右急持之，即闻于上，上大怒。其夕，太后暴崩，上志也。（唐·裴庭裕《东观奏记》）

唐宣宗要搞臭打倒郭太后的亲生子孙，郭太后自然不会袖手旁观。但郭太后一生不热衷政治，对朝政不闻不问，更没有培养自己的政治势力。虽然郭太后母仪天下数十年，却对一个刚刚登基且得位不正的皇帝束手无策。情急之下，郭太后只得以自己的生命拼死一搏。郭太后登上勤政楼，凭栏远眺。勤政楼在兴庆宫南，登楼可望长安街景。眼前这座繁华的都市已不再属于自己的子孙，想到这里，郭太后悲从心生，突然欲坠楼轻生，目的是使唐宣宗背负不孝的恶名。左右从人赶紧拦下了她。唐宣宗闻讯大怒。郭太后本来身体健朗，却在当夜暴崩，据说是“上志也”，即唐宣宗对她使用了某些手段，促成了她的死亡。

郭太后被葬在唐宪宗的景陵外园。太常官王暤上奏，认为按照礼法应将郭太后与唐宪宗合葬景陵，并与唐宪宗共同享受祭祀。唐宣宗不悦，令宰相白敏中责备王暤。王暤力争："后乃宪宗东宫元妃，事顺宗为妇，历五朝母天下，不容有异论。"白敏中还与其争论，王暤干脆挑明了说："宪宗厌代之夜，事出暗昧，母天下历五朝，不可以暗昧之事黜合配之礼。"唐宪宗去世当晚发生了什么，是"暗昧"的，不确凿的，怎么能以"莫须有"的罪名"黜合配之礼"呢？"敏中怒甚，暤声益厉"，两人大吵了一架。

唐宣宗得知更怒，贬王暤为句容县令。十几年后，唐宣宗之子唐懿宗即位，王暤再次"申抗前论"。最终，唐懿宗下诏，郭太后主祔唐宪宗之庙，与唐宪宗共同享受祭祀。

在前文讲到唐宪宗被弑一案时，我们留下了一个问题：是不是郭贵妃、郭钊，甚至其时尚为太子的唐穆宗在幕后指使陈弘志杀害了唐宪宗？因为唐宣宗将唐穆宗比作"商臣"，并以为唐宪宗报仇为由剪除了唐穆宗一系的势力，很多学者便认为这个问题的答案是肯定的。比如王夫之在他的《读通鉴论》中非常肯定地对此案下了结论："考诸稗官之传记，宣宗既立，追宪宗之仇，郭氏迫欲坠楼。弑逆之迹，暴露于论定之后，则宪宗之贼，非郭氏、穆宗而谁哉？穆宗以嫡长嗣统，逆出于秘密，故大臣不敢言，史臣不敢述……"

但仔细分析各种史料，支持肯定答案的证据是不充分的，是唐宣宗将唐穆宗与郭氏外戚跟唐宪宗之死扯上关系的。但唐宣宗有着强烈的诋毁唐穆宗一系的现实需求，他的话又怎能保证客观呢？唐穆宗与郭氏外戚到底是不是杀害唐宪宗的"元和逆贼"，因没有具体证据，这个问题的答案只能是一种推断，自然免不了众说纷纭、见仁见智了。

对于这个问题，笔者更倾向于否定的答案，即唐宪宗之死很可能跟唐穆宗与郭氏外戚无关。

从现有史料来看，唐穆宗和郭氏外戚既不热衷于政治，又没有足够的政治能力。唐穆宗即位之后荒于宴乐游猎，暗于政务。作为郭氏第三代代表人物的郭钊仅仅愿意担任一些清贵之官，并没有揽权擅权的举动，甚至他在唐文宗时期担任西川节度使后，也托病表奏请辞。

至于郭太后，更是丝毫没有拥有政治野心的迹象。唐穆宗驾崩时，宦官曾劝其临朝称制，郭太后怒斥说："吾效武氏邪？今太子虽幼，尚可选重德为辅，吾何与外事哉？"她不愿效法武则天，虽然"五居太母之尊"，却只想在兴庆宫中颐养天年，不愿干政。甚至在唐武宗去世后，宦官们准备拥立非郭太后子孙的旁系亲王"光叔"为帝，在这样一个关系家族前途命运的紧要时刻，郭太后都没有站出来多说一句话。

很难想象，这样一群人有意愿、有胆量、有能力，在唐宪宗这样一位较为刚明果断的中兴之主的眼皮子底下，拉帮结派，搞阴谋动作，甚至做出弑君之事，特别是在唐宪宗早就对郭氏外戚存有戒心的情况下。

唐宪宗病危时，动了废掉太子李恒（唐穆宗），另立澧王李恽的心思。太子李恒的地位岌岌可危，他当然想保全自己的储君之位，但他无计可施，只能密问计于舅父郭钊。郭钊同样无计可施，只能嘱咐太子"但尽孝谨以俟之，勿恤其他"。这样的叮咛背后并非有什么阴谋，仅仅是让太子但行好事，莫问前程，听天由命罢了。

随后，就发生了宦官们弑君之事。宦官们并非受谁指使，却在客观上保全了太子李恒的地位，使其得以顺利即位。唐穆宗和郭氏外戚确实是这场政变的既得利益者，但这不代表他们参与了政变，仅仅是运气好而已。

唐穆宗和郭氏外戚因政治能力欠缺，对宦官无可奈何，不敢将真相大白于天下，也无法控制朝野得知真相后所引起的政治动荡，只得对外宣称唐宪宗的死因是服用丹药中毒。不追究涉事宦官们的责任，也不代表他们参与了政变，这样做仅仅是为了保全自己。

继唐穆宗之后即位的唐敬宗更是一个"游戏无度，狎昵群小"的昏君，他不可能去主动处理这样棘手的问题。而唐敬宗之弟唐文宗是一个有所作为的君主，因此他着手处理了"元和逆贼"问题。作为郭太后之孙、唐穆宗之子的唐文宗能够直面这一问题，也可以从侧面证明唐穆宗和郭氏外戚与"元和逆贼"并无关系。不然唐文宗会投鼠忌器，会害怕宦官们狗急跳墙，揭露出对唐穆宗不利的内情。

郭太后去世后，王皞为郭太后的“待遇”据理力争，这表明朝臣们并不将她视作“元和逆贼”。唐宣宗恼羞成怒，贬谪王皞，却始终不敢将郭太后是“元和逆贼”的说法明示天下，就是因为天下人不会接受这个说法。十几年后，王皞在唐懿宗面前旧事重提，执意要为郭太后讨个说法。若不让郭太后主祔唐宪宗之庙，在礼法上确实说不过去，加之此时唐穆宗一系对于唐宣宗一系的帝位已经毫无威胁，唐懿宗也就同意了王皞之请。这也表明，在唐人眼中，郭太后一直没有被认为是“元和逆贼”。

唐宣宗为何对郭太后如此敌视，其原因之一是他为了彰显自己得位之正，而要打倒唐穆宗一系，郭太后恰恰是唐穆宗一系的根基。除掉了郭太后，唐穆宗一系才算被连根拔起。至于唐穆宗一系的子孙，枝断叶枯也就不在话下了。比如唐武宗诸子就被唐宣宗屠戮殆尽:“（唐宣宗）即位之后，追前事，至于武宗诸子皆不保其终。”

其原因之二是郭太后与唐宣宗生母郑太后有宿怨，唐宣宗替父报仇是虚，为母报怨则是实。郑氏本是罪人，充入宫中后做了郭贵妃的侍女。一位是出身名门的主子，一位是戴罪之身的奴才，两个人在宫中的地位可谓天壤之别。偏偏唐宪宗却在郭贵妃的宫中临幸了侍女郑氏，郑氏还生下了皇子，郭氏与郑氏的关系可想而知，两人就此结怨。怨恨的种子在郑氏母子的心中生根发芽，但究竟谁是谁非，史籍缺载，不得而知。根据唐文宗、唐武宗兄弟对“光叔”的态度，再依照常理判断，郭氏母子欺辱郑氏母子的可能性比较大。

唐宣宗对母亲郑氏很孝顺，史载“上性至孝，奉郑太后供养，不居别宫，只于大明宫朝夕侍奉”。唐宣宗与母亲的感情来源于母子二人数十年的相依为命，他们一起看过了太多太久郭氏及其子孙的脸色，如今，复仇的时候到了。

回　归

敦煌郡，四面六蕃围。

生灵苦屈青天见，数年路隔失朝仪。

目断望龙墀。

新恩降，草木总光辉。

若不远仗天威力，河湟必恐陷戎夷。

早晚圣人知。

二十世纪初，人们在敦煌鸣沙山莫高窟发现了大量书写于唐至五代的民间词曲，被称为敦煌曲子词。其中这首《望江南》的背后，记录的是敦煌的一段悲怆历史。安史之乱后，吐蕃人趁着唐朝内乱无暇西顾之际，逐渐占领了河西、陇右，进而在此后数十年中蚕食鲸吞，占领了唐朝在西域的广阔土地。

敦煌是沙州的治所，为唐朝内地连接西域的咽喉要道，“丝绸之路”必经之地。吐蕃军先后攻取了沙州周围的州县，最后合围敦煌，即“四面六蕃围”。吐蕃军遭到了敦煌军民的英勇抗击。当时，敦煌与朝廷的联系完全断绝，沙州刺史周鼎欲焚毁敦煌，率众东归。将士们不愿放弃敦煌，都知兵马使阎朝缢杀了周鼎，继续坚持抵抗。

敦煌军民深知朝廷的援兵若不到来，敦煌定难保全，但他们相信“早晚圣人知”，皇帝一定会派兵来救敦煌的。但朝廷哪还顾得上万里之外瀚海中的敦煌。建中二年（781 年），敦煌“粮械皆竭”。为了保全军民，阎朝与吐蕃人谈判，在得到吐蕃人不杀降人、不迁他处的允诺后，大唐的旗帜在敦煌城头降下。此时，敦煌已经孤独地在瀚海中坚守了十一年。

吐蕃对河陇和西域的入侵不但使唐朝国力遭到严重削弱，更使“丝绸之路”一度中断，严重影响了中西文明的交流。而最为让人不能容忍的，是使河西、西域地区的百姓坠入野蛮残暴的统治之中。吐蕃的文明开化程度要远远低于唐朝，如果大家去了解一下西藏农奴制改革之前，农奴主对农奴的种种恶行，就可以想象一千多年前吐蕃人对其治下的各民族百姓会采取怎样的统治手段。

这里的百姓一直怀念那个文明、繁荣、开放、包容的盛世大唐。这种怀念不仅仅是故国之情、家园之意，更是对急于摆脱异族残暴统治，重归美好文明生活的向往。

唐穆宗长庆二年（822 年），唐朝使者刘元鼎出使吐蕃，路过今天青海乐都附近的龙支城，遇到许多耄耋老人。老人们围住唐朝使者的队伍跪拜哭泣，询问大唐天子安否。据他们介绍："顷从军没于此，今子孙未忍忘唐服。"原来他们是一支唐朝戍边军队幸存的战士，已经没于吐蕃数十年。老人们哀怨地问道："朝廷尚念之乎？兵何日来？"言罢皆呜咽。朝廷还记得我们吗？王师何日到来？此情此景颇有后世宋人范成大在汴梁见到的"忍泪失声问使者，几时真有六军来"的意味，令人动容。

虽然没有王师到来，但是在河陇诸州沦陷吐蕃的日子里，大唐遗民自发的反抗斗争却从未断绝。他们以自己的鲜血为泥，以自己的筋骨为章，为脚下的土地深深烙下了大唐之印。据发现于莫高窟的敦煌遗书记载，唐德宗贞元七年（791 年），沙州玉关驿户、敦煌人汜国忠率众起义，起义军迅速攻敦煌城，吐蕃守将"伏剑自裁，投身火中，化为灰烬"。吐蕃官将多人被杀，吐蕃僧官逃匿。另一位沙州玉关驿户、敦煌人张清聚众响应起义。他们劫取战马，缴获铠甲，同吐蕃军英勇作战。但是，在四面皆敌境的情况下，这样的起义如同汪洋大海中的一叶扁舟，难免被巨浪吞噬。汜国忠中伏被俘殉节，张清被诱捕后遇难，起义最终失败。

此后漫长的隐忍岁月里，大唐遗民只能将所遭受的苦难，以及热诚盼望再次投入大唐怀抱的强烈愿望，凝聚在一首首曲子词中，且看这首《菩萨蛮》：

敦煌古往出神将，感得诸蕃遥钦仰。
效节望龙庭，麟台早有名。
只恨隔蕃部，情恳难申吐。

早晚灭狼蕃，一齐拜圣颜。

“早晚灭狼蕃，一齐拜圣颜”，念着盼着数十年，这一天终于到来了。

会昌二年（842 年），吐蕃达磨赞普被僧人刺杀于大昭寺前。达磨无子，有大臣立达磨之妃的侄子为赞普。这种做法相当于外戚篡位，引起许多元老重臣的反对，他们拥立达磨赞普的一个同姓远亲为赞普。吐蕃至此陷入大分裂。

藏文史籍记载吐蕃大乱，“如一鸟飞腾，百鸟影从，四方骚然，天下大乱”。这一事件意味着吐蕃王朝的灭亡。现历史学界对于吐蕃王朝的起止时间界定即以贞观七年（633 年）松赞干布迁都逻些（今西藏拉萨）为始，以会昌二年（842 年）吐蕃大分裂为终。

大分裂后，吐蕃贵族相互攻杀，河陇人民陷入战火，其所经苦难倍于从前。比如自立为吐蕃大相的吐蕃落门川（今甘肃武山县东部渭河支流南峪河一带）讨击使论恐热（即尚恐热）出兵二十万，攻击吐蕃鄯州（治所在今青海乐都县）节度使尚婢婢。两军混战，百姓遭殃，论恐热的吐蕃军“杀其丁壮，劓刖其羸老及妇人，以槊贯婴儿为戏，焚其室庐，五千里间，赤地殆尽”。

吐蕃内乱的消息传到长安，当时还是唐武宗、李德裕主政，二人对外政策皆是强硬进取，他们决定乘机收复失地，并为唐军西征作了一定的准备工作。但尚未来得及展开进攻，唐武宗便夭逝，李德裕也遭贬谪。

唐宣宗继续推行收复失地的政策。大中元年（847 年）五月，河东节度使王宰与论恐热战于盐州（治所在今陕西定边），唐军大败吐蕃军。大中二年（848 年）十二月，凤翔节度使崔珙一举收复清水（今甘肃清水）。

收复清水具有重要的象征意义，六十五年前的建中四年（783 年），唐与吐蕃曾在清水会盟，双方厘定了两国边界：“唐地泾州右尽弹筝峡，陇州右极清水，凤州西尽同谷，剑南尽西山、大度水。吐蕃守镇兰、渭、原、会，西临洮，东成州，抵剑南西磨些诸蛮、大度水之西南。尽大河北自新泉军抵大碛，南极贺兰橐它岭，其间为闲田。二国所弃戍地毋增兵，毋创城堡，毋耕边田。”此后，唐与吐蕃虽屡有冲突，但两国边界大体维持在清水会盟时商定的边界线附近。唐军攻占清水，表明唐朝在吐蕃政权分崩瓦解的情况下，已经不再承认清水会盟所划定的边界线——唐朝要大举反攻收复失地了。

这时，与尚婢婢在陇右鏖战的论恐热因过于残虐，所过之处积尸狼藉，导致众叛亲离。论恐热势孤，妄图入唐借兵，依靠唐朝力量建立政权。他异想天开地对部众说：“吾今入朝于唐，借兵五十万来诛不服者，然后以渭州为国城，请唐册我为赞普，谁敢不从！”大中五年（851 年）五月，论恐热入朝，以秦州（治所在今甘肃天水）、河州（治所在今甘肃和政西北）、渭州（治所在今甘肃陇西东南）三州之地归附唐朝。

在朝堂上，论恐热“气色骄倨，语言荒诞，求为河渭节度使”。对于这只丧家之犬的无理要求，唐宣宗当然不许。论恐热怏怏而去。他离开长安，路过咸阳桥时，指着渭水叹曰：“我举大事，觊得济此河与唐分境。”此时，他还不忘侵略唐土。论恐热复归落门川，聚其旧众，欲为边患，但仅得三百余人，无奈奔走廓州（治所在今青海化隆西）。

趁着论恐热势力的衰颓，朝廷派泾原、灵武、凤翔、邠宁、振武等镇迅速出兵收复失地。唐军先后或收降或攻取了被吐蕃侵占的秦州、原州（治所在今宁夏固原）、安乐州（治所在今宁夏同心东北）三州之地以及石门关、驿藏关、木峡关、制胜关、六盘关、石峡关、萧关七座重要的关口。以上诸地合称为“三州七关”。

有了“三州七关”做根据地，很多河西、陇右的百姓纷纷携家带口归附唐朝。大中三年（849 年）八月，河陇边民老幼千余人诣阙朝觐，唐宣宗兴致勃勃地在长安皇城东北角的延喜门门楼之上接见了他们。老幼千余人见到皇帝山呼万岁，并进行了一场仪式性的表演。边民们纷纷解去胡服，换上中华冠带，欢呼舞跃，庆祝自己再次成为大唐子民。

“三州七关”常年陷于吐蕃，少有人从事农业生产，早已是一片蛮荒之地。唐宣宗颁布《收复河湟制》：“募百姓垦辟三州七关土田，五年不租税，五年以后，量定户籍，便任为永业。”泾原、灵武、凤翔、邠宁四镇将吏“能于镇戍之地营田者，官给牛及种粮”，鼓励军民开垦边境土地，将“三州七关”重新纳入农耕文明的经济模式，只有这样才能保证这一地区长久隶属中原王朝。“三州七关”的镇戍之卒朝廷也特别优待，发给双倍的衣粮，每两年轮戍一次。戍卒家属在家乡可以得到特别的照顾，甚至“戍卒子弟通传家信，关镇毋得留难”，为的就是让戍卒安心戍边。

西北地区打开局面之后，唐宣宗诏令山南、剑南等边境地区的军队，竭力收复陷没于吐蕃的州县。大中三年（849 年）十月，剑南道的唐军收复维州；十二月，山南西道的唐军收复扶州（治所在今四川南坪东北）。

就在唐军节节胜利之时，大中五年（851 年）正月，天德军（治所在今内蒙古乌梁素海一带）的戍卒突然发现大漠中来了几个衣衫褴褛、蓬头垢面的人，他们所穿服饰不知是唐是蕃。戍卒上前盘问，这群人所操的语言虽与唐音略有小讹，但仔细听还是能够听懂。原来他们是遥远的沙州敦煌派来的使者，带队的是一个叫悟真的和尚。悟真和尚说，敦煌两年多前爆发了唐朝遗民起义，起义军领袖叫作张议潮，他们是来上表请求归附的。

戍卒赶紧将这个消息报告给了天德军防御使李丕。李丕喜出望外也半信半疑，沙州敦煌的使者到长安上表，怎么会绕到天德军来？经过详细的了解，李丕才知道两年多以前敦煌发生了什么。

沙州使者口中的张议潮出生于敦煌的一个豪族家庭，其祖上世代为沙州军将。张议潮出生于唐德宗贞元十五年（799 年），此时敦煌已陷落吐蕃之手近二十年，可以说他没有做过一天唐人。但张议潮深知自己是唐人，自己的祖上世代为唐将。他自幼“论兵讲剑，蕴习武经”，“誓心归国，决心无疑”。

张议潮大肆结交敦煌当地的诸姓豪强、佛教僧侣、豪杰义士，暗中谋划起义。吐蕃发生大分裂后，他认为“吐蕃之运尽”，复土归国的时机已经到来。大中二年（848 年），张议潮发动起义，“众擐甲噪州门，汉人皆助之，虏守者惊走”。起义军驱逐了吐蕃守军，顺利光复了沙州。

张议潮马上派遣使者，赴长安上表告捷，请求归唐。当时，起义军仅占领沙州一地，要想东赴长安，需闯过重重险阻。为确保无失，张议潮一下子派出了十队使者。他们带着同样的表章，分赴不同的道路，只要有一队使者能够到达长安，朝廷就知道沙州已经光复了。

这哪里是十队使者，分明是十支敢死队，他们头也不回地走入茫茫戈壁。“九死一生”对于他们已不是虚夸的形容，而是真实的写照。其中，有九队使者消失在茫茫戈壁之中下落不明，只有悟真和尚所率的一队使者向北绕经大漠，走了两年多，历经千辛万苦，终于在天德军望见了唐朝的烽燧。

天德军防御使李丕马上将这一消息报告朝廷，并派军护送使者赶往长安。而就在沙州使者行走在茫茫戈壁中的这两年多时间里，张议潮已经将沙州的星星之火燃成燎原之势。起义军先后收复了瓜州（治所在今甘肃安西东南）、伊州（治所在今新疆哈密）、西州（治所在今新疆吐鲁番东南）、甘州（治所在今甘肃张掖）、肃州（治所在今甘肃酒泉）、兰州（治所在今甘肃兰州）、鄯州（治所在今青海乐都）、河州（治所在今甘肃和政西北）、岷州（治所在今甘肃岷县）、廓州（治所在今青海化隆西）十州之地，“西尽伊吾，东接灵武，得地四千余里，户口百万之家”。

大中五年（851 年）八月，张议潮派出以其兄张议潭为首的使团再次入朝告捷。此时，他们已经再也不用绕路而行，径直沿着“丝绸之路”就可抵达长安。张议潭等人向唐宣宗献上沙州、瓜州等十一州图籍。唐宣宗下诏褒奖张议潮等将士的“忠臣之丹心”，将起义军赞为“义旅”。当年十一月，朝廷以十一州之地设置归义军，治所设在沙州，以张议潮为节度使。

此后，张议潮一直经营归义军，“朝朝秣马，日日练兵，以备凶奴，不曾暂暇”，先后击败吐谷浑、回鹘、吐蕃等势力对归义军的袭扰和劫掠。到了唐懿宗咸通二年（861 年）三月，张议潮命其侄张淮深率军光复了仍被吐蕃盘踞的凉州，唐朝河陇故地全部收复。咸通七年（866 年）十月，张议潮令回鹘首领仆固俊与吐蕃大战，斩杀了作恶多端、为祸近二十年的论恐热，传首京师。吐蕃余众向南逃窜。至此，河陇故地肃清，基本解除了朝廷西患。

在此期间，张议潮大力发展归义军的经济。河西地区众多部族杂居，有的部族擅于农耕，有的部族擅于游牧，有的部族擅于经商，张议潮便因地制宜、因势利导，对农耕、游牧、经商都加以鼓励，使归义军呈现出兴盛繁荣的局面。

“必定丰熟是物贱，休兵罢甲读文书。”政治安定了，经济繁荣了，文化就有了发展的条件。“河西创复，尤杂蕃浑”，多年的陷落使河陇这一带胡化严重。虽然有很多张议潮这样的仁人志士心存故国，但是也有很多人早已忘祖。诗人司空图有诗感慨道：“一自萧关起战尘，河湟隔断异乡春。汉儿尽作胡儿语，却向城头骂汉人。”文化的回归比军事的回归更为重要。鉴于此，张议潮在归义军中推行汉化措施，“训以华风”，使风俗为之一变，“人物风华，一同内地”。到了此时，敦煌人的口中又有了新的歌谣：

万顷平田四畔沙，汉朝城垒属蕃家。
歌谣再复归唐国，道舞春风杨柳花。
仕女尚□天宝髻，水流依旧种桑麻。
雄军往往施鼙鼓，斗将徒劳猃狁夸。

春风杨柳，流水桑麻，雄军鼙鼓，汉家城垒。张议潮创立的归义军在唐末至五代再至宋初的动荡岁月中，使华夏文明的旗帜在中国西部坚挺树立了一百八十多年。直到宋仁宗景祐三年（1036 年），归义军才被西夏吞并。

这段孤独的坚守意义非凡。今天我们展开明朝的版图，会明显看到由关中一带向西域伸出了一只“手”。这只“手”正是归义军的领地。

如果没有当年归义军的存在，那么河陇地区将会自吐蕃侵占直至 1368 年明朝建立，长达六百年脱离中央王朝。几十年的时间就可以“汉儿尽作胡儿语，却向城头骂汉人”，更何况是六百年。届时河陇地区恐将不为明朝所有，至于新疆和青藏高原，都将是更遥远的一种想象。而归义军以它一百八十年的坚守，横亘在吐蕃、西夏、蒙元之间，向世人宣示着这里是华夏旧土，并彰显着誓死回归故国的精神信念。这正是归义军的意义所在。

“小太宗”

从吐蕃手中夺取“三州七关”以及接受沙州等十一州的归复，是唐宣宗最大的政治成就。但仔细想来，这样的成就又很难全算到唐宣宗的头上。

“三州七关”的夺取是在吐蕃衰落分裂的基础上实现的。因吐蕃政权的瓦解，河陇地区的吐蕃将士士气低迷，迷茫无助。唐军来战，吐蕃军多无固守之志，往往不经接战就或逃或降。而沙州等十一州的归复，是以张议潮为代表的身陷吐蕃的爱国军民自发起义的结果，唐宣宗事先并不知情，更不要说给予什么援助了。对唐宣宗来讲，这些完全是白捡的政绩。

唐宣宗却很好地利用了边事上的“政绩”，来彰显自己践位大宝的合法性。驱逐吐蕃、收复失地是当年唐宪宗梦寐以求的愿望。但因唐宪宗将主要精力用于对付不从法度的藩镇，藩镇平定后，他又突然去世，终其一生也没来得及对吐蕃用兵。

唐宣宗却在即位短短五六年间，基本收复了河陇失地，不得不说客观上实现了唐宪宗未竟的事业。当“三州七关”重新纳入朝廷控制后，唐宣宗并没有将功劳都归于自己，而是迫不及待地为祖父唐顺宗、父亲唐宪宗追加尊号，告慰他们的在天之灵。这一做法看似不贪政绩、将功劳归于父祖，实际上是在向天下臣民彰示，只有自己才是唐顺宗、唐宪宗一系下来的合法继承人，也只有自己才能完成先祖的梦想，恢复大唐的荣光。

不仅如此，唐宣宗还无处不彰显着对唐宪宗的孝道，以此来强化自己对唐宪宗的继承关系。比如刚刚即位时，唐宣宗需要到圜丘祭天，祭天前一日，先谒太庙。唐宣宗“至宪宗室，捧斝而入，涕泗交下。左右观者，莫能仰视”，表现出了极度悲伤的情绪。平时，唐宣宗也处处流露出对唐宪宗的思念，并在行为做事上以唐宪宗为模板。“上（指唐宣宗）至孝，动遵元和故事。”

在用人上，唐宣宗特别愿意起用唐宪宗当年所器重的臣僚及其子弟。“上追感元和旧事，但闻是宪宗朝卿相子孙，必加擢用。”比如唐宣宗刚刚即位，就准备任用白居易为宰相。白居易是为数不多的当年被唐宪宗重用，且一直活到唐宣宗时期的大臣。但白居易在唐宣宗即位五个月后去世，唐宣宗十分惋惜，写诗悼念白居易：“文章已满行人耳，一度思卿一怆然。”

白居易去世了，唐宣宗就提拔他的从弟兵部侍郎白敏中，任命其为同中书门下平章事，成为宰相，后又升任尚书右仆射、门下侍郎，封太原郡公。白敏中一时成为朝堂上最为炙手可热的人物。

在大中元年（847 年）六月，同白敏中的一次谈话中，唐宣宗想起一件往事，问道：“朕昔从宪宗之丧，道遇风雨，百官、六宫四散避去，惟山陵使长而多髯，攀灵驾不去，谁也？”当年父皇出殡时，中途遇到大风雨，其他人都四散去避雨了，只有那位高大多须的山陵使，顶风冒雨护扶着灵柩，那个人是谁呀？唐宪宗大殡时，唐宣宗年仅十岁，对朝臣不熟悉，不认识那位山陵使也属正常。但那位山陵使高大忠诚的形象，却刻在了幼年唐宣宗的脑海中。

白敏中答：“令狐楚。”

唐宣宗问：“有子乎？”“堪为相乎？”

白敏中回答说，令狐楚的长子令狐绪今为随州刺史，患有风痹，恐难当大任。次子令狐绹，曾任湖州刺史，有台辅才器。

唐宣宗当即擢升令狐绹为考功郎中、知制诰。令狐绹就这样凭借当年父亲对唐宪宗的忠诚，进入了朝廷中枢决策层。经过一段时间的考察之后，大中四年（850 年），令狐绹升任宰相，与白敏中一起成为唐宣宗的左膀右臂，并在宰相位置上一直干到大中十三年（859 年）唐宣宗去世为止。

唐宣宗读《元和实录》，见当年的江西观察使韦丹政绩卓异，就询问众宰相韦丹的后人在哪里。宰相周墀回奏，韦丹的儿子韦宙现任河阳观察判官。唐宣宗马上说："速与好官。"韦宙因此被擢升为侍御史。类似这样的例子还很多，如裴度之子裴谂被授为翰林承旨，吐突承璀之子吐突士晔被任用为神策军右军中尉等。

了解到皇帝的这种用人路数后，很多唐宪宗时期的公卿子弟在唐宣宗面前提及旧事邀功，希求加官晋爵。比如唐宣宗询问刑部员外郎杜胜的家世，杜胜对曰："臣父（杜）黄裳，首请宪宗监国。"杜黄裳当年反对王叔文用事，在百官中率先劝请太子监国。唐宣宗了解到杜胜是杜黄裳之子，立即任用其为给事中，成为侍从皇帝左右的近臣。

在唐宣宗一朝，大量的元和公卿"二代"成为显官。唐宣宗之所以这样做，主要为了标榜自己是唐宪宗的正统继承人，不忘元和旧情，毕竟自己也是元和"二代"。唐宣宗希望元和"二代"能够发扬父兄的荣光，参与到国家治理中来。当然，这不代表唐宣宗会对元和"二代"们姑息纵容。

唐宣宗有一套很强的御人之术，主要体现在一个"严"字上。唐宣宗重视吏治，对于官吏的管理非常严格。且不要说宰辅，即使是地方上的诸州刺史，唐宣宗也要谨慎考虑，绝不会胡乱地签发委任状。比如宰相令狐绹提议委任诗人李远为杭州刺史。唐宣宗就提出异议："朕闻远诗有'青山不厌千杯酒，白日惟销一局棋'，疏放如此，岂可临郡理人耶？"以饮酒、下棋消磨时光的人，怎么能做地方行政长官呢？令狐绹解释说："诗人托此以写兴耳，未必实然。"唐宣宗最终没有同意这一任命。后令狐绹再次推荐李远，唐宣宗才勉强答应"令往观之"。令人欣慰的是，李远在杭州刺史任上治绩卓著，颇有政声，确实不是终日饮酒、下棋的怠政懒政之辈。

唐宣宗还借狩猎之机体察民情，听取民间对地方官的风评，提拔那些在百姓中口碑良好的官员。比如他提拔泾阳县令李行言为海州刺史，又提拔醴泉县令李君奭为怀州刺史，都属于这种情况。

诸州刺史上任之前，唐宣宗还要令其先赴长安，亲自见面审察。比如于延陵即将赴任建州（治所在今福建建瓯）刺史，唐宣宗召见他，问道："建州去京师几何？"于延陵答："八千里。"唐宣宗道："卿到彼为政善恶，朕皆知之，勿谓其远！"

有的刺史是邻州调任，调任前再去长安一趟多有不便，令狐绹就擅自做主，让被调任的官员直接赴任。唐宣宗收到官员上任后的谢表，就问令狐绹是怎么回事。令狐绹说：“以其道近，省送迎耳。”唐宣宗非常不满，斥责令狐绹：“朕以刺史多非其人，为百姓害，故欲一一见之，访问其所施设，知其优劣以行黜陟。而诏命既行，直废格不用，宰相可谓有权！”一句话吓得令狐绹汗透重裘。

这不是令狐绹第一次在唐宣宗面前惊出一身冷汗。唐宣宗每临朝听政，接对群臣时表情严肃，威严不可仰视，群臣未尝见其有惰容。但奏事一毕，唐宣宗的表情就会放松下来，对大臣们说：“可以闲语矣。”他和大臣们拉拉家常、说说笑话，无所不谈，气氛十分融洽。大臣们的心情也随之放松下来。但突然间，唐宣宗又会收敛笑容，重新摆出一副严肃的样子说：“卿辈善为之，朕常恐卿辈负朕，后日不复得再相见。”说罢起驾回宫。这样出人意料地张弛转换往往令朝臣摸不着头脑，也搞不清皇帝是喜是怒，令狐绹就曾对人说：“吾十年秉政，最承恩遇，然每延英奏事，未尝不汗沾衣也！”

“卿辈负朕，后日不复得再相见”绝非危言耸听。神策军左军中尉马元贽曾援立唐宣宗有功，唐宣宗对其恩遇冠于诸宦官。朝中一些大臣主动攀附马元贽。宰相马植与马元贽同姓，便与马元贽套近乎，叙为同宗兄弟。唐宣宗曾赐给马元贽一条宝带。马元贽将其作为礼物，赠送给马植。马植很得意，上朝的时候特意系在身上。不想唐宣宗认出了这条宝带，便询问宝带的来历。马植震恐变色，不敢隐瞒。第二天，唐宣宗就罢免了马植，并拘捕马植的亲随交付御史审讯，尽得其私交马元贽的罪状。内外交通是大罪，马植被贬为常州刺史，后又辗转做了几任地方官，最终死在任上。

唐宣宗对于家人的管理也十分严格。唐宣宗对其母郑太后至孝，因而在即位之初，任用郑太后之弟、自己的舅舅郑光为河中节度使。后来，郑光自河中来朝，唐宣宗与之交谈。郑光语多鄙浅，唐宣宗发现他根本不是做节度使的材料，就将其留在京中，给了个闲职，仅奉朝谒而已。郑太后数次在唐宣宗面前为弟弟诉苦，唐宣宗也仅是厚赐舅舅金帛、庄园而已，但始终不再委任其为“治民之官”。

状元与公主的故事一直被民间文学津津乐道。在人们的印象中，状元与公主似乎是天生的一对。但在中国科举时代所涌现出的六百九十一名状元中，唐宣宗时期的状元郑颢则是唯一成为驸马的状元。

郑颢出身名门望族荥阳郑氏，崔、卢、王、郑这些山东大族累世通婚，当时郑颢已经与卢氏小姐有了婚约。恰巧唐宣宗为最宠爱的女儿万寿公主招婿，白敏中为了讨好唐宣宗，就将才貌家世俱佳的郑颢推荐给皇帝。唐宣宗也觉得郑颢是合适的人选。郑颢此时正在赴楚州完婚的路上，已经到了郑州，居然又被白敏中追了回来。郑颢无奈之下只好娶了万寿公主，并因此衔恨白敏中。

按照礼制，公主在婚礼庆典上的车舆应以镣金（古代的白金，实为一种精美的银）扣做装饰。唐宣宗却下诏：“先王制礼，贵贱共之。万寿公主奉舅姑，宜从士人法。”又说：“我以俭率天下，宜自近始，易以铜。”在唐宣宗看来，公主嫁给了士人，就应“贵贱共之”，其车舆以何为扣做装饰，应遵照礼制中对士人的规定执行。

过门后，唐宣宗常嘱咐公主“无鄙夫家，无干时事”。有一次，郑颢的弟弟得了重病，唐宣宗派使者慰问。使者回宫后，唐宣宗询问：“公主视疾否？”使者如实回答：“无。”唐宣宗又问公主做什么去了，使者答：“在慈恩寺观戏场。”唐宣宗怒叹：“我怪士大夫家不欲与我家为婚，良有以也！”亟命召公主入宫。公主急忙赶到宫中，立于阶下等着父亲教训。唐宣宗气得看都不看她一眼。公主涕泣谢罪，唐宣宗这才责备说：“岂有小郎病，不往省视，乃视戏乎！”教训了一番之后，唐宣宗才遣公主归郑宅。此后“贵戚皆兢兢守礼法”。

郑颢因婚事衔恨白敏中，常上本参奏后者。大中五年（851年），党项叛乱，白敏中以“使相”的身份出为邠宁行营都统，讨伐党项。临行前，白敏中辞别唐宣宗，言道：“郑颢不乐尚主，怨臣入骨髓。臣在政府，无如臣何；今臣出外，颢必中伤，臣死无日矣！”唐宣宗答：“朕知之久矣，卿何言之晚邪！”唐宣宗命左右取出一小木函，交给白敏中，对其说：“此皆郑郎谮卿之书也。朕若信之，岂任卿以至今日！”

唐宣宗对于身边奴仆的管理亦十分严格。有个叫祝汉贞的优伶擅说滑稽的言辞，唐宣宗随意命题，他都能即兴发挥说上一段，往往逗得唐宣宗前仰后合，因而颇受宠爱。一次，唐宣宗召祝汉贞笑谈，后者借此机会于言语间谈及政事，唐宣宗马上正色道：“我养汝辈供戏乐耳，敢干预朝政耶？”从此疏远了祝汉贞。后来，祝汉贞之子犯法，唐宣宗毫不留情，将其杖杀，并将祝汉贞流放。

有个叫罗程的乐工，善弹琵琶，号为天下第一，很受唐宣宗的喜爱。一次，罗程因小事杀人，唐宣宗大怒，将其下狱。其他乐工为救罗程，在为唐宣宗奏乐时，虚设一座，置琵琶于其上。乐工跪拜哭泣，为罗程求情：“罗程负陛下，万死不赦。然臣辈惜程艺天下第一，不得永奉陛下，以是为恨。”唐宣宗叹道：“汝辈所惜罗程艺耳，我所重者高祖、太宗法也。”最终也没有赦免罗程。

对于皇帝身边特殊的奴仆——宦官，唐宣宗更欲对他们严格约束。但无奈宦官势大，唐宣宗苦于找不到门径。唐宣宗曾与翰林学士韦澳讨论宦官问题。唐宣宗问：“近日外间谓内侍权势何如？”韦澳不敢直言，只能宽慰皇帝：“陛下威断，非前朝之比。”唐宣宗闭目摇首，道：“全未，全未！尚畏之在。卿谓策将安出？”韦澳建议说：“若与外廷议之，恐有太和之变，不若就其中择有才识者与之谋。”韦澳的意思是“以宦制宦”，在宦官中择“有才识者”打倒当权的宦官。这仍然是当年唐文宗的老路，唐宣宗认为“此乃末策”，没有轻举妄动。唐宣宗也曾和令狐绹讨论宦官问题，后者给出的方案是“但有罪勿舍，有阙勿补，自然渐耗，至于尽矣”。这个方案确实不失为一条可行之道，只是若如此运作，须假以时日。令狐绹提出此方案时已经是大中八年（854 年），而唐宣宗于五年之后就去世了。终唐宣宗之世，宦官问题也没有得到解决。

唐宣宗甚至不敢直接处理有罪的当权宦官，仅仅是敲山震虎而已。比如宰相马植接受了宦官马元贽的宝带被贬出京，而将御赐宝带随意送人的马元贽却没有受到惩处。

当然，对于一些权势较小的宦官，唐宣宗的管理还是很严格的。比如有一次，一个宦官出使归来，路过硖石（今河南三门峡东南）的驿站，他嫌驿站中的饼黑，竟将驿站的吏卒鞭打了一顿。陕虢观察使高少逸将饼封存送到唐宣宗面前评理。唐宣宗斥责那个宦官说："深山中如此食，岂易得？"将其贬出皇宫，令其去看守恭陵了。

内园使李敬寔因私事外出，路遇宰相郑朗的马队，李敬寔竟不加回避。郑朗告到唐宣宗那里。李敬寔狡辩说："供奉官例不避。"照例，供奉官代表皇帝出使时确实是不用回避宰相的，但李敬寔是因私事外出，并不能使用供奉官的特权。唐宣宗质问道："汝衔敕命，横绝可也，岂得私出而不避宰相乎？"将李敬寔贬到南衙当差了。

按当时规定，神策军若罢免左军的官员，则由右军选人继任；若罢免右军的官员，则由左军选人继任。唐宣宗擅于以法家权术御下，常常打破规定，自本军中挑选继任者，致使"中外不能测"，大家都无法窥探皇帝的真实想法。

由于唐宣宗能够采取一些零零散散的约束措施，宦官的权势还是得到了一定的控制。整个大中年间，宦官并没有闹出什么大的乱子。

自会昌六年（846 年）到大中十三年（859 年），唐宣宗御宇十三年，这一时期被称为"大中之治"，是唐朝最后一个治世。此时，唐朝出现了晚霞漫天的绚烂景象。唐宣宗"性明察沉断，用法无私，从谏如流，重惜官赏，恭谨节俭，惠爱民物，故大中之政，讫于唐亡，人思咏之，谓之'小太宗'"。在历史上得到了较高的评价。明清时期，唐宣宗甚至超越了唐玄宗，成为与唐高祖、唐太宗、唐宪宗一起被官方祭祀的四位唐代皇帝之一。

当然对于唐宣宗的评价，也夹杂着一些不同的声音。比如宋代史学家、《唐鉴》的作者范祖禹，认为大中时期"百吏奉法，政治不扰，海内安靖几十五年"，唐宣宗"岂不定为贤君哉"？但他同时也认为唐宣宗"抉摘细微以惊服群臣，小过必罚而大纲不举"，不过"一县令之才耳，岂人君之德哉”？

这种看似有些矛盾的评价，恰恰反映出唐宣宗的无奈。唐宣宗生在唐朝衰败之世，国家积弊过多，加之自己得位不正，使得他执政时面临着巨大的危机与挑战。他无法任用支持唐武宗的李党，只能任用较为保守且能力不足的牛党。他无法继承唐武宗的政治遗产，只能选择直接继承元和时代，利用父亲唐宪宗的政治遗产，择选了大量元和公卿“二代”成为股肱之臣。比如白敏中、令狐绹这些人，就是因为既属于牛党又属于元和公卿“二代”，所以才会在大中一朝出尽风头。

朝臣朋党问题解决起来都如此困难，至于藩镇割据与宦官专权，唐宣宗就更没有能力解决了。唐宣宗时期，不但河朔藩镇照例不听命于朝廷，就是先前较为平静的南方地区也接连发生动荡。表面问题解决起来都如此困难，至于更深层次又更普遍的土地兼并严重、流民大量出现等问题，唐宣宗就更没有可能去着手解决了。

论及唐宣宗，我们用了一个“严”字。但唐宣宗的“严”大都是着眼于细微之处，对国家肌体做了一些小修小补，又以御人之术“小过必罚”“惊服群臣”，维持着表面稳定、国家粗安的局面。但是，他无法改变唐朝滑向衰落的命运。唐宣宗几乎没有作出任何制度性的改革，对于国家积弊，其态度是“宽”的，睁一只眼闭一只眼，得过且过。所以，也有人称其“知为君之小节，而不知其大节”，“精于听断，而以察为明，无复仁恩之意”。

“君有疾在腠理，不治将恐深。”大中之世的唐朝之疾，虽未至膏肓但已在腠理，而唐宣宗所做的也仅仅是治疗一些疥癣之疾而已。唐宣宗去世几个月后，农民大起义就已现星火，唐朝在随后三四十年中迅速走向衰亡。唐宣宗有中兴之心，却无中兴之才，毕竟“小太宗”不是真太宗，晚霞中的“大中之治”，也不是朝阳里的“贞观之治”。

夕阳无限好，只是近黄昏。

第十四章 满城尽带黄金甲

浙东暴动

大中十三年（859 年）五月，唐宣宗服用医官李玄伯、道士虞紫芝、山人王乐等人进献的所谓长生药之后，逐渐出现“病渴且中燥”的中毒症状。他的身体状况越来越糟，直至“疽发于背”，背部长了肤肿坚硬的毒疮，居然一个多月不能上朝处理政务。内宫、外朝人心忧惧。人们除了担心皇帝的病情，更忧心皇帝一旦去世，国家将后继无人。原来唐宣宗在位十三年，居然迟迟没有册立太子。

唐宣宗有子十二人，按照礼法应立长子郓王李温为太子。但唐宣宗认为李温才识平庸，不是皇位继承人的理想人选。唐宣宗觉得第四子夔王李滋在诸多方面都同自己很相似，故深爱之，欲立为嗣。但若废长立幼，必然会有诸多阻力，因而迟迟未作决定。宰辅们也曾劝说唐宣宗及时立储君。大中十年（856 年）正月，宰相裴休就曾言请早立太子，唐宣宗却说：“若建太子，则朕遂为闲人。”裴休不敢复言。不知是唐宣宗确实有如此强的权力欲，还是以此推托，但此话一出，宰辅们谁也不敢多言了。这事便耽搁了下来。

没想到此次唐宣宗一病不起，到了大中十三年（859 年）八月初，已病入膏肓，无药可救。唐宣宗知道自己行将就木，这才嘱托枢密使王归长、马公儒、宣徽南院使王居方等心腹宦官迎立夔王李滋为太子，火速入宫于柩前即位。随后，唐宣宗驾崩。

王归长等三人惧怕掌握神策军的左军中尉王宗实，会在此时搞出什么乱子，就以唐宣宗的名义改任王宗实为淮南监军，欲将其赶出长安。王宗实于宣化门外接受敕命后怏怏不乐，正要离去。左军副使亓元实觉得其中有诈，提醒王宗实："圣人不豫逾月，中尉止隔门起居，今日除改，未可辨也。何不见圣人而出？"

王宗实顿时醒悟，要求入宫面见唐宣宗。当时，神策军军权尚在王宗实、亓元实手中，他们没有遇到什么阻拦，很快来到寝殿，却发现唐宣宗已经驾崩。王宗实叱责王归长等人矫诏，马上命神策军控制了皇宫。既然王归长等人主张册立夔王李滋，王宗实等人自然要反其道而行，后者马上遣宣徽北院使齐元简到十六王宅迎接郓王李温入宫即位。李温改名李漼，即唐懿宗。而王归长、马公儒、王居方等人皆被王宗实杀害。

唐宣宗在位的十三年"国家粗安"，政治局面基本是安定的，但"安"仅是"粗"而已，乱象已现端倪。农民暴动偶有出现，大中五年（851年），蓬州（治所在今四川仪陇南）、果州（治所在今四川南充）发生了农民暴动；大中六年（852 年），衡州（治所在今湖南衡阳）爆发了以邓裴为首的农民暴动；大中七年（853 年），唐王朝统治腹地，号称"百郡之首"的华州（治所在今陕西渭南华州区）居然也出现了农民暴动。

比农民暴动更为频繁的是乱兵军变。仅仅在大中十二年（858 年）四月至七月，就相继发生了多起军乱。宣州（治所在今安徽宣城）都将康全泰驱逐了观察使郑薰；湖南（治所在今湖南长沙）都将石载顺驱逐了观察使韩琮；广州（治所在今广东广州）都将王令寰驱逐了节度使杨发；江西（治所在今江西南昌）都将毛鹤驱逐了观察使郑宪。在此之前，大中三年（849 年），徐州军变，乱兵驱逐了节度使李廓。大中九年（855 年），浙东（治所在今浙江绍兴）军变，乱兵驱逐了观察使李讷。大中十一年

（857 年），容州（治所在今广西容县）军变，乱兵驱逐了经略使王球。在此之后，大中十三年（859 年），徐州再次发生军变，乱兵驱逐了节度使康季荣。

由于规模不大，爆发也不集中，加之朝廷及时处置，这些暴动与军变都相继平息了。但是，它们对于人的心理影响却不容小觑。过去，当人们受到剥削、压迫和不公正待遇时，更多地会选择忍耐，或选择其他的解决或发泄方式。而随着暴动与军变的增多，“人心思乱”逐渐成为一种惯性，终于在唐懿宗时期发生了大规模的暴动与军变。

大中十三年（859 年）十二月，唐宣宗刚刚去世四个月，浙东就爆发了大规模的农民起义。起义军领袖名叫裘甫，贫苦农民出身，为生活所迫，早年曾做过贩卖私盐的勾当。裘甫起事时仅有百余人跟随，算不上强大。但是，浙东地区承平日久，政府弛于守备，很多州县只有二三百名官兵。加之人不习战，甲兵朽钝，兵无斗志，贪生怕死，因而屡战屡败，起义军很快进逼剡县（今浙江嵊州），并发展到千余人。

浙东骚动不安，州县在白天都不敢开放城门。时任浙东观察使的郑祗德是上文讲到的状元驸马郑颢的父亲，唐宣宗的儿女亲家。而郑祗德的父亲是唐德宗末年的翰林学士郑絪，正是他当年与宦官据理力争，才确保了唐顺宗顺利即位。郑祗德地位尊贵，崇尚平简、守道寡欲、清静无为，根本应对不了突然出现的动乱局面。他紧急派遣讨击副使刘勍、副将范居植在剡县附近调兵，堵截镇压起义军。

咸通元年（860 年）正月，裘甫率起义军与刘勍、范居植所率官军战于今浙江天台境内的桐柏观。官军大败，范居植战死，刘勍逃窜。裘甫一举攻陷剡县，他打开府库，犒赏三军，接济百姓，并在当地招募士兵，队伍发展到数千人。

郑祗德手下的士兵已经在多次战斗中损失殆尽，只得紧急招募新兵，但仅得五百人。郑祗德派遣手下沈君纵、张公署、李珪三人率新兵五百攻打裘甫。两军战于今浙江嵊州西南的三溪。

裘甫在三溪以北列阵，却派人悄悄在上游拦坝堵塞了溪水。交战中，裘甫假意退却，在官军渡溪追击之时，上游的义军掘开水坝，溪水涌下，官军大多被冲走。裘甫顺势杀了个回马枪，全歼官军，三位官军将领也全部战死。

裘甫一战成名，各地的小股起义队伍纷纷投奔裘甫的起义军。当然，站在官军的立场讲，就是“山海诸盗及它道无赖亡命之徒四面云集”。起义军在短时间内达到三万人。裘甫将人马分为三十二队，各有统领。起义军中迅速涌现出一批文武干才，“有谋略者推刘暀，勇力推刘庆、刘从简”，这些人成为起义军的领导力量。

裘甫自称天下都知兵马使，改元“罗平”，铸印“天平”，初步建立了政权。被压迫者揭竿而起是因为他们看到天下不公、世道不平，所以产生了朴素的平均主义思想。“平”最能引起被压迫者的共鸣，激发他们参与斗争的热情。“平”也就成为中国古代农民起义的关键字，当然也是唐末农民起义的关键字。不仅裘甫，后来的王仙芝自号“天补平均大将军”，黄巢诗云“报与桃花一处开”，也都是在表达对“平”的向往。

但是，被压迫者所向往的“平”，正是压迫者所惧怕的“平”。郑祗德接连受挫，龟缩在越州（治所在今浙江绍兴）城中不敢再战，向朝廷和四邻请求救兵。浙西镇派兵四百、宣歙镇派兵三百赴浙东助战，但这点援军杯水车薪。援军又自认为对浙东有功，军纪涣散，只知多领赏赐，毫无参战之心，与起义军接阵时，要么畏缩不前，要么一触即溃。起义军迅速席卷浙东，接连攻占了唐兴、上虞、余姚、慈溪、奉化、宁海等地。

郑祗德的求救表章传到长安，朝廷认为他一直担任清贵之官，没有领兵作战的经验，不可能是起义军的对手，必须派遣一员大将代替他征讨起义军。最终，唐懿宗以安南都护王式为浙东观察使代替郑祗德。王式向唐懿宗建议，要想迅速讨平起义军，浙东的军队根本无济于事，必须带领重兵入浙征剿。但是，重兵征剿所费靡多，唐懿宗有些不舍。王式解释道，兵多可以速破敌，反而能为国家节省开支。若兵少不能速胜，贻误了战机，“贼势益张，则江淮群盗将蜂起应之”，国家用度尽仰仗江淮，若阻绝不通，花费的钱粮将无法计算。

唐懿宗如梦初醒，马上命忠武、义成、昭义、淮南诸镇兵听从王式节制，开赴浙东镇压起义军。王式甚至还带领了一批降唐的吐蕃、回鹘骑兵随同作战。

而起义军方面，在取得了一定的胜利之后，裘甫逐渐失去了下一步发展的方向。谋士刘暀建议，起义军目前需要拼全力攻取越州，以越州为基地，大集舟舰，循钱塘江而上，长驱进取浙西；进而横渡长江，掠取扬州财货，充实起义军财力，再还江南，修城而守。起义军声威大震，临近的宣歙、江西诸道必有响应者。这样就可分散朝廷的征讨兵力。此时再遣刘从简以万人循海而南，袭取福建。如此，则国家贡赋之地尽入于我。

裘甫当时正在与众将饮酒，对此建议不置可否，居然说："醉矣，明日议之。"当时有一个叫王辂的进士在裘甫军中，是起义军中少有的文化人，裘甫以礼待之。王辂听了刘暀的建议，认为刘暀所言不过是当年孙权占据江东的翻版，"彼乘天下大乱，故能据有江东；今中国无事，此功未易成也。不如拥众据险自守，陆耕海渔，急则逃入海岛，此万全策也"。

刘暀与王辂的建议是两条完全不同的路线。刘暀建议起义军攻占中心城市，迅速建立割据政权。但无论是横渡长江攻取扬州，还是循海而南袭取福建，都绝非易事，至于认为宣歙、江西诸道必有人响应起义，更是想当然耳。王辂建议起义军不去与官军硬碰硬，不攻占中心城市，而是在浙东的山海间建立根据地据险自守，陆耕海渔自给自足，一旦官军围剿急迫，则放弃根据地逃入海岛，与官军打游击战。

这两条路线究竟孰优孰劣，很可惜，已经无法由历史事实来证明了。裘甫没有采取这两条路线中的任何一条，所能想到的对策是向朝廷请求投降，以手下三万多弟兄换取一官半职。

但王式此来并没有带着招安计划，他让裘甫"面缚以来"，承诺当免死罪。裘甫不敢离开军队，犹豫不决之际，王式已经率军入驻越州。而裘甫的请降举动却使起义军人心涣散，一些起义军将领纷纷率部投降官军，甚至做了官军讨伐起义军的先锋。

王式所率领的官军都是由各镇挑选出来的精兵，战斗力绝非以前的浙东驻军能比。当起义军遇到这样的官军时，战场形势马上发生了急剧转变。官军连战连捷，起义军节节败退。尤其是官军水军在宁海以东海面击溃了起义军水军，起义军逃入海岛的退路也被斩断，军中更加人心惶惶。裘甫率残部万余人向剡县方向退却，中途又遭官军击杀数千人。待退入剡县时，起义军已溃不成军。

王式昼夜猛攻剡县，三日内经大小八十余战。起义军难以支撑，裘甫率刘晊、刘庆等百余人出降。刘从简率剩余起义军五百余人出奔，逃入深山据险防守。官军又围攻月余，最终山寨被攻破，刘从简被杀。刘晊、刘庆在越州遇害，裘甫被押解到长安后遇害。

裘甫领导的浙东起义以失败告终，然而唐末农民大起义才刚刚拉开帷幕。

戍卒军变

某地上空一只小小的蝴蝶扇动翅膀而扰动了空气，长时间后可能导致遥远的地方发生一场暴风雨。“蝴蝶效应”在历史的进程中同样存在。一个不起眼的小变化却能引起一连串令人意想不到的剧烈反应。

唐宣宗去世的大中十三年（859 年），南诏国国王劝丰祐也去世了，其子世隆袭位。世隆遣使到长安请求朝廷册封承认。“世隆”二字犯了李世民和李隆基两位唐朝皇帝的名讳，朝廷对此非常不满，表示不予册封。世隆遂叛唐称帝，派兵突袭安南都护府。

安南都护原本是王式，为了镇压裘甫，才被调任为浙东观察使。王式的调任又致使安南防御空虚。就在镇压裘甫起义的同一年，南诏攻占了安南都护府的治所交趾（今越南河内西北）。

唐军先后以蔡袭、高骈等人为统帅反攻交趾，双方在此反复争夺。这又使得唐军在南部边境的兵力捉襟见肘，为了补充兵力，朝廷调遣中原唐军赴南方前线戍守。

其中，徐州、泗州（治所在今江苏盱眙北）两州募兵两千人赴援。走到桂州（治所在今广西桂林），朝廷分兵八百就地戍守。当时，这里蛮荒溽热，自然条件十分恶劣，北方的戍卒很难适应。加之背井离乡，戍卒思念亲人心切，十分不愿在此长期戍守。于是，朝廷答应戍卒每三年轮换一次。

但这批戍卒在桂州一驻守就是六年，两个轮换期已过，仍然没有人来替换他们。戍卒屡次派人回乡，向上司徐泗观察使崔彦曾请求派人替换。八百人的队伍替换一次，一来一回，需要不少费用，再者也没有士兵愿意去桂州替换他们。崔彦曾便以府库空虚为推诿之辞，命令八百戍卒再坚守一年。

消息传回桂州，戍卒深感失望，失望继而演化为愤怒，愤怒继而付诸行动。既然上司不接大家回家，我们就自己回家。戍卒在都虞侯许佶、军校赵可立、姚周、张行实的煽动下，决定自行开拔北还。统领这批戍卒的都将王仲甫当然要阻止戍卒的擅自行动，戍卒怒不可遏，兵变就这样发生了。戍卒杀死了王仲甫，共推颇有威望的军粮料判官庞勋为统帅。庞勋率领戍卒洗劫了军械库，抢得兵器甲具拔寨起营，踏上了回家之路。

桂州戍卒叛乱发生在咸通九年（868 年）七月。戍卒一路剽掠北还，所过州县莫能抵御。朝廷闻知，遣使者赦免戍卒军变之罪，允许他们返回徐州。朝廷的这一处理方式究竟是出于真诚，还是别有用心，如今已经无法考证了。但是，叛乱戍卒得到这一消息后，对朝廷并不信任。他们认为这只不过是朝廷的缓兵之计，“朝廷所以赦之者，虑缘道攻劫，或溃散为患耳”，如果自己就此放下武器，“若至徐州，必醢矣”！

他们一边狐疑着向徐州进发，一边私造甲兵旗帜，收留过往流亡之人，队伍越来越壮大。慢慢地，这支队伍进入了淮南节度使的防区。当时，淮南节度使是唐宣宗一朝炙手可热的宰相令狐绹。唐懿宗即位后，令狐绹离开中央，先后担任河中、宣武、淮南等镇节度使。淮南都押衙李湘认为乱兵若回到土生土长的徐州，必然生出大事，建议令狐绹利用高邮一带运河岸峻水深、河道狭窄的地理条件劫杀乱兵。令狐绹何等老奸巨猾，绝不愿惹上这麻烦，回绝说：“彼在淮南不为暴，听其自过，余非吾事也。”

令狐绹就这样眼睁睁地看着乱兵通过淮南，进入了徐泗观察使的防区。

到了徐泗镇，乱兵也就到了家。而庞勋所想的，已经不是回家这么简单了。他要趁机鼓动乱兵夺取徐泗，要挟朝廷让他做徐泗观察使。庞勋对大家说："吾辈擅归，思见妻子耳。今闻已有密敕下本军，至则支分灭族矣！丈夫与其自投罗网，为天下笑，曷若相与勠力同心，赴蹈汤火，岂徒脱祸，兼富贵可求！况城中将士皆吾辈父兄子弟，吾辈一唱于外，彼必响应于内矣。然后遵王侍中故事，五十万赏钱，翘足可待也。"

在唐朝中晚期，藩镇中经常有悍将骄兵作乱，得逞后不但无法剿除，反而还要委任悍将为节度使，骄兵也能得到许多赏赐。这种事在当时不算稀奇，在前文中也总有提及。因而庞勋一呼，众皆呼跃称善。

乱兵浩浩荡荡地直向徐州扑来。徐泗观察使崔彦曾认为乱兵长途跋涉，而自己以逸待劳，定能够一举歼灭乱军，因此他没有选择同乱军谈判，而是采取强硬措施，派兵在沿途截击乱兵。但是，此时的乱兵皆是亡命之徒，摆在他们面前的只有胜利和死亡两条道路，作战的积极性不是奉命行事的官军所能比拟的。乱兵一举攻陷宿州（治所在今安徽宿州）。入城后，庞勋打开府库，任由士兵和百姓拿取，一时军心大振，民心大悦，很多贫苦的百姓纷纷加入起义的队伍。至此，庞勋队伍的性质已经发生了变化，由以前的军变乱兵逐渐变为有百姓广泛参加的起义军。

第二日，官军数千人卷土重来，打算夺回宿州。起义军以带火的箭支引燃城外的茅屋，大火席卷了官军营寨，官军大乱。起义军乘势杀出，官军大败。在随后的一昼夜，双方在宿州城下厮杀，官军阵亡千余人，其余皆投降了起义军。庞勋从降兵口中得知徐州仅有三四千守军，决定迅速攻取徐州。

崔彦曾见势不妙，遣使向朝廷和临近诸道求救，并在城中挑选丁壮进行守备。庞勋率起义军六七千人杀到城下。有百姓居住在城外的，起义军都好好慰抚，无所侵扰，由是人争归附。起义军不日攻克罗城。崔彦曾退保子城。饱受压迫的民众推着草车焚毁城门帮助起义军攻城，子城也被攻破，崔彦曾与监军张道谨被俘。庞勋要留着崔彦曾、张道谨跟朝廷讲条件，因而将其囚于馆舍内。但徐州多名官吏遇害，甚至被灭族。庞勋自领州事，当日城中参加起义军的百姓达万余人。

虽然夺取了重镇徐州，但庞勋并没有灭亡唐王朝的野心。他之所以起事，最初是为了还乡，后来是为了生存，再后来是为了扩充势力，以此为条件向朝廷讨要官职。如今，庞勋认为时机已经成熟，就在徐州城中找到了一个以才略自负的文人周重，请他为自己起草讨要节度使职位的表章，话里话外软中带硬："伏乞圣慈，复赐旌节。不然，挥戈曳戟，诣阙非迟！"

庞勋以徐州为根据地，派兵四出，扩大地盘，不多日就攻占了十多个州县。四方百姓纷纷投奔起义军，"父遣其子，妻勉其夫，皆断锄首而锐之，执以应募"。而朝廷根本不理睬庞勋的要求，而是以金吾大将军康承训为义成节度使、徐州行营都招讨使，调发周边诸道大军二十万围剿起义军。

徐泗镇中的泗州是大运河上的交通枢纽，当江淮之要冲，庞勋深知夺取泗州、切断漕运能够狠狠地打痛朝廷，便派部将李圆、吴迥等人率精兵数千猛攻泗州，昼夜不息。淮南节度使令狐绹派将领郭厚本与李湘率淮南兵救援泗州。淮南兵屯驻在与泗州一河之隔的都梁（治所在今江苏盱眙南）。起义军很快攻占都梁，活捉了郭厚本和李湘，完成了切断漕运的任务。

泗州援兵既绝，粮尽人疲，眼看就要陷落。官军羽林将军戴可师率兵三万渡过淮河来救泗州，包围了都梁。起义军人少，乃用诈降计骗取戴可师的信任，于夜中撤走。戴可师占据一座空城，认为起义军惧怕自己，竟不设防。起义军将领王弘立率兵三万，趁着大雾突袭到都梁城下。戴可师所部的阵列被起义军冲垮，溃不成军。起义军一战斩杀戴可师及其监军，缴获器械、资粮、车马数以万计。官军仅数百人脱逃。

起义军"乘胜围寿州，掠诸道贡献及商人货，其路复绝"，势力发展到顶峰。淮南士民震恐，携家带口避乱于江左。老谋深算的令狐绹不敢与起义军交锋，主动派使者向庞勋示弱，表示只要起义军不攻入淮南地界，他将向朝廷为庞勋代为奏请“节钺”，并劝说朝廷授予庞勋徐泗观察使的职位。令狐绹曾经做过十余年的宰相，是举足轻重的名臣，他的许诺很具迷惑性。庞勋果然中计，不再进攻淮南扩大战果，而是按兵不动，等待朝廷的任命。

此后，庞勋自谓无敌于天下，益渐骄傲，每日游宴无度。周重劝谏说：“自古骄满奢逸，得而复失，成而复败，多矣，况未得未成而为之者乎？”庞勋不听。

就在这段时间里，官军对起义军完成了合围。咸通九年（868 年）十二月底，诸道官军二十万众基本到达预设地点，其中统帅康承训将兵七万进驻大运河重镇柳子（今安徽濉溪百善镇柳孜村）以西地区。几万起义军分散驻守各州县，每地不过数千人，在兵力上已成明显劣势。庞勋也注意到了这一点，他开始招募兵勇，但“应募者益少”。由于起义军得势之后军纪败坏，“夺人资财，掠人妇女”，逐渐失去了民心，“境内之民皆厌苦之，不聊生矣”。参加起义军的人越来越少，形势对起义军更加不利。

官军开始反攻，起义军节节败退，很多州县被官军夺去。特别是咸通十年（869 年）二月，起义军主力王弘立部三万人在鹿塘寨（今河南永城东南）被官军主力康承训部击败，使起义军元气大伤。是役，官军前锋沙陀骑兵三千骑“左右突围，出入如飞”，起义军阵列被撕扯得七零八落。官军争出奋击，起义军由是大败。起义军落濉水中溺死者不可胜计，伏尸五十里，阵亡二万余人，委弃的资粮、器械堆积如山。

在鹿塘寨之战中，沙陀骑兵发挥了官军先锋军兼主力军的作用，由是一战成名，令天下为之侧目。沙陀人是西突厥处月部的一支。唐朝初年，沙陀人从突厥人中分化出来，散居在今新疆准噶尔盆地东南部到天山山脉东麓一带。这一带有一大沙碛，遂以“沙陀”为名。因其原为处月部，沙陀首领遂以“处月”为姓氏。在专指沙陀首领姓氏时，“处月”在汉文中又译作“朱邪”。

唐高宗时期，唐军征讨西突厥后设置沙陀羁縻州，以管理沙陀突厥。此后，吐蕃与回鹘分别在沙陀南北崛起。沙陀只能在两大势力的夹缝中寻求生存空间，时而依附吐蕃，时而联合回鹘。吐蕃攻扰唐朝边境时，沙陀常为前锋。但吐蕃并不信任沙陀，常常怀疑沙陀勾结回鹘。沙陀常遭吐蕃欺辱，无奈之下，其首领朱邪尽忠及其子朱邪执宜，在唐宪宗时期率部众三万帐内附唐朝。唐朝将沙陀安置在盐州（治所在今陕西定边）一带定居，并设立阴山都督府统辖，沙陀由此成为唐朝的附庸。

沙陀人惯于骑射，勇猛善战，内附唐朝后，成为朝廷可以倚仗的一支战力极强的骑兵部队。康承训奉旨讨伐庞勋，为确保无失，请求朝廷派沙陀骑兵助战，唐懿宗予以允准。当时，朱邪执宜已死，其子朱邪赤心为沙陀首领，他率领三千沙陀精骑助战，果然展现出了巨大的威力。

击溃王弘立后，康承训率官军挺进柳子。柳子是大运河重镇，起义军死守，官军与起义军一月内连战数十阵。最终，官军趁着一个大风天纵火焚烧，起义军弃营而逃。沙陀军又以精骑突击，屠杀起义军殆尽，死者相枕。

庞勋闻讯，就此对朝廷的幻想破灭，便杀了在押的崔彦曾、张道谨、郭厚本、李湘等人，表示与朝廷彻底决裂。庞勋自封天册将军，另造旗帜，正式建立政权。他挑选精兵三万人，亲自率军出征，寻官军决战。出征前，庞勋集众扬言："勋始望国恩，庶全臣节；今日之事，前志之乖。自此，勋与诸君真反者也，当扫境内之兵，勠力同心，转败为功耳。"

庞勋率军挺进柳子，寻康承训决战，一路上收拢各地起义军，又得两三万人。咸通十年（869 年）四月底，近六万起义军与官军会战于柳子。此时的起义军虽然人数众多，但是成分复杂，其中有早期起事的戍卒，有攻陷徐州后争取过来的士兵，有征战各地时投降的官军，有参加起义队伍的贫苦百姓，当然也有混水摸鱼的强盗贼寇、地痞无赖。随着数月来的接连大败，起义军已成强弩之末。起义军中的很多人对起义前途持悲观态度，队伍迅速分化。一些投降起义军的原淮南士卒临阵脱逃回到官军阵营，并将起义军的作战计划告诉了康承训。康承训得到情报，马上作出针对性的安排部署，致使起义军前锋受挫。起义军中的地痞无赖见前军稍败便马上逃跑，又致使起义军军心大散，很多起义军士卒也争先望风而逃。

庞勋指挥不灵，全军大败。康承训率军在后掩杀，起义军自相践踏，死伤溃散无数。庞勋仅仅聚拢了三千残卒退守徐州。

五月、六月、七月，康承训率官军相继收复了多个被起义军占据的州县，将起义军势力压制在徐州、宿州、濠州等少数几个据点中。但因大量官军都在前线围攻起义军，以致官军后方的宋州、亳州守备力量空虚。庞勋决定孤注一掷，留自己的父亲庞举直同将领许佶共守徐州，令张玄稔守宿州，将领吴迥守濠州，自己率两万大军攻掠官军后方。

张玄稔是徐州旧将，起义的立场本就不坚定。庞勋率兵走后，张玄稔认为起义军大势已去，很快献城投降了官军。张玄稔还为康承训献策："今举城归国，四远未知，请诈为城陷，引众趋符离及徐州，贼党不疑，可尽擒也。"他假装城池失陷，带着伪装成起义军的官军夺取了符离（今安徽宿州符离集），又引兵攻取徐州。徐州城中原崔彦曾部下趁乱开城，庞举直、许佶被杀，"余党多赴水死，悉捕戍桂州者亲族，斩之，死者数千人，徐州遂平"。

此时，庞勋正亲率起义军围攻宋州，并已经占据了南城。刺史郑处冲死守北城，起义军一时难以攻下。康承训闻讯，急命朱邪赤心率三千沙陀精骑为前锋救援宋州，自己率官军八万紧随其后。庞勋见宋州坚固，援兵又至，遂放弃宋州，向南转攻亳州。起义军在抢渡浍河时被沙陀骑兵追上，一阵冲杀，起义军被斩万余人，余皆溺死，庞勋也死于乱军之中。至此，庞勋起义以失败而告终。

沙陀首领朱邪赤心因功被唐懿宗赐以国姓，改名李国昌。李国昌第三子即唐末最重要的割据军阀之一李克用，李克用之子李存勖即五代时后唐的建立者后唐庄宗。沙陀李氏贵族正是靠着镇压庞勋起义，攫取到了政治上的第一桶金。沙陀在唐末五代成为一支重要的政治军事力量，五代中的后唐、后晋、后汉皆是沙陀人所建立。而让沙陀人真正登上历史舞台的，正是这场剿杀庞勋起义军之战。

起义随着庞勋的阵亡而失败，但官军并没有完全剿灭起义军。庞勋余党"散居兖、郓、青、齐之间"，四散于运河两岸的草莽之中，有的继续坚持反抗，有的则暂时躲避起来。另外，官军镇压起义时杀人极多，被杀者的父兄子弟心中怨怒，中原一带人心不平，对朝廷的不满情绪蔓延。短短四年之后，王仙芝、黄巢就在这一带揭竿而起，庞勋起义无疑为后来的大起义提供了适宜的土壤，因而《新唐书》称：“唐亡于黄巢而祸基于桂林。”

如果说裘甫为唐末农民大起义拉开了帷幕，那么庞勋就是为王仙芝、黄巢的登场点亮了舞台灯光。

天下反

唐末农民大起义是唐宣宗末年频繁民变与军变的升级，也是唐懿宗昏聩统治带来的恶果，更是自唐玄宗时代以来各种社会矛盾逐步加深后的总爆发。

随着均田制的崩坏，土地兼并越来越严重。特别是“两税法”实行后，国家征收赋税唯以资产论，均田制时期的占田数额和土地买卖的限制彻底被打破。富者可以合法地购买大量土地，而遇到天灾人祸的贫者，只能饮鸩止渴，出售土地以解一时之急。长此以往，必定造成了“富者有连阡之田，贫者无立锥之地”的局面。

大量失去土地的农民沦为地主的雇农，靠耕种地主的土地度日。当初国家实行“两税法”，以财产的多寡征收税赋，本意是让富者多纳税，贫者少纳税，减轻贫者的负担。但是可以想见，富者一定会将税赋转嫁到靠耕种他们土地为生的农民身上，导致这些人的生活更加困苦不堪。更有甚者，有些农民难以忍受重重压迫和剥削，干脆离开土地和乡里，成为流民。他们流离失所、衣食无着，成为社会动荡不安的重要因素。因为不再拥有国家分配的土地，雇农和流民对国家的认同感逐渐降低，大唐子民的荣光他们丝毫没有体验到，而统治者的暴虐残酷却让他们感受颇深。

自安史之乱以来，大唐国力急剧下降，内外反对力量频频向朝廷发起挑战，朝廷在与藩镇割据势力和游牧民族政权入侵的战争中疲于应付。自安史之乱平定到王仙芝、黄巢起义爆发，约一百一十年的时间里，有统计的藩镇动乱居然发生了一百七十余起，至于朝廷与吐蕃、回鹘、南诏等政权之间的冲突更是不胜枚举。国家几乎年年都在打仗，而战争除了使人口大量丧失、生产遭受严重破坏之外，更要消耗大量社会财富。虽然这些战争都是局部战争，却使得全国疲惫不堪。

如前文讲到的，唐懿宗即位之后，南诏国国王世隆遣使请求朝廷承认。唐懿宗不予册封，世隆遂叛唐称帝。南诏频繁入侵安南、岭南、西川等地，使唐朝西南边境陷入战乱之中长达二十余年。而在桂州参加庞勋起义的戍卒，正是朝廷派去防范南诏的士兵。“唐懿宗任相不明，藩镇屡畔，南诏内侮，屯戍思乱，庞勋乘之，倡戈横行。虽凶渠歼夷，兵连不解，唐遂以亡。”《新唐书》中的这段话，说明了南诏入侵与庞勋起义与唐朝灭亡之间的关系。

除了间接致使庞勋肇乱之外，南诏入侵还使得唐朝国库空虚。宰相卢携、豆卢瑑曾说：“大中之末，府库充实。自咸通以来，蛮两陷安南、邕管，一入黔中，四犯西川，征兵运粮，天下疲弊，逾十五年。租赋太半不入京师，三使（指度支、户部、盐铁三使）、内库由兹空竭。”朝廷在西南局部与南诏的战争就使得天下疲弊，内库空竭，这样巨大的消耗自然要层层转嫁到百姓头上。

如果说这些还是朝廷要被动面对的局面的话，那么自唐懿宗以来，统治阶层自主地迅速堕落更是触目惊心。“懿、僖当唐政之始衰，而以昏庸相继。”唐懿宗的生活极尽奢靡，他喜好音乐宴游，在殿前长期侍奉他的乐工就有五百人之多。他每月都要举行盛大宴会十余场，“水陆皆备，听乐观优，不知厌倦，赐与动及千缗”。他还经常巡幸出游，每次行幸，内外诸司扈从者十余万人，所费不可胜计。

唐懿宗将爱女同昌公主嫁给左拾遗韦保衡。出嫁时，唐懿宗“倾宫中珍玩以为资送”，又赐给公主、驸马一处豪宅，“窗户皆饰以杂宝，井栏、药臼、槽匮亦以金缕为之，编金银以为箕筐。赐钱五百万缗，它物称是”。“五百万缗”几乎是当时朝廷半年的收入。

自从做了驸马，不到两年的时间，韦保衡就从左拾遗迁为翰林学士、兵部侍郎、同平章事，成为宰相。唐懿宗耽于玩乐，不理政务，凡事都委任给韦保衡和另一位宰相路岩，由是“二人势动天下”。这两个人都是奸佞之臣，他们恃恩弄权，排斥异己，打击正直大臣，收取官员贿赂，搜刮民脂民膏。当时人称其党为“牛头阿旁”。“牛头阿旁”本意指地狱中的鬼卒，“名阿旁，牛头人手，两脚牛蹄，力壮排山”。路岩这伙人就像“牛头阿旁”一样凶恶可怖。

唐懿宗君臣挥霍无度，朝廷财政紧张，甚至无力养兵。至德令陈蟠叟上疏言：“请破边咸一家，可赡军二年。”听说抄了边咸一家就能养兵两年，唐懿宗来了兴趣，问左右人边咸是谁，有人答“路岩亲吏”。路岩的手下尚且如此，何况路岩。唐懿宗闻听此言大怒，他怒的不是路岩，而是敢于上疏说真话的陈蟠叟，将陈蟠叟流放到爱州（治所在今越南清化）。

翰林学士刘允章上《直谏书》，指出国有“九破”，民有“八苦”。“九破”指“终年聚兵，一破也。蛮夷炽兴，二破也。权豪奢僭，三破也。大将不朝，四破也。广造佛寺，五破也。赂贿公行，六破也。长吏残暴，七破也。赋役不等，八破也。食禄人多，输税人少，九破也”。“八苦”指“官吏苛刻，一苦也。私债征夺，二苦也。赋税繁多，三苦也。所由乞敛，四苦也。替逃人差科，五苦也。冤不得理，屈不得伸，六苦也。冻无衣，饥无食，七苦也。病不得医，死不得葬，八苦也”。刘允章直言，如今国家狼戾如此，已经是上古以来未之有也。刘允章痛心疾首地质问唐懿宗：“陛下知之乎？”“天下知之，陛下独不知之！”

刘允章为苍生、为社稷、为君王冒死直谏，然而“献策千条，未蒙一问”，唐懿宗根本听不进去。

人祸无休，天灾又至。唐懿宗时期，自然灾害连年不断。特别是咸通十四年（873年），自潼关以东直至大海，整个中原地区遭受了水旱灾害的连番袭击，“麦才半收，秋稼几无，冬菜至少，贫者硙蓬实为面，蓄槐叶为齑”。百姓陷入极度困顿，他们忍饥挨饿，“无所依投，坐守乡闾，待尽沟壑”，等着政府救济。

地方政府却害怕承担责任，瞒报灾情，“关东连年水旱，州县不以实闻，上下相蒙”。统治者不但不对灾民加以救济，反而继续向灾民征收苛捐杂税，灾民“撤屋伐木，雇妻鬻子”都难以承担。

就在这一年，唐懿宗死去，唐懿宗第五子李儇即位。李儇时年十二岁，是为唐僖宗。唐僖宗幼弱贪玩，击毬、蹴鞠、斗鸡、斗鸭、赌鹅、骑射、剑槊、法算、音乐、蒲博无一不喜好，无一不精妙，尤其是擅于击毬（即马球），堪称高手。他曾自负地对优伶石野猪说：“朕若应击毬进士举，须为状元。”石野猪委婉地进谏说：“若遇尧舜作礼部侍郎，恐陛下不免黜放。”言下之意，击毬不是尧、舜那样的明君所为。唐僖宗只是笑笑而已，依然故我。他仍然只知游戏享乐，“上与内园小儿狎昵，赏赐乐工、伎儿，所费动以万计，府藏空竭”。

在天下大灾赤地千里之时，唐朝天子的理政之心也荒芜了。朝政皆由唐僖宗宠幸的宦官田令孜处置，唐僖宗甚至呼田令孜为“阿父”，以致朝政日非。大臣们更是唯唯诺诺，只知逢迎。唐僖宗倒是也曾问起大旱之后的蝗灾，京兆尹杨知至居然妄奏：“蝗入京畿，不食稼，皆抱荆棘而死。”蝗虫不啃食粮食，却抱着荆棘自己死去。这样的谎言真是滑天下之大稽，而宰辅们居然也不去揭穿，纷纷向皇帝道贺。而真实情况却是，“蝗自东而西，蔽日，所过赤地”。

天灾已至，人祸更甚。这样的特大水旱蝗灾，在唐朝的历史上并不是没有发生过。但是以前发生自然灾害，朝廷都能开常平仓赈灾、减免灾区税赋，使灾民能够勉强度日，尽量减少灾害造成的损失和危害。但是，唐懿宗、唐僖宗昏庸相继，朝廷的调节、赈济能力丧失了，甚至还给灾情加上了沉重的砝码。因此，天灾的背后仍然是人祸。

“祸乱继起，兵革不息”“人户逃移，田地荒废”“民坠涂炭，无所控诉”“相聚为盗，所在蜂起”，这样的记载不绝于史。“天下百姓，哀号于道路，逃窜于山泽，夫妻不相活，父子不相救。百姓有冤，诉于州县，州县不理；诉于宰相，宰相不理；诉于陛下，陛下不理。何以归哉？”既然了无生计，百姓只好揭竿而起。

乾符元年（874 年）十二月，濮州（治所在今山东鄄城北）“贼首”王仙芝在长垣（今河南长垣）聚众数千人起义。王仙芝自称“天补平均大将军”、兼海内诸豪都统，迅速发布檄文，传于诸道，声讨朝廷的腐败残暴。

王仙芝以贩卖私盐为生，走南闯北见多识广，早已是一位“名贼”，是江湖上赫赫有名的大人物，有很强的号召力。中原一带的“盗匪贼寇”，包括庞勋起义军余部，都或多或少与王仙芝有一定的联系，他们纷纷响应，起义队伍很快发展到数万人。在众多响应者中，就有唐末农民大起义的真正主角黄巢。

黄巢是曹州冤句（今山东菏泽市牡丹区）人，他出身于下层，即“出自闾阎之末，起于垅亩之间”，却也绝非一般的百姓。其家“世鬻盐，富于赀”，靠贩卖私盐积累了一定的资产。在唐末农民起义的几位领袖中，裘甫、王仙芝、黄巢都是贩卖私盐的盐贩。安史之乱后，为增加朝廷收入，刘晏主持改革了榷盐法，官府垄断食盐源头价格，以收取高额利润。贩卖私盐虽然能够牟取暴利，但是也成为官府严厉打击的违法行为。在暴利与打击的双重作用下，唐后期存在着以户为单位，或几户联合起来的，有一定黑势力性质的武装贩运私盐团伙。黄巢家族就属于这种情况。

黄巢“善击剑骑射”“喜任侠，粗涉书传”，是私盐商贩中的佼佼者，因而结识了王仙芝。但与王仙芝不同的是，黄巢自幼读书，除了有草莽豪杰的一面外，他还有文人士子的身份。黄巢善于写诗，尤其好作菊花诗。据宋人笔记记载，黄巢幼年曾与其祖父、父亲联句，随口吟道：“堪与百花为总首，自然天赐赭黄衣。”祖父认为黄巢不知轻重，令其再赋一篇，黄巢又脱口而出：“飒飒西风满院栽，蕊寒香冷蝶难来。他年我若为青帝，报与桃花一处开。”尽展其重整乾坤的豪情和目空一切的傲气。

然而，这样的豪情与傲气却在黄巢成年后屡屡受挫。黄巢曾多次参加科举，试图学而优则仕，改换门庭。但屡试不第，怨怒之下，他又作了一首《不第后赋菊》，同样是吟咏菊花，却已杀气腾腾：

待到秋来九月八，我花开后百花杀。

冲天香阵透长安，满城尽带黄金甲。

乾符二年（875年）六月，王仙芝率义军攻破了濮州（治所在今河南范县）、曹州（治所在今山东曹县西北）。黄巢与其兄弟子侄聚众数千，加入王仙芝的起义军。此前，这一带曾传唱着“金色蛤蟆争努眼，翻却曹州天下反”的民谣。此时，起义军已经占领曹州，百姓便疯传“金色蛤蟆”就是黄巢。黄巢有符命在身，各地饥民争相投奔，“数月之间，众至数万”。黄巢成为起义军中仅次于王仙芝的实力派。

朝廷见起义军势力壮大，急令淮南、忠武、宣武、义成、天平五大节度使共同进击围剿。并以平卢节度使宋威为诸道行营招讨草贼使，诸镇军队皆受其节制。但此次农民大起义与数年前的庞勋起义不同。此次起义是多点开花，中原各地都有起义军活动，大股数千众，小股几百人，诸镇军队受此牵制，不能全力对付王仙芝与黄巢的起义军主力部队。加之起义军主力采取流动作战的战术，官军往往被牵着鼻子到处乱窜，很难寻到剿杀起义军主力的战机。直到乾符三年（876年）七月，王仙芝率军进攻沂州（治所在今山东临沂）时，宋威才找到机会大败起义军。

王仙芝率众溃退。当时，军中风言王仙芝已死，宋威未做调查，便向朝廷报告王仙芝已死。他遣散了诸镇士兵，自己也率兵还青州休整。长安闻讯，大臣们皆向唐僖宗致贺。但仅仅三日之后，各州县上报王仙芝尚在，率众攻剽如故。朝廷只好再次召集诸镇士兵讨伐。士兵刚刚接到休整的命令，马上又接到出军的命令，“皆忿怨思乱”。

王朝末日，朝廷与藩镇上下离心离德，宋威之所以如此草率，是因其根本不愿替朝廷卖命。宋威曾说：“昔庞勋灭，康承训即得罪，吾属虽成功，其免祸乎？不如留贼，不幸为天子，我不失作功臣。”将帅之心疏离、军士之心忿怨，官军更是无力围剿起义军了。

王仙芝自从沂州溃退后，收拢残卒向西挺进，一路上收编小股起义军，实力逐渐恢复，相继攻取阳翟（今河南禹州）、郏城（今河南中牟东）。至当年八月，兵锋已经威逼东都洛阳周边。朝廷震恐，赶忙加强洛阳至潼关一带防御。王仙芝见起义军暂时没有攻取洛阳这样大城市的机会和实力，便引军南下，于九月攻破汝州，活捉汝州刺史王镣。起义军继续向南攻掠，进入今天的湖北、安徽境内，辗转多州，于十一月，大军驻扎在蕲州（治所在今湖北蕲春蕲春北）附近。

此时的王仙芝与先前的庞勋一样，并没有推翻唐王朝的远大理想，寻一个合适的时机接受招安，成为割据一方的节度使，是他所能想到的最理想的结果。蕲州刺史裴渥是宰相王铎的门生，被王仙芝俘获的汝州刺史王镣是宰相王铎的堂弟。王镣为求活命，表示愿意写信给裴渥，让裴渥联系宰相王铎，劝说朝廷招安王仙芝。王仙芝表示同意。王铎得知，马上奏请唐僖宗加封王仙芝的官职。唐僖宗见王仙芝确实难以对付，只好任命王仙芝为左神策军押牙兼监察御史，希望他遣散人马，入京任职。

可以想见，王仙芝若是入京，很难有好下场。但王仙芝对于朝廷的残酷认识不足，居然准备接受招安。黄巢大怒道："始者共立大誓，横行天下，今独取官赴左军，使此五千余众安所归乎？"盛怒之下出手击伤王仙芝头部。王仙芝害怕引起公愤，只得拒绝了朝廷的招安。但此事造成了王仙芝与黄巢之间的裂痕，二人从此分兵作战，王仙芝率军南下攻掠，黄巢则率本部北上再次杀入中原。

此后一年多的时间，王仙芝与黄巢两路起义军各自为战，都有所发展。黄巢率军攻陷郓州（治所在今山东郓城），杀死天平军节度使薛崇，又接连攻陷沂州、濮州等地。王仙芝相继攻克了鄂州、安州、随州，并火焚江陵，使朝廷裁撤了荆南节度使杨知温，调西川节度使高骈为荆南节度使兼盐铁运转使。

但此一期间，王仙芝仍然斗争意识动摇，先后七次上书朝廷请求招安。这种既战又降的态度，使起义军将士思想陷入迷茫，注定不能走远。乾符五年（878 年）二月，王仙芝所部在黄梅（今湖北黄梅西北）作战失利，陷入官军重围。王仙芝与起义军将士五万余人壮烈牺牲。王仙芝余部归附黄巢，黄巢自号“冲天大将军”，正式成为起义军领袖，并改元“王霸”，设置官吏，初步建立了同唐朝分庭抗礼的农民政权。

万里长征

王仙芝牺牲后，起义军已折一臂，官军得以全力对付黄巢。黄巢渐渐不支，只好向朝廷请求招安，以作缓兵之计。朝廷答应赦免黄巢并任用其为右卫将军，令其解散军队，入京任职。散兵入京无异于死路一条，黄巢当然不可能答应。但中原一带官军优势明显，起义军没有发展的空间，于是黄巢率军转战千里，向江南发展。

乾符五年（878 年）三月，黄巢率军十万自和州（治所在今安徽和县）渡过长江。起义军围攻宣州不利，进而向东转战，围攻润州又不利，只得继续向东。终于在当年八月打开局面，攻下杭州，九月又攻占越州（治所在今浙江绍兴）。但随着官军云集，起义军无法在浙东立足，只能由浙东向南开辟山路七百余里，挺进福建。福建当时还未曾大规模开发，仅有几处城池，守军根本挡不住起义军的进攻。十二月，起义军攻陷福州（治所在今福建福州），随后起义军又分兵占领福建各地。

朝廷以高骈为诸道行营都统进入福建追剿起义军。起义军多次受创，无法在福建立足，只好继续南下，进入岭南地区。乾符六年（879 年）正月，起义军包围广州。岭南东道节度使李迢据城死守，起义军一时难以攻下。朝廷以原宰相王铎调任为荆南节度使、南面行营招讨都统，坐镇江陵（治所在今湖北荆州），负责布防长江沿线及湖南一带。王铎保举名将李晟之后李系为行营副都统兼湖南观察使，拥兵十万驻守潭州（治所在今湖南长沙），“以塞岭北之路”，企图将起义军困死岭南。

包围广州期间，黄巢通过李迢向朝廷表达了接受招安的意愿，但条件是要授予自己天平节度使的职务。朝廷没有同意。黄巢退而求其次，希望朝廷授予自己安南都护、广州节度使的职务，这样就能以岭南为根据地再谋发展，即“据南海之地，永为巢穴”。

但朝廷认为“广州市舶宝货所聚，岂可令贼得之”，不舍得将广州让给黄巢。最终，朝廷仅任命黄巢为太子率府率，这个官职掌管东宫的一些兵仗之事，有点给太子看家护院的意思，说到底仍然是遣散军队、入京供职那一套老把戏。

黄巢见委任状大怒，遂率兵攻陷广州，擒获李迢。黄巢再次要求李迢为自己上表，希望朝廷委任自己为安南都护、广州节度使，但遭到李迢的拒绝。黄巢一怒将其斩杀，并派兵攻掠岭南各州县。

困于岭南难成大事，加之起义军将士多为北方人，水土不服，有三分之一的将士染瘴疫死去，部下多“劝请北归，以图大利”。故此种种，黄巢决定放弃岭南，率军北伐。乾符六年（879年）十月，湘江涨水，水流极快，起义军编造了数千只大筏，自桂州（治所在今广西桂林）出发，沿湘江泛筏北还，这正是当年庞勋率领起义戍卒所走的路线。

起义军接连攻陷永州（治所在今湖南永州）、衡州（治所在今湖南衡阳），兵锋直抵潭州。李系十万大军却难以抵挡黄巢，起义军一日便攻克潭州，继而又攻克澧州（治所在今湖南澧县东南）。此时，起义军号称五十万众，浩浩荡荡北上，横渡洞庭饮马长江。

王铎见起义军势大难以抵御，自己居然先行撤离江陵，退守襄阳。江陵守军见主帅已逃，也四散而去，“士民亡窜山谷，江陵焚剿殆尽”。起义军没费一兵一卒就进入江陵。

起义军准备继续北上追击王铎，攻取襄阳。但山南东道节度使刘巨容已经率兵屯于今湖北荆门一带做好布防。江西招讨使曹全晸也已率兵赶到，二军合力共拒起义军。曹全晸率轻骑出战诱敌深入，刘巨容则率军在密林之中设伏。两军接战，曹全晸佯装败退，起义军紧追不舍，逐渐进入埋伏圈。官军突然杀出密林，起义军措手不及，曹全晸见状也率军反攻，起义军大败，向江陵方向撤退。刘巨容与曹全晸合兵在后追赶，起义军损失大半，北进计划受阻，江陵也难以立足，黄巢只好收拾余部顺江而下向东发展。

刘巨容麾下众将纷纷建议乘胜跟进，追击起义军。但起义军已经离开山南东道的防区，刘巨容不愿再追，对众将说：“朝家多负人，有危难，不爱惜官赏，事平即忘之，不如留贼，为富贵作地。”众将皆以为然。朝廷常常“苟徇近功，不敦大信”，出尔反尔、薄恩寡义，如今终于到了品尝恶果的时候。

起义军东进，必要进入江西招讨使曹全晸的防区，刘巨容可以不追，曹全晸却不能坐视不理，于是率兵在后紧追。没想到朝廷居然临阵换将，派泰宁都将段彦谟代替曹全晸为江西招讨使。曹全晸也只能收兵。

这给了起义军以喘息之机，“由是贼势复振”。起义军沿江攻杀，攻破鄂州外城，继而“转掠饶、信、池、宣、歙、杭等十五州，众至二十万”，再度强盛。

广明元年（880 年）三月，诸道行营兵马都统高骈派大将张璘在长江以南寻机与起义军作战。张璘击败起义军将领王重霸，又击败黄巢的主力，起义军向饶州（治所在今江西鄱阳）撤退。起义军将领王重霸、常宏投降官军。饶州失守，黄巢退往信州（治所在今江西上饶）。起义军在信州遇到疾疫，迅速减员，加之接连几次大败，士气低落。

黄巢再次使用缓兵之计，通过张璘向高骈请求投降。高骈许诺为黄巢谋求一个节度使的职务。此时，朝廷派出的诸镇增援部队陆续抵达淮南，眼看就可渡江围剿起义军。高骈却认为自己胜券在握，消灭起义军指日可待，不想诸镇兵马瓜分战功，居然将援军全部遣还。黄巢在信州休整完毕，得知官军援兵已退，马上与高骈再度开战。高骈得知被骗大怒，命张璘急攻信州。起义军大败官军，阵斩张璘。

广明元年（880 年）七月，黄巢率军十五万自采石（今安徽省马鞍山市西南，长江东岸）渡江北进，围攻天长（今安徽天长）、六合（今江苏六合）等地。高骈束手无策，“诸道兵已散，张璘复死，自度力不能制，畏怯不敢出兵，但命诸将严备，自保而已”。为了推脱责任，高骈上表，肆意夸大起义军战斗力，朝廷不知真伪，以致“人情大骇”。唐僖宗下诏向高骈问责，高骈干脆“遂称风痹，不复出战”，躲了起来。

起义军数十万众乘胜长驱，在淮南地面如入无人之境，高骈只能自守不能击剿。朝廷深知，若起义军渡过淮河，必为中原大患。宰相豆卢瑑献策：先以天平节度使的职务招安黄巢，待黄巢到镇后再聚兵讨伐。而宰相卢携却不同意，认为急发诸道兵扼守淮河，官军是可以守住的。最终，唐僖宗接受了卢携的主张，在淮河支流溵水一带设置防线，诏令河南诸镇率兵向溵水聚拢，并以泰宁节度使齐克让、天平节度使曹全晸共同负责指挥。

广明元年（880年）九月，起义军与曹全晸接阵。曹全晸作战勇猛，但寡不敌众，退保泗州。高骈作壁上观，救兵不至，泗州城破，曹全晸阵亡。起义军顺利渡过淮河。

关键时刻，官军又出现了内斗。徐州兵三千人奉调赴溵水布防，路过许州（治所在今河南许昌），忠武节度使薛能令徐州兵在城内马球场宿营。徐州兵不满，大噪。薛能登子城城楼慰问，才稳住事态。忠武镇牙将周岌也奉命率军赴溵水布防，刚刚出发不久，得知徐州兵在许州闹事，而薛能却只能慰劳不能制约，非常不满。他率军连夜回师，入城后突然袭击了徐州兵营地，将三千徐州兵全部处死。周岌索性驱逐了薛能，自任忠武节度使留后。薛能在逃往襄阳的路上被乱兵所杀。周岌要稳定许州的局面，当然顾不上赴溵水布防了。而泰宁节度使齐克让担心周岌会趁乱攻打自己的地盘，更是擅自离开溵水防线率兵回镇。其他藩镇布防溵水的将领见齐克让、曹全晸两位主帅一个撤走一个阵亡，也无心再战，纷纷率本部人马离开。溵水防线不战自溃。

几乎没有遇到多少抵抗，黄巢便率起义军顺利地挺进中原。这时朝廷只能寄希望于中原诸镇兵马能够拱卫东都洛阳了。广明元年（880年）十一月，黄巢自称“天补大将军”，并向河南诸镇下达通牒：“各宜守垒，勿犯吾锋。吾将入东都，即至京邑，自欲问罪，无预众人。”明确说明起义军要占洛阳、攻长安向唐室问罪，并不想与诸藩镇为敌。这样一来，诸藩镇为了保存实力，皆不愿与起义军交战。官军中只有齐克让率军万余来到洛阳附近，但见起义军势大，他知洛阳难保，率军退守潼关。

起义军顺利地来到洛阳城下。广明元年（880年）十一月十七日，东都留守刘允章开城投降，率领百官迎接起义军进城。刘允章曾经向唐懿宗进《直谏书》，说自己“不忍见国难危”，却终是见到了“千里零落，万里凋残”。

入城后，黄巢并不耽搁，派兵攻占虢州（治所在今河南灵宝），为攻打潼关做好准备。如今朝廷已经难以调动各藩镇，只能拿出自己的看家法宝，任命左神策军马军将军张承范为兵马先锋使兼把截潼关制置使，率领驻防长安的神策军到潼关抵御起义军的进攻。然而，朝廷的这件看家法宝早已经"锈迹斑斑"了：

神策军士皆长安富家子，赂宦官窜名军籍，厚得禀赐，但华衣怒马，凭势使气，未尝更战陈。闻当出征，父子聚泣，多以金帛雇病坊贫人代行，往往不能操兵。

作为皇家禁军，神策军的地位高、待遇好，又几乎不存在出征的可能性，因此长安很多富家子弟通过贿赂宦官，取得了神策军的军籍。他们平日里鲜衣怒马、招摇过市、神气十足，根本没想过有一天还要出兵打仗。得知将要赴前线与起义军作战，这些富家子弟便出钱雇佣贫苦人代替他们出征。军队腐败到如此程度，焉能打得了胜仗？

张承范率神策军约三千人向潼关进发。到达华州（治所在今陕西渭南华州区），众军见州城一片萧条，军民皆逃入华山，府库中只有尘埃鼠迹。幸亏在仓中找到米千余斛，士兵们总算才有了三日口粮。

张承范到达潼关，与齐克让的残部会师。此时，潼关亦是一片破败，官军费了好大劲才找到村民百余人，驱赶他们运石、汲水，做防守的准备。潼关无粮，官军所携粮食又已食尽，士卒皆无斗志。是日，黄巢前锋军抵达关下，白旗满野，无边无际，关上的官军看得后背阵阵发凉。俄而黄巢至，起义军大声欢呼，声震山谷，黄河与华山都好似在跟着颤抖。

官军做殊死一搏，还是展现出了一定的战力。齐克让率军下关与起义军死战。自中午至黄昏，因士兵饥饿，战阵终于瓦解，官军溃退至关上。第二日再战，起义军急攻潼关。张承范率军死守，箭矢很快用尽，官军只能用石块还击。起义军很快到达关墙下。关墙下有一道深深的堑沟，起义军掘土填之，须臾即平，遂引兵攻关。至夜，起义军纵火焚毁了关楼。

潼关左侧有一山谷，平日禁止行人从此往来，谓之“禁坑”。经年累月无人通行，谷内长满灌木寿藤茂密如织。潼关守军仓促间竟然忘记分兵把守“禁坑”。这两日大战，有许多溃兵自此入关，“禁坑”竟然被踩踏出了一条路。起义军发现此路，也准备从此处入关。张承范紧急命将领王师会带兵八百扼守“禁坑”，但未能抵挡住起义军攻势，王师会兵败自杀。起义军自“禁坑”入关，前后夹攻关城。第三日清晨，起义军攻上关城，张承范、齐克让逃走，潼关落入起义军手中。

突破潼关后，起义军很快占领华州，进逼长安。长安得知，人人大骇。唐僖宗诏命赦免黄巢的罪行，答应黄巢曾经的要求，委任其为天平节度使。然而，此一时彼一时，长安就在眼前，皇帝宝座就在眼前，黄巢又岂会愿意屈就一个小小的节度使。唐僖宗的想法简直昏聩得令人发笑，不但于时务毫无补救，还折损了朝廷的颜面。

大宦官田令孜唯恐唐僖宗责备自己，便将所有责任都推给宰相卢携，卢携饮药自尽。十二月初五，田令孜率神策军五百人簇拥着唐僖宗放弃长安西逃，仅有少数皇族和妃嫔从行，百官皆不知皇帝已经逃走。

待到百官去见皇帝商议如何退敌时，唐僖宗的车驾早已不知去向。长安顿时大乱，军士及市民争相砸开府库的大门盗取金帛。当日，起义军前锋已抵达长安城下，长安没有作出任何抵抗就更换了主人。

天街踏尽公卿骨

金吾大将军张直方率文武数十人到灞上迎接黄巢入城。黄巢乘坐金装肩舆，起义军皆披发，束以红绫，身着锦绣服饰，手持兵刃跟随左右，“甲骑如流，辎重塞涂，千里络绎不绝”。长安百姓夹道聚观，黄巢让大将尚让晓谕百姓：“黄王起兵，本为百姓，非如李氏不爱汝曹，汝曹但安居毋恐。”

“冲天香阵透长安，满城尽带黄金甲。”黄巢终于将自己年少时的诗歌变成了现实。入城当晚，黄巢下榻在田令孜的府邸。起义军见到贫苦百姓往往同情接济，却在市井中大肆掠夺，纵火焚烧，满街杀人，尤其憎恶官吏，抓到藏匿的官吏往往处死。在长安这样的大都市，贫苦百姓毕竟只占少部分，起义军没有注意争取大多数的普通民众，甚至还伤害他们，更没有注意笼络精英阶层，甚至将精英阶层作为消灭的对象，客观上造成了起义军在长安统治的基础不牢固。

而此时的黄巢已在忙着改朝换代。为除后患，以绝人望，广明元年（880 年）十二月十一日，黄巢将滞留在长安的李唐宗室全部处死。十二月十二日，黄巢进入大明宫，并于次日即皇帝位于含元殿。黄巢登上丹凤楼，颁下赦书：定国号为大齐，改元金统。唐朝三品以上官员全部停任，四品以下官员保留官位如故。又册立其妻曹氏为皇后，任命尚让为太尉兼中书令，其余百官皆有任命。

扶犁黑手翻持笏，食肉朱唇却吃齑。

以前受剥削受压迫的“下等人”如今成了卿相，而曾经作威作福的“人上人”却是一片哀号。大齐政权成立前后，起义军对唐朝皇室公卿进行了严厉的镇压报复。除诛杀唐宗室外，唐宰相豆卢瑑、崔沆及左仆射于琮、右仆射刘邺、太子少师裴谂等藏匿在长安城中没有来得及逃走的公卿，被起义军查出后统统杀掉。原本投降起义军的张直方在家中私藏公卿被发现，也被处死。还有一些公卿，不肯投降起义军又无处可逃，最后举家自杀殉国。

当时，诗人韦庄因应试滞留长安，目睹战乱带来的深重灾难，受到极大的震动。韦庄逃离长安后，写下长诗《秦妇吟》，借长安逃到洛阳的一位妇人之口，写出了他在长安见到的一幕幕惨剧，其中就有对皇室公卿遭遇的描写：“甲第朱门无一半”“天街踏尽公卿骨”。

朝廷方面，广明元年（880 年）十二月初五唐僖宗出离长安向西逃窜，当晚驻跸于咸阳（今陕西咸阳东北），十二月初九逃至骆谷口。凤翔节度使郑畋在此迎接唐僖宗，并恳请唐僖宗留在凤翔指挥收复长安。唐僖宗已经被起义军吓破了胆，连忙拒绝："朕不欲密迩巨寇，且幸兴元，征兵以图收复。"将烂摊子甩给郑畋，命他全权负责收复长安，遇事可以便宜从事，不必报奏朝廷，"苟利宗社，任卿所行"。说完，唐僖宗一头钻入秦岭，向汉中逃去。到了第二年（881 年）正月，唐僖宗又觉得汉中不够安全，再次起驾逃往成都。

郑畋得到一纸空头诏命后返还凤翔，召将佐商议抵抗起义军。诸将劝郑畋暂时诈降，待诸镇兵至，再做计议。郑畋气得闷绝仆地，却也只能如此。黄巢得知郑畋投降，派遣使者来到凤翔。郑畋不愿与"反贼"使者见面，托辞风痹不出。凤翔众将与使者宴饮，乐声一起，众将皆哭。使者询问何故，幕客孙储搪塞说："以相公风痹不能来，故悲耳。"实则是众将听到唐乐思念唐朝，触景生情而悲从心生。

郑畋闻之，知"人心尚未厌唐"，对抵抗起义军有了信心。黄巢使者走后，郑畋召集众将，歃血为盟，决心誓死抗击起义军。他们修挖城防，整缮器械，训练士卒，密约临近诸道的官兵迅速向凤翔靠拢共同抗敌。其时，神策军尚有余部数万人散布在长安周边，他们无所归依，郑畋遣人招募。神策军余部逐渐会集到凤翔，官军军势更振。待黄巢再次遣使至凤翔时，郑畋果断斩杀使者，与大齐政权决裂。

黄巢大怒，派遣尚让、王播率军五万进攻凤翔。郑畋命朔方节度使唐弘夫在龙尾陂（今陕西岐山东）的要害之处设伏，自己将兵数千列阵于龙尾陂的高冈之上，广布旗帜，诱敌深入。起义军轻视郑畋是一介书生不懂用兵，鼓噪而前，不加防备。进入埋伏圈后，官军四起，起义军大败，折损二万余人，伏尸数十里。

龙尾陂大胜之后，郑畋传檄天下藩镇，"合兵讨贼"。唐僖宗逃蜀，诏令不通，天下以为朝廷不能复振，都处于观望状态。及得到郑畋的檄文，方知官军仍在坚持抵抗，且取得了大捷，人心为之一振，吏民再次燃起复唐的希望。一些藩镇起兵勤王陆续会聚到长安周边，如义武节度使王处存不待诏命下达就已举军入关，屯于渭北，虎视长安。沙陀贵族李国昌、李克用父子统率北方杂胡骑兵万余人，也准备好赴关中与起义军作战。在此期间，很多原本归顺大齐政权的藩镇，如河中节度使留后王重荣、夏绥节度使诸葛爽、忠武节度使周岌纷纷反正，再次回归唐朝。形势开始向着不利于起义军的方向发展。

广明二年（881 年）四月，义武节度使王处存率兵五千会同泾原节度使程宗楚、朔方节度使唐弘夫向长安发起进攻。黄巢不知官军多寡，以为官军向自己发起了总攻，仓皇撤出长安，驻军灞上。长安百姓以瓦砾袭击起义军，争相欢迎官军入城。然而，进城诸将担心郑畋瓜分功劳，未向郑畋报告长安已经收复的消息，造成郑畋的大部队没有及时跟进。

黄巢在灞上派人打探长安虚实，才知入城的官军人数不多且无后援。黄巢率兵回击长安，起义军很快攻入长安，与官军展开巷战。程宗楚、唐弘夫战死，王处存率残军逃走，长安再次回到起义军手中。黄巢恼怒长安百姓心向官军，纵兵大开杀戒，起义军更加失去了长安民心。

此后约一年的时间里，起义军与官军在长安周边反复争夺攻杀，关中地区一片狼藉。朝廷征调天下藩镇赴关中镇压起义军。当时接受朝廷统御的藩镇中，数淮南节度使高骈实力最强。高骈调兵八万，舰船两千艘，陈于扬州附近，但就是按兵不动，静观其变。朝廷多次遣使者催促高骈发兵，他总是寻找各种各样的借口迟迟不肯出兵。唐僖宗急于反攻，一怒之下罢免了高骈的职务。高骈索性断绝同朝廷的往来，不再听命于朝廷。朝廷自此失去了对淮南的控制，这下不但高骈麾下的八万劲旅难以指望，就连东南地区的钱粮也失去了。

关中战乱不息，农事俱废，东南地区的粮食也无法运达，使本来就缺粮的关中更是陷入严重饥荒。官军和起义军都要勒紧裤腰带过日子。但官军好歹还有蜀地支援粮食，起义军方面困守长安，没有外援接济，日子更是难挨。长安城中斗米价至三缗钱，“一斗黄金一斗粟，尚让厨中食木皮”，连尚让都要啃树皮，其他起义军将士的情况可想而知。起义军在关中很难支撑下去了。

起义军将领朱温料定大齐政权不能长久，就倒戈投降了朝廷，给了起义军沉重的打击。朱温是宋州砀山（今安徽砀山）人，家中排行第三，人称朱三。朱温家贫，其父早亡，其母王氏带着兄弟三人佣食于一刘姓大户人家。朱温以雄勇自负，游荡乡里，不事生产。黄巢起事，朱温与二兄朱存加入起义军，随黄巢征战。后来，朱存战死，朱温因战功逐渐成为起义军将领。起义军攻陷长安后，朱温先是奉命驻守东渭桥，后又在长安周边与官军作战，屡建战功。

中和二年（882 年）二月，朱温被任命为同州（治所在今陕西大荔）防御使。当时同州还在官军手中，黄巢让朱温自行攻取。朱温攻取了同州，临近同州的河中节度使王重荣率军三万反攻。朱温不敌，先后十次向黄巢上表请求增援，均被左军使孟楷按下不报。朱温大感失望，加之见起义军困厄，索性在当年九月杀掉监军严实，率军向王重荣投降。因朱温母亲也姓王，朱温遂认王重荣为舅父。消息传到蜀中，唐僖宗喜曰："是天赐予也！"任命朱温为左金吾卫大将军、河中行营副招讨使，并赐名"朱全忠"。

"全忠"的字面意思很好理解，不必解释。但古人行文是竖着书写，"全忠"可以拆分为"人王中心"四个字。使者走后，有近臣提醒唐僖宗："全字，人王也，又在中心，其不可也。"唐僖宗大悔，派人追赶使者想要收回成命，但已经来不及了。后来，朱温果然成了"人王"，在中原建立了后梁政权，人们纷纷议论"乃赐名之应也"。

朱温熟悉起义军将领，熟知起义军的作战特点，对起义军的威胁很大。他的倒戈使起义军损失了一员大将，又增加了一位劲敌，此消彼长，起义军在关中的形势更加困难。

屋漏偏逢连夜雨，就在朱温倒戈不久，中和二年（882 年）十一月，沙陀悍将李克用率沙陀精骑约四万人勤王，进入关中与起义军作战。李克用是李国昌第三子，骁勇善战，十三岁就曾一箭射落双凫，十五岁随父征讨庞勋，冲锋陷阵，勇冠三军，军中称为"飞虎子"。镇压庞勋起义后，李国昌、李克用父子盘踞代北，虎视三晋，发展自己的地盘和武装力量。对朝廷，他们时叛时服，既是一大边患又是一支可以利用的力量。朝廷对沙陀人一直存有戒备，不允许其南下发展，但如今山河破碎，长安都已失陷，还有什么不能妥协的呢？朝廷只能同意沙陀军进入关中攻打起义军，李克用和他的沙陀军正式走向争霸天下的舞台中央。

李克用在军中号为“李鸦儿”，沙陀军又身着皂衣，故谓之“鸦军”。这支战斗力强悍的精骑部队，在庞勋起义时期就是起义军将士的梦魇。黄巢军中有许多原庞勋义军将士或其父兄子弟，他们一直忌惮着“鸦军”的威名。闻听“鸦军”进入关中，起义军将士先胆寒三分，纷纷说：“鸦军至矣，当避其锋。”从气势上就已经先输一筹了。

沙陀军连战连捷，中和三年（883 年）正月，李克用部将李存贞在沙苑（今陕西大荔南）击败黄巢之弟黄揆所部。二月，李克用进军至梁田陂（今陕西渭南西），河中、易定、忠武等镇的官军也与沙陀军会师，兵势益盛。黄巢命尚让、王璠、林言、赵璋等人率军十五万，屯于梁田陂，阻止其向长安推进，双方在此形成对峙。二月十六日，双方在此展开激战。此时，黄巢也已经亲临战场指挥战斗。但沙陀军骁悍无比，起义军惨败，损失数万人，伏尸三十里，黄巢也被流矢射中，负了伤。此战之后，起义军在关中的失败已成定局。此后，李克用率军蚕食长安周边起义军的据点，并于三月底占领华州，长安已成孤城一座，且已不可能通过潼关退往中原了。

沙陀军与官军迅速进军至渭桥，于四月初八向长安发动猛攻，与起义军一日三战。起义军皆败，残军或溃散或避入城中。四月十日，李克用率军率先攻入长安光泰门，与起义军展开巷战。起义军抵抗无果，退出长安。进入长安的官军皆是各藩镇的军队，军纪松弛，再加之沙陀军本就野蛮成性，他们进城后烧杀抢掠，长安再遭浩劫，史载“官军暴掠，无异于贼，长安室屋及民所存无几”。黄巢率起义军退出长安，但潼关道已断绝，只得向长安西南的武关道方向退却。官军在后追赶，起义军沿途抛洒金银珠宝，官军争相抢夺，起义军才得以甩掉追兵。

起义军退去后，朝廷认为黄巢已不足为虑，忙于重建政权、封赏功臣，各镇将领也竞相争夺胜利果实。朝廷重赏有功诸将，其中有最重要的两项任命：一是委任李克用为河东节度使，二是委任朱温为宣武节度使。

李克用从此专心经营河东，并以河东为基础，南下中原与朱温争霸。朱温则以宣武节度使治所汴州（治所在今河南开封）为大本营，向四周积极扩张势力，逐渐成为中原霸主。可以说，朝廷此次对李克用和朱温的任命基本奠定了唐末五代军阀争霸的政治格局，也为五代、北宋长达二百多年的时间里，汴州成为中原王朝新的政治中心奠定了基础。

小心黄巢

由于朝廷没有及时布置对黄巢的追击，使得起义军有了喘息之机，起义军经蓝田进入商山，沿着武关道涌入中原。起义军一路收拢散兵残军，待进入河南时又有了十五万众。黄巢以孟楷为前锋，率军进攻蔡州。蔡州节度使秦宗权战败，为保存实力，有条件地投降了起义军，与起义军连兵作战，但仍然独立指挥其属下军队。起义军继续向东发展，攻打陈州（治所在今河南淮阳）。陈州刺史赵犨故意向起义军示弱，借起义军麻痹之机，袭杀了起义军前锋孟楷。

黄巢亲率起义军主力与秦宗权所部进攻陈州，兵势很盛，陈州军心动摇，有人动了投降的心思。赵犨表现出了极为坚定强硬的态度，声称："男子当于死中求生，又何惧也！且死于为国，不犹愈于生而为贼之伍耶！汝但观吾之破贼，敢有异议者斩之！"官军这才同仇敌忾，死守陈州。而黄巢也上来了性子，屯兵坚城之下，猛攻陈州。两军"小大数百战，胜负相当"，起义军仍然无法拿下陈州。黄巢在陈州城北"立宫室百司，为持久之计"，以示不破此城誓不罢休。

陈州被围困日久，赵犨不断向邻道求援。宣武节度使朱温、忠武节度使周岌、感化节度使时溥纷纷引兵前来救援，双方在陈州附近大战，但仍然难以解除陈州之围。看来若破起义军，还得李克用的沙陀军，朱温、周岌、时溥联合向李克用求援。李克用率胡汉军队五万余人自太原起兵南下，出天井关进入中原。但河阳节度使诸葛爽拒绝李克用在孟津渡过黄河，李克用只得绕行蒲津渡过黄河，因而耽误了一些时日。

中和四年（884 年）三月，李克用抵达陈州战场，与朱温、周岌、时溥合兵，向起义军发起总攻。陈州周边的起义军据点太康、西华等地接连被官军攻取。四月，官军逼近至陈州城下，黄巢只能解围撤兵，向汴州方向败退。朱温见起义军败向汴州方向，担心起义军袭取自己的老巢，忙领兵回防。秦宗权见起义军式微，也不再听命于黄巢，回老巢蔡州休整。

陈州之围经历三百余日，起义军一无所获。此时的起义军人心涣散、疲惫不堪，只能忙于亡命。五月初，连日暴雨倾盆，平地水深三尺，起义军营地为暴雨所淹，损失惨重。黄巢率军奔袭汴州，李克用在后掩杀。

五月初八，当起义军在汴河上的渡口王满渡（今河南中牟北）渡河时，李克用的骑兵追上了起义军。李克用趁起义军半渡之机，发动进攻，起义军惨败，阵亡万余人。包括起义军重要人物尚让在内的诸多将领投降了官军。此役之后，起义军主力损耗殆尽，黄巢仅率千余残兵，冒雨向兖州方向奔去。

李克用追击黄巢，一天一夜奔驰了二百余里，仍没有寻到黄巢，无奈就近到汴州休整。朱温将李克用迎入上源驿置酒款待，“声乐，馔具皆精丰，礼貌甚恭”。起初宾主畅饮甚欢，李克用“酒酣，戏诸侍妓，与汴帅（指朱温）握手，叙破贼事以为乐”。但不久后，李克用酒醉，“乘酒使气，语颇侵之，全忠不平”。

李克用究竟说了什么话让朱温不平，后世不得而知，仅知是“以丑言陵侮”朱温。根据二人的谈话内容“叙破贼事以为乐”来看，李克用可能在谈及破“贼”时，惹得朱温不满，毕竟朱温本身也曾是“贼”。宴罢，李克用回到房间沉沉睡去。朱温决定借李克用酒醉之机刺杀之。

朱温命都将杨彦洪率甲士放火点燃驿站，但当夜雷雨交加，大火被雨水浇灭。李克用的奴仆郭景铢用水泼醒李克用，李克用这才张目而起，引弓抵抗。杨彦洪率众攻入驿站，李克用的护卫拼死力战。然后李克用借着闪电之光只身缒城而出，身边无马，只乘一牛逃走，侥幸得以活命。李克用的随从三百余人全部被杀，监军陈景思、大将史敬思一并遇害，河东节度使的兵符、将印等重要信物被朱温所获。朱温与杨彦洪出城追赶，朱温以为“胡人急则乘马，见乘马者则射之”。当时雨水如澍，不辨人物，杨彦洪乘马在前，朱温一箭射杀了杨彦洪。李克用回到大营，率所部人马离开中原返回河东，二人从此结下死仇。此即“上源驿之变”。

虽然官军内部出现了分裂，但感化节度使时溥仍在追击黄巢。黄巢与官军“殊死战，其众殆尽”，于六月十五日败至泰山的“狼虎谷”之中，身边仅剩亲随数人。黄巢的外甥林言见起义军不可复起，惧怕随黄巢一同被擒，乘机刺杀了黄巢（一说黄巢为自尽）。林言斩下黄巢首级准备向时溥请功，但路上被官军所夺，林言也被官军斩杀。时溥将黄巢的首级献至成都。黄巢领导的起义彻底失败。

“狼虎谷”据说是“莱芜谷”的音误，黄巢死亡的具体地点据说是今山东莱芜西南约三十里，一个叫襄王村的村落中的翁姓老翁家。当时有童谣:“黄巢走，泰山东，死在翁家翁。”人初不知其意，至黄巢灭，方解。

自乾符元年（874 年）十二月王仙芝首义，到中和四年（884 年）六月黄巢败亡，唐末农民大起义坚持斗争长达十年之久。起义军在北起山东南至广东的广阔国土上纵横驰骋，最高峰时队伍发展至六十万人，并攻陷了长安，赶跑了李唐皇帝，建立了政权。天街踏尽公卿骨，满城尽带黄金甲，起义瓦解了唐朝的统治，特别是摧毁了唐朝赖以统治的根基，取得了巨大的成功，但也在登顶之后迅速败亡。

黄巢起义军的特点是采取大规模流动作战，不建立根据地。起义军总是夺取一地放弃一地，甚至在夺取东都洛阳之后都没有派兵驻守，致使起义军占领关中之后，也仅掌控关中一地，结果遭到官军的合围，最终失败。这一点虽然往往被人诟病，但它恰恰是起义军能够取得巨大成功的原因。

黄巢并不是不愿意建立根据地，而是无法建立根据地。当时，唐朝一统，黄巢无论在哪里建立根据地，都处在官军的合围之中。只要起义军存在一天，朝廷就不会善罢甘休，一定会派重兵来围剿。当初庞勋可以从桂州一路杀到徐州，却因一直守在徐州、泗州一带而被剿灭。鉴于此，黄巢只得采取流动作战的斗争方式。在早期起义军力量还较为弱小之时，起义军必须利用各藩镇军阀之间的钩心斗角，在官军围追堵截的夹缝中求生存。与其说从中原一直打到岭南，不如说从中原一直被逼到了岭南，起义军哪有建立根据地的条件？

由于朝廷统治薄弱，岭南倒是可以立足，但是对于大多数将士都是北方人的起义军来讲，无论是身体适应能力还是心理适应能力，都不宜长期在岭南发展。且以当时岭南的条件来讲，以岭南作为根据地，最多能够成为一个新的割据势力，不可能有大的发展。因此，黄巢才放弃岭南，率军北伐。

北伐过程中，起义军曾数度碰壁，也没有建立根据地的条件。直到重新进入中原，实力才发展壮大，但起义军若是分兵驻守所占据的州县，必然造成兵力分散。起义军主力开拔后，守军很难抵御官军的进攻，所占的州县将大概率失陷，守军也将白白损失。

占领洛阳后，起义军可以选择在洛阳建立根据地。但若在洛阳建立根据地，也需要分兵驻守洛阳及周边各地，就没有足够的力量再向关中挺进。朝廷一方面纠集各藩镇在中原对起义军进行围剿，另一方面加强潼关一线的防御，起义军将失去一举突破潼关占据长安灭亡唐王朝的战机，同时也将坐困于洛阳。中原连年灾荒战乱，江南粮赋又不可能供给义军，死守洛阳同样困难重重。因此，黄巢选择铤而走险，果断放弃洛阳，倾力攻入关中，才取得了建立大齐政权的胜果。

可以说，在进入长安之前，起义军一直没有建立根据地的合适条件。黄巢的失误并不在于“流动”，而恰恰在于他的两次“不动”。

黄巢进入长安之后，没有派兵主动追击逃亡的唐僖宗，这是黄巢的第一次“不动”。唐僖宗于广明元年（880 年）十二月初五出逃，当晚驻跸于距离长安仅四十里的咸阳，十二月初九逃至骆谷口。因车驾臃肿，唐僖宗一行每日只能行五十里左右。黄巢义军进入长安的时间同样是十二月初五。彼时唐僖宗一行刚刚离京，甚至还没有到达咸阳。骑兵急行军一日二百里不在话下，黄巢若是挑选精骑追赶，当天就能够赶上唐僖宗一行。即使中间有所差池，至少也能在唐僖宗逃到骆谷口之前赶上。唐僖宗所携的皇室、嫔妃、宦官和少量神策军几乎没有战斗力，起义军俘获唐僖宗并不困难。掌握了唐僖宗，也就掌握了唐朝的中央政权。

“百足之虫，死而不僵”，唐朝作为立国近三百年，曾经创造伟大成就的大一统王朝，具有强大的号召力和很难撼动的正统地位。黄巢作为刚刚崛起数年的农民领袖，一入长安便忙着改朝换代是不明智的。黄巢又以大齐政权的名义，向天下藩镇发号施令，以为唐朝旧臣会望风归顺，更是异想天开。谏议大夫张濬劝说幽州节度使王敬武不要接受黄巢的“伪命”时，就曾质问幽州将佐：“黄巢前日贩盐虏耳，公等舍累叶天子而臣贩盐白丁，何利害之可论耶？”张濬的观点很具有代表性，因为人们很容易在“累叶天子”与“贩盐白丁”之间作出取舍。

如果俘获了唐僖宗，黄巢所能作出的最好最有利的选择也不应是急于改朝换代，而是利用手中的唐僖宗，利用唐朝的正统地位，名正言顺地重用心腹亲信、推出改革措施、缓解社会矛盾、平定四方藩镇，待到时机成熟，再上演一幕禅让的戏码。这是当年曹操“挟天子以令诸侯”之策，也是历代权臣夺取政权的路数。

在当时的历史条件下，农民起义不是失败，就是成为改朝换代的工具。上述的畅想自然不是黄巢起义取得成功的方式，却是黄巢起义能够成为改朝换代的工具的方式。毕竟农民起义之后的改朝换代，往往伴随着生产关系的调整，是具有一定进步意义的——若能从唐代直接步入“宋代”，总比经历唐末及五代十国的大乱再步入宋代，对社会经济的破坏要小得多。

黄巢的第二次“不动”是在退出长安进入中原之后。而对于已经习惯流动作战的起义军来讲，丢失长安虽说是重大挫折，但也算不上什么致命的失利。当时，朝廷在中原的统治已濒临崩溃，起义军仍有主力部队十五万人，完全可以发挥流动作战的优势，重整旗鼓东山再起。但黄巢丢掉了起义军以往流动作战的优势，居然陈兵坚城之下三百余日，贻误了向官军薄弱地区发展的战机，也白白消耗了大量有生力量。

黄巢进入中原后，一直向东北方向行军。即使陈州战败之后，黄巢身边仅剩千余人，仍然执着地向东北方向行军，他的目的地是哪里？是他的家乡曹州附近。黄巢既是盐贩也是农民。常年的盐贩生涯，使他接受并习惯了大规模的流动作战；而真正刻在骨子中的农民习气，又使他具有强烈的乡土观念，并成为影响他决策的重要因素。比如黄巢曾反复上表朝廷，明确表示接受招安的条件是授予他天平节度使的职务。为什么黄巢心心念念地要做天平节度使？当年唐宪宗“元和削藩”，分淄青节度使所辖的郓州、曹州、濮州三州之地设一新藩镇，赐号“天平军”。黄巢的家乡曹州正是隶属天平军。也就是说，黄巢要回到家乡去做官，这正是他乡土观念强烈的表现。

黄巢退出关中，从武关道进入中原南部，本是很容易南下江汉的，那一带朝廷统治更加薄弱，且粮赋较多，更有利于起义军的发展。但黄巢受乡土观念的影响，执意向东北行军。黄巢牺牲后，其弟（一说其侄）黄浩率领起义军余部转战湖南一带，队伍一度达到七千人，称为“浪荡军”，直到唐昭宗光化四年（901 年）才最终覆灭。这证明当时中国南部是有起义军生存的土壤的，而黄巢却没有加以利用。

为什么会出现这么多的失误，归根结底还在于黄巢没有注意发掘培养第一流的人才，毕竟任何事业都是由人干出来的。自秦以来，中国共发生了八次大规模的农民运动，分别是秦末农民大起义、西汉末年绿林赤眉起义、东汉末年黄巾起义、隋末农民大起义、唐末农民大起义、元末红巾军起义、明末农民大起义和清末太平天国运动。凡是能够建立崭新王朝的农民运动，无不在其中汇集了那个时代第一流的人才。比如刘邦麾下的萧何、张良、韩信，朱元璋麾下的刘伯温、徐达、常遇春等。而像黄巾起义、黄巢起义，他们军中有什么样的人才？实在乏善可陈。黄巢麾下倒是出了一个朱温，却是因为变节投降才被人们广为知晓的。六十万众的起义大军，如果没有人才作为骨干来支撑和约束，只能成为洪水，而不能成为江海。

传说黄巢并没有死在狼虎谷，而是隐姓埋名出家做了和尚。《全唐诗》中收录了一首《自题像》，据说是黄巢出家为僧后再度来到洛阳，走在天津桥上，望着落晖有感而发，信口吟道：

记得当年草上飞，铁衣着尽着僧衣。
天津桥上无人识，独倚栏干看落晖。

也有人说这首诗是伪作，因它像极了元稹的《智度师》二首。其一云：“四十年前马上飞，功名藏尽拥禅衣。石榴园下擒生处，独自闲行独自归。”其二云：“三陷思明三突围，铁衣抛尽衲禅衣。天津桥上无人识，闲凭栏干望落晖。”《自题像》是后人用《智度师》拼凑修改之后，又伪托黄巢所作的。

黄巢是否死亡并不重要，其精神、形象已经永远刻在了晚唐天际如血的落晖之中。黄巢永远穿着铁衣，永远在草间飞动，永远不可能无人识。每当有被剥削被压迫者走投无路、忍无可忍之时，他们就会想到黄巢；而每当剥削与压迫者倒行逆施、欺人太甚之时，就会有人提醒他们：小心黄巢。

这大概就是黄巢留给历史的意义吧。

第十五章 流水落花

击毬赌三川

中和三年（883 年）四月，黄巢败出关中，长安经此浩劫残破不堪，“荆棘满城，狐兔纵横”。加之惧怕黄巢卷土重来，躲在成都的唐僖宗并没有贸然回銮京师。

中和四年（884 年）七月，感化节度使时溥遣使将黄巢的首级献至成都，一同献来的还有黄巢的一众姬妾。这些女子多是黄巢在长安强抢来的公卿勋贵的妻女。唐僖宗在大玄楼受俘，他以一副胜利者的姿态训斥这些女子：“汝曹皆勋贵子女，世受国恩，何为从贼？”

为首的一位女子说：“狂贼凶逆，国家以百万之众，失守宗祧，播迁巴蜀。今陛下以不能拒贼责一女子，置公卿将帅于何地乎？”官军百万之众被“狂贼”杀得丢盔弃甲、抱头鼠窜，失了宗庙，丢了京城，到如今还有何颜面质问一群女子呢！

一句话问得唐僖宗哑口无言，他也恼羞成怒，命人将这些女子押赴闹市斩首。百姓可怜这些无辜的女子，争相向她们献酒，希望她们喝得酩酊大醉以减少被斩时的痛苦。这群可怜的女子个个“悲怖昏醉”，只有那个敢于顶撞唐僖宗的女子，既不饮酒也不哭泣，神色肃然地直面屠刀，引颈就戮。

唐僖宗又在成都停留了大约半年。一直等到中和五年（885年）正月，长安的宫室得到初步修复，“反贼”也确实销声匿迹了，唐僖宗才不慌不忙地自成都起驾，沿着他先祖唐玄宗的老路，钻出秦岭，自蜀还京。

二月，车驾到达凤翔。此时的凤翔节度使已经换作了李昌符。中和元年（881年）十月，凤翔行军司马李昌言趁着黄巢盘踞长安，关中一片狼藉之机煽动士卒作乱，逼迫郑畋交出节度使之权。郑畋为平定黄巢大局着想，不愿见到官军自相残杀，便离开了凤翔，到兴元（治所在今陕西汉中）去养病了。李昌言自称凤翔留后，唐僖宗不敢得罪，只好授其为凤翔节度使。中和四年（884年），李昌言去世，其弟李昌符自为留后，唐僖宗仍然不敢得罪，委任李昌符为凤翔节度使。

唐僖宗在凤翔稍作停留，于中和五年（885年）三月回到长安。唐僖宗是继唐玄宗之后，第二位避难蜀中的唐朝皇帝。与他那位“先圣”不同的是，这一次皇帝不能再拉出自己的女人做挡箭牌了。唐末，很多诗人作诗讽刺唐僖宗的狼狈辞庙，并为一百多年前香消玉殒的杨贵妃鸣不平，如罗隐的《帝幸蜀》诗云：

马嵬烟柳正依依，又见銮舆幸蜀归。
泉下阿蛮应有语，这回休更怨杨妃。

不知唐僖宗车驾路过马嵬坡时，可曾向那一丘香冢看过一眼。

进了长安，唐僖宗升坐宣政殿，宣布大赦，改元光启，希望能够“光启大唐”，重新恢复大唐曾经的盛世。但“光启大唐”又谈何容易。当时天下已分崩离析，李昌符据凤翔，王重荣据河中（蒲、陕），诸葛爽据河阳、洛阳，孟方立据邢、洺，李克用据河东（太原、上党），朱温据汴、滑，秦宗权据许、蔡，时溥据徐、泗，朱瑄据郓、齐、曹、濮，王敬武据淄、青，高骈据淮南，秦彦据宣、歙，刘汉宏据浙东……各路诸侯割据一方，对长安的命令充耳不闻，他们截留税赋、招兵买马，肆意扩大武装力量，相互攻杀、争抢地盘。朝廷所能制约的地区仅仅是河西、山南、剑南、岭南的数十州而已。

要想遏制藩镇割据蔓延的局面，必须手中有兵。黄巢进入关中时，朝廷的直属部队神策军已经被打残，唐僖宗逃蜀后着手招募新军。宦官田令孜为了能够继续控制朝廷，积极重建神策军，共招募新军五万四千人，分为五十四都，每都千人，分别隶属左右神策军。但是，军队有了，粮饷又成了大问题。中央府库中的钱财已经全部丧失，随着南方和中原藩镇割据局面的加剧，“江淮转运路绝，两河、江、淮赋不上供”，等于断了朝廷的财路。朝廷只能征收山南、剑南和关中附近的租税，来供养庞大的朝廷和军队，必然捉襟见肘。

朝廷必须想办法开源。在距关中不远的解县（今山西运城西南）、安邑（今山西运城东北）有两大盐池，每年产盐量巨大，原属朝廷的榷盐使直管，因而获利颇丰。黄巢进入关中后，长安都丢了，就更没有人管盐池的事了，河中节度使王重荣趁机霸占了两大盐池。他每年仅献盐三千车供朝廷使用，其余全部装进了自己的腰包。

田令孜看中了盐池的利润，欲收盐利以供养神策军，就以唐僖宗的名义调王重荣为泰宁节度使。王重荣当然不肯就范，上表斥责田令孜宦官干政、奸佞误国。田令孜纠集了邠宁节度使朱玫、凤翔节度使李昌符共同讨伐王重荣。王重荣自知不是对手，便与河东节度使李克用联合对付田令孜。

李克用率沙陀骑兵参战，与王重荣共同攻入关中。在李克用曾经击败黄巢的沙苑，四大节度使展开混战。沙陀骑兵骁勇善战，朱玫、李昌符大败而逃。田令孜闻讯挟持着唐僖宗再次出逃长安，取道凤翔，再次钻入秦岭，躲到了兴元。李克用与王重荣上表请皇帝回銮，并要求诛杀田令孜。此时的朝廷掌握在田令孜手中，唐僖宗自然无法诛杀田令孜，也无法返回长安。

朱玫、李昌符本来与李克用、王重荣无仇无怨，是受了田令孜的利用才吃了大亏，他们也恨透了田令孜，公开表示反对田令孜。田令孜自知已经不可能在朝廷中立足，自封了个西川监军，托病去成都就医，投奔西川节度使陈敬瑄去了。

陈敬瑄是田令孜的亲哥哥。田令孜本名陈仲则，蜀郡人，出身微贱。唐懿宗时，他净身入宫做了小太监，因认一田姓宦官为义父，才改姓了田，取名田令孜。田令孜在宫中任小马坊使，是个给皇帝喂马的奴仆，地位很低，却同唐懿宗第五子李儇交好。后来，李儇做了皇帝，田令孜有拥戴之功，因此才平步青云。

陈敬瑄原本只是个擅于做饼的面点师傅，田令孜掌握神策军之后，让这位“饼师”哥哥到神策军中任职，几年之后居然升迁为左金吾卫将军。广明元年（880年），黄巢节节胜利，田令孜已经预感到起义军有可能攻破长安，要做好挟持皇帝逃往蜀中的准备。在他的策划下，唐僖宗玩了一把赌注巨大的游戏，即臭名昭著的“击毬赌三川”。

田令孜推荐哥哥陈敬瑄和自己在神策军中的亲信将领杨师立、牛勖、罗元杲为三川（西川、东川、山南西道）节度使的候选人，并提议进行一场马球比赛，胜者将成为最重要的西川节度使。最终，陈敬瑄胜出，被委任为西川节度使。杨师立为东川节度使，牛勖为山南西道节度使。罗元杲虽然一无所获，但后来还是被委任为河阳节度使。

陈敬瑄得到西川节度使的职位，相当于田令孜控制了西川。因此，在逃到汉中之后，田令孜一再劝说唐僖宗幸蜀，以便将皇帝牢牢掌握在手中。实际上，当时黄巢的起义军并未到达过汉中，唐僖宗自汉中退往成都是完全没有必要的。皇帝到达蜀中，加重了当地百姓的负担。加之陈敬瑄治蜀无方，蜀地开始躁动不安，出现了大量的“盗贼”与“叛军”。比如邛州（治所在今四川邛崃）牙官阡能因公违期，为避免受到责罚，集众万余人起义，队伍转战成都西南一带，很多蜀人起兵响应，经久才被剿灭。皇帝的到来又使得很多外地军队涌入蜀地，美其名曰“护驾”，这些人中不乏野心勃勃、伺机而动的枭雄，为后来蜀地脱离朝廷埋下了隐患。

田令孜失势后，离开朝廷再一次投奔了陈敬瑄。另一个大宦官杨复恭借机成为左神策中尉、观军容使，控制了唐僖宗，掌握了朝廷大权。他为彻底打垮田令孜，以唐僖宗的名义下诏削夺田令孜的一切官爵，将其流放端州（治所在今广东肇庆）。陈敬瑄却将田令孜保护起来，拒不执行朝廷的命令。朝廷也无可奈何。

此时的朝廷困在汉中，南下蜀地是陈敬瑄的地盘，北上关中是朱玫、李昌符等军阀的领地，处境极为窘迫。光启二年（886 年）四月，邠宁节度使朱玫与凤翔节度使李昌符在凤翔召集滞留关中的官员，商定拥立唐肃宗第九子襄王李僙的曾孙李煴为皇帝，试图撇开被宦官绑架的朝廷。李煴五次辞让，最终即位，改元建贞，遥尊唐僖宗为太上元皇圣帝。朱玫总揽朝政。各地节度使虽然对李煴的帝位纷纷表示认可，但也仅仅是观望而已。

李昌符见朱玫揽政专权，自己没有得到什么好处，非常不满，拒绝接受李煴的任命。唐僖宗派遣使者到河中与河东拉拢王重荣与李克用，二人也表示继续承认唐僖宗。这样朱玫就变得孤立了。加之李煴本身只是远房宗室，没有足够的权威性和号召力，失败在所难免。光启二年（886 年）十二月，杨复恭传檄关中，谁能斩杀朱玫，就授予邠宁节度使一职。朱玫部下王行瑜举兵响应，入长安，杀朱玫，李煴率百官向东逃亡。王重荣假意派人迎接李煴至蒲州。一到蒲州，李煴便被王重荣杀死，其余拥立李煴的官员亦皆被杀。

光启三年（887 年）三月，唐僖宗回到关中。途经凤翔时，李昌符惧怕唐僖宗回到长安后，追究他参与拥立李煴的责任，便借口长安残破，留车驾暂时驻跸在凤翔。其间，李昌符公然袭击唐僖宗的行宫，但未得逞，李昌符随即逃往陇州。唐僖宗命武定（治所在今陕西洋县）节度使李茂贞讨伐李昌符，陇州刺史薛知筹杀李昌符全族，向李茂贞投降。唐僖宗任命李茂贞为凤翔、陇右节度使，凤翔从此落入李茂贞手中。

文德元年（888 年）二月，唐僖宗回到长安，自十二岁即位至今十五年来，唐僖宗有一半以上的时间是在流离与惊恐中度过的，另一半时间则是在无节制的宴游享乐中度过的。这样的生活严重损害了他刚刚二十七岁的身体。就在第二次回到长安之后不到一个月，唐僖宗突然病倒，数天之后病危。临终前，宦官杨复恭请立唐僖宗的七弟寿王李杰为皇太弟。唐僖宗已经无法发表意见，只能准奏。唐僖宗旋即驾崩，李杰即位，后更名李晔，是为唐昭宗。

唐昭宗在做寿王时曾随唐僖宗一同逃往蜀中。当时马匹紧缺，堂堂的亲王只能徒步行走，他请求田令孜给自己一匹马代步，田令孜非但不给，还以马鞭抽打他。唐昭宗因此深恨田令孜、陈敬瑄兄弟。

即位之后，唐昭宗下诏撤去陈敬瑄西川节度使的职务，征召其入京，以宰相韦昭度为西川节度使，同时分西川的邛州、蜀州（治所在今四川崇州）、黎州（治所在今四川汉源北）、雅州（治所在今四川雅安）四州之地设立永平军，以王建为节度使。陈敬瑄当然知道自己入京之后的下场，便抗命不遵，继续割据西川。

王建是五代十国中前蜀政权的建立者，唐之灭亡与其关系很大。王建与陈敬瑄有个共同之处，他们都是“饼师”出身。王建“许州舞阳人也，世为饼师”，因在家中排行第八，人称“王八”。王建并不想一辈子老老实实地做饼师，但他没有在宫中做大太监的弟弟，要想逆天改命，只能靠自己打拼。王建自小无赖，目不知书，时常干一些偷驴杀牛、贩卖私盐的勾当。后来，王建被官府追捕，亡匿于武当山中，受到一位僧人点化，告诉他应“从军自求豹变”，王建遂投身到忠武军中。

王建刚从军时仅是一名军卒，时天下多事，“盗贼”风起，他“机略权勇，出于流辈”，很快在军中崭露头角，成为一名队将。当时的忠武军监军是杨复恭的堂弟杨复光，他为讨伐农民起义，在军中抽调八千精兵，编为八都，每都一千人，王建成为其中一都的都头。八都头中另著名者还有韩建、鹿晏弘等人。

忠武军八都曾与朱温在襄阳、邓州一带作战，后又奉命到长安围攻黄巢。杨复光病死后，八都群龙无首，王建与其他几位都头带兵南下，到汉中一带立足。朝廷当时正在成都，田令孜认为这支无主之兵可用，便派使者到汉中劝说王建等人到成都护驾。王建等五个都头率军来到成都，号为

“扈驾五都”。田令孜为扩充自己的势力，将五个都头全部收为养子，并将他们编入神策军。王建摇身一变，成为神策军使、护驾功臣。

田令孜失势，杨复恭上台，后者要清理前者在神策军中的势力。王建作为田令孜的养子，自然在清理之列。但王建手中有兵，杨复恭也不敢得罪，仅仅将其调离神策军，委任其为利州（治所在今四川广元）刺史。

利州卡在汉中与西川、东川之间，是三川之咽喉，地理位置十分重要。王建在当地招募了酋豪地主武装八千余众。杨复恭养子杨守亮做了山南西道节度使，忌惮王建，王建也忌惮杨守亮，二人相互猜忌。王建力薄，只得离开利州，沿着嘉陵江到阆州（治所在今四川阆中）立足。时任东川节度使的顾彦朗与王建有旧交，常常接济王建军粮，这又引起了陈敬瑄的猜忌。陈敬瑄担心王建与顾彦朗合力图谋西川。但田令孜认为王建是其养子，自己完全可以控制王建，自信地说：“王八吾儿也，以一介召之，可置麾下。”他写下一纸书信，召王建来成都听用。王建得信大喜，认为这是到西川立足的好机会，对顾彦朗说：“十军阿父（指田令孜）召我，我欲至成都见陈公，以求一镇。”马上点兵出发。

王建率军进至鹿头关（今四川德阳北），陈敬瑄却临时改了主意，派兵阻止王建入关。这下反而给王建找到了口实，他纵兵攻破鹿头关，连拔数州，一直打到成都城下。王建连攻成都三日难以攻破，才解围而去。但他在西川“纵兵大掠，十一州皆罹其毒，民不聊生”。

陈敬瑄抗旨，不肯离开成都后，唐昭宗命王建协助韦昭度讨伐陈敬瑄。唐昭宗同时还令山南西道节度使杨守亮、东川节度使顾彦朗共同出兵讨伐陈敬瑄。但二人各自保存实力，出兵不多。韦昭度当时的官职是检校司徒、门下侍郎、平章事，兼成都尹，充剑南西川节度副大使、知节度事，兼两川招抚制置等使，头衔虽长但能力不足。他不懂军事，加之所率新编禁军不习武备，缺乏训练，难担重任，因此王建所部才是攻城主力。

陈敬瑄据城死守，他令城中百姓“昼则穿重壕，采竹木，运砖石；夜则登城，击柝巡警，无休息”。王建见成都难以攻下，即使攻下后也非己有，便不再拼命攻取成都，而是攻占成都周边的州县，扩展自己在西川的势力。因此，官军攻击成都将近三年，仍然没有攻取。韦昭度气馁，想要撤兵。唐昭宗也因朝廷财力物力难以为继，下诏罢兵。

王建阴谋将西川据为己有，当然不同意撤兵，非但不撤兵，还要赶走韦昭度。他对韦昭度说："公以数万之众，困两川之人，而师久无功，奈何？且唐室多故，东方诸镇，兵接都畿，公当归相天子，静中原以固根本，此蛮夷之国，不足以留公。"

见韦昭度犹豫不决，王建就诬陷韦昭度的一个亲信盗取军粮，将此人诛杀，并说"军士饥，须此为食尔"。公然在营门前将此人割碎吃掉，用这样的恐怖手段威慑韦昭度。韦昭度大恐，自知斗不过王建，便将西川节度使的印绶交给王建，托疾离去。王建随即以兵扼守剑门，两川由是路绝，非复朝廷所有。

王建急攻成都，成都此时已是"饿殍狼藉"，实在难以坚持，吏民皆思投降。田令孜登城，想凭着一张老脸劝说王建止兵，对王建说："老夫与公相厚，何嫌而至此！"王建哪吃这一套，对城上的义父说："军容（指田令孜）父子之恩，心何可忘！然兵讨不受代者，天子命也。"大顺二年（891年）八月，田令孜、陈敬瑄开城投降。王建占领成都后，唐昭宗只能任命王建为西川节度使。王建在不久之后将陈敬瑄杀死，又将田令孜下狱，故意不给饭食，致使田令孜在狱中饿死。

西川之乱肇祸于"击毬赌三川"。据分析，"击毬赌三川"是田令孜为安插亲信而导演的一场闹剧，谁胜谁负事先可能都已有所安排。这场"假球"实在是荒唐到亘古未闻的地步。当时，唐王朝所能掌控的地域已经不多，三川的重要性不言而喻，这么重要的任命，居然以赌博游戏的方式决定，如此轻浮草率，甚至比直接"任人唯亲"还要令人气愤。而对于陈敬瑄的任命，则间接导致了后来的王建割据，朝廷最终失去了三川。乾宁四年（897年），王建发兵兼并东川。天复二年（902年），王建又进占汉中，夺取山南西道，尽领三川。天复三年（903年），王建被唐昭宗封为蜀王，成为最有实力的割据势力之一。

当时富甲天下的盛地有"扬一益二"之说，"扬州与成都号为天下繁侈，故称扬、益”。江淮与三川的钱粮是唐王朝赖以生存的经济命脉。在高骈据有淮南之后，长江与大运河被掐断，江淮粮赋断绝，朝廷的开销主要靠三川供给。三川又是朝廷的战略大后方，每当关中不保，皇帝就会逃往蜀中避难，因此三川在政治上的意义又远大于江淮。只要三川在手，唐王朝即使偏安也能苟延残喘，勉强维持，失去了三川，几乎等于宣告了唐王朝的灭亡。从某种意义上来说，“击毬赌三川”赌输了唐王朝最后的国运。

关中乱局

王建据蜀，无异于釜底抽薪，唐王朝的灭亡只是时间问题了。造成王建据蜀这一恶果的，除了唐僖宗视国事为儿戏的“击毬赌三川”外，还有唐昭宗的急功近利、识人不明。陈敬瑄、田令孜在西川狼狈为奸，唐昭宗急于利用王建除掉二人，但这样的“驱虎吞狼”之谋不过是“引虎拒狼”之失，其结果只能是赶走一狼，迎来一虎。

平心而论，唐昭宗不是昏君，他“攻书好文，尤重儒术”，又“尊礼大臣，详延道术”，不是其父唐懿宗、其兄唐僖宗那样的游乐天子。但他却是个庸君，虽然颇想有所作为，意在“恢张旧业，号令天下”，做一个中兴之主，怎奈他没有可以支撑起自己那份宏愿的能力，也没有其祖辈唐宪宗、唐宣宗那样的运气，已无法挽回唐王朝大厦将倾的颓败之势。

唐昭宗即位之初，受制于大宦官杨复恭。杨复恭因拥立之功，身任六军十二卫军容使、左神策军中尉，总领禁兵、专制朝政。杨复恭广收养子、遍植党羽，为扩展自己的势力，仅所收养子就有六百多人，其中很多人都被他安置到重要职位，如杨守立为天威军使、杨守信为玉山军使、杨守贞为龙剑节度使、杨守忠为武定节度使、杨守厚为绵州刺史等，至于在其他朝廷部门或地方藩镇担任各种职务的就更多了。

为了制衡杨复恭，唐昭宗将因与杨复恭有嫌隙而被罢免的原宰相张濬重新任命为宰相。张濬对内主张除宦，对外主张削藩。唐昭宗咨询张濬，如今政治混乱，千头万绪，何事最急？张濬答："莫若强兵。兵强而天下服。"唐昭宗深以为然。

大顺元年（890 年）三月，河东节度使李克用派兵北攻云州，被云州防御使赫连铎联合幽州节度使李匡威击败。赫连铎、李匡威上表请求讨伐李克用。朱温见李克用败，也上表怂恿朝廷讨伐李克用："臣与河北三镇及臣所镇汴滑河阳之兵平定太原。"这不过是朱温的鹬蚌相争之计罢了，李克用败，朱温少一劲敌；朝廷败，则朝廷威势更弱，无论哪种结果对自己都有利。

张濬却觉得这是遏制李克用的良机，主张朝廷顺势兴兵。唐昭宗、杨复恭、宰相杜让能以及大多数朝臣都觉得不妥，张濬却执意为之。他倚仗朱温的声势连番上奏，最终唐昭宗同意出兵。此时，朱温与感化节度使时溥、天平节度使朱瑄、泰宁节度使朱瑾等人争斗正酣，不愿出头做统帅，而是请"朝廷命重臣一人都总戎事"，张濬自然成了最合适的人选。

张濬"募兵于京师，至十万人"。出征前，唐昭宗在安喜楼为张濬饯行，酒酣之时，张濬泣奏："陛下动为贼臣掣肘，臣所以誓死愤惋，为陛下除其偺逼。"杨复恭觉得张濬是在针对自己，非常不悦，故意向张濬敬酒。张濬不愿接受，托辞说："圣人赐酒，已醉矣。"杨复恭假意开玩笑地说："相公握禁兵，拥大蒐，独当一面，不领复恭意作面子耶！"你张濬是不给我杨复恭面子了。张濬笑着说："贼平之后，方见面子。"言下之意，平了李克用后，就要对付你杨复恭了。

但事情并没有像张濬想象的那样容易。战争爆发之后，朱温仅派兵三千人参战，主力则继续与时溥等人作战。河朔三镇中的魏博、成德两镇，将河东作为自己的防护墙，不愿见李克用失败，不肯出兵。幽州节度使李匡威虽出兵，却被李克用击败。张濬所统多是新招募的士兵，不堪一用。最终，张濬大败，部下离散将尽。张濬本人甚至靠拆了百姓的房子做了舢板，才逃渡过黄河。李克用上表请求朝廷制裁张濬，杨复恭也跟着落井下石。唐昭宗只好贬张濬为连州刺史。张濬不肯赴任，偷逃至华州依附镇国（治所在今陕西渭南华州区）节度使韩建去了。

从此，杨复恭在朝中更加权势熏天。唐昭宗的舅父王瓌求为一节度使，唐昭宗居然要征求杨复恭的意见，而杨复恭竟表示不同意。王瓌大怒，痛骂杨复恭。后来，杨复恭却主动请求唐昭宗委任王瓌为黔南节度使。不是杨复恭态度转变，而是他另有诡计。在王瓌赴任途中，杨复恭指使山南西道节度使杨守亮劫杀王瓌。杨守亮派人在今四川广元附近的嘉陵江中凿沉了王瓌之船，致使王瓌与家人、宾客悉数葬身江底。

唐昭宗本来就“素疾宦官”，得知舅父死因后更加痛恨杨复恭，于大顺二年（891年）八月下诏贬杨复恭为凤翔监军。杨复恭以退为进，托疾请求致仕。唐昭宗也不挽留，免去其职务，仅保留一个上将军的空衔。杨复恭非常不满，与养子玉山军使杨守信等人密谋作乱，并暗中联络杨守亮、杨守忠、杨守贞、杨守厚等人以为外援。

杨复恭在写给杨守亮的信中说：“大侄（指杨守亮）但积粟训兵，勿贡献。吾于荆榛中立寿王，才得尊位，废定策国老，有如此负心门生天子！”杨复恭自称“定策国老”，将唐昭宗视为负心的“门生天子”，甚至要求杨守亮积粮练兵，不要向朝廷提供钱粮。

杨复恭的诸多养子之所以认阉作父，不过是利益驱使。一旦杨复恭与皇帝反目，就有人开始动摇了。比如天威军使杨守立就被唐昭宗成功策反，唐昭宗多次提拔杨守立，并赐其姓李，名顺节。杨守立就将杨复恭的密谋告知了唐昭宗。唐昭宗下诏逮捕杨复恭，杨复恭逃往汉中投奔杨守亮。

凤翔节度使李茂贞觉得这是并吞山南西道的好机会，便以帮助朝廷捉拿杨复恭为名，擅自发兵攻破山南西道治所兴元（今陕西汉中）。杨复恭父子逃走，他们先是退保阆州，后又取道商山准备逃奔河东，在乾元（今陕西柞水）为镇国节度使韩建属下的巡逻兵捕杀。

李茂贞赖在汉中上表邀功，请求唐昭宗任命其为山南西道节度使。唐昭宗也不反对，下诏任命李茂贞为山南西道节度使兼武定节度使，同时以宰相徐彦若为凤翔节度使。这显然不是李茂贞想要看到的结果。李茂贞的意图是不卸任凤翔节度使，还要兼任山南西道节度使，便断然拒绝接受诏书，并上表辱骂朝廷、讥讽皇帝，在表章结尾说："未审乘舆播越，自此何之？"意思是，如果朝廷不让我这样的忠臣做凤翔节度使，以后皇帝再出逃，又能逃到哪里去呢？

唐昭宗览表大发雷霆，头脑一热欲兴兵讨伐李茂贞。宰相杜让能解劝道："茂贞地大兵强，而唐力未可以致讨；凤翔又近京师，易以自危而难于后悔，佗日虽欲诛晁错以谢诸侯，恐不能也。"唐昭宗怒道："吾不能孱孱坐受凌弱！"决意派遣三万神策军护送徐彦若赴凤翔上任。与其说是护送徐彦若，不如说是攻取凤翔镇——三万神策军也几乎是唐昭宗能够拿出的全部家当。

李茂贞联合邠宁节度使王行瑜发兵六万抵抗朝廷。两镇士兵皆是身经百战的边兵，而神策军俱是些新招募的市井少年，战斗力天壤之别。景福二年（893年）九月，两军在兴平遭遇，三万神策军望风溃逃，李茂贞乘胜进抵长安西郊，京城大震，士民奔散。

唐昭宗这才领教了强藩军阀的厉害，他将观军容使西门君遂、内枢密使李周潼、段诩三人推出做替罪羊，遣使对李茂贞说："惑朕举兵者，三人也。"并将三人斩首，希望李茂贞能够退兵。李茂贞却执意要朝廷斩杜让能以谢天下。事到如今，只能丢车保帅，唐昭宗哭着对杜让能说："与卿诀矣！"杜让能自尽身亡，终于还是做了自己口中的"晁错"。唐昭宗又以李茂贞身兼凤翔节度使、山南西道节度使、武定节度使、陇秦（天雄军）四镇节度使，后者这才心满意足地解围退兵。杜让能其实是劝阻唐昭宗不要兴兵的人，李茂贞却执意要杀杜让能，是要借此打压朝廷的权威。藩镇欺辱朝廷已经达到如此骇人听闻的地步。

两年之后，乾宁二年（895年）正月，河中节度使王重盈病死，将士请以王重荣之侄王珂为留后。这引起了王重盈的两个儿子保义节度使王珙与晋州刺史王瑶的不满，二人举兵攻打王珂。王珂是李克用的女婿，李克用起兵支持王珂。王珙与王瑶向李茂贞、王行瑜、韩建等关中藩镇求援。三位节度使带兵入朝，杀宰相韦昭度等人，威胁唐昭宗委任王珙为河中节度使。

李克用得知大怒，亲自率军攻入关中，讨伐李茂贞等人。李茂贞养子李继鹏劫持唐昭宗出奔，京师大乱。李克用击败王行瑜、李茂贞的军队，王行瑜败退时被部将所杀，传首于长安。李茂贞自知难敌李克用，斩李继鹏自赎。李克用欲继续西进，打击李茂贞。唐昭宗恐李克用在关中发展，难以制约，委婉谢绝。李克用叹道："唐不诛茂贞，忧未已也！"乃引兵回镇。李茂贞则趁机侵夺原王行瑜属下的州县，扩展其在长安以西的势力。

乾宁三年（896 年），唐昭宗着手恢复禁军，共设置四军，选补军士万余人。唐昭宗厌恶宦官，这支禁军便不再由宦官统领，而是分属宗室诸王。这一举动引起了宦官的不满，更引起了李茂贞的猜惧。为了防止朝廷羽翼丰满之后讨伐凤翔，李茂贞趁着新军未练成之际，突然发兵击溃了这支新军，继而攻陷长安，并将长安刚刚恢复的宫室、市肆付之一炬。

此时的唐昭宗确实到了"乘舆播越，自此何之"的狼狈地步。他率百官暂避渭北，准备逃往河东投靠李克用。镇国节度使韩建追上唐昭宗的车驾，奉请唐昭宗前往华州避难。韩建对唐昭宗说："车驾渡河，无复还期。"言下之意，唐昭宗要是去了河东就别想再回关中了。与其说是奉请，不如说是威胁。彼时，朝廷的权威已经低到了泥土里，唐昭宗只得随着韩建去了华州。

李茂贞撤走后，韩建占据了长安。韩建比李茂贞还要凶残，他与大宦官刘季述勾结，诬陷诸王谋反，派兵包围了"十六王宅"擒杀诸王。诸王有的爬上墙头，有的爬上屋顶，向华州的方向大喊"宅家（指皇帝）救儿"！凄惨的哀号回荡在长安的天际，然而身在华州的唐昭宗哪能听得见，即使听得见又能如何。

士兵们带着被擒的十一位宗室亲王赶往华州，行到半路，在华州以西的石堤谷将诸王全部杀害。韩建随即解散了残存的禁军，"自是，天子之卫士尽矣"。"尽矣"的说法虽然有些夸张，但此后包括神策军在内的各禁军番号尽管还在，士兵却已极少且羸弱不堪，朝廷已经没有直接掌握的武装力量了。

失去了武装，朝廷也就仅剩下了一具空壳。尽管如此，朝廷中南衙与北司之间的殊死斗争却仍在继续。宰相崔胤向来主张除去宦官，为宦官刘季述所厌恶。刘季述借助韩建的力量逼迫唐昭宗将崔胤免职，贬出朝廷。崔胤不甘心就此离场，他秘密致信朱温寻求支持，劝说朱温起兵干涉关中乱局，名为拯救朝廷，拯救天子，实为保住自己的相位。

自中和二年（882 年）投降朝廷，被委任为宣武军节度使以来，朱温已经在中原拼杀了十五年，他先后兼并周边多个藩镇，俨然已是中原霸主。

光启元年（885 年）二月，盘踞蔡州的黄巢余党秦宗权公然称帝，国号“大齐”，以示延续黄巢的事业。但秦宗权仅是托以起义军之名，实为真正的强盗、贼寇，所至之处屠残民众，燔烧城邑，以致“西至关内，东极青齐，南出江淮，北至卫滑，鱼烂鸟散，人烟断绝，荆榛蔽野”。唐僖宗号召中原各藩镇参与平叛。朱温以平叛为名，肆意扩大武装力量，在山东、河南一带招募士兵数万人，与秦宗权展开大战。

光启二年（886 年）冬，义成镇发生兵变，节度使安师儒被乱兵所杀，朱温趁乱出兵攻取义成镇治所滑州。文德元年（888 年），李克用南下太行山，出兵攻打河阳镇，河南尹兼河阳节度使张全义无力抵御，向朱温求救。朱温出兵击败李克用，并欲截断河东军的归路，李克用仓皇退军。朱温趁势控制了东都洛阳与河阳镇。

朱温没有了后顾之忧，遂集中力量南攻蔡州，围城长达数月。文德元年（888 年）十二月，秦宗权部将申丛发动兵变，抓获秦宗权，将其双腿打断，献给朱温。朱温将秦宗权押送京师，秦宗权被斩于独柳树下。

秦宗权被俘后曾对朱温说：“仆若不死，公何以兴？天以仆霸公也。”消灭秦宗权使朱温声威大震，不但在朝廷那里捞取了大量政治资本，也使其成为中原一带实力最强的军阀。此后，朱温加快了兼并诸侯的进程。景福二年（893 年）四月，朱温攻下徐州，感化节度使时溥举家登燕子楼自焚而死。泗州、濠州等地也被朱温兼并。朱温又在随后攻打天平节度使朱瑄与其堂弟泰宁节度使朱瑾。乾宁四年（897 年），朱温攻取郓州、兖州，朱瑄被杀，朱瑾逃奔淮南。此时，中原已经无人可与朱温匹敌。

此时，中原以北有河东李克用，以南有淮南杨行密，皆是劲敌，朱温多次与两人交手，皆未能打开局面。而关中诸侯李茂贞、韩建等人虽然屡屡欺辱朝廷，但是论实力皆不能与朱温抗衡。因此，朱温开始考虑向西发展，平定关中，控制朝廷。

“天子，兵强马壮者当为之”的时代到来了。

凤翔之战

崔胤的求援书信来得正是时候。

朱温上表为崔胤抗辩，声言崔胤是忠臣，不应被贬谪。韩建惧怕朱温西入潼关，只好妥协，不再为难唐昭宗和崔胤。唐昭宗也得以离开华州，返回长安，崔胤官复原职，重新成为宰相。

此番“乘舆播越”彻底毁灭了唐昭宗的中兴之志，他的精神深受刺激，甚至出现了异常，每每烂醉狂怒，身边人动辄得咎，宫中人人惊惧不安。刘季述与众宦官密谋发动政变，废掉唐昭宗，立太子李裕为帝。刘季述对众宦官说：“主上轻佻多变诈，难奉事；专听任南司，吾辈终罹其祸。不若奉太子立之，尊主上为太上皇，引岐、华兵为援，控制诸藩，谁能害我哉？”

光化三年（900年）十一月一天的夜里，唐昭宗自禁苑狩猎归来，在宫中置酒宴大醉，无故手刃身边侍者数人。次日天明，唐昭宗仍然醉卧宫中，无法上朝。刘季述以此为借口率兵上殿，对百官说：“主上所为如是，岂可理天下！废昏立明，自古有之，为社稷大计，非不顺也。”威胁百官联名立太子李裕为帝。

刘季述当面历数唐昭宗之罪，皆是“某时某事，汝不从我言，其罪一也”这样的罪名，如此数十条不止。此后，唐昭宗被囚禁在少阳院中，刘季述命人用铁水浇铸在门锁上，每天仅从一小洞向里面投喂食物。当时，宦官赖以专权的神策军已经名存实亡，因此“太子即位累旬，藩镇笺表多不至”。诸藩镇对宦官一手导演的废立闹剧持观望态度，不承认新皇帝的合法地位，这也给了朝臣翻盘的机会。

刘季述本想杀死崔胤，但因忌惮朱温而迟疑未决。崔胤一方面秘密致书朱温，希望他能兴兵入关挽回局面；另一方面在京中物色合适的人选试图发动政变除掉宦官。左神策指挥使孙德昭对宦官擅行废立愤惋不平，每酒酣必泣。崔胤得知，暗中与其联系，共定除宦计划。光化四年（901 年）正月元旦，孙德昭率兵杀刘季述等宦官数十人，拥唐昭宗复位。

朱温本有意干预关中乱局，并派亲信蒋玄晖到长安面见崔胤谋划。但不承想唐昭宗很快复位，朱温没有了起兵的借口。此时，朱温已经看到朝廷即将覆灭，谋划劫持唐昭宗迁都洛阳；李茂贞也试图控制唐昭宗，欲迎驾凤翔，二人皆有挟天子以令诸侯之意。

李茂贞近水楼台先得月，派兵三千到京师充作宿卫，抢先掌控了长安。宦官韩全诲曾任凤翔监军，与李茂贞早有交通，凤翔兵入长安后，宦官的气焰有抬头之势。崔胤一是惧怕李茂贞将唐昭宗迁往凤翔，二是惧怕宦官打击报复，急以书信召朱温带兵入关。

天复元年（901 年）十月，朱温率兵七万自汴州开拔西进，上表请唐昭宗迁都洛阳。长安大骇，士民多亡窜山谷。“百官皆不入朝，阙前寂无人”，崔胤也闭门不出，等待朱温到来。朝廷完全瘫痪。《旧唐书》中描绘了堂堂大唐天子此时的窘迫、凄凉之状：

（唐昭宗）独坐思政殿，翘一足，一足蹋栏干，庭无群臣，旁无侍者。

韩全诲带兵劫持了唐昭宗，准备逃往凤翔。唐昭宗不得已，与皇后、妃嫔、诸王百余人上马西行，恸哭声不绝，刚出宫门，回顾禁中，火已赫然。原来是韩全诲指使神策军都将李继筠洗劫了内库的珍宝、帷帐，并一把大火焚毁宫室以消灭赃证，长安再遭浩劫。

全诲、胤争权，外召强臣，劫本朝以相吞啖。

宦官韩全诲与宰相崔胤争权，将百年来南衙与北司的矛盾推向顶峰。而此时无论是宦官还是朝臣，都已不掌握真正的武装力量，他们只能通过结通藩镇，引为外援，作为相互倾轧的倚仗。藩镇乐得如此，他们借助宦官或借助朝臣以染指中央权力，将皇帝和朝廷玩弄于股掌之间。韩全诲依附李茂贞，崔胤勾结朱温，二人各自引狼入室，致使关中一片混乱，一场大战在大唐京畿之地铺展开来。当然，无论战争的结果谁胜谁负，李唐朝廷都将成为被吞噬的失败者。

此时，朱温已兵至华州，韩建自知不敌，遣使请降，朱温顺利占领华州。韩全诲只劫持走了皇室，百官尚在京中，宰相崔胤率百官迎朱温于长安东郊的长乐坡。朱温随后进入长安。此时，“京师无天子，行在无宰相”，唐王朝的统治中枢一片混乱。朱温没有耽搁，继续率大军西进，直扑凤翔，于城东驻扎。

李茂贞登城与朱温对话。为了让朱温退兵，李茂贞给了朱温一个台阶：“天子避灾，非臣下无礼，谗人误公至此。”朱温却回答得十分干脆：“韩全诲劫迁天子，今来问罪，迎扈还宫。岐王苟不预谋，何烦陈谕！”天子在凤翔城中，朱温在政治上处于被动，韩全诲、李茂贞逼迫唐昭宗屡次诏命朱温回师还镇。朱温只好假装撤兵，着手剪除凤翔周边的羽翼，让“凤”飞翔不起来。

朱温移兵邠州（治所在今陕西彬县），静难（即邠宁）节度使、李茂贞义子李继徽（原名杨崇本）不敌，出城请降。此后，朱温率大军屯驻在三原（今陕西三原）。天复元年（901 年）十二月初，崔胤亲自到三原，再次敦促朱温攻打凤翔迎驾还朝。朱温令崔胤率百官及京城居民悉迁于华州，为夺回皇帝后迁都洛阳做准备，自己率军西进，夺取盩厔（今陕西周至）并屠城。

天复二年（902 年）正月，朱温移军武功（今陕西武功西北），再次进逼凤翔，李茂贞闭门不战。唐昭宗遣使到朱温大营，调停李茂贞与朱温之间的矛盾，“赐朱全忠姓李，与李茂贞为兄弟”。唐朝皇帝经常赐臣下国姓以笼络人心，受赐者往往感激涕零。但如今世道变了，“李”姓不再是无上荣誉的象征，更何况要朱温放弃眼前到手的控制朝廷的机会，和李茂贞做什么兄弟。朱温断然拒绝，继续对凤翔实施压迫。

看来想让朱温主动退兵已无可能，只能令其被动撤军。李茂贞遣使河东，恳请李克用"围魏救赵"，袭击朱温的后方，令其首尾难顾。李克用与朱温不共戴天，当然不愿看到朱温坐大。天复二年（902 年）二月初，李克用调兵攻取慈（今山西吉县）、隰（今山西隰县）两地，河东军进逼河中。

朱温闻报，留一部人马继续威逼凤翔，自己率军五万至河中与河东军作战，取得大胜，"自是克用不敢与全忠争者累年"。

崔胤担心李茂贞挟持唐昭宗奔蜀，亲自到河中向朱温泣诉，望朱温不要留恋河东战果，迅速回凤翔争夺皇帝。在宴席上，崔胤执板为朱温唱歌以助酒兴，在强藩面前，宰相已丝毫没有了尊严。

朱温率主力再次回到关中，继续攻夺凤翔周边州县，并于六月兵出散关，攻取凤州（治所在今陕西凤县），阻断了凤翔与山南西道的联系，使李茂贞无法挟持唐昭宗逃往汉中，凤翔也基本成为一座孤城。

李茂贞试探性地出城迎战却大败而归，此后他坚壁不出，与朱温软磨硬泡。这一招果然奏效，这一年的整个夏天关中阴雨连绵，朱温军将士远途而来，水土不服，多有染病者。加之主力尽在关中，中原形势不稳，随时会生出变数，朱温进退两难，一筹莫展。

到了天复二年（902 年）九月，朱温见仍然打不开局面，有些心灰意懒，召诸将商议是否应引兵东归。指挥使高季昌等将领纷纷表示不愿退兵："天下英雄，窥此举一岁矣。今茂贞已困，奈何舍之去！"但舍不得凤翔，又如何能攻破凤翔呢？

高季昌献计，派一间谍诈降，诱使李茂贞率主力出战。有一个名叫马景的骑士主动请缨，并对朱温说："此行必死，愿大王录其妻子。"朱温深受感动，恻然阻止，而马景执意牺牲性命去做间谍。

第二日，朱温令全体将士偃旗息鼓，不得妄动，营中寂如无人。马景与几名骑士出营巡逻。突然，马景拨马向凤翔方向奔去，众骑士在后追赶，高喊捉拿逃兵。凤翔城头的士兵见此情景，开城门接应马景。马景跃马入城，见到李茂贞报告说："全忠举军遁矣，独留伤病者近万人守营，今夕亦去矣，请速击之！"

李茂贞将信将疑，派人到朱温营前打探，果然寂静无人。李茂贞马上率军出城，攻占朱温大营。见李茂贞上当，朱温于中军擂鼓，得到信号，百营俱出，凤翔军大败，自相蹈藉，死伤过半，"十不存三四"。李茂贞"自是丧气，始议与全忠连和，奉车驾还京"。这一仗打掉了李茂贞的心气，他甚至开始考虑投降。

此后，双方边谈边打，朱温表请修复长安宫室，奉迎唐昭宗回京。李茂贞却又不甘心就此让出皇帝，双方僵持不下。天复二年（902 年）十月，李茂贞率军袭击朱温在城西的营寨，再次遭遇大败，从此龟缩在城中不出。

凤翔本就"地狭赋薄"，是没有能力与控制中原的朱温长期对抗的。是冬，关中大雪，凤翔城中食尽，"自天子至后宫，皆冻馁"。李茂贞"以犬彘供御膳"。诸王及公主、妃嫔，只能一日食粥，一日食汤饼，勉强维持生命。唐昭宗典卖御衣和小皇子的衣物以充用度，削木屑，砍松枝以饲养御马。统治者都窘迫如此，更何况是黎民百姓，城中冻馁而死者不可胜计。有的人奄奄一息卧倒在地尚未气绝，身上的肉已被他人所剐，其惨状令人不忍睹。凤翔市上人肉一百钱一斤，犬肉至五百钱一斤。

朱温见李茂贞不肯投降，加紧围攻凤翔。攻城者大骂城上人是"劫天子贼"，守城者大骂城下人是"夺天子贼"。这话骂得倒也不错，无论是"劫天子"，还是"夺天子"，总之都是"贼"。

在此期间，西川王建趁火打劫，以奉迎车驾为名，派兵攻占了山南西道，"由是山南十四州并为蜀有"。关中州镇早已皆入朱温之手，山南西道又失，李茂贞疆土危蹙，仅能坐守孤城一座，实在难以维系。天复二年（902 年）十二月，李茂贞致书朱温，同意将皇帝让出，并将这次战争的责任全部推给宦官韩全诲："祸乱之兴，皆由全诲。仆迎驾至此，以备他盗。公既志匡社稷，请公迎扈还宫，仆以弊甲雕兵，从公陈力。"

朱温得信，心满意足，回复道:“仆举兵至此，正以乘舆播迁；公能协力，固所愿也。”一个表示服输，另一个表示谅解，两个军阀满口忠孝仁义，实际上不过是在做一笔肮脏的交易。

在得到朱温的谅解之后，李茂贞斩韩全诲等七十二人，以其首向朱温示好。韩全诲被斩之时，凤翔军士们对着这帮阉宦骂不绝口:“阖境涂炭，阖城馁死，正为军容（指韩全诲）辈数人耳！”然而，这一场悲剧真的只是韩全诲造成的吗？

天复三年（903年）正月二十二日，凤翔城门大开，唐昭宗的车驾缓缓而出，朱温在城外素服待罪。见到皇帝，朱温顿首流涕。唐昭宗哪里敢治朱温之罪，他亲解玉带赐给朱温，说道:“宗庙社稷，赖卿再安；朕与宗族，赖卿再生。”君臣一场表演之后，朱温马上命令其侄朱友伦将兵扈从，接管了唐昭宗的护卫工作。

——这是具有历史意义的一瞬间，此后大唐天子正式成为朱温的囊中之物，直到大唐天子不再是大唐天子。

正月二十七日，唐昭宗、朱温一行回到长安。唐昭宗以朱温为太尉、中书令、宣武等镇节度使、诸道兵马副元帅，晋爵为梁王，并加赐“回天再造竭忠守正功臣”的荣誉头衔。唐昭宗几乎拿出了他能够给予朱温的全部职位和荣誉，甚至御制《杨柳词》五首赐给这位“救驾功臣”。

宰相崔胤并不在乎如此任命对朝廷的危险性，他恨透了宦官，只要能够剿灭宦官，什么代价都在所不惜。此前，朱温已经搜捕诛杀在长安的宦官九十人，但崔胤觉得还远远不够，他希望朱温诛杀所有宦官。朱温乐得如此，将大小宦官数百人驱赶到内侍省中尽杀之，皇宫只留下幼弱的宦官三十人以备洒扫。“自是京城并无宦官，天子每宣传诏命，即令宫人出入。”

崔胤又以唐昭宗的名义颁诏天下诸镇，诛杀各地监军宦官。各藩镇军阀本就不愿有监军在一旁碍手碍脚，久已不听从天子诏命的他们，得到这样的诏命基本都高高兴兴地执行了。除幽州、河东、西川等一些监军宦官，因与节度使关系亲密而幸免于难外，天下其余宦官基本被杀尽。

至此，唐中期以来，历时一百五十余年的朝臣与宦官对立争权的局面，以朝臣的胜利而结束。然而，朝臣胜之不武，他们是借助藩镇军阀的势力才消灭了宦官，这样的胜利注定不是最终的胜利。朱温不过是借朝臣与宦官相争之机，先消灭一方再消灭另一方，去除朝廷的臂膀，最终将李家江山换作他朱家天下罢了，“全诲就诛，乘舆东出，翦灭其党，靡有孑遗，而唐之庙社因以丘墟矣”。

冻雀唐昭

朱温刚刚平息关中之乱，将朝廷置于自己掌握之中，其统治腹地中原一带就出了乱子。平卢节度使王师范趁朱温主力西进之机发难，朱温闻讯，迅速引兵东归。

临行前，朱温又做了两项重要部署。一是留其侄朱友伦为护驾指挥使，率步骑一万余人驻扎在神策军旧营地护卫天子，名为护卫，实为看守。朱温又以亲信张廷范为宫苑使、王殷为皇城使、蒋玄晖为街使，掌握皇宫、皇城及整个长安的各项大权，自此朱温党羽“布列遍于禁卫及京辅”。二是在华州重建镇国军，以其长子朱友裕为节度使，这样就可以保障潼关道路畅通，一旦长安有变，朱温在中原的军队可以迅速进入关中。

平卢节度使王师范不是朱温嫡系，朱温在平灭朱瑄、朱瑾两兄弟后，派兵进攻平卢，王师范投降。朱温入关后，中原兵力空虚，王师范以“勤王”为号召，联络河东李克用、淮南杨行密，相约起兵包抄朱温的后路。

王师范知道硬碰硬不是朱温的对手，便分遣麾下诸将扮作商贩，拉着小车，车内暗藏兵器，进入沛、徐、兖、郓、齐、沂、河南、孟、滑、河中、陕、虢、华等州，准备同日起事，打朱温一个措手不及。但因计划泄露，只有攻占兖州的行动取得了成功，其余人马皆告失败。

留守汴州的朱温之侄朱友宁率兵万人攻夺兖州，朱温也自关中回师。起初，朱友宁部的进展还算顺利，但在一次乱战中，他因坐骑仆倒而被乱军所杀。朱温得知朱友宁战死，亲自提兵二十万征剿王师范。王师范向朱温投降。此时，朱温得到情报，凤翔李茂贞正在谋划再次出兵长安。朱温唯恐皇帝再次被李茂贞夺去，急于结束东方战事，准许王师范投降。王师范逃过一劫，却也没有了抗衡朱温的实力，此后他选择自保，不敢再与朱温为敌。朱温取得淄、青、登、莱等州的控制权，势力一直发展到山东半岛的海滨。

宰相崔胤见朱温威震天下，已有篡夺之志，而朝廷却早已丧失了军队，故决定重建禁军以自保。他借口凤翔李茂贞时刻威胁长安，招募士兵加强长安防御。崔胤的心思，朱温看在眼里，恨在心上。但朝廷募兵，朱温没有权力公开阻止，只能不动声色地另想对策。朱温密令自己的士兵化装成平民，到朝廷的征兵站应募。朝廷很快征募到了六千六百多名士兵，重新组建了六军。崔胤扬扬自得，殊不知这支新募禁军中的大部分都是朱温的士兵。

天复三年（903 年）十月，替朱温看守皇帝的朱友伦在一次打马球时意外坠马身亡。朱温得知大惊，派其侄朱友谅代替朱友伦的职务。朱温怀疑朱友伦之死是崔胤从中捣鬼，悲怒之下，他更恨崔胤，对其起了杀心。

天复四年（904 年）正月，朱温上表指责崔胤“专权乱国，离间君臣”，要求唐昭宗诛杀崔胤。当然，唐昭宗是否同意与崔胤死不死已经没有关系了。朱友谅派兵包围了崔胤的府邸，杀其满门，京兆尹郑元规、威远军使陈班等一众大臣也被冠以崔胤之党的罪名而被杀。崔胤利用一派军阀打倒另一派军阀，又利用军阀消灭宦官群体，最终自己也成为军阀消灭的对象。崔胤一死，朝臣势力在客观上已经瓦解了。

就在崔胤被杀的同一个月，静难军节度使杨崇本联合李茂贞起兵进犯长安。杨崇本为李茂贞义子，朱温围攻凤翔时曾出兵邠州，杨崇本投降。朱温要求杨崇本将其家属迁往河中作为人质。朱温征伐李克用时，常往来于河中，见杨崇本妻颇有姿色，遂将其移之于别馆，供自己淫乐。杨崇本妻素来刚烈，不堪受辱，偷偷遣侍者回到邠州对杨崇本说：“丈夫拥旄仗钺，不能庇其伉俪，我已为朱公妇，今生无面目对卿，期于刀绳而已。”杨崇本含怒洒泪，遣使联络李茂贞，相约起兵。

李茂贞自凤翔兵败后“兵力殚尽，垂翅不振”，苟延残喘而已，但始终未绝攻占长安之望，闻杨崇本与其联兵，大喜，起兵响应。不想这一举动非但没有对朱温构成威胁，反而帮了朱温的大忙。朱温早就想将唐昭宗和朝廷迁到洛阳以便控制，李杨二人起兵正好给他提供了借口。朱温以李杨叛军逼近京畿、长安危急为名，强行挟持唐昭宗、皇室和百官放弃长安东迁。

唐昭宗的车驾途经华州，当地百姓夹道迎接，跪拜山呼万岁。事到如今，唐昭宗已无颜面对大唐子民，他哭着对百姓说：“勿呼万岁，朕不复为汝主矣！”唐昭宗又对身边的侍臣说：“鄙语云：‘纥干山头冻杀雀，何不飞去生乐处。’朕今漂泊，不知竟落何所！”说罢，泣下沾襟，左右侍臣皆低头不敢仰视。“冻雀唐昭”也成了形容亡国之君的著名典故。

为掠夺人口，大量长安百姓也被驱赶着随同东迁。长安百姓扶老携幼号哭满路，边哭边骂：“贼臣崔胤召朱温来倾覆社稷，使我曹流离至此！”唐末宰相多蒙恶名，崔胤作为唐朝事实上的末代宰相，虽已身死，但对唐朝亡国、天下滑入五代乱世难辞其咎。正如李克用所说：“胤为人臣，外倚贼势，内胁其君，既执朝政，又握兵权。权重则怨多，势侔则衅生，破家亡国，在眼中矣。”最初，朱温虽窃有河南藩镇，却忌惮河朔、河东、淮南等强藩，未萌问鼎之志，及得到崔胤作为向导，乃得以闪击潼关称霸关中，开始谋图李唐社稷。

身死、家破、君亡、国灭、天下乱、百姓苦，正是崔胤的一系列操作所带来的严重恶果。《旧唐书》对其评价：“自古与盗合从，覆亡宗社，无如胤之甚也。”

为了尽快营建洛阳皇宫，同时也为了断绝长安被李茂贞等敌对势力利用再次成为政治中心的可能，在唐昭宗离开长安后，朱温下令彻底拆毁长安城。皇宫、官署甚至民舍全部被夷为平地，可用的木材被投于渭水，漂流东下。这座当时世界上最为雄伟恢宏的都市在短短一个月内成为一座空城、废城、死城，累世积攒起来的繁华顷刻间化为乌有。十三朝古都长安，作为中国的政治、经济、文化中心，生命定格在了公元904年。此后千余年，长安再也没有重新成为都城，哪怕是割据政权的都城。“九天阊阖开宫殿，万国衣冠拜冕旒”的盛况永远地成了历史记忆，长安在中华大地上永远消失了，从此世上只有西安，再无长安。

洛阳的宫室一时难以修缮完毕，出潼关后，唐昭宗及百官暂时驻跸在陕州（治所在今河南陕县）。其间，唐昭宗密遣左右亲信携带诏书向西川王建、淮南杨行密、河东李克用等强藩告知自己的处境：“朕至洛阳，则为所幽闭，诏敕皆出其手，朕意不复得通矣。”并恳求他们纠合各藩镇起兵勤王，以图匡复。淮南杨行密正在鄂、岳一带扩张地盘，顾不上北上救驾；河东李克用稍早前被朱温击败，短期内无力再战；仅有王建派兵出祁山，会同李茂贞、杨崇本进兵。但三人的军队战力有限，刚到兴平（今陕西兴平）一带就被朱温军击败，难以东进。

天复四年（904 年）四月，洛阳宫室草成，朱温迫不及待地上表，请唐昭宗速迁洛阳。唐昭宗借口皇后生产，欲拖延至十月再起驾。朱温颇不耐烦，强制将唐昭宗“奉迎”到洛阳。唐昭宗如木偶一般升坐洛阳皇宫正殿，接受朝贺，又登上光政门，宣布大赦天下，改元天祐。天祐也是唐朝最后一个年号。

此时，唐昭宗身边仅剩“击毬供奉、内园小儿共二百馀人”是从长安皇宫带来的“自己人”。朱温对这样一群奴仆仍心存疑惧，他先从部下中挑选了二百多个体型、相貌与那群“小儿”差不多的人，然后派人将唐昭宗身边的二百多“小儿”全部秘密杀害，再换上自己这批人。唐昭宗开始并无察觉，过了多日才发现身边人早已被替换了。自此“昭宗左右前后皆梁人矣”，唐昭宗的起居行动都无法瞒过朱温的眼睛了。

当然，朱温将要篡唐的图谋是无法瞒过天下人的眼睛的。当时，李茂贞、杨崇本、李克用、刘仁恭、王建、杨行密、赵匡凝等藩镇移檄往来，皆以兴复为辞，虽然他们无法对朱温构成实质的威胁，但使朱温在舆论上陷于被动。朱温认为这是唐昭宗在位时间较长，在世人心中具有一定号召力造成的，必须先解决掉唐昭宗以绝人望，然后“欲立幼君，易谋禅代”。

天祐元年（904 年）八月十一日，朱温的心腹蒋玄晖、史太率军百余人夜叩宫门，言有紧急军情，必须马上面见皇帝。妃子裴贞一开门看见大量士卒，惊问：“急奏何以兵为？”史太并不回答，举刃杀之。蒋玄晖逼问宫人：“至尊安在？”另一个妃子李渐荣见状大呼：“宁杀我曹，勿伤大家！”为寝殿中的唐昭宗报信。唐昭宗正醉卧龙榻，闻听有变，遽然而起。这时蒋玄晖一伙已经冲入殿中，唐昭宗来不及穿衣，绕柱而逃，被史太追上杀害。李渐荣以身保护唐昭宗，亦被杀。一旁的何皇后苦苦哀求，蒋玄晖觉得留下何皇后还有用处，才饶过她一命。

宋代学者胡寅说：“唐室之势，至于懿、僖，乱则甚矣，而亡形未必成。及昭宗辨急轻佻，欲速见小利，始任张濬，终任崔胤，于是唐亡可决。”又说唐昭宗“忿忿焉不相时、不度德、不量力，行其褊心，奋其浅谋，不旋踵而亡”。作为历时将近三百年的大一统王朝，唐朝是天下正朔之所在，很难轻易灭亡。虽然“其祸乱之来有渐积”，又经历了农民大起义的打击，但只要定策施政得当，是有很多机会维持甚至扭转局面的。唐昭宗即位之初并非傀儡皇帝，然而他却昏招频出，在短短十余年中败光了唐朝最后一点家底，散尽了唐朝仅存的一点元气，最终落得身如囚徒、被弑而亡。在他死后不到三年，唐朝即宣告灭亡，唐昭宗是要负很大责任的。

唐昭宗死后，蒋玄晖倒打一耙，对外宣称是李渐荣、裴贞一弑杀了皇帝，并以何皇后的名义，立唐昭宗第九子、时年十二岁的辉王李祚为皇太子。李祚更名李柷，于唐昭宗柩前即位，是为唐朝的末代皇帝唐哀帝。

唐哀帝即位后没有改元，仍然使用“天祐”年号，但“天祐”不过是一厢情愿罢了，天已厌李，天不佑唐。

唐昭宗长子德王李裕原为太子且“貌秀而齿长”，唐哀帝却是唐昭宗幼子，尚未成年，朱温恐人不服，谋划斩草除根。天祐二年（905年）二月，蒋玄晖邀请唐昭宗的九个儿子德王李裕、棣王李祤、虔王李禊、沂王李禋、遂王李祎、景王李秘、祁王李祺、雅王李禛、琼王李祥至洛阳禁苑的九曲池赴宴。酒酣之时，蒋玄晖命人缢杀诸王，投尸于九曲池中。诸王顺水漂流，“竟不知其瘗所”。

与唐末皇子命运同样悲惨的，还有诸多朝臣。天祐二年（905年）五月，夜空出现异常天象，“西北长星（指彗星）竟天，扫太微、文昌、帝座诸宿”。有占星者说：“君臣俱灾，宜刑杀以应天变。”君臣都有灾难，只有杀戮才能化解。杀谁？皇帝、诸王刚刚被杀，宦官也已被杀绝，那就只剩下杀朝臣了。

清流付浊流

崔胤死后，裴枢、独孤损、柳璨、崔远等人当了有名无权的空头宰相。这些人是隋唐以来关陇贵族和山东士族的最后代表。裴枢出身河东裴氏、独孤损出身鲜卑独孤氏、柳璨出身河东柳氏，属关陇贵族；崔远出身清河崔氏，属山东士族。虽说都是名门望族出身，但科举制度已经实行了三百年，仅依靠门第想要成为宰相已经非常困难了。这几位宰相都是靠着科举步入仕途的。其中，柳璨的资历最浅，凭借唐昭宗的赏识，他进士及第仅仅四年，就坐上了宰相的高位。裴枢、独孤损、崔远等人皆是朝中的老资格，如今却与柳璨同列，心中颇不平衡，言行中常常轻慢柳璨。迁都洛阳后，柳璨一头扎进朱温的怀抱，欲借助朱温的势力巩固自己在朝中的地位。这样一来反而为那些元老重臣们所不齿，对柳璨轻辱更甚。

柳璨对此深蓄怨恨，得知天现异相，需要“刑杀以应天变”，他马上开列了一张包含三十多名朝臣的名单，说什么“此曹皆聚徒横议，怨望腹非，宜以之塞灾异”。怂恿朱温将这些人全部处死。裴枢、独孤损、崔远等人俱在这份死亡名单上。朱温的心腹谋士李振见到柳璨的这份名单喜出望外，也怂恿朱温对这些人下手，说这些人都是“衣冠浮薄之徒”，“王欲图大事，此曹皆朝廷之难制者也，不若尽去之”。

李振出身显赫，他的曾祖是唐中期名臣李抱真，而李振却在科场屡屡失利，“自以咸通、乾符中尝应进士第，累上不第，忧愤愤”。仕途无所发展，才最终做了朱温的幕僚。他忌妒、憎恨那些出身高门又科举得意的朝臣，得势之后接见朝士时皆颐指气使、旁若无人，甚至经常借故贬谪、杀害朝臣，借此抒发自己当年落第的不平之气。只要李振进京，必然有朝臣要遭厄运，时人将其看作带来不祥的猫头鹰，谓之“鸱枭”。今天看到这样一份死亡名单，李振焉能不喜。

朱温虽然已经是威震天下的第一权臣，但是他与前代的曹操、司马懿、杨坚等权臣不同。曹操是第一流的文学家，朱温却目不识丁；司马懿、杨坚有第一流的贵族门第加持，朱温却出身贫贱。更何况朱温还有过一段为“正人君子”所不齿的“贼寇”经历。因此，朱温虽然权倾朝野，却得不到自命清高的文人士大夫的青睐。

面对文士，朱温表面强硬，内心却有着深深的自卑。有个叫殷文圭的文人自幼刻苦好学，“所用墨池，底为之穴”，研墨将墨池都磨穿了，却久久不能考中。朱温赏识他的才华，有意拉拢，以为己用。乾宁五年（898年），殷文圭再次参加科举考试时，朱温为其写了推荐信，殷文圭果然得中进士。但殷文圭却不肯与朱温为伍，在多个场合公开与朱温撇清关系，甚至投靠了朱温的劲敌杨行密。朱温极为恼火，觉得文士多是负心之人。但文士多负心，又如何理解古往今来诸多文士宁死也要尽忠的行为？朱温将其解释为文士因看不起自己才不肯对自己忠诚，这使得他更加恼火。

朱温对于文士对自己的态度敏感到了病态的程度。有一个叫崔禹昌的进士寓居在汴州，朱温有意结交他，邀其宴饮，款待殷勤。一次，朱温问崔禹昌，他的庄园中有没有牛。当时的俗语将“无”称为“不识得”。崔禹昌便说“不识得牛”，意思是“没有牛”。朱温听后勃然大怒，居然认为崔禹昌是在标榜自己是文人不认识牛，其目的是嘲笑朱温出身贫贱才认识牛。

这样的思维简直令人匪夷所思，朱温之所以会这样看待问题不过是内心的自卑情结在作祟罢了。自卑的种子一旦种下，看待任何问题都会戴上自卑的眼镜。文士反对自己，朱温认为文士看不起自己；文士奉迎自己，朱温同样认为文士看不起自己。

一次，朱温与一帮僚佐坐在一棵大柳树下休息。朱温指着大柳树说：“此木宜为车毂。”几位文士附和说：“宜为车毂。”朱温厉声大吼：“书生辈好顺口玩人，皆此类也！车毂须用夹榆，柳木岂可为之！”马上命手下武士将说“宜为车毂”的几个文士全部杀死。车毂当然要用“夹榆”那样的硬木做，柳木太软，是做不了车毂的，这个道理谁都懂。文士附和朱温，不过是为了讨好而已，而朱温却将对自己的讨好视作对自己的戏弄。朱温的心理实在比指鹿为马的赵高还要自卑阴暗得多。

自卑而生羞愧，羞愧而生懑怒，懑怒而生怨恨、报复。当柳璨献上名单，当李振提议杀戮，朱温的态度也就不言自明了。那么要如何处决名单上的朝臣呢？李振卑鄙地说：“此辈谓清流，宜投于黄河，永为浊流！”你们这些朝臣不是自命清高吗？那么就让你们葬身浊水吧。朱温心领神会地“笑而从之”。

天祐二年（905 年）六月二十三日，朱温矫诏将裴枢、独孤损、崔远、陆扆、王溥、赵崇、王赞等三十余名“衣冠清流”集中在黄河边上的滑州（治所在今河南滑县）白马驿全部杀害，并将尸首投入黄河，史称“白马驿之祸”。

门阀士族是魏晋以来各王朝赖以统治的阶级基础。其中，江南士族经南陈覆亡和隋末农民起义的严重打击已一蹶不振。入唐以后，关陇勋贵和山东士族在统治集团内部占据主导地位。唐太宗借修订《氏族志》打压山东士族，抬高了皇族和新贵的地位。武则天因自己非高门大姓出身，将全国的《氏族志》全部收回焚毁，另行改订《姓氏录》颁布全国。《姓氏录》全面打压传统门阀士族，将当朝无官无职的老旧士族全部排除在外。

谱牒的丧失使门阀士族失去了维系和甄别血统的工具。至唐代中叶，“风教又薄，谱录都废，公靡常产之拘，士亡旧德之传，言李悉出陇西，言刘悉出彭城，悠悠世祚，讫无考按，冠冕皂隶，混为一区”。士庶难分，真假难辨，门阀士族的高贵血统自然也就被稀释了。

当然，门阀士族子弟由于占据了优越的经济和文化资源，往往能在科举考试中脱颖而出，以维系门阀士族的体面。因此即使到了唐末，我们仍然能够看到很多门阀士族子弟占据着高官显位，如崔胤、裴枢、独孤损、柳璨、崔远等。但这些人在仕途上的成功并非因为他们的出身，而是因为他们的科举成绩，这同以前按照门第选官的情况是截然不同的。

黄巢攻进长安城后，“甲第朱门无一半”“天街踏尽公卿骨”，门阀士族遭遇灭顶之灾，谱牒被大量烧毁、重要人物大量死亡，财产土地也大量丧失。士庶不必再分，真假不必再辨，因为大家都一样了。

“白马驿之祸”使门阀士族受到致命一击，门阀士族最后残存的精英被屠戮殆尽。当“衣冠清流”被投入滚滚浊流时，中国的门阀士族随着唐朝的落幕一起寿终正寝了。随后的五代怨祸勾连、饥馑频仍，一次次的战乱又对门阀士族进行了一次次的“鞭尸”。

到了宋代，新的名门大姓兴起了。南宋学者王明清作《挥麈录》，记录两宋最显赫的数十个望族，无一可以确切地追溯到唐代，更遑论魏晋。宋代社会普遍“家不尚谱牒，身不重乡贯”，并非不想重，而是没有了谱牒，说不清乡贯，无法再重。社会风尚变作了“以进士为重，人不荣世阀，而荣儒科”，同样是并非想要如此，而是只有如此才能崭露头角，乃至飞黄腾达。新的社会风尚形成了，新的士人群体出现了，新的时代到来了。

收回远眺的目光，再次回到天祐二年（905 年）那个溽热的六月。“白马驿之祸”使朝堂为之一空，朱温一伙加紧了篡位盗国的进程。

魏晋以来权臣通过禅让攫取政权，无不是通过先封大国，后加九锡，继而逼迫皇帝主动提出禅让，权臣虚伪辞让，皇帝再三禅让，权臣最终受禅的流程进行的。柳璨、蒋玄晖、张廷范等人为朱温筹划篡位盗国，也准备遵循建国、受禅、称帝这一套流程。蒋玄晖赶赴汴州向朱温当面报告，阐述了他们的主张。朱温听后却非常不满，他认为如今皇帝和朝廷尽在自己掌握，何必如此烦琐呢？他质问蒋玄晖：“汝曹巧述闲事以沮我，借使我不受九锡，岂不能作天子邪？”

蒋玄晖解释说：“唐祚已尽，天命归王，愚智皆知之。玄晖与柳璨等非敢有背德，但以今兹晋、燕、岐、蜀皆吾勍敌，王遽受禅，彼心未服，不可不曲尽义理，然后取之，欲为王创万代之业耳。”如今天下诸侯纷乱，朱温虽然控制了中原和关中，掌握了皇帝和朝廷，但李克用、刘仁恭、杨渥（杨行密之子）、李茂贞、王建等劲敌环伺，若贸然废唐称帝，势必成为众矢之的。蒋玄晖是为朱温新政权的合法性和长久性考虑，提出为了“万代之业”，须先隐忍一时的主张。但朱温根本不能理解，反而听信宣徽副使王殷、赵殷衡等人的谗言，认为蒋玄晖等人是“欲延唐祚，故逗遛其事以须变”。

蒋玄晖灰头土脸地回到洛阳，与柳璨、张廷范等人商议对策。经过一番讨论，他们还是认为应先封大国、加九锡再行禅让比较稳妥。天祐二年（905 年）十一月，他们以唐哀帝的名义下诏，以朱温“为相国，总百揆。以宣武、宣义、天平、护国、天雄、武顺、佑国、河阳、义武、昭义、保义、戎昭、武定、泰宁、平卢、忠武、匡国、镇国、武宁、忠义、荆南二十一道为魏国，进封魏王，仍加九锡”。朱温“怒其稽缓，让不受”，拒不接受九锡。

既然如此，蒋玄晖等人不敢再得罪朱温，他们开始劝说唐哀帝速行禅让。柳璨奏称：“人望归梁王，陛下释重负，今其时也。”唐哀帝没有任何话语权，同意与否于事毫无关系。柳璨即日赴汴州传达禅让之意，朱温当然要假意推辞不受。

蒋玄晖与柳璨、张廷范等人朝夕宴聚，为朱温谋划禅代。何太后知唐朝灭亡不可避免，遣宫人阿秋、阿虔私下乞求蒋玄晖：“他日传禅之后，求子母生全。”朱温阵营中有一些人素来忌恨蒋玄晖等人得到朱温的宠信，如刚刚提到的宣徽副使王殷、赵殷衡即是如此。他们得知蒋玄晖与何太后有联系，立刻跑到朱温面前诬告蒋玄晖与柳璨、张廷范“于积善宫夜宴，对太后焚香为誓，期兴复唐祚”。

朱温早已对蒋玄晖等人的“拖延症”不满，怀疑他们“欲延唐祚”，这下算是有了证据，坐实了先前的推测。朱温马上将蒋玄晖、柳璨、张廷范及其一众党羽抓捕斩杀。张廷范被车裂于市，柳璨临刑时高喊着自己的名字大叫：“负国贼柳璨，死宜矣！”蒋玄晖死后被暴尸于都门外，聚众焚化，挫骨扬灰。

朱温又密令王殷、赵殷衡缢杀何太后，又逼迫唐哀帝下诏，诬称何太后私通蒋玄晖，因事情败露而自杀。这位“求子母生全”的何太后没有等到“传禅之后”即告殒命，死后还背上了秽乱宫闱之名。朱温其性至淫，部将妻女多被其所污，他曾在洛阳张全义家小住，张全义妻女悉数被奸。朱温甚至经常召儿媳们入宫私通，诸子不以为耻，竟然以此争宠。也就是朱温这样的人，才能想到给何太后安上私通大臣的罪名。

天祐二年（905 年）、天祐三年（906 年）是朱温篡位盗国最关键的两年。除了在朝廷内涤荡反对势力之外，还要打击周边的反对势力。天祐二年（905 年）秋，朱温出兵攻山南东道节度使赵匡凝、荆南节度使赵匡明兄弟。两镇不敌，赵匡凝沿汉水东下逃往扬州依附杨行密，赵匡明穿三峡入蜀依附王建。不久，杨行密去世，其子杨渥袭位。杨渥喜宴饮、好游乐，不理军政，中原来自南部的威胁减轻。

中原以北的魏博镇（天祐元年改称天雄军）是老牌的河朔藩镇，魏博牙军自中唐以来即是天下劲旅。一百五十年来，魏博牙军“父子相继，亲党胶固，岁久益骄横”，他们稍有不如意，就会“族旧帅而易之”。魏博节度使望着手中这把锋利的双刃剑也觉得寒气逼人。

朱温为了控制魏博，与时任魏博节度使罗绍威结成儿女亲家，将女儿嫁给了罗绍威之子罗廷规。天祐二年（905 年），牙将李公佺预谋作乱，被罗绍威察觉。李公佺焚毁府舍，大肆剽掠后逃奔沧州。罗绍威对魏博牙军的统御能力有限，“心恶之，力不能制”，想借助朱温的力量震慑甚至消灭这支队伍。

天祐三年（906 年），朱温之女病死，朱温以会葬为名，遣将马嗣勋选兵千人化装成担夫暗藏兵刃进入魏州。朱温自领七万大军在后，声言击讨沧州，实则虎视魏博。朱温的举动没有引起魏博牙军的怀疑，罗绍威遣人偷偷进入武库，斩断弓弦、甲襻等物。随后，罗绍威率领自己的奴客数百人，与马嗣勋所部合击牙军。牙军欲战，却发现弓甲皆不可用，战力大大受损，遂阖营被杀，“凡八千家，婴孺无遗”。这支传统劲旅即告覆没。

消息传出，魏博震动，各州县惧不自安。牙将史仁遇聚众数万人占据高唐，自称留后，诸州县多起兵响应，“六州之内，皆为勍敌”。魏博大乱，朱温乘势率军进据魏州，用半年的时间平灭了史仁。但魏博累年的蓄积也被朱温耗费一空，魏博的独立状态不复存在。罗绍威这才后悔自己引狼入室，对人说：“合六州四十三县铁，不能为此‘错’也！”但已于事无补。

至此时，“天下大势，归朱温者什七八，虽强大如魏博、镇、定，莫不附之”。在北方，朱温的敌对势力仅剩下了河东李克用与幽州刘仁恭。搞定了魏博，朱温移师沧州。沧州守将为刘仁恭之子刘守文。朱温军“筑垒围沧州，鸟鼠不能通”。城中食尽，军民或互相掠啖而食，或将泥土团成丸球而食。刘仁恭举兵来救，却屡战屡败，不敢再战，只能屯兵观望。

刘仁恭求救于河东。李克用与刘仁恭有怨，不愿相救。其子李存勖劝谏说：“自河以北，能为温患者独我与幽、沧耳，今幽、沧为温所困，我不与之并力拒之，非我之利也。夫为天下者不顾小怨，且彼尝困我而我救其急，以德怀之，乃一举而名实附也。此乃吾复振之时，不可失也。”李克用深以为然，出兵攻朱温属下的潞州。

镇守潞州的昭义节度使丁会虽是朱温麾下将领，却仍心存李唐。当唐昭宗的死讯传到潞州时，丁会率将士“缟素流涕久之”。李克用来攻，丁会不肯抵抗，举潞州而降。丁会哭着对李克用说：“梁王陵虐唐室，会虽受其举拔之恩，诚不忍其所为，故来归命耳。”

潞州干系重大，李克用得到潞州，再攻下泽州，就可南下太行威胁河阳，进而渡河就可占领洛阳攻掠中原，甚至有可能对朱温形成致命一击。朱温知潞州有失，哪里还顾得上沧州，他烧毁营地，狼狈退走。

朱温在沧州城外囤积了大量粮草，在陆地粮仓中的，他命人全部焚毁，在大运河船中尚来不及搬运上岸的，命将船全部凿沉。刘守文在城头见状，致信朱温说：“城中数万口，不食数月矣。与其焚之为烟，沉之为泥，愿乞其馀以救之。”朱温见信，将剩余粮草留下，解围而去。

朱温自此败“威望大沮”。回师时路过魏州，魏博节度使罗绍威为讨好朱温，劝其灭唐称帝：“今四方称兵为王患者，皆以翼戴唐室为名，王不如早灭唐以绝人望。”朱温正“恐中外因此离心，欲速受禅以镇之”，听了罗绍威一番话，虽然嘴上推辞，但心中却十分满意。

朱温回到汴州，唐哀帝派遣御史大夫薛贻矩前去慰劳。至汴州帅府，薛贻矩以臣子的礼节拜舞于庭，朱温虽然仍侧身避让，但是没有直言拒绝。薛贻矩回到洛阳，对唐哀帝说：“元帅有受禅之意矣！”薛贻矩出身名门大族河东薛氏，又是唐僖宗时期的科举状元，其“风仪秀耸，其与游者皆一时英妙”。这样一位文士中的佼佼者，面对家国困境，竟然选择主动拜倒在武夫朱温的脚下。薛贻矩并非个例，他只是被后世诟病的“以国与人”的“唐六臣”之一。

天祐四年（907年）二月，唐大臣共同奏请唐哀帝逊位禅让。唐哀帝召宰相率百官到汴州劝进。朱温再三推让。三月，朱温终于同意接受皇帝之位。唐哀帝派六位大臣携带禅让册书、天子玺绶等物送至汴州。这六位大臣即“唐六臣”：中书侍郎、同中书门下平章事张文蔚为册礼使，礼部尚书苏循为副；中书侍郎、同中书门下平章事杨涉为押传国宝使，翰林学士、中书舍人张策为副；御史大夫薛贻矩为押金宝使，尚书左丞赵光逢为副。

“士之生死，岂其一身之事哉？”欧阳修撰《新五代史》时将“唐六臣”合为一传，斥责他们是庸懦不肖、倾险狯猾、趋利卖国的佞臣。“唐六臣”是唐末文士阶层精神堕落的写照，自“甘露之变”，到黄巢起义再至“白马驿之祸”，接二连三的打击震破了文士的肝胆，击碎了文士的脊梁，他们无力阻止飓风卷起洪流吞没国家，无奈选择蒙耻忍辱来苟安富贵、保全性命。李唐奄有天下三百年，行将就木之时竟然没有一位称得上“人物”的人选择反抗救国，哪怕是殉国，实在过于悲凉。

天祐四年（907年）四月甲子日，朱温正式受禅即皇帝位。此时，宣武节度使衙已改建为皇宫，“唐六臣”在皇宫内殿金祥殿觐见朱温。朱温穿戴衮冕南面而坐，张文蔚、苏循手捧册书登殿宣读，杨涉、张策手捧传国玉玺，薛贻矩、赵光逢手捧金宝，依次登殿献上，随后退下殿去，率领文武百官向朱温行礼参拜称贺。朱温宣布新王朝国号“梁”，改元开平，升汴州为开封府作为东都，洛阳为西都，降唐哀帝为济阴王。

此时距离大业十四年（618年）五月甲子日，唐高祖李渊逼迫隋恭帝杨侑禅位建立唐朝，过去了二百八十八年又十一个月。唐朝建立的第二年，隋恭帝杨侑在长安去世。唐朝灭亡的第二年，被囚禁在曹州的唐哀帝李柷饮尽一杯鸩酒，在剧痛中死去。

李花落

“百足之虫，至死不僵，以扶之者众也。”在五代十国期间，唐朝曾有两次复国，不过皆有以唐的旧瓶装枭雄的新酒之嫌。

朱温虽然成功地颠覆了唐王朝，但其建立的梁政权是极为不稳固的。朱温是失去土地的地痞无赖出身，从投机起义到背叛起义，从投靠朝廷到背叛朝廷，他凭借自身的勇狠、毒辣、卑鄙与运气混成了乱世魔王。且不言是否德位相配，其智略也不配位，他没有足够的政治智慧驾驭纷繁复杂的分裂之世，更没有足够的政治智慧成为新的大一统王朝的开创者。他仅仅擅于打碎一个旧王朝，却绝无能力建设一个新王朝。

乱世，形势瞬息万变，人心也跟着轻浮急躁。唐昭宗因“辨急轻佻，欲速见小利”而亡国，朱温在建国过程中同样如此，仅仅因掌控了朝廷就认定自己是“真命天子”，居然连封大国、加九锡这样的传统禅让程序都不肯接受，甚至在未行禅让之前，就已经滥杀“开国功臣”。

这样疯狂建立起来的政权又怎能承袭前代政权的合法性，又怎能使天下人心服口服？

不要说天下人，就是朱家自己人也看不过朱温的行径。朱温的兄长朱全昱曾经当面质问朱温：“朱三！尔砀山一百姓，遭逢天子用汝为四镇节度使，于汝何负？而灭他唐家三百年社稷！”这样的质问不知回响在多少大唐子民心中，仅仅是朱全昱以其身份敢于说出来罢了。

彼时汉末，国统数绝，唯有名号，尺土一民，皆非汉有，曹操挟天子以令诸侯有年。当孙权上疏称臣，劝曹操称帝时，曹操尚说：“是儿欲踞吾着炉火上邪！”此时，中原四顾仍是强敌林立，天下诸侯都想将朱温踞于炉火之上，而朱温却先后两次弑君，篡位自立，主动授人以柄。

朱温的反对者中最具实力者是河东李克用。明代学者王夫之说：“李茂贞之劫驾，温篡之资也；温挟主以东而篡之，克用之资也。”朱温篡唐后，李克用“假存唐之名”，仍然使用唐朝的天祐年号，与后梁争雄。第二年（908 年）正月，李克用病逝。临终前，李克用交给其子李存勖三支箭，留下遗嘱：“一矢讨刘仁恭，汝不先下幽州，河南未可图也。一矢击契丹，且曰安巴坚（指耶律阿保机）与吾把臂而盟，结为兄弟，誓复唐家社稷，今背约附贼，汝必伐之。一矢灭朱温，汝能成吾志，死无憾矣！”

李存勖袭位晋王、河东节度使。此后，他继承李克用的遗志，以匡复唐家社稷为号召，屡败梁军，惹得朱温惊呼：“生子当如李亚子（指李存勖），克用为不亡矣！至如吾儿，豚犬耳。”

开平五年（911 年），朱温认为成德节度使、赵王王镕勾结李存勖，发兵攻打成德。王镕向李存勖求救。李存勖率军东征，在柏乡（今河北柏乡）大破梁军。次年（912 年）二月，朱温亲自提兵五十万渡河北上，试图与李存勖决战。朱温攻入枣强（今河北枣强东）并屠城，妄图以残忍手段震慑河北州县。李存勖派遣晋军六百骑化装成梁兵趁着日暮混入梁军大营，纵火烧营，鼓噪惊天。梁军营中大乱，朱温在慌乱中听到有人高呼“晋军大至”，以为李存勖亲自率主力劫营，急忙放弃辎重烧营夜遁，一夜败退一百五十里后方才得到情报，原来晋军仅仅六百骑。梁军损失惨重，朱温羞愤难当，自此病倒。

自开平三年（909 年）起，朱温移居洛阳。河北惨败后，朱温回到洛阳，自知时日不多，几个儿子又不争气，他对左右近臣哀怨地说：“我经营天下三十年，不意太原余孽更昌炽如此！吾观其志不小，天复夺我年，我死，诸儿非彼敌也，吾无葬地矣！”边说边哽咽，说到伤心处甚至昏了过去。

朱温养子朱友文（本名康勤）封博王，颇具政治能力，朱温“特爱之”。因担心“诸儿非彼敌”，朱温从梁政权的大局考虑，有意传位于朱友文。但朱友文本姓康，并非朱家血脉，这引起了朱温亲生儿子朱友珪的恐慌和愤恨。

乾化二年（912 年）六月的一天夜里，朱友珪联合禁军将领韩勍突然冲入朱温的寝殿，侍疾者皆散走。朱温惊问：“反者为谁？”朱友珪答：“非他人也。”朱温见是自己的儿子，愤恨地说：“我固疑此贼，恨不早杀之。汝悖逆如此，天地岂容汝乎！”

“汝悖逆如此，天地岂容汝乎！”这样的话朱温恐怕应当自问。朱友珪并不啰嗦，马上命令手下：“老贼万段！”朱友珪的仆夫冯廷谔执剑来杀朱温。朱温“旋柱而走”，模样像极了数年前的唐昭宗。朱温重病，无力回击，终于累得瘫倒在床上，冯廷谔一剑“洞其腹，肠胃皆流”。模样像极了一百多年前的安禄山。朱友珪以毛毡将朱温尸体包裹，埋葬于寝殿之内，秘不发丧。朱温前几日方因李存勖强横担忧“吾无葬地矣”，如今李存勖未至，其葬地就已有了。

朱友珪矫诏称博王朱友文谋逆，率甲士突然冲入禁中，“赖友珪忠孝，领兵剿戮，保全朕躬。然而疾恙震惊，弥所危殆。友珪克平凶逆，厥功靡伦，宜委权主军国”。诬陷朱友文是刺杀朱温的乱臣贼子，朱友珪反倒成了救驾的功臣。朱温是因惊吓过度而去世，临终前传位于朱友珪。

朱友文被杀，朱友珪即位。但不到一年，朱友珪的弟弟均王朱友贞，联合朱温的女婿赵岩、外甥袁象先与将领杨师厚等人发动政变，朱友珪被杀，朱友贞即位。

此后数年，晋王李存勖平定幽州刘仁恭、刘守光父子，击败契丹耶律阿保机，完成两大父愿，遂南下联合王镕等诸侯与后梁争霸中原。值得一提的是，王镕麾下有一员叫作赵弘殷的小将，在与后梁的作战中表现得勇猛善战。赵弘殷曾奉王镕之命，率五百骑到黄河岸边驰援李存勖，立了大功。李存勖爱其勇，将其留在自己身边掌管戍卫军。赵弘殷从此成为自后唐至后周的重要将领，特别是后周时期，他与次子赵匡胤同掌禁军大权，使“陈桥兵变”成为可能。赵氏的崛起正是自梁晋争霸始。

梁晋争霸中，朱友贞的军政策略屡屡失误，逐渐不敌李存勖，后梁疆土日蹙。在朱温篡唐十六年后，龙德三年（923 年）四月，李存勖在魏州称帝，重新建立唐政权，改元同光，史称后唐。同年十月，李存勖率军渡过黄河攻破开封，朱友贞自杀，后梁灭亡。

两年后，李存勖灭蜀，“时梁晋吴蜀四分天下，后唐以一灭二，天下四分已得三分”，唐朝中兴可望。但好景不长，同光四年（926 年）二月，后唐内部发生叛乱，李克用养子李嗣源被叛军拥戴，占据开封。李嗣源的先锋石敬瑭兵犯汜水关（今河南荥阳汜水镇），身在洛阳的李存勖决定东征。就在此时，李存勖身边的将领郭从谦发动叛乱，火烧皇宫兴教门，李存勖身中流矢而亡。李嗣源入主洛阳，是为后唐明宗。但石敬瑭也因拥戴之功而逐渐崛起。李嗣源死后，石敬瑭不惜向比自己小十岁的契丹皇帝耶律德光称父，并以割让中原屏障幽云十六州为代价，引契丹兵南下中原攻打后唐。

清泰三年（936 年）九月，契丹耶律德光亲率五万兵马与石敬瑭联军进逼洛阳。十一月，眼见洛阳失守，后唐末帝李从珂携传国玉玺与太后、皇后及太子李重美等全家登上玄武楼自焚殉国，后唐灭亡。那枚自秦始皇以来就成为王朝正统地位象征的传国玉玺就此失踪，沉入历史的泥沙。

就在后唐灭亡的第四年（939 年），当年“梁晋吴蜀四分天下，后唐以一灭二”时唯一没有重新成为唐土的“吴”，却忽地树起了“唐”的旗帜。

“吴”的版图以唐朝的淮南镇为基础，数十年前黄巢占据长安，淮南节度使高骈看到唐朝大势已去，遂割据淮南，不再服从朝廷调遣。光启三年（887 年），高骈为部将毕师铎所囚。庐州刺史杨行密为救高骈率军攻打扬州。待到杨行密攻下扬州，高骈已经被杀。杨行密遂据有扬州。天复二年（902 年），经过多年征战，杨行密受封为吴王，建立吴政权，成为南方最大的割据者。杨行密死后，长子杨渥袭立。杨渥放纵无道，昼夜酣饮作乐。左牙指挥使张颢、右牙指挥使徐温泣谏，杨渥却说：“汝谓我不才，何不杀我自为之！”

起初二人不敢，后见杨渥实在难成大事，二人真的发动兵变杀了杨渥，另立杨渥之弟杨隆演为主。不久，徐温又杀张颢独掌大权。杨隆演死后，其弟杨溥袭位。后唐天成二年（927 年），徐温去世，其养子徐知诰拥立杨溥为帝。但杨溥只是傀儡，大权掌握在徐知诰手中。

南吴天祚三年（937年），杨溥被迫禅位于徐知诰，吴亡。新政权国号会是什么？徐知诰封爵为齐王，国号当然应是“齐”。但仅仅两年后，徐知诰却突然将国号改作了“唐”。原来徐知诰本姓李，小名彭奴，出身微贱，父亲李荣死于战乱。李彭奴自幼在淮河两岸流浪，后被杨行密收养。杨氏诸子不能容，杨行密遂将李彭奴送给徐温，乃冒姓徐氏，取名徐知诰。徐知诰称帝后恢复本姓，改名李昪，自称是唐宪宗之子建王李恪（与唐太宗第三子吴王李恪同名）的四世孙，因而改国号为唐，史称南唐。

《旧五代史》说李昪是唐玄宗之子永王李璘的后裔；《新五代史》说李昪是唐宪宗之子建王李恪的四世孙，还给出了李恪生李超，李超生李志，李志生李荣，李荣生李昪的世系谱；《蜀后主实录》说李昪是曾任岭南节度使的薛王李知柔之子；《江表志》说李昪是唐高祖李渊第十三子郑王李元懿的后裔；《资治通鉴》则说李昪是唐太宗第三子吴王李恪的后裔。李昪究竟是不是唐朝宗室，如果是又属哪一系子孙在当时就如此众说纷纭，今天就更难考证了。

但无论系出何方，李昪在南方重建了唐政权却是不争的事实。南唐三代君主都非穷兵黩武之徒，他们知民厌乱、兵不妄动，尽量避免卷入军阀混战，虽然占据着最富庶的江淮，却奉行保境安民的政策，阖境之民赖以休养生息。“四十年来家国，三千里地山河”，在乱世中，偏安一隅的南唐在将近四十年的时间里，为江淮社会经济的恢复和发展提供了较为优良安定的环境。当然，南唐也因此丧失了入主中原、争霸天下的机会。

数十年间中原板荡、战火纷飞，后晋、后汉、后周、北宋，中原走马灯一样变换着主人，南唐就这样静静地看着各路枭雄你方唱罢我登场。直到北宋开宝四年（971年），时北宋已经立国十一年，各地割据势力纷纷覆灭，甚至连盘踞岭南的南汉政权也已被宋军攻灭，宋军三面包围南唐，天下重归一统之势已成。迫于北宋的压力，南唐后主李煜去“唐”国号，改称“江南国”。

“唐”从此正式成为历史名词。但失掉“唐”的光环，“江南国”并没有改变亡国的命运。开宝八年（975年），宋军攻占金陵，李煜出降。“最是仓皇辞庙日，教坊犹奏别离歌。”开宝九年（976年）正月，李煜被押送至汴京。同年十一月，宋太宗赵光义即位，册封李煜为陇西公。李氏风起陇西，尘埃终又落于陇西。

两年后的七夕节（北宋太平兴国三年，978年七月七日），李煜在汴京去世，这一天也是他四十二岁的生日。就在去世前的那个春天，李煜眷怀家国，郁郁不自聊，借着春雨，吟出绝词两阕，似是为渐行渐远的故唐低唱一曲挽歌：

帘外雨潺潺，
春意阑珊。
罗衾不耐五更寒。
梦里不知身是客，
一晌贪欢。
独自莫凭栏，
无限江山，
别时容易见时难。
流水落花春去也，
天上人间。

图书在版编目（CIP）数据

隋唐风云. 第三卷 / 纪陶然著. —北京：中国工人出版社，2022.5
ISBN 978-7-5008-7819-3

Ⅰ. ①隋… Ⅱ. ①纪… Ⅲ. ①中国历史—隋唐时代—通俗读物 Ⅳ. ①K240.9

中国版本图书馆CIP数据核字（2022）第073623号

隋唐风云. 第三卷

出版人	董　宽
责任编辑	刘广涛
责任校对	丁洋洋
责任印制	黄　丽
出版发行	中国工人出版社
地　　址	北京市东城区鼓楼外大街45号　邮编：100120
网　　址	http://www.wp-china.com
电　　话	（010）62005043（总编室）　（010）62005039（印制管理中心） （010）62379038（社科文艺分社）
发行热线	（010）82029051　62383056
经　　销	各地书店
印　　刷	北京美图印务有限公司
开　　本	710毫米×1000毫米　1/16
印　　张	25
字　　数	358千字
版　　次	2022年6月第1版　2022年6月第1次印刷
定　　价	59.80元